OEUVRES COMPLÈTES

DE

W. SHAKESPEARE

TOME V

LES JALOUX

II

SAINT-DENIS. — TYPOGRAPHIE DE A. MOULIN.

FRANÇOIS-VICTOR HUGO

TRADUCTEUR

ŒUVRES COMPLÈTES

DE

W. SHAKESPEARE

DEUXIÈME ÉDITION

TOME V

LES JALOUX

II

CYMBELINE. — OTHELLO.

PARIS

PAGNERRE, LIBRAIRE-ÉDITEUR

RUE DE SEINE, 18

1868

Reproduction et traduction réservées.

A AUGUSTE VACQUERIE

LE FRÈRE DE SON FRÈRE

F.-V. H.

INTRODUCTION.

I

A lire l'histoire littéraire du genre humain, il semble que les grandes fictions de l'art, comiques ou tragiques, romanesques ou épiques, soient impérissables, comme le Beau dont elles émanent, et que, reléguées dans les régions sublimes, elles en descendent périodiquement, grâce à une sorte de métempsycose, pour s'incarner ici-bas dans quelques œuvres choisies. Ainsi, — pour ne citer que des exemples célèbres, — la même fiction qui avait animé les *Ménechmes* revient, après dix-huit cents ans, animer *Amphitryon*. La même fable que les *Guêpes* avaient révélée à la Grèce antique, renaît pour la France moderne dans les *Plaideurs*. Souvent ces incarnations successives ont lieu à des intervalles plus rapprochés. Ainsi, quelques générations seulement séparent le *Cid* de Corneille du *Cid* de Guilhen de Castro. Ainsi, le *Don Juan* de Gabriel Tellez n'a précédé que de peu d'années le *Don Juan* de Molière, que devait suivre bientôt la *Don Juan* de Byron. Le même siècle a vu surgir l'*Amleth* de Belleforest et *Hamlet*, le *More* de Giraldi Cinthio et *Othello*. Quelquefois la même idée se manifeste de siècle en siècle avec une régularité étrange. Ainsi, nous l'avons vu dans le précédent volume, la fable de *Troylus* et *Cressida* apparaît, pour la première fois, au treizième siècle, dans un poëme de Benoist de Saint-Maur ; puis au quatorzième, dans un roman de Boccace ; puis au quinzième, dans une épopée de Chaucer et dans un mystère de Jacques Milet ; puis, au seizième, dans un poëme latin de Henderson, et, enfin, au commencement du dix-septième, elle se transforme dans l'œuvre de Shakespeare.

Chose remarquable, la fiction de *Cymbeline* a eu absolument la même fortune que la fable de *Troylus* et *Cressida*. Née presque en même temps que celle-ci de l'imagination française, elle a subi aussi régulièrement autant de métamorphoses. Au treizième siècle, elle se montre d'abord dans deux poëmes, le *Roman de la Violette* et le *Roman du comte de Poitiers*, puis dans un conte en prose, le *Roman du roi Flore et de la belle Jehanne* ; au quatorzième siècle, elle se représente dans une nouvelle de Boccace ; au quinzième, dans un mystère anonyme, et ce n'est qu'alors, comme la fable de *Troylus* et *Cressida*, qu'elle se transfigure définitivement dans le drame anglais. Oui, malgré la divergence des détails, malgré la différence des développements, il est facile de retrouver le même sujet au fond de toutes les œuvres que je viens d'énumérer. Partout nous assistons à un pari fatal dont l'honneur d'une femme est l'enjeu. Partout nous revoyons les trois personnages indispensables à l'action. Qu'il se nomme Lisiart, le duc de Normandie, le chevalier Raoul, Ambrogiulo, Bérenger ou Iachimo, c'est toujours le même fat calomniateur. Qu'il ait nom Gérard de Nevers, Gérard de Poitiers, le chevalier Robert, Bernabo, Othon ou Posthumus, c'est toujours le même mari crédule. Qu'elle s'appelle Euriante, la comtesse de Poitiers, Jehanne, Ginevra, Denise ou Imogène, il s'agit toujours d'une épouse calomniée. Certes, c'est une étude intéressante et curieuse que celle de ces transformations successives de l'idée qui a inspiré le ravissant drame de *Cymbeline*. Pour mener à fin cette étude, il faut que le critique s'arme de la patience de l'archéologue ; il faut qu'il fouille les bibliothèques, qu'il compulse les archives du moyen âge et qu'il déchiffre les manuscrits gothiques. Mais les peines que le critique se donne sont amplement compensées par les jouissances intellectuelles qu'il éprouve et qu'il fait éprouver à d'autres. D'ailleurs, si ardue que soit une tâche, elle reste attrayante du moment qu'elle donne à celui qui s'en acquitte la satisfaction d'un devoir accompli. Or, cette étude des origines de *Cymbeline*, nous la devons, non pas seulement à la gloire de Shakespeare, dont le génie ressortira par la comparaison, mais à la mémoire de *nos vieux romanciers*, de ces conteurs, de ces trouvères, de ces ménestrels français, qui, par leurs essais naïfs, ont préparé l'œuvre du poëte anglais, et que l'injuste arrêt de Boileau a trop longtemps condamnés à l'oubli.

Le *Roman de la Violette* place l'action sous le règne d'un certain Louis de France qui peut être, à votre gré, Louis le Débonnaire, Louis le Gros ou Louis le Lion. Un jour de Pâques, en avril, le roi tient sa cour à Pont-de-l'Arche en Normandie. Tous les grands vassaux de la couronne, ducs, comtes et barons sont réunis :

> Puis ce di que Noës fit l'arche
> Ne fut cours où tant eu gens.

Le roi invite ses convives à lui donner un petit concert de musique vocale. On entend successivement chanter madame Nicolle, comtesse de Besançon, puis une sœur du comte de Blois qui a « les yeux et les crins bleus, » puis la demoiselle de Coucy « à qui Dieu fasse grand merci, » puis une dame de Normandie « qui d'amour s'était enhardie. » Sur ce, le roi avise dans la salle un damoiseau « qui tient sur son poing un oiseau » et l'invite à roucouler une ariette. Après s'être un peu fait prier par la châtelaine de Dijon, ce damoiseau qui a nom Gérard, entonne *Une chansonnette à Carole* en l'honneur d'Euriante, sa bien-aimée :

> J'ai amie la plus belle
> Qui soit, dame ne demoiselle,
> La plus sage et la plus courtoise,
> Qui soit entre Metz et Pontoise.

Cette prétention de Gérard à avoir la plus courtoise amie qui soit entre Metz et Pontoise provoque les murmures d'un certain nombre de chevaliers. Un entre autres, Lisiart, comte de Forez, se fâche tout rouge et offre immédiatement de gager sa terre contre celle de Gérard qu'avant huit jours il aura fait tout ce que bon lui semblera de cette beauté si sage.

> Jou meterai toute ma terre
> Contre la soie, se requerre
> Me laisse s'amie, c'ains viij jors,
> Portant que miens soit li sejors,
> Que tous mes bons sans contredire,
> Ferait de li...

Gérard, plein de confiance dans la vertu de sa bien-aimée, accepte le pari. Aussitôt Lisiart part pour Nevers et se présente chez madame Euriante, qui descend vite du haut de sa tour pour lui souhaiter la bienvenue. A peine tous deux sont-ils en présence, que Lisiart que la déclaration la plus échevelée. Euriante résiste poliment : « Si je ne vous réponds, laidure, dit-elle, sachez que c'est par courtoisie. » Mais Lisiart revient à la charge et des paroles veut passer aux faits. Alors madame Euriante réplique tout net que *cela lui déplaît*, et lève la séance sous prétexte d'aller commander le souper. Bientôt madame est servie. Tous deux se mettent à table. Lisiart ne mange pas une bouchée; les viandes les plus appétissantes, les rôtis d'oiseaux les plus friands ne peuvent le tenter; il ne touche à rien. Il entrevoit lugubrement les conséquences désastreuses de son échec. S'il perd le pari fait avec Girard, adieu sa belle comté de Forez ! adieu son manoir féodal, et ses parcs, et ses garennes, et ses meutes de chiens, et ses meutes de vassaux ! Il faut à tout prix qu'il réussisse. A ce moment perplexe, son regard rencontre le regard d'une vieille femme qui se tenait debout près de la table. Cette vieille était une servante maîtresse qui avait élevé Euriante :

> Laide et obscure avait la chière,
> Molt étoit déloyaux sorcière,
> Gondrée avoit la vieille à nom.
> Fille ert Gontacle le larron.

En voyant cette stryge au profil sinistre, Lisiart a compris tout de suite le parti qu'il peut tirer d'elle. Le souper terminé, il la prend à part, lui raconte le pari qu'il a fait et lui offre robes et chevaux, si elle veut l'aider à le gagner. Gondrée n'était pas fille de larron pour rien; elle accepte le marché et promet au comte le succès. Sur ce, chacun va se coucher. Le lendemain matin, la vieille va réveiller Lisiart, le fait lever, le mène devant une porte et l'invite à regarder par un trou qu'elle y a pratiqué. Lisiart se penche, et, par l'ouverture, aperçoit madame Euriante toute nue dans son bain. Il la considère avec attention et remarque qu'elle a sous le sein droit une tache empourprée qui ressemble à une violette. Aussitôt se tournant vers la vieille : « Vous m'avez sauvé, dit-il; désormais, par Saint Thomas, je suis votre homme. » Puis, tandis que Gondrée rentre dans la chambre pour aider madame à sortir de la baignoire, il s'élance hors du château et retourne à Melun, où le roi tenait sa cour. En présence de Son Altesse et des grands feudataires, il déclare qu'il a gagné la gageure faite entre lui et l'*enfant* Gérard, et qu'il est prêt à le prouver si l'on envoie chercher la dame. Gérard y consent et ordonne à son neveu Geoffroy d'aller la quérir. Le neveu part au grand galop de son cheval, arrive à Nevers, et, au nom du comte, invite madame Euriante à l'accompagner jusqu'à la cour:

> Gérard vous salue par moi
> Et vous mande, foi que vous doi,
> Qu'à lui veniez sans demeure.

On devine avec quelle joie Euriante reçoit ce bienheureux message. Vite elle fait seller son plus blanc palefroi et revêt sa plus belle robe, une robe taillée à merveille, sur laquelle elle pose la ceinture incrustée de rubis et d'émeraudes, que *Roland donna à la belle Aude*. Imogène partant avec Pisanio pour aller rejoindre son Posthumus à Milford-Haven n'est pas plus impatiente que madame Euriante ne l'était alors. Les deux voyageurs partent de Nevers, chevauchent toute la journée, ne se reposant qu'à Bonny-sur-Loire où ils couchent, et arrivent le lendemain à Melun. Dès que la dame a paru devant le roi, Lisiart répète que le comte de Nevers a perdu le pari et se vante hautement d'avoir fait de madame Euriante tout ce qu'il a voulu.

> « Sire, je me vant
> Que j'ai de li ma volonté,
> Et vès me chi entalenté
> Que maintenant le prouverai
> Par ensaignes que nommerai. »

> Le rois a dit : « Noumés les dont. »
> — « Par ma foi, sire, dit li tréchière,
> De sour sa destre mamelette
> A une belle violette... »

A cette révélation inattendue, Euriante pousse un cri de douloureuse surprise.

> « Ha! fait-elle, sainte Marie,
> Comment et par quelle ochoison
> Le sait-il? »

L'infortunée reconnaît qu'en effet, comme l'a dit Lisiard, elle a une violette sous la mamelle droite. Gérard n'en veut pas entendre davantage; il confesse qu'il a perdu la gageure, et en conséquence le roi adjuge à Lisiart la comté de Nevers. Consternation générale. Les parents de Gérard l'entourent et le somment, au nom de l'honneur de la famille, de châtier *la déloyale*. « Laissez-moi faire, murmure Gérard, je ferai d'elle telle justice qui *estera à ma devise*. » Et, sinistre comme Posthumus méditant le meurtre d'Imogène, il ordonne à Euriante de monter à cheval et de l'accompagner. La pauvre femme obéit, et, après avoir longtemps erré en silence, tous deux arrivent dans une forêt déserte. Là, le comte tire son épée et dit à Euriante de se préparer à la mort :

> Voici vostre martyre !
> Honnis sui par votre folie !

Fort à propos, au moment où cette affreux assassinat allait être commis, survient un charitable serpent « qui avait bien près d'un arpent » et qui s'avance sur le comte en jetant feu et flamme. Euriante l'aperçoit, et, ne songeant qu'au péril que court son cher meurtrier : « Sire ! merci ! s'écrie-t-elle. Pour Dieu, fuyez-vous-en d'ici, car je vois venir un diable. » Gérard était trop bon chevalier pour fuir comme le lui disait Euriante : il fait face au monstre, engage avec lui une lutte terrible et finit par lui trancher la tête. Mais ce triomphe inespéré, à qui le doit-il? A Euriante. Le bourreau a été sauvé par la victime. Aura-t-il donc la cruauté de donner la mort à celle qui vient de lui donner la vie ? Non. Ce serait trop d'ingratitude, pense Gérard.

> Hé ! Dex ! dist-il, que porai faire?
> Comment porai-jou riens méfaire
> Cheli qui de mort m'a gari !

Désarmé par ce raisonnement, le comte consent à épargner madame Euriante et l'abandonne au milieu de la forêt, en la recommandant à Dieu le Père.

Ici les deux amants se perdent de vue et il arrive à chacun d'eux une série d'aventures qui n'ont plus aucun rapport avec notre sujet, et dont le récit n'occupe pas moins de quatre mille vers dans le *Roman de la Violette*. Il suffira à nos lecteurs de savoir que, peu de temps après avoir quitté la forêt, Gérard acquiert la preuve de l'innocence d'Euriante. Le moyen imaginé par le romancier pour fournir cette preuve à son héros est assez simple. Déguisé en ménestrel, le comte s'est introduit dans le château de Nevers et il a surpris par un heureux hasard, une conversation intime entre Lisiart et la vieille Gondrée, qui lui a révélé toute l'imposture. Aussitôt, accablé de remords, Gérard se met à la recherche de sa dame ; il parcourt le monde, et après avoir erré de ville en ville, de province en province, arrive dans la plaine de Metz. Là, au milieu d'une foule immense qui se presse comme à une fête, il aperçoit un bûcher dressé, et devant ce bûcher une jeune femme en chemise, agenouillée et faisant sa prière. Il demande quel crime a commis cette misérable. On lui répond qu'elle va être brûlée vive, comme convaincue d'avoir assassiné madame Ismène, sœur du duc de Metz. La vérité était que cette femme, qui d'habitude partageait le lit d'Ismène, avait été trouvée endormie un matin à côté de la princesse assassinée. Les soupçons étaient tombés sur elle, et un certain Méliatirs, qui lui-même avait commis le crime, avait confirmé les soupçons en l'accusant formellement d'avoir tué sa compagne de lit. L'accusation n'ayant pas trouvé de contradicteur, la malheureuse allait périr sur le bûcher. C'est alors que, guidé par un secret pressentiment, Gérard s'approche de la condamnée et reconnaît, devinez qui? Euriante ! Aussitôt, d'une voix tonnante, il déclare qu'il se fait son champion, et, se tournant vers l'accusateur Méliatirs : « Vassal, s'écrie-t-il, je vous défie ! » Combattre le félon, le terrasser et lui faire confesser son crime est pour Gérard l'affaire d'un moment. Méliatirs ne se relève que pour aller à la potence ; Euriante est délivrée et retrouve son mari dans son sauveur. Les deux époux sont enfin réunis pour ne plus se séparer. Mais il ne suffit pas au romancier que l'innocente soit réhabilitée, il faut que les coupables soient punis. Gérard se rend de Metz à la cour de France ; il dénonce à Son Altesse le mensonge de Lisiart et réclame la comté de Nevers qui lui a été traîtreusement ravie. La décision du procès est remise au jugement de Dieu qui, cette fois encore, se montre juste. Un duel à mort s'engage, en présence de tous les barons de France, entre le mari d'Euriante et son calomniateur. Enfin, après une résistance acharnée que le poëte du moyen âge décrit avec une minutie homérique, Lisiart est vaincu et avoue son imposture :

> Il conta toute l'ochoison
> Comment la vielle li mostra
> Le seing quant Euriant entra
> El baing : tout ensi le déchut

> La vielle, k'ainc ne s'em perchut;
> Euriant onques mot n'en sot.
> Quand li rois ot oi cel mot,
> Si dist : « Onques de trahitour
> N'oï bien dire au chief de tour.
> Or, vous rendrai vostre loier.
> Tout erramment le fait lier
> A la keue d'un fort ronchin,
> Trahiner le fait ou chemin;
> Puis l'ont à .j. arbre pendu.

A Lisiart la corde ! à Gondrée la chaudière bouillante ! Ainsi le veut le terrible code pénal de l'époque :

> Gérars qui plus n'a atendu
> Envoie à Nevers pour Gondrée,
> Plainne caudière de cendrée
> A fait metre dessour .j. feu.
> La vieille dedans mise fu.

Tel est l'impitoyable dénoûment de ce roman de la Violette que, dans les première années du treizième siècle, le ménétrier Gilbert de Montreuil dédia à madame Marie, comtesse de Ponthieu, nièce du roi très-chrétien Philippe-Auguste. Cette épopée chevaleresque eut un succès considérable qui dut vite provoquer les plagiats. Presque en même temps que le *Roman de la Violette*, fut publié, sous l'anonyme, le *Roman du comte de Poitiers*, qui racontait la même fable et les mêmes incidents en se bornant à changer les noms de personnages. Je passerai sous silence cette infime contrefaçon pour signaler au lecteur une des productions les plus exquises du moyen âge, une œuvre qui, bien qu'inspirée par le *Roman de la Violette*, est vraiment originale, un conte plein de grâce naïve conté par quelque Lafontaine inconnu du treizième siècle, le *Roman de la belle Jehanne*. Écoutez un peu :

Il était une fois en la marche de Flandré et de Hainau, un chevalier fort riche qui avait une fille appelée Jehanne.

Occupé sans cesse de tournois et de carrousels, il ne songeait pas à la marier. La mère était désolée de cet oubli, et, n'osant entamer elle-même une discussion si délicate, elle avait chargé l'écuyer Robin de rappeler à son mari qu'il était temps de pourvoir Jehanne. Un jour donc qu'il chevauchait à côté de son maître par le chemin, le fidèle Robin insinua discrètement que mademoiselle était déjà bien grande et que le moment serait peut-être venu de lui choisir un époux parmi les riches prétendants qui s'offraient de toutes parts. — Robin, lui répondit le chevalier, puisque tu es si désireux que ma fille soit mariée, elle le sera assez tôt si tu t'y accordes. — Certes, Sire, répliqua Robin, je m'y accorderai volontiers. — **Me le jures-tu ?** — Oui, Sire. » Sur ce le chevalier prit un air solennel : « Robin, tu m'as servi molt bien et je t'ai trouvé prudhomme et loyal, et pour ce te donnerai ma fille si tu la veux prendre. — Ha, Sire, fit Robin, pour Dieu mierchi ! qu'est-ce que vous dites ? Je suis trop pauvre personne pour avoir si haute pucelle, si riche, si belle comme mademoiselle est. » L'écuyer protesta de son indignité ; mais ce fut comme s'il chantait. Le seigneur n'en voulut pas démordre ; il déclara qu'il ne voulait pas d'autre gendre que Robin, et, pour couper court à toute objection, il le fit chevalier. Robin obéissant mena Jehanne à l'église, et prit désormais le titre de messire Robert. Malheureusement le nouveau marié avait fait un vœu fort imprudent : c'était d'entreprendre un pèlerinage à Saint-Jacques aussitôt qu'il serait chevalier. Le voilà donc obligé par un serment sacré à quitter sa femme avant même d'avoir usé de ses droits d'époux. Comme il allait monter en selle après avoir embrassé Jehanne et fait ses adieux à son beau-père, un certain chevalier Raoul qui était de la noce, le retint par la manche et lui dit d'un ton railleur : « Certes, messire

Robert, si vous vous en allez à Saint-Jacques sans toucher votre belle femme. je vous ferai *cous* avant que vous reveniez, et je vous en dirai au revenir bonnes enseignes; sur ce, je parierai ma terre contre la vôtre. » Provoqué comme Posthumus, et, comme lui, sûr de la vertu de sa dame, messire Robert n'hésite pas à accepter le pari : il gage sa terre contre celle de Raoul, pique des deux et part.

Comme il s'achemine vers Saint-Jacques, l'aimable Raoul se met en devoir de le faire *cous*. Jehanne avait à son service une espèce de duègne, nommée dame Hersent, qui n'avait guère plus de scrupules que dame Gondrée, du *Roman de la Violette*. C'est à elle que Raoul s'adresse. La vieille se laisse graisser la patte et promet au chevalier de le servir. Tentative inutile. En vain dame Hersent plaide auprès de Jehanne la cause de son client, en vain elle lui répète que Raoul est preux et sage et très-riche homme, tandis que Robert est un couard qui l'a plantée là ; en vain elle lui vante la joie qu'ont les femmes avec les hommes qu'elles aiment. Jehanne répond qu'elle n'a pas le *talent de mal faire* et finit par imposer silence à la vieille. On conçoit le désappointement de Raoul en apprenant l'insuccès de cette première démarche. Ce pauvre séducteur transi est dans une anxiété inexprimable : avant huit jours, messire Robert sera revenu de Saint-Jacques, et Jehanne est aussi cruelle que jamais. Que faire? Dame Hersent ne sait. Une inspiration vient à Raoul : il tire vingt sols de sa poche et les donne à la duègne pour acheter une plume à son surcot. A ce contact métallique le zèle de dame Hersent se ranime ; elle répond qu'elle a trouvé un plan de bataille infaillible pour assurer la victoire du chevalier. Ce plan, le voici : jeudi prochain, elle éloignera tous les gens de service, madame prendra un bain, comme c'est son habitude ce jour-là, et messire Raoul se baignera avec madame.

Cette idée fort goûtée du chevalier, est mise à exécution. Le jeudi, tous les domestiques ayant été congédiés, madame se mit au bain, aussi nue que la chaste Suzanne, et Raoul, prévenu par la vieille, s'introduisit dans la chambre. Grande fut la colère de Jehanne en reconnaissant cet intrus. — Messire Raoul, vous n'êtes mie courtois. — Madame, pour Dieu mierchi ! Je meurs pour vous de douleur ! Pour Dieu, ayez pitié de moi ! Jehanne, de plus en plus furieuse, menace de s'aller plaindre à son père et ordonne à Raoul de sortir. Mais l'insolent redouble d'audace : il s'avance vers Jehanne, la prend dans ses bras, la tire de la baignoire et l'entraîne vers le lit. Ici une lutte indescriptible s'engage. Heureusement, au moment critique, les éperons du chevalier se prennent dans les cordons du lit; accroché par les pieds, il tombe à la renverse, entraînant sa victime dans sa chute ; mais Jehanne parvient à se dégager de son étreinte ; elle se redresse exaspérée, empoigne une bûche et en frappe le misérable à la tête. Raoul, grièvement blessé, parvient à sortir de la chambre ; il s'esquive. Jehanne est sauvée, croyez-vous ? Hélas, non. Dans la lutte qu'il a soutenue contre elle, le chevalier a eu le temps de remarquer sur sa personne certain signe qu'il n'oubliera pas.

Le dimanche suivant, Robert revient de Saint-Jacques, ayant accompli son pèlerinage, et se hâte de réclamer auprès de Jehanne ses priviléges d'époux. « Quand vint la nuit, messire Robert alla coucher avec sa femme ; et elle le reçut molt joyeusement, comme bonne dame doit faire à son seigneur. » Le lendemain matin, on annonce l'arrivée de Raoul. Sans doute, se dit Robert, il vient me livrer sa terre ayant perdu la gageure. Mais Raoul entre triomphant. Il prend Robert à part et lui déclare que c'est lui, Raoul, qui a gagné le pari. Robert se récrie vivement. Raoul insiste et affirme « qu'il a connu Jehanne charnellement, à telles enseignes qu'elle a un signe noir en sa cuisse droite et un porion près de son guiel. » Robert, nouveau marié, répond qu'il n'y a pas regardé de si près et qu'avant de s'avouer battu, il tient à s'assurer du fait. « Quand vint la nuit, messire Robert se retira avec sa femme, et vit en sa dextre cuisse la tache noire et le porion près de son guiel; et quand il sut ça, il fut molt dolent. » Le lendemain, sans même avoir demandé d'explications à Jehanne, il va trouver Raoul, lui dit, en présence de son beau-père, qu'en effet il a perdu le pari et qu'il lui cède son bien; puis va à l'étable, selle son palefroi et disparaît.

Surprise de ce brusque départ, Jehanne en demande la cause à son père qui lui explique tout; elle repousse avec indignation l'accusation dont elle a été l'objet, mais son père même refuse de la croire innocente. Alors elle attend que la nuit soit venue et que tout dorme dans le château, coupe ses beaux cheveux blonds, revêt des habits d'homme, prend un cheval et s'en va. Un heureux hasard veut que sur la route d'Orléans elle rencontre son mari, qui ne la reconnaît pas. Les deux voyageurs ont bientôt lié conversation. Elle lui dit qu'elle se nomme Jehan, qu'elle cherche un maître et s'offre à lui comme page. Robert accepte, et voilà les deux époux qui galopent côte à côte sur le chemin de la Provence, l'un comme chevalier, l'autre comme écuyer.

Mais le voyage donne de l'appétit et il faut manger en route. Nos cavaliers ont bientôt vidé leurs sacoches dans les poches des aubergistes. Quand ils arrivent à Marseille, il ne leur reste plus, tout compte fait, que cent sous tournois. Que vont-ils devenir? Jehanne n'est guère embarrassée, elle a, comme Imogène, un véritable talent culinaire; elle sait faire à merveille ces petits pains français dont les gourmets de Provence sont si friands. Alors son plan est tout tracé : on vendra les deux chevaux qui coûtent si cher à nourrir ; avec le prix des chevaux on aura du blé ; avec le blé on fera des miches, et avec le prix des miches on nourrira et on habillera comme il faut monseigneur et son page. Aussitôt dit, aussitôt fait. Jehanne se mit à pétrir la pâte, ouvre boutique, et bientôt on ne parle dans tout Marseille que des petits pains de Jehan. C'est une vogue, c'est une fureur. Le nouvel établissement fit fortune ; Jehanne consacrait tous ses bénéfices au luxe de son maître, et jamais messire Robert n'avait mené train plus somptueux que depuis que son écuyer s'était improvisé boulanger.

Au bout de quelque temps, Jehanne acheta une grande maison et y tint une auberge où affluaient tous les voyageurs. Un jour, elle vit venir un homme en habit de pèlerin. Cet homme, qui avait l'air fort contrit, lui raconta spontanément qu'il allait à Jérusalem pour expier une grande faute. Jehanne demanda quelle était cette faute, et l'homme expliqua sans détour qu'il avait calomnié une femme, et qu'en la calomniant il avait ruiné son mari. Jehanne reconnut ce Raoul qui avait causé tous ses malheurs ; mais, généreuse, elle le laissa partir sans prévenir messire Robert de cette visite. Quelques mois plus tard, Raoul revint de Jérusalem, et, aussitôt débarqué à Marseille, ne manqua pas de descendre à cet hôtel français où il avait été si bien hébergé. Jehanne le laissa partir encore un fois sans rien dire. Seulement, quelques semaines après, elle alla trouver messire Robert et lui dit : — Il y a sept ans, sire, que vous n'avez vu votre pays ; que vous semble d'y retourner et de savoir ce qui s'y passe ? — Certes, Jehan, je ferai tout ce qu'il vous plaira. — Sire, je vendrai notre harnais et appareillerai votre voie, et nous nous en irons dedans quinze jours. — Jehan, de par Dieu! fit messire Robert.

Jehanne vendit donc tout son harnais qui était fort beau, puis acheta trois chevaux, un palefroi pour son seigneur, un autre pour Jehan, et un cheval pour *faire soumier*. Puis tous deux prirent congé de leurs voisins, qui furent fort dolents de leur départ. Trois semaines suffirent à nos voyageurs pour aller de Marseille en Flandre. Messire Robert fut reçu par son beau-père qui le remit immédiatement, mais qui ne reconnut pas Jehanne. L'arrivée du chevalier fut au château l'occasion d'une fête où furent conviés tous les seigneurs des environs. Le chevalier Raoul fut naturellement invité. Dès qu'il vit entrer son rival, messire Robert le désigna à Jehan comme l'heureux seigneur qui lui avait enlevé sa femme et sa terre. A ce récit Jehan s'indigne; il soutient que Raoul en a menti et veut immédiatement le lui prouver, l'épée à la main. Mais Robert retient son écuyer en lui déclarant que nul ne fera la bataille sinon lui-même; et, sans plus tarder, il s'avance vers Raoul et le provoque. Raoul relève le gant. Les gages sont échangés en présence du châtelain, et le jour du duel est fixé à quinzaine pour laisser aux combattants le temps de se préparer.

Dans cet intervalle, messire Robert eut un grand chagrin. Un matin, il appela Jehan. Jehan ne répondit pas. Il appela encore : pas de réponse. Étonné de ce silence, il alla dans la chambre de son écuyer et la trouva vide ! Qu'était devenu Jehan, le fidèle Jehan ? Nul ne le savait. Le pauvre chevalier eut beau battre la campagne et demander partout des nouvelles de son page, nul ne put lui en donner. Le jour du combat, il fallut que messire Robert s'équipât tout seul. Il revêtit tristement son armure, et, à l'heure dite, non sans s'être retourné plus d'une fois pour voir si Jehan ne le rejoindrait pas au dernier moment, il se rendit au champ clos. Raoul l'attendait. La lutte commença. Elle dura longtemps sans qu'aucun des adversaires eût pris l'avantage. Enfin Robert parvint à faire sauter le casque et à briser l'épée de son ennemi; ainsi désarmé, Raoul prit une grosse pierre et la lança sur Robert, qui l'esquiva. Ce fut son dernier effort. Le vaincu s'agenouilla criant grâce : « Aie pitié de moi, gentil chevalier, je te rends ta terre et la mienne, car je les ai tenues contre droit et raison, et j'ai diffamé ta dame. » Messire Robert était aussi généreux que Posthumus; il laissa la vie à Raoul, comme le mari d'Imogène à Iachimo. Il fit plus encore ; il plaida devant les juges du camp la cause de son ennemi, et, grâce à son éloquence, messire Raoul, qui aurait pu être pendu haut et court, comme le Lisiart du roman de la Violette, en fut quitte pour le bannissement.

Malgré son triomphe, messire Robert était resté fort mélancolique. Ses biens lui avaient été restitués, c'est vrai ; mais sa femme, mais son écuyer ne lui avaient pas été rendus. Que lui importait de retourner dans son manoir s'il devait y demeurer tout seul? Le chevalier se livrait tristement à ces réflexions, quand son beau-père le prit par le bras et l'invita à l'accompagner. Robert se laissa conduire, et bientôt, par un escalier dérobé, tous deux arrivèrent devant une porte que le châtelain poussa brusquement. Le chevalier entra et aperçut, comme dans un rêve, une créature d'une merveilleuse beauté, parée d'une robe de soie lamée d'or. C'était Jehanne. « Sitôt que messire Robert connut sa femme, il courut à elle les bras tendus et ils s'entr'accolèrent, pleurant de joie et de pitié. » La soirée était avancée; tout le monde s'alla coucher, et messire Robert se retira avec sa femme. Le lendemain, dès l'aube, le chevalier se jeta à bas du lit conjugal et se préparait à s'habiller, quand Jehanne ouvrit les yeux, et, toute surprise, lui demanda pourquoi il la quittait sitôt. — « Je vais à la recherche de mon écuyer, répondit Robert, et je n'aurai de repos que quand j'aurai eu de ses nouvelles. — Eh! fit Jehanne, vous pouvez reposer, messire, car votre écuyer, c'est moi-même. » Et, pour convaincre son mari, elle lui fit en détail le récit des sept années qu'ils avaient passées ensemble à Marseille. Messire Robert était émerveillé et ravi d'avoir retrouvé, unis dans un seul, les deux êtres qu'il aimait le plus au monde, sa femme Jehanne et son écuyer Jehan.

Le lecteur ne me saura pas mauvais gré d'avoir attiré ici son attention sur le *Roman de la belle Jehanne*, production charmante d'un écrivain inconnu, monument trop oublié de notre littérature nationale. Ce récit, où tous les détails se déduisent et s'enchaînent, est bien au-dessus du *Roman de la Violette*, par sa composition même. Mais ce n'est pas seulement par là qu'il dépasse le poëme qui l'a précédé. Le *Roman de la Violette* est férocement tragique; le *Roman de la belle Jehanne* ne sort pas un seul instant du domaine serein de la comédie. Dans l'un, la fable se développe d'une manière sauvage; le sang coule à flots; on ne voit partout que tueries, menaces, extermination, et deux effroyables supplices hâtent le dénoûment. Dans l'autre, la fable s'humanise et s'adoucit; il semble que des temps meilleurs soient arrivés; entre les personnages, plus de rancunes implacables; le mari ne songe pas un instant à tuer sa femme qu'il croit criminelle et finit par pardonner au misérable dont il a été dupe. Le premier roman se termine par le talion; le second se dénoue par la clémence : conclusion supérieure qu'adoptera Shakespeare.

Au quatorzième siècle, la fiction imaginée par Gilbert de Montreuil émigre en Italie et reparaît dans une nouvelle du *Décaméron* [1]. En traversant les Alpes, en se transportant au milieu d'une société où les passions de l'homme sont si ardentes, elle reprend son caractère impitoyable. Dans cette contrée de trafic et de lucre, ce n'est plus entre chevaliers que l'action se passe, c'est entre marchands. Des négociants réunis dans une hôtellerie causent, après souper, des femmes en général et de leurs femmes en particulier. Un d'eux, nommé Ambrogiulo, soutient, l'impertinent! que le beau sexe est aussi le sexe faible, et prétend qu'il n'en est pas une qui puisse lui résister, pas même la femme de Bernabo Lomellia, ici présent. Bernabo, outré de cette prétention, offre à Ambrogiulo de parier que Ginevra le repoussera. Le fat accepte la gageure, part pour Gênes, où loge la belle, et, sans même tenter de la voir ni de la séduire, se fait porter chez elle dans un coffre, la surprend endormie, remarque un signe qu'elle a au-dessous de la mamelle gauche, *à savoir un poireau autour duquel il y avait quelques petits poils blonds comme de l'or*, lui vole une bourse, une robe, un anneau et une ceinture, observe en détail l'ameublement de la chambre et se retire. Revenu auprès de Bernabo, il lui fait croire, grâce à ces pièces de conviction, qu'il a gagné le pari. Bernabo, exaspéré, envoie secrètement à un de ses gens l'ordre de tuer Ginevra. Le serviteur attire la pauvre femme dans un lieu désert; mais, au moment de la frapper, il cède à ses prières et lui laisse la vie. Comme Euriante, comme Jehanne, comme Imogène, Ginevra se sauve habillée en homme. Elle traverse les mers et se réfugie à Alexandrie où, sous le nom de Sicurano, elle devient

---

[1] Voir cette nouvelle à l'Appendice.

capitaine des gardes du soudan d'Égypte. Un jour, en inspectant les boutiques d'une foire qui se tenait à Acre, elle aperçoit à l'étalage d'un marchand vénitien, une ceinture et une bourse qu'elle reconnaît pour lui avoir appartenu. Elle demande au marchand comment il a acquis ces objets. Le marchand, qui n'est autre qu'Ambrogiulo, répond en riant qu'il les tient d'une Génoise dont il est devenu l'amant, après avoir parié avec le mari qu'il la séduirait. Ginevra, pour qui ce récit est une révélation complète, dissimule son émotion et ajourne sa vengeance; elle se lie avec Ambrogiulo, le décide à se fixer à Alexandrie, et bientôt, sous prétexte de quelque opération commerciale, trouve moyen d'y attirer également son mari. Alors une explication solennelle a lieu en présence du soudan. Bernabo retrouve sa femme innocente dans Sicurano, comme le chevalier Robert a retrouvé la sienne dans Jehan, comme Posthumus retrouvera la sienne dans Fidèle. Quant à Ambrogiulo, moins heureux que Raoul et que Iachimo, il est empalé et mangé des mouches après avoir avoué sa félonie.

Au commencement du quinzième siècle, la fable que Boccace avait empruntée à Gilbert de Montreuil repasse les Alpes et vient essayer, en France, une expression toute nouvelle. Elle passe de l'analyse à la synthèse, se concentre, et de roman se fait drame : *Cy commence le miracle de Notre-Dame, comment Ostes, roi d'Espaingne, perdit sa terre par gagier, contre Berengier qui le tray et li fit faux entendre de sa femme, en la bonté de laquelle Ostes se fiait, et depuis le destruit Ostes en champ de bataille.*

C'est sans doute une œuvre bien informe que cette farce religieuse qui fut composée par on ne sait quel Gringoire en l'honneur de la Sainte Vierge. La scène y manque de perspective. Ces personnages qui en un moment se transportent de Rome à Burgos et de Burgos à

Grenade, rappellent, par leurs proportions démesurées, ces bizarres figures des anciennes tapisseries qui dépassent de la moitié du corps le niveau des plus hautes tours. Les événements n'y sont pas à leur plan plus que les personnages; ils ne se tiennent pas, ils se heurtent; ils ne s'enchaînent pas, ils tombent les uns sur les autres. N'importe; ne riez pas trop de ce *Miracle*. Il est le premier effort d'un art qui commence; il est au drame futur ce que l'ébauche est à la statue, ce que serait une esquisse de Cimabué enfant à un tableau magistral du vieux Titien. Tout défectueux, tout puéril qu'il est, ce *Miracle* doit avoir, à nos yeux, un mérite considérable : il affirme, dans son exagération même, ce grand principe de l'art, comme de la politique, la liberté. Il fait aller et venir ses personnages selon les besoins du sujet, sans le moindre souci des règles factices qui plus tard taquineront tant notre Corneille. Il supprime les distances sociales comme les barrières physiques : il ne craint pas de faire causer une princesse d'Espagne avec un bourgeois. Que dis-je? En vertu de sa fantaisie souveraine, il rapproche le ciel et la terre, et, le moment venu, quand l'action s'est par trop compliquée, il la fait dénouer par le bon Dieu.

Disons en peu de mots le scénario de cet audacieux mélodrame. Othon, neveu de l'empereur Lothaire, épouse Denise, fille du roi d'Espagne Alphonse, qu'il a faite prisonnière au sac de Burgos. Le jour même du mariage, il éprouve, on ne sait pourquoi, le besoin de planter là sa femme et de s'en retourner à Rome avec l'empereur son oncle. Néanmoins, avant de se séparer de Denise, il veut lui laisser un petit souvenir et lui remet *un os d'un des doigts de son pied* qu'il lui recommande de ne laisser voir à aucun homme. Arrivé à Rome, il rencontre un certain Bérenger, qui prétend séduire toutes les femmes et qui se fait fort d'attendrir Denise elle-même. Confiant dans la vertu de Denise, que pourtant il connaît à peine, Othon accepte le pari proposé et gage sa couronne d'Espagne contre les terres de Bérenger. Le séducteur se transporte sur-le-champ à Burgos, aborde Denise, qui le repousse ignominieusement, et de désespoir s'adresse à la suivante Églantine, qu'il met dans ses intérêts. — Jusqu'ici, on le voit, l'action suit à peu près la même marche que dans le *Roman de la Violette*. Mais ici l'auteur du Miracle se trouvait embarrassé : il lui était difficile, malgré la licence de notre théâtre primitif, de nous montrer l'héroïne toute nue dans son bain, comme le romancier avait pu le faire. Il eut donc recours à un moyen plus conciliable avec la scène. Églantine, complice de Bérenger, fait boire un narcotique à la reine d'Espagne ; et, tandis que Denise sommeille, elle observe sur sa personne un signe particulier qu'elle révèle en confidence à Bérenger. En même temps, elle remet à celui-ci l'os du pied d'Othon que Denise s'était engagée à garder si scrupuleusement. Muni de ces preuves, Bérenger fait une enjambée de Burgos à Rome, persuade à Othon qu'il a gagné le pari et est reconnu roi d'Espagne. Othon furieux jure d'occire sa femme et marche sur Burgos, la rapière au poing. Heureusement, un bourgeois plus charitable encore que le serpent du *Roman de la Violette* prévient Denise du danger qu'elle court. Dans ce péril suprême, la reine invoque la bonne Vierge, qui apparaît sur la scène, accompagnée de l'archange Gabriel, de l'archange Michel et de Mgr saint Jean, et conseille à Denise de se vêtir en écuyer, pour aller sous ce déguisement rejoindre son père à la cour de Grenade. Tandis que la reine s'enfuit, conformément au sage avis de la mère de Dieu, Othon, plus furieux que jamais de n'avoir pu massacrer sa femme, a l'indélicatesse de renier Dieu lui-même et de se faire sarrasin. C'est alors que le roi de Grenade, ayant obtenu le concours des rois de Tarse, d'Alméria, de Maroc et de Turquie, se décide à marcher contre l'empereur Lothaire pour rétablir le père de Denise sur le trône d'Espagne. Les deux armées sont en présence : d'un côté, les six rois coalisés; de l'autre l'empereur, aidé de ses vassaux et de Bérenger l'usurpateur. C'est en ce moment critique que Denise, qui, sous le nom de Denis, porte l'étendard du roi de Grenade, propose d'éviter l'effusion du sang par une démarche auprès de l'empereur. La proposition est acceptée. Le faux écuyer se rend dans la tente de Lothaire, dénonce Bérenger comme un fourbe qui a calomnié sa sœur, et le provoque. Ce duel inégal va avoir lieu, lorsque Othon, repenti de ses erreurs, survient et se fait reconnaître de l'empereur son oncle. Il réclame et obtient la faveur de se mesurer le premier avec le traître dont Dieu même lui a révélé l'imposture. Aussitôt s'engage entre les deux adversaires une lutte terrible qui, par son acharnement, rappelle le combat de Gérard et de Lisiart dans le *Roman de la Violette*.

Comme Lisiart, Bérenger est vaincu : comme Lisiart, il avoue son crime. Alors Denise n'hésite plus à dire qui elle est; elle montre même un peu sa gorge pour que personne ne doute de son sexe. Émotion générale. Le mari retrouve sa femme ; le père reconnaît sa fille! Dans sa joie de revoir Denise, Alphonse abandonne à son gendre la couronne d'Espagne, et, en compensation, reçoit de la munificence impériale le royaume de Mirabel. Tout le monde est satisfait, excepté Bérenger, qui se voit livré au bourreau, et la pièce se termine par l'éloge mérité du Très-Haut.

> Ha, biau sire Diex! tost ou tart
> Rends-tu des biens, faiz les mérites
> Et de punir les maux t'aquittes.

J'ai successivement analysé sous les yeux du lecteur toutes les œuvres que la fiction conçue par Gilbert de Montreuil a inspirées : *Roman de la Violette*, *Roman de la belle Jehanne*, *Conte du Décaméron*, *Miracle de Notre-Dame*. Au commencement du dix-septième siècle, cette fiction reçoit enfin du génie anglais sa forme définitive. Spectacle plein de charme et d'intérêt ! Cette idée, que nous entendions tout à l'heure bégayer un obscur jargon, va parler devant nous la merveilleuse langue de Shakespeare. Cette idée qui, au quinzième siècle encore, voletait dans une farce puérile, nous allons la voir prendre dans un chef-d'œuvre un essor inouï. Tous ces personnages qui n'étaient que des ombres dans la légende vont devenir des vivants dans le drame. Ils vont se détacher de la fresque gothique où une main naïve les avaient peints, et ils vont marcher, ils vont se coudoyer, ils vont s'interpeller, ils vont respirer. Ils n'avaient que des silhouettes, ils vont prendre des visages. Ils n'avaient pas de prunelle, ils vont avoir un regard. Ils n'avaient pas de souffle, ils vont avoir une âme.

C'est évidemment par l'imitation de Boccace, — tous les commentateurs en conviennent, — que Shakespeare a connu la fable toute française qu'il a mise sur la scène. Il est impossible d'en douter, pour peu qu'on compare *Cymbeline* à la nouvelle du *Décaméron*. Le stratagème du coffre, imaginé par Iachimo pour s'introduire dans la chambre à coucher d'Imogène, est exactement celui qu'Ambrogiulo emploie pour pénétrer chez Ginevra. Plus loin, lorsque Posthumus commande à Pisanio de mettre Imogène à mort et que, pour attirer sa femme dans le piége, il l'invite à venir le rejoindre, il agit comme Bernabo, qui donne le même ordre et a recours au même subterfuge. Comme Pisanio, le serviteur de Bernabo est plus humain que son maître, il refuse d'exécuter l'ordre sanglant, et Ginevra se sauve, ainsi qu'Imogène, déguisée en homme. Ces détails minutieux n'ont pu être empruntés par le poëte anglais qu'à la nouvelle italienne. Mais voici une révélation curieuse. Sans parler du dénoûment, qu'il a complétement modifié, Shakespeare a fait à l'intrigue, telle que Boccace l'avait laissée, deux changements considérables. Ainsi, dans le *Décaméron*, c'est le mari même de Ginevra qui propose le funeste pari dont la vertu de sa femme est l'objet. Shakespeare, comprenant, avec son tact supérieur, combien cette proposition eût dégradé le noble caractère de Posthumus, a attribué à Iachimo l'initiative de ce pari. — Dans le *Décaméron*, Ambrogiulo, voulant triompher de Ginevra, s'introduit chez elle nuitamment, sans même tenter auprès d'elle l'épreuve conciliante du tête-à-tête. Shakespeare, plus habile et plus logique, exige que le vaniteux Iachimo épuise, avant de recourir à la ruse, toutes les ressources de la séduction dont il se croit armé, et, dans une scène admirable, il nous le montre subissant auprès d'Imogène le plus humiliant échec.

Sur ces deux points Shakespeare a corrigé Boccace, et il faut avouer qu'il l'a fait en maître. Eh bien, chose étrange ! ces deux corrections si heureuses avaient été indiquées longtemps avant Shakespeare par l'auteur anonyme du *Miracle de Notre-Dame*. Dans le *Miracle*, comme dans le drame, ce n'est que sur l'insistance de son provocateur que le mari consent à accepter la gageure qui lui est offerte. C'est après que Bérenger lui a dit insolemment : « Allons, il faut parier ou se taire ; gagez avec moi, » c'est alors seulement qu'Othon exaspéré répond : « Oui, par l'âme de mon père ! »

Mais ce trait de ressemblance entre le drame et le *Miracle* n'est pas le plus frappant. Comme Iachimo, Berenger essaye de gagner le pari en réalité, avant de le gagner par un mensonge. Comme Iachimo, il a une entrevue avec la femme dont il prétend faire sa maîtresse, et, comme Iachimo, il aborde celle-ci par une déclaration d'amour. Ici l'analogie des détails devient singulière.

Pour décider Denise à tromper son mari, Bérenger cherche à lui faire croire que son mari la trompe, et lui dit :

> De Rome viens où j'ai laissé
> Votre seigneur qui ne vous prise
> Pas la queue d'une cerise ;
> D'une garce il s'est accointé,
> Qu'il a eu si grande amitié
> Qu'il ne sait d'elle départir.
> Ce m'a fait de Rome partir
> Pour vous l'annoncer et dire,
> Car grand deuil en ai et grand ire.

Cet argument si puissant par lequel Bérenger tente de provoquer la rancune de Denise en blessant sa fierté, est précisément celui que Iachimo fait valoir auprès d'Imogène :

« O chère âme ! votre cause émeut mon cœur d'une pitié qui me fait mal. Une femme si belle qui, liée à un empire, grandirait du double le plus grand roi ! Être ainsi associée à des baladines payées sur vos propres coffres ! à de malsaines aventurières qui risquent toutes leurs infirmités contre l'or que la corruption peut prêter à la nature ! à une engeance gangrenée capable d'empoisonner même le poison ! Ah ! vengez-vous. »

Le rapport entre les deux situations continue. Denise, offensée et comme princesse et comme épouse, chasse Bérenger comme un manant :

> Comment ! Bérengier, par votre âme !
> Êtes-vous donc un si vaillant homme
> Que venez jusqu'ici de Rome,
> Pour me dire un tel langage !

> Certes, ni vous ni votre lignage
> Ne sauriez dire rien de bien, sinon
> Mauvaiseté et trahison ;
> Videz, videz de devant moi
> Céans le pas.

C'est avec la même indignation qu'Imogène reproche à Iachimo son infâme conduite : « Arrière ! je me blâme de t'avoir si longtemps écouté... Tu diffames un gentilhomme qui est aussi loin de ta calomnie que tu l'es de l'honneur. Tu poursuis une femme qui te méprise à l'égal du démon. Arrière ! »

En présence de ces minutieuses similitudes, on serait tenté de se demander si Shakespeare, quand il écrivit *Cymbeline*, n'avait pas connaissance du *Miracle de Notre-Dame*. Mais comment le poëte aurait-il connu ce vieux drame français, qui, déjà oublié au seizième siècle, est resté jusqu'à nos jours enfoui dans un manuscrit de notre bibliothèque nationale et n'a été réimprimé qu'en 1839 ? Jusqu'à ce que cette question soit résolue, les analogies que je signale devront être regardées comme les coïncidences fortuites de deux inspirations qui se rencontrent dans le même sujet. Ainsi la même idée se perpétue d'âge en âge et d'œuvre en œuvre ; parcourant toutes les littératures, elle franchit les monts et les mers ; elle vole par-dessus les glaciers des Alpes comme par-dessus les vagues de l'Atlantique ; elle est successivement française, italienne, française encore et anglaise ; et sous toutes les formes que lui prêtent tour à tour ces langues diverses, elle reste essentiellement homogène, à l'insu des écrivains qu'elle inspire ; elle conserve une sorte d'individualité qui, à des siècles de distance, se traduit par les mêmes paroles et se résume dans le même cri.

Mais, si vivace que soit une idée, quelque force intime

qu'elle possède, aussitôt qu'elle entre en contact avec un esprit véritablement créateur, il faut qu'elle se transfigure ; il faut qu'elle se soumette au caprice formidable et qu'elle garde l'impérieuse empreinte du génie souverain.

Shakespeare a donc pris la fiction de Gilbert de Montreuil, et il en a fait *Cymbeline*. Cette fiction, il l'a adaptée aux mœurs et à la société de son choix. Il en a transporté la scène dans un pays étrange qui n'appartient qu'à la géographie légendaire, dans je ne sais quelle Angleterre fabuleuse dont la capitale se nomme la nouvelle Troie, et où, au milieu de courtisans portant le pourpoint et le haut de chausses des mignons de Henri III, trône un roi caduc, fait chevalier par César. Le roi règne, mais c'est sa femme qui gouverne : sa femme, une de ces reines à la façon du seizième siècle, qui appellent la science occulte à l'aide de leur autorité néfaste, prennent les astres pour complices, embauchent l'alchimie dans leurs conspirations, préparent des philtres redoutables et essayent sur les bêtes les poisons qu'elles comptent éprouver un jour sur les hommes. Cette femme, qui n'a épousé Cymbeline qu'en secondes noces, a eu d'un premier lit un fils nommé Cloten, « un idiot qui ne pourrait pas apprendre par cœur que, ôté deux de vingt, il reste dix-huit. » Cette intelligence criminelle a mis bas un avorton moral : « Se peut-il, s'écrie le poëte quelque part, qu'une aussi astucieuse diablesse ait mis au monde cet âne ! » Cloten est stupide, mais il a tous les vices : il est méchant, fourbe, vaniteux, querelleur, lascif, brutal. *Son humeur est une mobilité continuelle passant sans cesse du mauvais au pire.* Il a pourtant une qualité : il est brave, mais brave comme une brute ; ainsi que le poëte vous l'explique, pour que vous ne l'accusiez pas de contradiction, *Cloten n'a pas peur des rugissements du danger, parce qu'il*

lui manque le jugement qui souvent est cause de la peur.
Shakespeare a créé là une de ses plus étonnantes figures. Comique par les ridicules qui s'attachent à lui, Cloten est tragique par l'effroi qu'il inspire. Ce prince brouillon et insolent, qui complique la bêtise de sottise et qui balbutie des riens avec solennité, cette altesse sauvage qui s'excite à la volupté par le meurtre et qui jure de tuer le mari avant de violer la femme, cet enfant gâté du despotisme, qui, en même temps, en est l'enfant terrible, a les mœurs et les allures d'un grand-duc cosaque du siècle dernier. Malheur au peuple chez qui cette Altesse passerait Majesté ! car il verrait s'asseoir sur le trône, — écumant, farouche et forcené, quelque hideux Paul Ier. Ce malheur, la reine le souhaite à l'antique Bretagne ! Elle voudrait que Cloten devînt roi en épousant Imogène, fille de Cymbeline.

Imogène fait avec Cloten une antithèse vivante. Comme il a tous les vices, elle a toutes les vertus. « Elle est belle et vraiment royale ; toutes les distinctions exquises, elle les possède plus qu'aucune grande dame ; ce que chacune a de mieux, elle l'a, et, pétrie de tous leurs attraits, seule elle vaut mieux qu'elles toutes. » Imogène est, sans contredit, la création féminine la plus pure que nous présente le théâtre anglais. Une femme d'esprit, qui a fait sur les héroïnes de Shakespeare une étude spéciale, et dont le livre est fort admiré au delà de la Manche, mistress Jameson, n'hésite pas à accorder à Imogène toute sa prédilection ; elle retrouve dans cette vision rayonnante chacune des lumineuses qualités qui font nuance chez les autres figures ; elle revoit en elle « l'enthousiasme de Juliette, la fidélité et la constance d'Hélène, la dignité et la pureté d'Isabelle, la tendre douceur de Viola, le sang-froid et l'intelligence de Portia. » Toutes les qualités qui font excès chez ses sœurs se fondent chez Imogène en un harmonieux ensemble. Aussi est-elle tellement parfaite, tellement belle de corps et d'âme, qu'elle semble appartenir au rêve plutôt qu'à la réalité, au ciel plutôt qu'à la terre. Elle n'a de la femme que tout juste ce qu'il en faut pour ne pas être un ange. — C'est cette créature idéale que Cymbeline et la reine entendent marier à ce monstre de Cloten.

Non, Imogène ne doit pas épouser Cloten. Il y a à la cour un chevalier, un brave, un descendant de ces Léonati qui ont défendu si vaillamment la Bretagne contre les Romains. « C'est un être tel que, cherchât-on son pareil dans toutes les régions de la terre, on trouverait toujours quelque infériorité dans celui qu'on lui comparerait. » Ce jeune homme, recueilli dès sa naissance dans le palais de Cymbeline, a été élevé avec Imogène; tous deux ont grandi côte à côte; ils ont traversé, la main dans la main, l'enfance, l'adolescence et le seuil de la jeunesse; qu'y a-t-il d'étonnant à ce qu'ils s'aiment et à ce qu'ils veuillent achever ensemble la vie commencée ensemble? Posthumus est simple chevalier, et Imogène est princesse royale. Qu'importe? La vertu ne peut pas se mésallier à l'honneur, et la princesse royale épouse le simple chevalier.

Mais cette union si logique a des conséquences funestes. La reine, outrée d'un mariage qui dérange tous ses plans, fait exiler Posthumus, et les deux révoltés d'amour se séparent comme Roméo et Juliette, en faisant vœu de rébellion éternelle. Réfugié à Rome, Posthumus rencontre dans la maison de son hôte un certain Iachimo qui a la même outrecuidance que Béreuger dans le *Miracle de Notre-Dame*, qu'Ambrogiulo dans le *Décaméron*, que Raoul dans le *Roman de la belle Jehanne* et que Lisiart dans le *Roman de la Violette*. Ce fat ose prétendre qu'il n'est pas de femme vertueuse et parier qu'en une seule conversation il séduira la plus difficile, s'appelât-elle Imogène! Après une résistance qui atteste sa délicatesse, Posthumus obsédé accepte le pari. L'imprudent! il va se laisser prendre à ce piége des apparences où tant d'autres sont tombés. Parce que Iachimo a pu voir Imogène endormie, parce qu'il a pu détacher un bracelet de son bras inerte, parce qu'il a pu apercevoir près de son sein nu un signe pareil à ces gouttes de pourpre que recèle le calice de la primevère, parce que, larron de volupté, il a dérobé un baiser impudique à ces chastes lèvres, parce qu'enfin, nouveau Gygès, il a surpris, dans ses ineffables mystères, cette beauté plus pure encore que la beauté lydienne. Posthumus se figure que l'infaillible Imogène a failli! Il se met en tête qu'elle l'a trompé! Il s'imagine qu'elle est adultère! Il devient jaloux! Il souille de ses soupçons la pudeur immaculée; il prend la calomnie au mot, et, sans même entendre l'accusée, il la condamne. Heureusement l'humanité qui n'est plus chez le maître se retrouve chez le valet, et Pisanio refuse d'exécuter l'horrible sentence de mort. Comme la Ginevra de Boccace, comme l'Euriante de Gilbert de Montreuil, Imogène est abandonnée dans une forêt sombre. Elle erre à l'aventure dans le sentier, heurtant ses pieds aux cailloux de la route, déchirant aux broussailles les habits d'homme que Pisanio lui a laissés et qui bientôt ne seront plus que haillons. Maudite par son père, persécutée par sa belle-mère, qui songe à l'empoisonner, poursuivie par Cloten qui tente de la violer, reniée par son mari même qui veut la tuer, Imogène n'a plus de refuge en ce monde. Où donc ira-t-elle? A qui donc s'adressera-t-elle? Qui donc la protégera, quand son chevalier même s'est fait son ennemi?

Voyez-vous dans cette vallée solitaire que traverse un chemin tortueux, au bas de cette rampe dont l'escarpement donnerait le vertige à une chèvre, voyez-vous, à demi dissimulée par un rideau de mûriers et d'églantiers sauvages, cette caverne qui semble être la gueule entre-baillée d'un cyclope de granit? Dans ce trou, dont le paysan gallois ne parle qu'avec un effroi superstitieux, demeurent, vêtus de peaux de bêtes, un vieillard et deux jeunes gens. Ce vieillard est un banni, et ces jeunes gens, élevés par lui, sont toute sa famille. Tous trois mènent la vie des hommes primitifs. Ont-ils soif? Il y a de l'eau au torrent. Ont-ils faim? Il y a du gibier dans la bruyère. Cette existence est bien rude, bien farouche. Parfois les jeunes gens s'en plaignent; ils sont ennuyés de ces déserts; ils sont las de cette nature; ils sont fatigués de ce calme. Les montagnes leur sont monotones; ils aspirent aux plaines, aux hameaux de là-bas, aux cités de tout là-bas. Ils voudraient voir des visages autres que la face grise de Bélarius. Le toit ne leur suffit pas, il leur faut la patrie. Ils ont la nostalgie du bruit, du mouvement, de la foule, de la renommée. « Peut-être cette vie-ci est-elle la plus heureuse, dit Guidérius au vieillard, si la vie tranquille est le bonheur; elle est plus douce pour vous qui en avez connu une plus rude, mais pour nous c'est le cloître de l'ignorance. — De quoi pourrons-nous parler quand nous serons vieux comme vous? ajoute le cadet Arviragus. Nous n'avons rien vu; nous sommes pareils à la bête, subtils comme le renard pour attraper, belliqueux comme le loup pour manger; nous sommes dans une cage que nous faisons retentir, ainsi que l'oiseau emprisonné, en chantant librement notre servage. » Alors, avec un accent paternel, l'austère Bélarius reprend les jeunes gens : « Comme vous parlez! s'écrie-t-il. Ah! si, comme moi, vous connaissiez par expérience la cité et ses usures, le camp et ses médisances, la cour et ses intrigues ! » Et le vieillard se met à raconter sa propre histoire. Lui-même a été jadis un combattant illustre; il a défendu sa patrie contre César et il a encore le corps balafré de coups d'épée romaine. Pourtant, malgré ses longs services, il a suffi d'une calomnie pour le perdre. Lui qui avait voulu l'indépendance de son pays, on l'a accusé d'en avoir voulu la ruine, et il a été disgracié, il a été chassé, il a été banni; il a été mis hors la loi, hors la patrie, hors l'humanité! Eh bien, cet exil, dont on voulait lui faire une honte, Bélarius l'accepte comme un honneur; il en est fier; il en est heureux. Repoussé par les hommes, il s'est réfugié dans la nature et il y a trouvé la sérénité. Il vit libre et honnête dans son rocher, et, depuis qu'il y habite, il a payé au ciel plus de dettes pieuses que dans toute sa vie passée : « O mes enfants, restons proscrits! Il y a dans notre existence plus de noblesse qu'à solliciter ailleurs l'humiliation. Continuez votre vie de montagnards. Gravissez ces hauteurs, vous dont les jambes sont jeunes; moi, je foulerai ces plateaux... Puis, remarquez bien, quand vous m'apercevrez d'en haut, menu comme un corbeau, que c'est la place qui amoindrit l'homme ou le grandit. » Les deux jeunes gens ont écouté respectueusement le vieillard; cette voix, qui les rappelle au devoir, a trouvé un écho dans leur conscience, et bientôt les voilà qui, pleins d'une ardeur nouvelle, reprennent leur élan héroïque et grimpent en chantant à l'assaut de la cime escarpée.

Quel contraste entre le palais de Cymbeline et la grotte de Bélarius, entre la demeure du proscripteur et la retraite du proscrit! Là, nous ne voyons qu'intrigues, mensonges, désunions, querelles intestines, complots, coups d'État, ambitions monstrueuses rallumant dans de sombres officines je ne sais quel feu de l'enfer, et cherchant au fond de l'alambic empoisonné l'or dont sont faites les couronnes ; ici, tout est union, calme, sérénité, cordialité, joie intérieure; pas d'autre royauté que celle de la fête. Là, dans cette atmosphère malsaine de la cour, les affections humaines s'atrophient et se corrompent; ici, elles se fortifient et s'épurent à l'air libre. Quelle marâtre que la reine, mais aussi quel père que Bélarius! Là, l'éducation fausse les sentiments; elle développe tous les mauvais instincts, toutes les basses cupidités, tous les appétits immondes; elle tord le sens moral, rend l'âme difforme et produit l'idiot Cloten, ce Caliban de l'antre royal. En revanche, quelle institutrice que la nature! quelle école que l'exil! Comme ils sont vaillants et honnêtes ces deux jeunes gens qu'enseigne le proscrit à barbe grise !

Et pour que nous comprenions mieux cette leçon qui est la pensée même de son œuvre, Shakespeare introduit Imogène dans la grotte de Bélarius. Rejetée par le palais, comment va-t-elle être accueillie par la caverne? Elle s'y traîne, les pieds en sang, chancelante, épuisée, presque morte de faim. O ineffable déception! dans ce repaire où elle s'attendait à rencontrer quelque bête féroce, elle a trouvé des frères! Voyez quel accueil ils lui font, comme ils s'empressent autour d'elle, comme ils sont aux petits soins! Imogène veut au moins payer sa nourriture : « De grâce, dit le maître de la grotte, ne nous prenez pas pour des rustres, beau damoiseau, et ne mesurez pas nos bonnes âmes à notre sauvage demeure. Vous êtes le bienvenu. » Et la princesse, étonnée d'une hospitalité si généreuse, se dit tout bas à elle-même : « Voici de bienfaisantes créatures. Dieux! que de mensonges j'ai entendus! Nos courtisans disent que tout est sauvage hors de la cour. Expérience, oh! quel démenti tu leur donnes! » Ce n'est pas assez qu'Imogène doive la vie à des proscrits, il faut qu'elle leur doive l'honneur. Déguisé sous les vêtements de Posthumus, Cloten la poursuit ; il arrive, l'imprécation à la bouche, la luxure au cœur, pour accomplir l'infâme attentat qu'il a juré. Mais Guidérius est là qui s'interpose : « Quel est ton nom ? — Cloten, drôle. — Cloten, double drôle, a beau être ton nom, je ne tremble pas. Si tu t'appelais crapaud, ou vipère, ou araignée, j'en serais plus ému. — Je suis le fils de la reine, n'en es-tu pas épouvanté ? » Et Guidérius fièrement : « Je ne crains que ceux que je révère, les sages ; les fous, j'en ris et je n'en ai pas peur. » Puis les voilà tous deux aux prises : un duel s'engage entre le prince et le montagnard, entre l'homme de cour et l'homme des bois, entre le bretteur et le chasseur. Enfin, Cloten tombe, et bientôt il ne reste plus de cette altesse qu'un cadavre mutilé.

Désormais, la Bretagne respire ; elle est débarrassée de cet horrible héritier présomptif qui la menaçait de régner sur elle ; elle est affranchie de ce prince-cauchemar ; mais cette tâche ne suffit pas aux proscrits. La Bretagne a un autre ennemi que Cloten, c'est César. Cloten n'en voulait qu'à ses libertés, César en veut à son indépendance. Les soudards de l'empereur ont envahi le pays, et Iachimo, l'homme de la calomnie et du mensonge, commande dignement les volontaires de l'empire. La mère-patrie est en danger. Vite à la rescousse, enfants ! Les proscrits sortent de la retraite à laquelle une tombe aimée les attachait ; ils laissent là cette solitude où le devoir n'est plus, et apparaissent, irrésistibles, sur le champ de bataille où va se jouer le sort d'un peuple. Déjà l'armée nationale est en pleine panique ; les deux ailes ont été coupées, le roi va être fait prisonnier, et des Bretons, « l'on ne voit plus que les dos fuyant à travers un étroit défilé. » C'est à ce moment désespéré que les trois bannis s'élancent dans le ravin et ferment la retraite aux fuyards. Bélarius menace de son épée le premier lâche qui bougera : « Aux enfers les âmes qui reculent! halte! halte! » A l'aspect de ce vieillard et de ces jeunes gens apparus tout à coup on ne sait d'où, les Bretons croient avoir reçu du ciel un renfort de trois légions. « Devant cette intrépidité qui changerait une quenouille en lance, les plus blêmes visages se raniment. » Les assaillis deviennent assaillants. O miracle! la déroute fait volte-face et met en fuite la victoire. La patrie est libre. Les aigles se sont sauvées à tire d'ailes comme des corbeaux. Trois proscrits ont triomphé de César.

Le dénoûment de *Cymbeline* a été loué par les plus grands détracteurs de Shakespeare. Il a été vanté même par Steevens, ce triste critique qui a annoté Shakespeare comme Voltaire a commenté Corneille. En effet, ce drame si compliqué, où tant d'intrigues se croisent, va se conclure avec une admirable simplicité.

La fortune de la guerre a réuni dans la tente de Cymbeline les principaux personnages de la pièce; seule la reine, morte de rage, comme sa sœur, l'ambitieuse lady Macbeth, manque à l'appel du sort. Près du roi, assis sur son trône, voici les sauveurs de la patrie, Bélarius, Guidérius et Arviragus; voici Pisanio, le fidèle écuyer, qui, en désobéissant à son maître, a sauvé sa maîtresse. En face du roi, debout comme devant un juge, voici, entre deux haies de soldats, le général ennemi Lucius et son lieutenant Iachimo, l'imposteur que vous savez; derrière eux, dans la foule des prisonniers, voici Imogène, qu'on a crue morte et qui, recueillie par Lucius, est devenue son page; voici Posthumus, transfuge du désespoir, qui, après avoir combattu pour son pays dans les rangs bretons, n'a passé à l'ennemi que pour mourir.

En effet, tous les captifs vont être sacrifiés aux dieux,

et la victoire implacable exige son holocauste. Ainsi l'ordonne le roi Cymbeline. A cet instant suprême, Lucius, le général prisonnier, élève la voix, et, montrant Imogène, demande que son page, qui n'a pas pris part au combat, soit admis à payer rançon. En apercevant Imogène, Cymbeline se sent pris d'une insurmontable sympathie pour cet adolescent qu'il a vu il ne sait où : « Enfant, tu as d'un regard conquis ma faveur : vis, et demande à Cymbeline la grâce que tu voudras. » Imogène, qui, depuis quelque temps, a considéré Iachimo avec une anxiété étrange, réclame pour toute faveur que ce gentilhomme dise de qui il tient l'anneau qu'il porte au doigt.

Cette simple question d'Imogène dénoue le drame entier. Sommé de s'expliquer, Iachimo avoue tout : cet anneau qui appartenait à Posthumus, il l'a obtenu par un mensonge ; et le misérable, ayant les larmes dans la voix et le remords dans l'âme, se met à raconter le fatal pari, sa tentative auprès d'Imogène, son échec, et, enfin, l'odieux stratagème auquel il a eu recours. En entendant ce récit qui lui révèle combien il a été dupe, Posthumus a le même désespoir qu'aura tout à l'heure Othello en écoutant Émilia. Il s'arrache les cheveux, il déchire son déguisement romain, et, s'élançant vers Cymbeline comme au suicide : « Je suis Posthumus ! s'écrie-t-il, et c'est moi qui ai tué ta fille ! Je suis celui que les plus horribles choses de ce monde corrigent, étant pire qu'elles toutes. Crachez, lancez des pierres, jetez de la boue sur moi ! Que chaque criminel soit appelé Posthumus Léonatus ! Son crime sera toujours moindre que le mien !... O Imogène, ma vie ! ma femme ! ma reine ! » Grâce au ciel, Imogène n'est pas morte, ainsi que Desdémona. A cet appel irrésistible de son mari, elle oublie ce costume de page qui la rend méconnaissable, et, s'avançant vers Posthumus : « Du calme, monseigneur ! écoutez ! » Mais l'autre, fou de douleur, ne la devine pas sous ces vêtements ; cette interruption lui fait l'effet d'une insulte, et il repousse durement le petit page. Sous ce coup imprévu, Imogène tombe défaillante. Pisanio, toujours le premier à porter secours, se précipite vers le page étendu sans mouvement ; il se penche et la reconnaît : « O monseigneur ! crie-t-il à Posthumus, vous n'avez jamais tué Imogène qu'en ce moment ! » Heureusement, Imogène est trop clémente pour se laisser mourir si vite ; retenue par son mari qui l'étreint dans ses bras, elle résiste à la séduction de la tombe, à l'attraction du dernier sommeil ; elle rouvre les yeux ; elle consent à vivre ! Figurez-vous, confondus dans la même extase, la joie de Claudio voyant ressusciter Héro et le bonheur de Léonte sentant son Hermione palpiter dans la statue de marbre, et vous aurez une idée du ravissement de Posthumus embrassant Imogène. Les remords de Claudio et de Léonte, Posthumus les éprouve : comme eux il a sali de ses soupçons la blanche pudeur d'Imogène ; comme eux il a été coupable du crime de lèse-chasteté conjugale. Mais Imogène a le droit de grâce, comme Héro et comme Hermione ; elle en use ainsi qu'elles, et elle absout son jaloux d'un sourire.

C'est alors que, pour ajouter à l'émotion générale, Pisanio raconte le péril auquel la princesse a échappé. Cloten est allé à la poursuite d'Imogène, méditant un odieux attentat. Ce qu'il est devenu, on l'ignore. — Je l'ai tué, dit fièrement Guidérius. — Nouveau coup de théâtre. Cymbeline supplie le jeune imprudent de rétracter ce qu'il vient de dire ; autrement, malgré tous les services rendus par celui-ci, le roi devra châtier le meurtrier du fils de la reine. Malgré cette menace, Guidérius s'obstine à la franchise ; sur l'ordre de Cymbeline, il va être livré au bourreau. Mais Bélarius intervient, et, avec un ton d'étrange autorité, défend aux gardes de lier les mains du prisonnier; puis, s'adressant à Cymbeline : « Arrête, seigneur roi, s'écrie-t-il, cet homme est plus noble que celui qu'il a tué. Il est aussi bien né que toi-même. » Et l'auguste vieillard explique à l'auditoire stupéfait qu'il est ce Bélarius injustement banni il y a vingt ans. Pour se venger de celui qui lui avait retiré la patrie, il lui confisqua sa famille, il fit enlever au berceau les deux premiers-nés du roi et les recueillit dans sa caverne. Ces deux enfants, il les a élevés avec amour à la grande école de la nature et de l'épreuve, et il en a fait des hommes, des preux, des justes. Maintenant que leur éducation est achevée, il les rend au pays qui les réclame. Hélas! il perd par cette restitution les deux plus charmants compagnons du monde. L'aîné, monseigneur Guidérius, qu'il nommait son Polydore, le voici. Le cadet, monseigneur Arviragus, qu'il appelait son petit Cadwall, le voilà : « Que la bénédiction d'en haut tombe sur eux comme la rosée! Car ils sont dignes d'ajouter deux astres au ciel. » Et l'on voit une larme ruisseler sur la barbe grise de Bélarius, tandis qu'il abdique ainsi sa paternité. Devant la noble vengeance du proscrit, le roi se sent vaincu. Le père légitime tend la main au père adoptif, et, se tournant vers sa fille : « O Imogène, tu perds un royaume à ce récit. — Non, sire, j'y gagne deux mondes. »

Imogène a retrouvé son mari et ses frères; Cymbeline a revu ses enfants. Mais le dénoûment n'est pas complet encore. Que va devenir Iachimo? Quelle est la punition réservée à cet homme qui, en calomniant Imogène, a causé tous ses malheurs? Rappelez-vous la mort que, pour avoir diffamé Euriante, Lisiart subit dans le *Roman de la Violette* : on l'attache à la queue d'un cheval qui part au galop, et, avant qu'il soit tout à fait brisé par les pierres du chemin, on le pend à un arbre. Souvenez-vous de l'épouvantable supplice infligé dans le *Décaméron* au calomniateur de Ginevra : on l'empale, on l'enduit de miel et on le donne à dévorer aux moustiques. Sans doute, Iachimo s'attend à quelque torture de ce genre, lorsque, se jetant aux pieds du mari outragé, il lui offre sa vie en expiation. Mais Posthumus se contente de relever l'homme agenouillé en lui disant : « Ma vengeance envers vous, c'est de vous pardonner. Vivez et agissez mieux avec d'autres. »

Cette correction finale faite par le drame à la légende primitive est bien digne de Shakespeare. Jusque-là, remarquez-le bien, le poëte avait respecté la fable originale dans ses éléments essentiels ; il en avait adopté et mis en relief les principaux accidents. Iachimo est coupable de calomnie et de lâcheté, tout autant que Lisiart et qu'Ambrogiulo ; Shakespeare n'a pas cherché à atténuer sa faute, il en fait même ressortir toutes les conséquences ; mais, interprète d'une justice supérieure, il n'a pas voulu confirmer l'affreuse sentence prononcée jadis contre le coupable. Quoi ! punir du gibet un mensonge ? punir du pal une diffamation ? Cela a pu paraître équitable à Gilbert de Montreuil, ménétrier du treizième siècle ; cela a pu sembler juste à Boccace, conteur du quatorzième, mais cela paraît monstrueux à Shakespeare, poëte de tous les temps. Ah ! que plutôt le coupable se repente, et qu'il soit absous ! Telle est la conclusion définitive que l'auteur adopte et qui seule satisfera l'avenir. La légende avait crié : mort ! le drame dit : pardon ! L'œuvre de Shakespeare, c'est l'idée du moyen âge épurée par l'esprit moderne.

Cymbeline est le seul drame du poëte dont le dénoûment produise une satisfaction complète dans l'âme du spectateur. Toutes ses autres pièces tragiques, *Hamlet*, *Macbeth*, *Roméo*, le *Roi Lear*, *Othello*, nous laissent une douloureuse impression. Ophélia, lady Macduff, Juliette, Cordélia, Desdémona, autant de victimes sacrifiées à la passion inexorable! Il n'est pas jusqu'au *Conte d'hiver* qui ne nous mette en deuil de l'enfant Mamilius. Mais *Cymbeline* fait une consolante exception au sombre théâtre de Shakespeare. Dans cette pièce unique, la force mystérieuse qui règle le cours des événements et qui tient dans sa main les existences humaines, apparaît, non comme un pouvoir aveugle et implacable, châtiant également les bons et les méchants, mais comme une puissance bienveillante et tutélaire qui soutient l'opprimé contre l'oppresseur, et assure partout le triomphe du droit sur la violence, de l'innocence sur la calomnie, de la probité proscrite sur l'iniquité couronnée. Dans *Cymbeline*, la destinée n'a plus cet aspect sinistre et menaçant qui effraye le monde depuis le temps d'Eschyle; elle ôte pour un moment son antique masque de fatalité, et laisse voir à l'humanité rassurée et attendrie son divin sourire de providence.

II

La reine Élisabeth avait soixante-dix ans. Elle était triste. Elle songeait sans cesse à son favori qu'elle avait fait décapiter, et ce souvenir l'obsédait comme un remords. Au commencement de l'année 1602, elle disait à M. de Beaumont, ambassadeur de France, qu'elle était fatiguée de la vie. L'ambassadeur lui demandait pourquoi, et alors elle lui parlait d'Essex, toujours d'Essex : « Ah! ce n'est pas ma faute, disait-elle, je l'avais averti depuis plus de deux ans; je l'avais supplié de se contenter de me plaire et de ne pas toucher à mon sceptre. Il ne m'a pas écoutée. Son manque de prudence a causé sa perte! » Et la toute-puissante souveraine fondait en larmes comme un enfant. Les ministres firent tout au monde pour guérir leur reine de cette incurable mélancolie. Il y avait un jeune seigneur qui ressemblait d'une manière frappante au feu comte d'Essex : c'était le comte de Clanricarde. Le secrétaire d'État Cécil le recommanda à Sa Majesté, espérant qu'elle le prendrait en gré et que peut-être un nouvel amour ferait diversion à ses regrets. Mais cette ressemblance ne servit qu'à accroître la douleur d'Élisabeth, et, chaque fois que la reine voyait Clanricarde, elle songeait à l'*autre*. La figure fraîche et rose du jeune comte lui rappelait à chaque instant une tête coupée.

Les courtisans s'ingéniaient tous pour distraire la fille du roi Henry VIII et l'étourdir : ils l'engageaient à danser pour lui faire croire à son éternelle jeunesse, et la vieille reine dansait machinalement, la mort dans l'âme. Le 28 avril, elle ouvrit un bal à Richmond avec le duc de Nevers. Deux jours après, sous prétexte d'observer une coutume nationale, elle s'en alla avec tous ses gens dans le bois de Lewisham, à deux milles de Greenwich, pour voir se lever le premier soleil de mai. Pendant tout l'été, la cour s'amusa pour l'amuser : ce fut une succession continuelle de concerts, de banquets, de galas. Le lord chambellan épuisa tout son programme de menus plaisirs : parties de chasse, quadrilles sur la pelouse, promenades sur l'eau, excursions en carrosses dorés. La reine était toujours triste.

Alors la cour fit un suprême effort. Une grande dame qui venait d'épouser en secondes noces le richissime chevalier sir Thomas Egerton, une femme que les poëtes du temps invoquaient comme leur patronne, et qui eut dans sa vie l'insigne honneur d'être chantée, jeune, par Spenser, et vieille, par Milton, — la comtesse de Derby eut l'idée magnifique de donner à la reine une fête qui rappellerait les merveilles de Kenilworth. Elle avait, à quelques milles de Londres, près d'Uxbridge, un manoir féodal récemment acheté à la noble famile de Newdegate, qui, pour être moins fort et moins crénelé que le château de Leicester, n'en était pas moins beau. Ce fut dans ce manoir, placé au milieu de la plus riante nature, sur une éminence qui domine le cours d'une rivière, que la comtesse offrit à la reine sa splendide hospitalité. La reine accepta l'invitation et accorda pour trois jours son auguste désœuvrement. Le vendredi 28 juillet, elle partit du palais de Greenwich, se dirigeant sur Lambeth, qui la salua au passage de tous les carillons de ses églises, puis traversa la Tamise et atteignit Chiswich, où elle coucha. Le lendemain, elle se remit en marche, et, après avoir fait une halte à Harlington, arriva vers le crépuscule devant le manoir de Harefield, où la comtesse de Derby l'attendait.

Élisabeth s'arrêta un instant à la grille du parc pour écouter une scène de comédie, assez peu comique, où étaient censés figurer un procureur et une laitière, longea la grande avenue [1], et enfin descendit de cheval devant le perron du château. Au haut de ce perron, une estrade avait été préparée pour elle. La reine s'assit là sur un trône et fut obligée d'écouter un petit dialogue de circonstance que récitèrent devant elle deux personnages allégoriques, le Lieu et le Temps : — l'un, vêtu d'une houppelande à carreaux, représentait une maison en briques; l'autre, affublé d'une perruque jaune et

---

[1] De cette avenue qui depuis a pris le nom de *Queen's Walk*, il ne reste plus aujourd'hui que quatre arbres. Qant au vieux manoir de Harefield, il a été détruit en 1660 par un incendie, et c'est à peine si l'on peut encore en reconnaitre les ruines.

d'une robe verte. Le Lieu demandait au temps pourquoi son sablier était arrêté et pourquoi lui-même ne bougeait pas. Le Temps répondait qu'il avait interrompu sa marche pour recevoir la merveille du jour et engageait son camarade, le Lieu, à se joindre à lui pour la fêter, si toutefois il n'était pas *trop petit*. — Trop petit! répliquait le Lieu avec fierté, n'ai-je pas reçu tout à l'heure le soleil qui vient de descendre là-bas derrière l'horizon? Celui chez qui s'est arrêté Apollo en personne est-il donc indigne de recevoir Cinthia elle-même? — Ce compliment, où la reine septuagénaire était comparée à Diane, dut paraître d'un goût plus que douteux à Élisabeth elle-même. Heureusement, en compensation de toutes ces misères, lady Derby tenait en réserve pour son illustre hôtesse un régal exquis, une incomparable surprise, la représentation d'une pièce nouvelle par la troupe de milord Chambellan.

Cette pièce était de maître William Shakespeare et s'appelait *Othello, le More de Venise*.

Un théâtre avait été improvisé dans la plus vaste salle du château. Au fond, les coulisses et la scène dissimulées par un rideau; sur le devant, un fauteuil pour Sa Majesté et des tabourets pour les femmes de la cour, puis des banquettes pour la foule des seigneurs et des gentilshommes. Ici les acteurs, couverts de fard, costumés d'oripeaux, chamarrés de clinquant, jouant leur comédie et méprisés pour cela. Là les courtisans, couverts de fard aussi, costumés d'oripeaux aussi, chamarrés de clinquant aussi, jouant leur comédie aussi et honorés pour cela. — La chronique ne sait pas quels furent les spectateurs privilégiés qui, au mois de juillet 1602, assistèrent à la représentation d'*Othello*. Mais un hasard a fait retrouver récemment, dans un manuscrit conservé à Bridgewater-House, les noms des heureuses qui furent invitées aux fêtes de Harefield et qui composèrent ce soir-là tout le parterre féminin du poëte. Outre la reine, outre la châtelaine, lady Derby, il y avait là lady Huntingdon, lady Hunsdon, lady Berkeley, lady Stanhope, lady Compton, lady Fielding, mistress Gresley, mistress Packington, mistress K. Fischer, mistress Saychoverell, mistress M. Fischer, mistress Davers, mistress Egerton... Ah! mesdames les grandes dames, vous qui étiez alors la hautaine élite de la beauté et de la noblesse anglaise, vous qui, coiffées de perles, parées de brocart, de velours et de satin, couronnées de diamants, regardiez se jouer cette pièce nouvelle comme au-dessous de vous, en lui accordant parfois peut-être votre dédaigneuse approbation, vous doutiez-vous qu'un temps viendrait où vous échapperiez à l'oubli de l'histoire par cette unique raison qu'un soir vous aviez vu, les premières, représenter le drame de cet histrion de Shakespeare ?

Quelle impression *Othello* produisit-il sur la reine Élisabeth? C'est ce que nul ne saura jamais. Peut-être la contemplation de cette grande douleur imaginaire lui fit-elle oublier pour un instant ses propres chagrins ; peut-être au contraire la vue de la fatale erreur du More l'offusqua-t-elle comme une remontrance. Qui, en effet, mieux qu'Élisabeth, avait prêté l'oreille au soupçon? Qui, plus qu'elle, avait été possédée de « ce monstre à l'œil vert qui produit l'aliment dont il se nourrit? » Dominée par cette effrayante passion qui de sa victime fait un bourreau, que n'avait-elle pas souffert et que n'avait-elle pas fait souffrir? Durant sa longue toute-puissance, elle avait persécuté de ses inquiétudes tous les beaux et grands seigneurs de sa cour. Jalouse, elle l'avait été d'Essex ; elle l'avait été de Raleigh ; elle l'avait été de lord Hunsdon; elle l'avait été de Leicester.

Un jour, sous un prétexte quelconque, elle avait envoyé à la Tour de Londres l'ami même de Shakespeare, lord Southampton, pour le crime de s'être marié sans sa royale permission, et d'avoir rendu à une autre l'hommage qui n'était dû qu'à elle seule. La jalousie, elle l'avait dans le sang. Eh! mais elle la tenait de son père Henry VIII, qui sur un simple soupçon, avait mis à mort sa mère Anne de Bolein, cette autre Desdémona!

Quoi qu'il en soit, ce dut être un prodigieux spectacle que la représentation d'*Othello* dans la grand'salle du château de Harefield. Quelle émotion! Voir le chef-d'œuvre des chefs-d'œuvre de Shakespeare interprété par la troupe de Shakespeare, sous les yeux et peut-être avec le concours de Shakespeare! Quelle puissance d'illusion ils durent avoir, ces comédiens à qui l'auteur lui-même avait distribué et enseigné ses rôles! Tous ces acteurs que le poëte traite en camarades ont reçu de lui le souffle sacré. Dans leur jeu, pas un geste, pas un mouvement, pas un mot, pas un cri, pas un murmure qui n'ait été indiqué, mesuré, étudié par le maître. — Toi, Kempe, tu entreras de ce côté; toi, de cet autre, Fletcher; toi, Philipps, tu baisseras la voix à ce moment; toi, Condell, tu fronceras le sourcil en disant ce vers; toi, Héming, tu changeras de place avec Amyn durant ce dialogue; ici, Sly, tu passeras ta main dans tes cheveux; pour un homme ivre, Cowley, tu vas trop droit; toi, Burbage, pour étouffer ta Desdémona, tu tiendras l'oreiller comme ceci!... Et peut-être l'auteur d'*Othello* avait-il terminé cette répétition générale par ces paroles empruntées à l'auteur d'*Hamlet* : « Que votre propre discernement soit votre guide : mettez l'action d'accord avec la parole, la parole d'accord avec l'action, en vous appliquant spécialement à ne jamais violer la nature. »

Conseillés par un pareil maître, soutenus par une pareille œuvre, les plus faibles de la troupe durent se sentir inspirés. Quant à Richard Burbage, qui créait le rôle principal, nous le savons, il fut sublime. Ce Frédérick du théâtre shakespearien, ce comédien si multiple et si varié qui avait créé avec tant d'éclat Hamlet et Roméo, Henry IV et Shylock, se surpassa lui-même dans Othello. L'émotion qu'il y produisit fut si grande que le souvenir en retentit encore dans les chants populaires. Citons ici une élégie touchante composée en 1619 et inspirée par la mort du grand acteur :

> No more young Hamlet, though but scant of breath,
> Shall cry revenge for is dear father's death.
> Poor Romeo never more shall tears beget
> For Juliet's love and cruel Capulet.
> Harry shall not be seen as king or prince.
> They died with thee, dear Dick,
> Not to revive again.
> Tyrant Macbeth with unwashed bloody hand
> We vainly now may hope to understand.
> Brutus and Marcius hanceforth must be dumb
> For ne'er thy like upon our stage shall come...
> And his whole action he would change with ease
> From ancient Lear to youthful Pericles.
> But let me not forget one chiefest part
> Wherein, beyond the rest, he moved the heart,
> The grieved Moor, made jealous by a slave,
> Who sent his wife to fill a timeless grave,
> Then slew himself upon the bloody bed.
> All these and many more, with him are dead!

« Nous n'entendrons plus le jeune Hamlet, malgré son haleine courte, crier vengeance pour la mort de son père chéri. Le pauvre Roméo ne versera plus de pleurs pour l'amour de Juliette et la cruauté de Capulet. Henry ne paraîtra plus ni comme roi, ni comme prince. Ils sont morts avec toi, cher Richard, pour ne jamais revivre. En vain désormais pourrons-nous espérer comprendre le tyran Macbeth à la main sanglante et jamais lavée... Brutus et Marcius devront rester muets à l'avenir, car jamais ton pareil ne viendra sur notre scène... Tout son jeu, Richard le transportait aisément du vieux Lear au jeune Périclès. Mais n'oublions pas le *rôle principal où, plus que dans tout autre, il émouvait le cœur :* le malheureux More qui, rendu jaloux par un misérable, envoyait sa femme remplir une tombe prématurée et puis se poignardait sur le lit sanglant. Tous ceux-là, et bien d'autres, sont morts avec lui. »

Nous savons que Burbage jouait Othello ; nous savons qu'il obtenait, en le jouant, son plus grand succès ; mais comment le jouait-il ? La tradition ne nous a légué sur ce point aucun renseignement. Et d'abord, pour ne parler que du côté extérieur du rôle, quel costume avait-il ? Portait-il, comme les cheicks africains, le burnous et le turban ? Ou, ce qui semble beaucoup plus logique, était-il censé avoir répudié l'habit des musulmans en abjurant leur foi ; et, mahométan converti, se présentait-il, comme général vénitien, dans l'uniforme indiqué par Paul Jove, ayant sur sa cuirasse la simarre de drap d'or et tenant à la main le bâton d'argent surmonté du lion de Saint-Marc ?

Autre question bien plus importante. Comment Burbage était-il grimé ? Avait-il la face noire ou seulement basanée ? Quel teint Shakespeare avait-il choisi pour son Africain, le teint de l'Arabe ou le teint du Cafre ? Ce sujet a été discuté longuement dans l'ancien et dans le Nouveau-Monde ; il a donné lieu à des volumes de commentaires ; il a soulevé les controverses aux État-Unis, en Angleterre et en Allemagne, et divisé la critique en deux camps. La majorité, qui compte dans ses rangs deux hommes considérables, John Quincy Adams, quatrième successeur de Washington, et William Schlegel, a voulu qu'Othello fût nègre : « Quelle heureuse méprise, s'écrie le professeur allemand, que le More qui, dans le sens original, est incontestablement désigné comme un Sarrasin baptisé du nord de l'Afrique, ait été fait nègre par Shakespeare ! Nous reconnaissons dans Othello la sauvage nature de cette zône brûlante qui engendre les plus féroces bêtes de proie et les plus mortels poisons, apprivoisée seulement en apparence par le désir de la gloire, par les lois étrangères de l'honneur et par la douceur de plus nobles mœurs. » — La minorité, à la tête de laquelle s'est placé Coleridge, a soutenu énergiquement l'opinion opposée : « Il y aurait quelque chose de monstrueux, dit l'auteur des *Literary Remains*, à supposer la belle Vénitienne amoureuse d'un véritable nègre. Cela accuserait chez Desdémona une disproportion de goût, un manque d'équilibre que Shakespeare ne paraît pas le moins du monde avoir eus en vue. Même en supposant que ce fût là une tradition continue du théâtre, en supposant que Shakespeare, cédant à cette pensée que rien ne saurait être trop fortement marqué pour les sens de son auditoire, eût dans la pratique sanctionné cette tradition, cela prouverait-il quelque chose concernant son intention comme poëte de tous les âges ? »

S'il m'est permis d'exprimer mon humble opinion dans un débat auquel ont pris part de si célèbres interlocuteurs, j'oserai dire que je me range à l'avis de Coleridge ; j'irai même plus loin que le critique anglais ; j'oserai prétendre, après un examen attentif de la question, que Shakespeare n'a jamais sanctionné par la pratique la méprise dont le loue Schlegel. Il est très-vrai que, dans la première scène du drame, Roderigo, qui hait Othello, le désigne dédaigneusement comme *l'homme aux lèvres épaisses*. Mais qu'est-ce que cela prouve ? Parce que l'épaisseur des lèvres est un trait caractéristique du type nègre, s'ensuit-il qu'il n'y a que les nègres qui aient de grosses lèvres? Ce trait ne se retrouverait-il pas fréquemment chez les autres types, et, loin d'être un stigmate de sauvagerie, n'est-il pas considéré, depuis les études de Lavater, comme un signe de bonté, comme un indice extérieur de ces qualités expansives dont le poëte a doué Othello? — Il est très-vrai aussi que le More de Venise est fréquemment désigné comme *noir* par les personnages du drame qui lui sont le plus sympathiques : « Votre gendre, dit le doge à Brabantio, est plus brillant encore qu'il n'est noir. » Et Othello lui-même, cherchant les motifs du dégoût qu'il croit inspirer à Desdémona, se dit à lui-même qu'il est noir : *Perhaps for I am black.* Mais le mot *black*, que nos dictionnaires traduisent par le mot *noir*, avait-il au temps de Shakespeare la valeur absolue que les critiques américains et allemands lui ont attribuée? Je ne le crois pas, et je citerai à l'appui de mon opinion un exemple frappant.

Voyez, dans les *Sonnets* de Shakespeare, le portrait que le poëte nous fait de sa maîtresse : « Si la neige est blanche, certes sa gorge est brune ; j'ai vu des roses de Damas, rouges et blanches, mais je n'en ai pas vu de telles sur ses joues. » Ainsi, Shakespeare est épris d'une brune ; jusque-là, rien que de naturel, et cet accident peut nous arriver à tous ; mais bientôt, emporté par son enthousiasme d'amant, le poëte déclare qu'à ses yeux le teint brun est le plus beau qui soit, et, pour rendre son idée, il s'écrie :

Thy *black* is fairest in my judgment's place [1].

Ce qui signifierait, littéralement traduit : « *Ton teint noir est le plus brillant au gré de mon jugement.* »

---

[1] Voir le sonnet 131 dans l'édition anglaise et le sonnet 10 dans l'édition

Shakespeare poursuit son dithyrambe; son admiration grandit encore, et le voilà qui affirme non-seulement que le teint brun est le plus beau, mais qu'il est le seul beau. Fi de la blonde! Vive la brune!

> Will I swear beauty herself is black
> And all they foul that thy complexion lack.

Ce qui veut dire à la lettre : *Je jurerai que la beauté elle-même est noire, et qu'elles sont toutes laides celles qui n'ont pas ton teint.* » Ainsi, la même couleur de peau que Shakespeare donne au More de Venise, il l'attribue à l'héroïne de ses sonnets. Or, que diraient les critiques allemands et américains si, prenant l'auteur au mot, nous soutenions qu'il était amoureux d'une négresse?

Ainsi, il est certain que le mot black (*noir*) n'avait pas alors de valeur absolue, et pouvait, par extension, désigner un brun ou une brune. Mais voici un autre argument non moins décisif. Othello n'est pas le seul More que Shakespeare ait introduit sur la scène. Dans le *Marchand de Venise*, parmi les prétendants qui se mettent sur les rangs pour épouser Portia, il en est un dont la couleur étrange frappe tous les regards : c'est le prince de Maroc. Le premier mouvement qu'éprouve la châtelaine de Belmont devant ce soupirant est celui d'une vive répulsion, qu'elle exprime d'une manière toute comique : « S'il a l'âme d'un saint, comme il a l'extérieur d'un *diable*, j'aime mieux l'avoir pour confesseur que pour mari. » Iago fait justement la même comparaison satirique, lorsque, parlant de Desdémona nouvellement mariée, il déclare qu'elle sera bientôt fatiguée de contempler le *diable*. Eh bien, ce prince de Maroc, qui est

que j'ai publiée. — Cette antithèse entre les mots *black* et *fair* se retrouve exactement dans ce vers à l'adresse d'Othello :

> Your son in law is far more fair than black

du même pays et du même sang que le More de Venise, et dont l'apparition provoque la même épigramme, veut-on savoir comment il est dépeint dans l'édition originale, publiée en 1600 sous les yeux de l'auteur?

« Enter Morochius, a tawny Moor, all in white.

» Entre le prince de Maroc, un More basané, [tout en blanc. »

Ici, plus de doute possible. Le texte est formel; l'intention du poëte est écrite en toutes lettres. Shakespeare a voulu que le More qui s'offre à Portia eût le teint basané de l'Arabe. Pourquoi donc aurait-il voulu que le More à qui s'offre Desdémona eût le teint noir du Cafre? Non; quoi qu'en aient dit les critiques d'Allemagne et d'Amérique, le séducteur de la fille des doges n'est point un nègre. Shakespeare a pu jeter le crépuscule sur le noble visage d'Othello; il n'y a point fait la nuit.

Il n'a pas commis l'injustifiable méprise dont Schlegel le félicite. Il n'a pas confondu le More avec le nègre. Tout enfant, William avait entendu parler de ce peuple artiste et industrieux qui, traqué dans les monts de l'Alpujarra, opposait encore à l'implacable ennemi de l'Angleterre une si vigoureuse résistance. Ces hommes chevaleresques que Philippe II eut tant de peine à réduire et qui, si longtemps, défendirent contre la toute-puissance espagnole leurs coutumes, leurs foyers, leur patrie, leur religion, — ces hommes-là, Shakespeare n'a pu les confondre avec ces pauvres créatures que le négrier anglais échangeait sur la côte de Guinée contre quelque verroterie ou quelque ruban, et qu'il menait ensuite labourer, bétail humain, les savanes de la Virginie. Au seizième siècle, le nègre était encore en Europe ce qu'est le paria dans l'Inde; dégradé du titre humain, il était traité comme la bête dont on le disait parent, et des préjugés monstrueux qui durent encore, hélas ! lui refusaient une intelligence, une âme, une volonté. Si le poëte, tentant une réhabilitation encore impossible, avait fait aimer par une patricienne de Venise quelqu'un de ces êtres déshérités, il aurait soulevé contre son œuvre toutes les préventions de son temps ; il aurait ameuté toutes les pruderies de la vanité européenne, et, au lieu de bravos, il aurait fait éclater les huées.

Il n'en était pas de même du moment que le héros appartenait à la race arabe. Celle-ci, malgré ses revers, était encore fort estimée, et, en 1601, un an avant la représentation d'*Othello*, Shakespeare avait pu assister lui-même à la magnifique réception faite par la reine Élisabeth aux envoyés du roi de Mauritanie. La race arabe pouvait, en effet, évoquer de glorieux souvenirs. Elle pouvait encore, au seizième siècle, montrer dans les royautés souveraines de Tunis, d'Égypte, de Tripoli et de Maroc, les ruines de cet immense empire qui avait eu pour assises l'Europe, l'Asie et l'Afrique, et que le marteau carlovingien avait fait écrouler. Elle s'était mesurée avec la race germano-latine dans un duel séculaire, et, après l'avoir attaquée par la guerre sainte, avait victorieusement paré la riposte des croisades. Elle avait opposé, dans un tournoi immémorial, ses cheiks à nos chevaliers, ses émirs à nos princes, ses califes à nos empereurs. Elle avait eu ses Abdérames et ses Saladins, comme nous avions eu nos Rolands et nos Rodrigues. Et quand, par hasard, il y avait eu trêve, elle avait pu serrer, avec la main d'Haroun, la main de Charlemagne. Rivale de la race latine dans la guerre, elle avait été, dans la paix, sa généreuse émule. Initiée la première aux merveilles de la Grèce antique, elle s'était faite à Salerne la maîtresse d'école de la jeune Europe, et là, lui avait expliqué Aristote et Platon ; là, mêlant son imagination à la logique hellénique, elle avait révélé à son élève les secrets du ciel par l'astrologie, du nombre par l'algèbre, de la matière par l'alchimie. Devenue l'aînée dans les arts comme dans les sciences, elle avait donné à sa cadette le modèle d'une architecture inconnue, et dessiné au porche de sa mosquée l'ogive de la cathédrale. Après de tels services et de tels exploits, la race sarrasine pouvait, encore au seizième siècle, passer pour l'égale de la race latine. Venise elle-même n'était pas en droit de mépriser Grenade; et la fière ville que domine le lion de Saint-Marc pouvait s'allier sans déchéance à la cité moresque où rampent les lions de l'Alhambra.

La fille du sénateur Brabantio n'a donc pas dérogé en épousant le fils des rois sarrasins. L'union d'Othello et de Desdémona n'est pas une mésalliance; elle est la sympathique fusion de ces deux types primordiaux de la beauté humaine, le type sémitique et le type caucasique; elle symbolise aux yeux de tous, le rapprochement légitime des deux grandes races rivales qui, durant tout le moyen âge, se sont disputé la civilisation du monde. Telle est évidemment la pensée du poëte lorsqu'il fait dire à son héros, dans un accès de juste orgueil : « Je tiens la vie et l'être d'hommes assis sur un trône, et mes mérites peuvent répondre, la tête haute, à la fière fortune que j'ai conquise. »

Ce n'est pas seulement l'homme extérieur que la critique a généralement méconnu dans Othello, c'est l'homme intérieur. Physiquement, elle a vu en lui un nègre; moralement, elle a fait de lui un barbare à demi civilisé. « Nous reconnaissons dans Othello une sauvage nature apprivoisée seulement en apparence... Le More *semble* noble, franc, confiant, reconnaissant de l'amour qui lui est témoigné; mais la simple force physique de la passion dissipe en un moment toutes ces vertus acquises, et fait dominer en lui le sauvage sur l'homme moral. » C'est ainsi que Schlegel, et, après lui, MM. Guizot et de Broglie, interprètent le caractère d'Othello. Cette explication est-elle juste? est-elle rationnelle? Voyez-en les conséquences, et décidez.

Si Othello n'a que des qualités apparentes ; si c'est un faux vertueux et un faux brave ; si c'est un Africain dont on peut dire : Grattez le Berbère, vous trouverez le barbare, alors Desdémona a tort et Iago a raison. Oui, Iago a raison de dire que Desdémona a décélé « un goût bien corrompu, une affreuse dépravation, des pensées dénaturées, en refusant pour Othello tant de partis qui se proposaient et qui avaient avec elle toutes les affinités de patrie et de race. » Alors, Desdémona a fait un mauvais choix ; au lieu de se donner à cet aventurier basané, elle aurait dû accepter quelqu'un de ces jeunes élégants bien blancs et bien roses, mais bien nuls, qui se présentaient à elle. Tandis que le More lui racontait avec tant d'éloquence sa vie grandiose, la Vénitienne n'aurait pas dû l'écouter. Tandis qu'il lui parlait « de tant de chances désastreuses, de tant d'accidents émouvants, de toutes ces morts esquivées d'un cheveu sur la brèche menaçante, de sa capture par l'insolent ennemi, de sa vente comme esclave et de son rachat, » elle n'aurait pas dû s'émouvoir. Tandis que, poursuivant ce récit palpitant, il lui décrivait les contrées redoutables qu'il avait explorées sans frémir, ces régions farouches que peuplent les Cannibales et ces parages mystérieux « où les hommes ont la tête au-dessous des épaules, » Desdémona aurait dû réprimer une funeste curiosité ; elle aurait dû dévorer les larmes que lui arrachait une sympathie périlleuse ; et, plutôt que de pleurer avec ce narrateur épique, elle aurait dû rire de lui. Hélas ! en entendant tant de belles choses, Desdémona se croyait devant un héros véritable.

Elle se laissait séduire ! Elle se laissait charmer ! Elle ne savait plus de quelle couleur était la peau du More, elle ne voyait plus que ses yeux étincelants, sa figure enflammée, sa physionomie rayonnante d'expression, et elle le trouvait beau ! Cette histoire sublime lui semblait la plus noble déclaration d'amour qu'une femme pût écouter, et elle y répondait elle-même par un aveu. L'insensée ! elle était dupe de son émotion. Le preux qu'elle admirait était un sauvage ! Le paladin dont elle était éprise était un barbare ! Plutôt que de se faire enlever par cet Africain, que n'a-t-elle épousé le premier venu de sa race ? Qui sait ? pourquoi pas Roderigo ? Roderigo, tout niais qu'il est, a sur Othello un avantage marqué : il est blanc !

Telle est la conclusion qu'il faut logiquement tirer de l'opinion émise par Schlegel et répétée par d'autres. Le mariage d'Othello et de Desdémona est une alliance contre nature dont la belle Vénitienne doit être nécessairement la victime. Selon le critique allemand, celle-ci a commis « l'erreur de se marier sans le consentement de son père, » et sa mort n'est que l'expiation de cette erreur, et la morale qui résulte de l'action, c'est qu'il ne faut pas croiser les races, et qu'une union mal assortie est nécessairement fatale ! Est-ce donc là la pensée de Shakespeare ? Est-ce donc à ces proportions infimes qu'il faut réduire l'idée de cette œuvre colossale ? Quoi ! est-ce que vous ne sentez pas qu'en amoindrissant le caractère d'Othello, vous rapetissez le drame tout entier ? Ah ! laissez à cette grande figure la taille que l'auteur lui a faite. Othello, dites-vous, n'a de vertus qu'en apparence ? Et quand donc le poëte vous a-t-il autorisés à porter un tel jugement ?

De l'aveu de tous, de l'aveu de Iago lui-même qui pourtant « ne peut pas le souffrir, » Othello a sur tous ses contemporains une supériorité réelle et incontestable. Toutes les vertus morales, il les a; *il est d'une aimante, fidèle et noble nature*, dit Iago. Toutes les qualités intellectuelles, il les possède ; la puissance de son esprit est reconnue même de ses détracteurs : « Nos hommes d'État, dit encore Iago, n'en trouveraient pas un autre à sa hauteur pour mener leurs affaires. » Dans la nouvelle italienne dont s'est inspiré Shakespeare, le More de Venise est tout simplement « un soldat très-vaillant qui, pour s'être montré courageux de sa personne et avoir donné des preuves d'une grande prudence et d'une vive intelligence, était très-aimé des seigneurs du sénat [1]. » Dans le drame, c'est un bien autre personnage. Le poëte en a fait un capitaine *dont le Sénat unanime proclame la capacité suprême.* Et voyez : aussitôt que la République est en danger, c'est Othello qu'elle choisit pour dictateur. Il n'y a que lui qu'elle puisse opposer à ce terrible ennemi, l'Ottoman. Il n'y a que lui qui puisse rassurer Venise et protéger Chypre. Son nom seul gagnerait des batailles comme celui du Cid. Étudiez les premières scènes du drame. Ne semblent-elles pas être faites uniquement à la gloire d'Othello? « Vous devriez rentrer, lui insinue Iago en lui montrant les torches de Brabantio et de sa bande. — Non, répond fièrement le More, il faut qu'on me trouve. Mon caractère, mes titres, mon âme intègre doivent me montrer dans ma droiture. » Et, quand le père de Desdémona fond sur lui avec ses sbires, il s'offre impassible aux assaillants : « Rengaînez vos épées, s'écrie-t-il, la rosée les rouillerait!... Bon seigneur, vous aurez plus d'autorité par vos années que par

---

[1] « Fu già in Venezia un Moro, molto valoroso, il quale, per essere pro della persona, e per aver dato segno di gran prudenza, e di vivace ingegno, era molto caro a que' signori. » 'Voir à l'appendice la traduction complète de cette nouvelle, extraite des *Hecatommithi* de Giraldi Cinthio.

vos armes. » Réplique superbe qu'envierait un héros d'Homère !

Shakespeare a voulu nous montrer dans son drame la toute-puissance de la jalousie. Pour que la démonstration fût concluante, devait-il, comme le prétend Schlegel, choisir une créature inférieure aux autres créatures, un barbare mal appris, un être à demi-vaincu par ses instincts, chez qui le sauvage eût dominé l'homme moral ? Non, l'expérience ainsi faite n'eût rien prouvé. Le poëte a fait justement tout le contraire. Il a choisi un homme dont *la noble nature est,* comme le dit Lodovico, *inébranlable à la passion, et dont la solide vertu ne peut être entamée ni par la balle de l'accident ni par le trait du hasard,* un homme pour qui *la couche d'acier de la guerre est un lit de plumes,* un homme qui, sans trouble apparent, a vu son propre frère arraché de ses bras par le canon ; et c'est cet homme-là qu'il a soumis à l'épreuve. Alors le spectacle a été vraiment définitif. Nous avons assisté au combat prodigieux de cette grande volonté avec cette grande passion. Nous avons vu l'âme d'Othello, cette âme invulnérable, trempée au Styx du péril, provoquer à la lutte ce monstre à l'œil vert qui s'appelle le soupçon ; nous l'avons vue d'abord s'avancer vaillamment, puis s'arrêter, puis hésiter, puis faiblir, puis céder, puis subir l'horrible étreinte, puis se tordre dans les convulsions, et enfin nous l'avons entendue jeter dans un sanglot le dernier cri de l'agonie. Alors tout a été dit. Nous avons compris la rude leçon, et nous avons reconnu que, dans cette bataille décisive livrée par la passion au plus impassible de tous, ce n'était pas un homme seulement qui succombait, c'était l'humanité.

Ainsi la supériorité intellectuelle et morale d'Othello est intimement liée à l'idée même du drame. Elle est essentielle, non pas seulement au développement de l'action, mais au développement des caractères. Elle seule peut expliquer la haine acharnée d'Iago et l'amour acharné de Desdémona. « C'est dans l'âme d'Othello que j'ai vu son visage, s'écrie devant le sénat la belle Vénitienne. » Et ainsi est excusée pour tous sa désobéissance envers son père, sa rébellion envers sa famille, sa rupture avec sa race, son escapade nocturne, enfin son union clandestine avec le More. C'est uniquement par son génie qu'Othello a séduit Desdémona ; c'est par son génie qu'il la possède ; c'est par son génie qu'il la charme et qu'il exerce sur elle cette insurmontable fascination. Le More de Giraldi Cinthio est critiqué par sa femme ; Othello n'est pas même discuté. Dans la nouvelle italienne, Desdémona n'hésite pas à tenir tête à son mari ; elle ose même répondre à ses reproches par des récriminations : « Vous autres Mores, s'écria-t-elle, vous êtes d'une nature si ardente que la moindre chose vous émeut à la colère et à la vengeance. *Ma voi Mori siete di natura tanto caldi chogni poco di cosa vi muove ad ira e a vendetta.* » La Desdémona du drame n'a pas de ces répliques superbes. « Son amour est si partial pour le More que même à sa rigueur, à ses brusqueries et à ses colères elle trouve de la grâce. » Son mari la repousse, l'insulte, la frappe, même. Qui a tort ? Est-ce Othello ? Non. C'est Desdémona, et la voilà qui s'accuse elle-même : « Il était juste que je fusse traitée ainsi, très-juste. Comment me suis-je conduite de façon à lui inspirer le plus petit soupçon d'un si grand crime ? » Dans sa passion pour le More, la noble enfant a renoncé à toute liberté, à toute initiative, à tout examen ; son enthousiasme tient du culte ; son affection est une superstition. Illuminée de l'amour, elle trouve dans les mauvais traitements qu'elle subit je ne sais quelle jouissance de macération. Le caprice du maître est pour elle article de foi ; sa volonté est fatalité. *Émilia, tu mettras au lit mes draps de noces;* et, une fois cet ordre exécuté, elle va, malgré ses sinistres pressentiments, s'étendre dans l'alcôve sépulcrale, aussi résignée que la veuve indoue sur le bûcher sacré.

Le vrai génie reçoit toujours une double consécration : comme il provoque les adorations et les enthousiasmes, il suscite les ironies et les animosités. Aussi, par cela même qu'il est aimé de Desdémona, il faut qu'Othello soit haï d'Iago.

Ici encore la différence entre le roman italien et le drame anglais se manifeste d'une manière frappante. Dans les *Hécatommithi,* l'acharnement de l'enseigne est tout entier dirigé, non contre le mari, mais contre la femme. Éperdûment épris de Desdémona, cet homme lui a déclaré son amour et a tenté de la séduire; mais Desdémona, fidèle au devoir, l'a repoussé. Dès ce moment, il a juré de se venger d'elle et de la punir de ses refus. C'est dans ce but qu'il entreprend de la déshonorer aux yeux de son mari, en lui attribuant une passion coupable pour un certain capitaine. Du reste, il n'entre point dans les plans de l'enseigne de faire souffrir le More en provoquant ses soupçons, et la torture morale qu'il inflige à celui-ci n'est que la conséquence involontaire du complot qu'il ourdit contre Desdémona. Il en est tout autrement dans la pièce. Ici, nous le savons dès les premiers mots qu'il prononce, ce n'est pas à Desdémona qu'Iago en veut, c'est à Othello. — Tu m'as dit que tu l'avais en haine, lui dit Roderigo. — Méprisez-moi si cela n'est pas, répond-il. Et, en effet, cette haine est l'unique mobile de sa conduite. C'est parce qu'Iago veut torturer Othello qu'il le force à douter de la fidélité de sa femme. Son intention, il l'avoue formellement, est d'inspirer au More *une jalousie si forte que la raison ne puisse la guérir.* D'ailleurs, il n'a pas de rancune contre la Vénitienne, et le supplice de celle-ci n'est que le résultat du projet qu'il a médité contre Othello.

Distinction radicale entre le roman et le drame : l'enseigne de Cinthio ne perd le More que parce qu'il a voulu perdre Desdémona. L'enseigne de Shakespeare ne perd Desdémona que parce qu'il a voulu perdre le More.

Mais pourquoi Iago hait-il à ce point Othello? Les motifs de l'enseigne sont multiples. Écoutez-le parler. D'abord, ses services militaires ont été méconnus : lui qui, sous les yeux même du général, avait fait ses preuves à Rhodes, à Chypre, et dans d'autres pays chrétiens et païens, il s'est vu préférer, pour le poste de lieutenant, un homme sans pratique, ce Florentin de Cassio qui « n'a jamais aligné un escadron sur le champ de bataille. » Premier motif. — Ensuite, la femme d'Iago, Émilia, est fort coquette, et, à tort ou à raison, le bruit court qu'elle a eu des complaisances pour Othello. C'est du moins ce que dit Iago : « On croit de par le monde que le More a, entre mes draps, rempli mon office d'époux. J'ignore si c'est vrai; mais moi, sur un simple soupçon de ce genre, j'agirai comme sur la certitude. » Nous n'avons pas à examiner ici si l'inquiétude, *qui ronge intérieurement* Iago, est bien ou mal fondée, et si Émilia a réellement justifié un si vilain soupçon; ce qui est certain, c'est que cette inquiétude est pour l'enseigne un second prétexte d'agir contre le More. Mais la principale cause, la cause véritable de la haine d'Iago, il faut la chercher dans sa nature même. Iago est un homme qui ne peut accepter ni supporter aucune supériorité. Il l'avoue quelque part avec une cynique franchise, *la beauté quotidienne* d'un autre *le rend laid*. Or, ce n'est pas seulement par le grade qu'Othello est au-dessus d'Iago, c'est par le caractère, c'est par le talent, c'est par le respect qu'il inspire, c'est par la gloire qui rayonne autour de lui, c'est surtout par son bonheur. Pourquoi Othello est-il le premier personnage de l'État ? Pourquoi, dès que la république est menacée, est-ce à lui que le sénat fait offrande du pouvoir ? Pourquoi, enfin, le général s'est-il fait aimer de la plus belle et de la plus vertueuse des femmes, tandis que son subalterne n'a pu épouser qu'une créature équivoque ? Voilà les vrais crimes du More. Iago en veut à Othello d'être tout ce que lui, Iago, n'est pas; il lui en veut d'être puissant; il lui en veut d'être grand; il lui en veut d'être honnête; il lui en veut d'être héroïque; il lui en veut d'être victorieux; il lui en veut d'être aimé du peuple; il lui en veut d'être adoré de Desdémona. Et voilà de quoi il se venge. Ah ! Othello, c'est le génie. Eh bien, qu'il y prenne garde ! car Iago, c'est l'envie.

Quand, dans l'Éden décrit par Milton, l'ange déchu fut sur le point de tenter Ève, il trouva les deux premiers amants si heureux dans les bras l'un de l'autre, qu'il se sentit un remords à la pensée de briser, même pour ses ambitions, leur ineffable béatitude. Plus démon que le démon, Iago assiste d'un œil sec au ravissement d'Othello étreignant sa belle guerrière; il contemple, le sarcasme aux lèvres, cette félicité paradisiaque qu'il va troubler pour toujours; il regarde cet Éden d'amour où les deux époux vivent dans l'innocence tranquille de l'honneur, et il n'éprouve pas même un scrupule au moment de s'y glisser : « Oh ! murmure-t-il, vous êtes en harmonie à présent, mais je broierai les clefs qui règlent ce concert, foi d'honnête homme ! »

> O you are well tuned now,
> But I'll set down the pegs that make this music,
> As honest I am !

Cela dit, le reptile se met à l'œuvre.

Par quel moyen fera-t-il accepter au More la pomme

du soupçon? Certes, voilà une séduction ardue. *Othello is not easily wrought*, Othello n'est pas facile à travailler. Puissant, illustre, supérieur aux autres hommes, élu entre tous par la plus accomplie des femmes, le More n'aurait pas aisément assez de modestie pour être jaloux. D'ailleurs il est de ces maris éclairés et tolérants qui trouvent tout simple « que leur femme soit jolie, aime la compagnie, ait le parler libre, chante, joue et danse bien. » Cherchons bien cependant. Il est un point, un seul point par lequel Othello est attaquable : Othello est More! Il n'a pas le teint blanc comme vous et moi; il a cette nuance bronzée des Sarrasins qui, dans nos contrées, devient une étrangeté, sans cesser pour cela d'être une beauté. Eh bien, c'est par cette nuance qu'Othello est exposé à la critique. C'est par cette étrangeté qu'il est accessible à l'ironie et qu'il donne prise à Iago. Européen, il n'eût pas pu être jaloux; Africain, il peut le devenir. Fatalité! Othello a dans le sang le germe de sa chute.

Et en effet si, malgré tout son génie, malgré toute sa grandeur intellectuelle, malgré tout le prestige de sa physionomie, le More est physiquement un homme étrange, ne devient-il pas possible, sinon légitime, d'accuser d'excentricité l'Européenne qui s'est donnée à lui? Ne devient-il pas facile à la malveillance de présenter le noble choix de Desdémona comme une singularité fort peu rassurante pour l'avenir? « Oui, voilà le point. Avoir refusé tant de partis qui se proposaient et qui avaient avec elle toutes les affinités de patrie, de race et de sang! Hum! cela décèle un goût bien corrompu, une affreuse dépravation, des pensées dénaturées, et n'est-il pas à craindre que, son goût revenant à des inclinations plus normales, elle ne finisse par vous comparer aux personnes de son pays et peut-être par se repentir? » Voilà ce que l'envieux peut dire à Othello, et, pour confirmer ce qu'il dit, il n'a qu'à lui présenter un miroir.

Iago lui-même en convient; il n'est qu'un critique, *I am nothing if not critical;* mais c'est un critique qui ne voit jamais que les mauvais côtés; il est incapable d'admiration et d'enthousiasme; moralement il a l'hypocrisie de Tartufe; intellectuellement il a le scepticisme de don Juan; il ne lui manque que le pouvoir surnaturel pour être Méphistophélès. — En fait de poésie, car Iago improvise parfois, il n'a jamais produit ni pu produire que des épigrammes; le lyrisme lui est interdit comme la foi; et pour lui le sublime n'est que le voisin du ridicule. Il regarde donc en réalité comme parfaitement grotesque la passion si grandiose que Desdémona a conçue pour le More. Desdémona, spiritualiste et presque mystique, ne voit du More que l'âme, et admire; Iago, matérialiste et presque nihiliste, ne voit du More que le corps, et rit. Ce choix si magnanime que la Vénitienne, éprise d'idéal, a fixé sur Othello, apparaît au sceptique enseigne comme une simple dépravation : « Continuera-t-elle de l'aimer? Non, il faut que ses yeux soient assouvis, et quel plaisir trouvera-t-elle à regarder le diable? » Ainsi raisonne Iago dans toute la sincérité de sa conscience pervertie, et l'unique chose qu'il ait à faire pour arriver à son but, c'est de convaincre Othello de la justesse de ce raisonnement. Dès que le More aura cédé aux séductions de cet argument spécieux; dès qu'il aura adopté le jugement d'Iago sur son mariage; dès qu'il aura admis que le sublime coup de tête de Desdémona peut n'être qu'une escapade ridicule, dès ce moment Othello aura mordu au fruit fatal. Les deux époux sont perdus et le démon les entraîne irrésistiblement dans la chute.

Du reste, il faut convenir que le plan infernal est combiné dans tous ses détails avec la plus savante scélératesse. Iago est un esprit de ténèbres qui emploie le bien lui-même au profit du mal. Tout d'abord il veut éveiller les soupçons du More sur les relations amicales de Desdémona et de Cassio. Que fait-il? Il sait combien la Vénitienne est expansive, combien elle est complaisante, combien elle se plaît à rendre service : eh bien, ce sont justement toutes ces dispositions généreuses qu'il exploite pour la ruine de Desdémona: « Je changerai sa vertu en glu, se dit-il à lui-même, et je ferai de sa bonté le filet qui les enserrera tous. » Et en effet il suffit, pour qu'elle la saisisse, d'offrir à la Vénitienne une occasion de témoigner toutes ses nobles qualités en faveur de Cassio. Cette occasion, Iago ne l'attend pas, il la crée. Un soir, au corps de garde, il fait provoquer Cassio par un homme à lui. Cassio, ivre de tous les toasts que l'enseigne l'a forcé à boire, se précipite sur l'homme, l'épée à la main, et blesse Montano qui s'interpose. Le sang coule. Iago fait sonner le tocsin par toute la ville. Grand scandale que la destitution du lieutenant peut seule réparer. Cassio, qui passe pour le vrai coupable, est dégradé. Aussitôt Iago lui donne, de l'air le plus sympathique, l'excellent conseil de s'adresser, pour rentrer en faveur, à la femme du général; et voilà la complaisante Vénitienne *engagée*, comme il le voulait, *dans une honnête intrigue*. Dès lors, la marche à suivre est toute tracée : « Tandis que le lieutenant suppliera Desdémona de réparer sa fortune et plaidera chaudement sa cause auprès du More, Iago versera dans l'oreille de celui-ci l'idée pestilentielle qu'elle ne réclame Cassio que par un désir charnel; et plus elle tâchera de faire du bien à Cassio, plus elle perdra de crédit sur le More.

Faisons ressortir ici une nouvelle différence entre le drame anglais et la nouvelle italienne. Dans les *Hécatom-*

mithi, le fait qui cause la destitution du lieutenant, ce fait si important qui provoque l'intercession de Desdémona, n'est pas dû à la volonté de l'enseigne ; il n'est qu'un événement fortuit dont celui-ci profite. Dans le drame, au contraire, cet incident est prémédité de longue main. C'est en vue de cet incident que l'insidieux Iago a amené Roderigo de Venise à Chypre ; et c'est pour cet incident qu'il l'a dressé dans une longue conversation. Un grand nombre de critiques ont contesté l'utilité du rôle de Roderigo ; plusieurs même ont déclaré ce rôle un hors-d'œuvre regrettable et sont allés jusqu'à souhaiter sa suppression. Ces critiques auraient peut-être dû réfléchir davantage avant de condamner un personnage que le poëte a lui-même ajouté au scénario italien. Si ce personnage a été introduit par Shakespeare, c'est qu'il était, croyez-le bien, indispensable à l'action dramatique ; sa création était une nécessité résultant des proportions nouvelles données par l'auteur au rôle d'Iago. Iago, en effet, n'est pas, comme l'enseigne du roman italien, un criminel à courte vue qui dépend des circonstances ; c'est un malfaiteur profond qui les domine. La chance n'entre pas dans ses calculs. Il faut que Cassio ait une querelle. Cette querelle, Iago ne se borne pas à la mettre à profit, il la fait naître, et c'est pour la faire naître qu'il lui faut un agent. Cet agent docile, dont il avait besoin hier pour donner l'éveil au père de Desdémona et dont il a besoin aujourd'hui pour irriter Cassio, c'est justement ce niais de Roderigo que tant de critiques ont jugé inutile.

Grâce au concours de Roderigo, ce qu'Iago avait prévu arrive de point en point. Cassio destitué n'a plus d'espoir que dans l'influence de Desdémona. Dès le lendemain de la nuit fatale, il court donc chez la femme du général, et cette généreuse créature lui promet tout de suite sa protection. Elle tombe avec une grâce exquise dans le piége tendu par Iago à son inépuisable bonté : « Cher Cassio, je te garantis ta place. Mon mari n'aura pas de repos. Je l'apprivoiserai d'insomnies ! Je l'impatienterai de paroles ! Son lit lui fera l'effet d'une école, sa table d'un confessionnal. Je mêlerai à tout ce qu'il fera la pétition de Cassio. » Diabolique guet-apens : plus Desdémona se montrera bienveillante, tendre et éloquemment charitable, plus elle se compromettra. Plus elle voudra sauver Cassio, plus elle hâtera sa perte. L'ange qui va prier par sa bouche sera le plus actif complice du démon qui blasphème en Iago.

Juste au moment où la Vénitienne jure à Cassio de le défendre, le général arrive, conduit par l'enseigne. Cassio, confus de se trouver surpris dans ce flagrant délit de suppliant, se retire aussitôt. « Ha ! je n'aime pas cela, dit Iago à voix basse. » C'est par ce murmure que commence l'orage qui tout à l'heure éclatera dans le cœur d'Othello. C'est par ce murmure que l'envie va déchaîner la jalousie.

Aidé par Desdémona elle-même, Iago s'avance lentement, prudemment, infailliblement vers le but qu'il s'est assigné. Quelle scène merveilleuse que celle où l'enseigne fait passer le More de la confiance à l'inquiétude ! Avec quel art il accomplit cette périlleuse évolution ! Avec quelle prudence il dose la calomnie ! Ce ne sont d'abord qu'insinuations, réticences, équivoques ; Iago excite, par ses refus d'explication, l'entêtement de son interlocuteur ; il se fait extraire de force la diffamation préconçue ; il se fait arracher par la violence le récit d'un certain rêve où Cassio, endormi près de lui, croyait étreindre Desdémona. — Monstrueux ! monstrueux ! s'écrie Othello déjà en délire. — Non, ce n'était qu'un rêve, réplique l'autre froidement.

L'enseigne de Giraldi Cinthio est bien loin d'avoir cette circonspection : il dit tout au net au More que le capitaine lui a avoué ses relations criminelles avec Desdémona, et prétend avoir été si indigné de cette confidence qu'il a eu envie de le tuer. Par cette affirmation formelle, l'enseigne s'expose à un démenti formel pour peu que le More interroge le capitaine. Iago, lui, est bien plus prudent ; il se contente de déclarer qu'il a surpris certaines paroles prononcées dans le rêve par Cassio. Or, Cassio lui-même ne saurait infirmer cette déclaration ; car quel est l'homme endormi qui peut être sûr de ce qu'il dit ou ne dit pas ! Le moyen imaginé par Iago n'est pas seulement prudent, il est profondément habile. Pour un Oriental comme Othello, le rêve, c'est le reflet même de la réalité ; le rêve, c'est une dénonciation. Dans les monarchies de l'Afrique et de l'Asie, un homme pouvait être mis à mort pour avoir rêvé qu'il tuait le sultan. A la rigueur donc, le songe raconté par l'enseigne suffirait pour qu'Othello crût Desdémona criminelle. Mais afin que la persuasion soit irrésistible, l'honnête Iago tient en réserve une preuve visible et palpable. Il affirme qu'il a vu le matin même Cassio s'essuyer la barbe avec certain mouchoir brodé de fraises.

Qu'est-ce donc que ce mouchoir fatal qui va être produit comme pièce de conviction à la charge de l'accusée ? Il est le premier présent offert par Othello à Desdémona, et, nous devons en convenir, le présent est vraiment merveilleux. Ce n'est pas un mouchoir comme celui de la nouvelle italienne, lequel n'a d'autre mérite que d'être travaillé à la moresque, *un pannicello lavorato alla moresca*. Ce n'est pas un simple objet de toilette, c'est un talisman. C'est un mouchoir dont le tissu est magique. Une sibylle en a brodé le dessin ; les vers qui en ont filé la soie étaient consacrés, et la teinture qui le colore est faite de cœurs de vierge momifiés. Ce même mouchoir, une charmeresse d'Égypte le donna jadis à la mère d'Othello en lui disant que, tant qu'elle le garderait, elle serait aimée de son mari, mais qu'elle cesserait de l'être, si par malheur elle le perdait. La princesse le conserva religieusement et, à son lit de mort, le légua à son fils, en lui recommandant de le donner à sa fiancée, le jour où il se marierait. C'est pour déférer à ce vœu qu'Othello l'a offert à Desdémona. Aussi la Vénitienne ne s'en dessaisit-elle jamais; elle l'a toujours sur elle; sans cesse elle le baise et lui parle comme à un être vivant. C'est qu'en effet ce mouchoir est son cadeau de noces; il lui rappelle ses premiers jours de pudique tendresse où elle rougissait devant son mari comme devant un amant. Ce mouchoir n'est pas seulement le symbole de son bonheur : il en est le gage. Il a l'influence du souvenir, il a la puissance du mystère. Malheur à Desdémona le jour où elle se sera dépossédée de cette amulette! La prédiction de la sibylle s'accomplira.

Comment se fait-il que la Vénitienne ait perdu son mouchoir? Eh bien, c'est que l'honnête Iago s'en est emparé.

Depuis longtemps, Iago convoitait ce mouchoir; mais, malgré l'envie qu'il en avait, il était trop circonspect pour le voler lui-même, à l'exemple de l'enseigne de Giraldi Cinthio. On sait, en effet, comment s'opère le larcin dans la nouvelle italienne. Un jour que Desdémona va faire une visite à la femme de l'enseigne, celui-ci lui présente sa petite fille, et tandis que la Vénitienne prend l'enfant dans ses bras, il s'approche et lui enlève lestement le mouchoir de sa ceinture. L'enseigne du drame anglais est un traître bien trop adroit pour s'exposer ainsi à être pris en flagrant délit d'escamotage. D'ailleurs, ainsi que nous l'avons déjà vu, Iago n'agit jamais lui-même que quand cela est absolument indispensable ; d'habitude il ne se montre pas ; il se cache, autant que possible, derrière un agent qu'il fait mouvoir. De même que naguère il employait Roderigo pour provoquer Cassio, de même maintenant c'est à sa femme qu'il a recours pour obtenir ce précieux mouchoir. Mainte fois déjà, il a cajolé Émilia afin qu'elle consentît à ce larcin. Mais, malgré sa nature peu scrupuleuse, Émilia s'y est constamment refusée. Cependant le hasard se met de connivence avec Iago. Desdémona, voyant son mari souffrir de la tête, lui a mis le mouchoir autour du front ; mais Othello, impatienté, l'a violemment rejeté à terre. Dans l'émotion que lui a causée cette étrange brusquerie, Desdémona s'est retirée en oubliant de le ramasser. C'est alors qu'Émilia le trouve et le prend. Mais Iago la suit de près. « Ah çà ! dit-il, d'un ton rogue que faites-vous ici ? — Ne me grondez pas, réplique Émilia qui craint une querelle, j'ai quelque chose pour vous. »

Et pour adoucir son maussade mari, elle lui montre le mouchoir. Iago n'attend pas qu'elle le lui donne. Il le saisit vivement. — Ah ! rendez-le moi, s'écrie la caméristre déjà repentante. C'est en vain qu'elle supplie. Iago ne le restituera pas ; il va sur-le-champ le laisser tomber chez Cassio.

Mais il ne suffit pas que Cassio soit en possession du mouchoir ; Othello, avant d'être convaincu, veut le lui voir entre les mains. Dans la nouvelle italienne, le More, mené par l'enseigne, aperçoit à une des fenêtres de la maison où demeure le capitaine, une femme en train de copier la broderie de l'objet volé ; et c'est en voyant cela qu'il se persuade de la culpabilité de Desdémona. Vous comprenez combien cette prétendue preuve est peu concluante. Quoi d'étonnant, en effet, à ce qu'une femme qui, remarquez-le bien, est brodeuse par état ait entre les mains ce mouchoir? Ne peut-elle pas, au besoin, avoir reçu de Desdémona elle-même l'ordre de le copier? Le More est bien candide en vérité de se laisser convaincre pour si peu. En faisant le scénario de son drame, Shakespeare a vu combien le moyen suggéré par Giraldi Cinthio était insuffisant, et alors il a imaginé cette scène si habile où, sous les yeux même du More qui s'est caché, Bianca vient rapporter à son amant le mouchoir que Cassio l'a priée de reproduire. C'est après cette scène qu'Othello, enfin persuadé, se laisse entraîner décidément par cette diabolique exclamation de Iago : « Voyez que cas il fait de la folle créature votre femme. Ce qu'elle lui a donné, il le donne à sa... catin!

Oh! dire qu'une courtisane, dire qu'une prostituée a froissé entre ses doigts impurs, et peut-être employé à essuyer quelque souillure, ce mouchoir, legs sacré de la mère au fils, offrande sacrée du fiancé à la fiancée! Devant ce spectacle qui lui apparaît comme la profanation suprême de ses amours, le cœur d'Othello s'est changé en pierre. — « Procurez-moi du poison, Iago, dès cette nuit. — Non, répond Iago, étranglez-la dans son lit, le lit même qu'elle a déshonoré. — Bon, la justice de ceci me plaît. »

On sait la conclusion que Giraldi Cinthio indiquait ici à Shakespeare. Dans le *Hécatommithi*, lorsque la nuit fatale arrive, le More se couche avec sa femme, après avoir embusqué l'enseigne dans un cabinet contigu à la chambre à coucher. A un moment convenu, l'enseigne fait un certain bruit dans le cabinet. — As-tu entendu ce bruit? dit aussitôt le More à sa femme. — Oui, certainement. — Eh bien, lève-toi et vois ce que c'est. Desdémona se jette à bas du lit, se dirige vers le cabinet, et, dès qu'elle ouvre la porte, elle se heurte contre l'enseigne qui lui brise les reins en la frappant violemment avec un bas rempli de sable, *una calza piena di rena*. La malheureuse crie à l'aide, et son mari accourt, non pour la secourir, mais pour lui reprocher son adultère prétendu. Sur ce, l'enseigne assène un dernier coup. Elle expire. Les deux affidés déposent la morte sur le lit, lui écrasent la tête et font écrouler sur elle le plafond de la chambre à coucher. Desdémona, qu'on croit victime d'un accident, est enterrée, au milieu de la douleur publique, sans que personne se doute encore du crime qui a été commis. Quelque temps après cette épouvantable action, le More est pris de repentir; il regrette celle qu'il a tuée, toute coupable qu'il la croit encore, et finit par prendre en aversion l'homme qui a été son complice. Il destitue l'enseigne. Celui-ci s'en retourne à Venise, et, pour se venger, accuse publiquement le More d'avoir assassiné Desdémona. Le More est arrêté, transféré de Chypre à Venise et mis à la question. Mais la torture ne peut lui arracher aucun aveu : il nie obstinément les faits mis à sa charge, et réussit à échapper momentanément à la mort. Il en est quitte pour un bannissement perpétuel, et c'est dans l'exil que les parents de la Vénitienne parviennent à le tuer. Quant à l'enseigne, il aurait pu finir paisiblement ses jours, si, quelques années plus tard, il n'avait eu l'imprudence de porter contre un de ses amis une accusation capitale. L'ami fut mis à la question, et, comme il persistait à tout nier, l'enseigne y fut mis à son tour, pour que la vérité fût connue; mais les tourmenteurs s'y prirent maladroitement et lui déchirèrent un peu trop les entrailles. Quand on rapporta l'enseigne chez lui, il était mort.

Il est facile de voir combien cette conclusion était en désaccord avec le drame rêvé par Shakespeare. Aux yeux du poëte, il était nécessaire qu'Iago fût châtié, mais non pas par accident, par une maladresse du bourreau et pour une action absolument étrangère à ses forfaits passés. Il fallait qu'il fût châtié pour ses crimes, sans avoir eu même un seul instant la satisfaction d'un triomphe impuni ; il fallait que l'hypocrite fût dénoncé, et que son masque de probité lui fut arraché en présence de celui qui l'avait surnommé l'*honnête*. Il ne suffisait pas qu'avant de mourir Othello connût la fourberie d'Iago, il fallait surtout qu'il fît par ses remords réparation à Desdémona. Le caractère tout nouveau que Shakespeare avait donné au More rendait impossible la conclusion adoptée par Cinthio. Cet infâme guet-à-pens dressé contre une femme, cette peur de la mort, ces dénégations, ces mensonges devant le juge, eussent été en contradiction formelle avec l'héroïque nature d'Othello. Vous imaginez-vous Othello, ce preux, ce paladin, ce justicier, faisant tuer sa femme sournoisement, lâchement, par derrière ? Vous imaginez-vous ce capitaine, ce dompteur des Cannibales, ce vainqueur des Turcs, disputant sa vie aux tourmenteurs et esquivant la mort par l'imposture ? Fi ! pour qui donc prenez-vous Othello ? Othello est un meurtrier, mais c'est un meurtrier honorable ; il n'a rien fait par haine : il a tout fait par honneur !

>   An honourable murderer, if you will,
>   For nought he did in hate, but all in honour.

Ne l'oubliez pas, pour rester équitables envers cette grande figure, c'est à l'honneur qu'Othello croit obéir lorsqu'il frappe sa femme. L'honneur, cette justice domestique qui si souvent a soustrait les procès humains à la juridiction sociale ; l'honneur, cette magistrature chevaleresque qui, aujourd'hui encore, chez les nations les plus civilisées, fait de l'individu un redresseur de torts et lui met à la main le glaive vengeur du duel ; l'honneur est le tribunal faillible, mais souverain, par lequel Desdémona a été jugée et condamnée, et Othello ne fait qu'exécuter l'arrêt. Ah! pleurez la victime, mais plaignez aussi l'exécuteur. Desdémona souffre, mais croyez-vous qu'Othello ne souffre pas? Songez donc à ceci : celle qu'il doit tuer, il l'aime. La scène finale du drame contient à elle seule tout un drame, ce drame effrayant et superbe : *Un bourreau amoureux d'une condamnée à mort !*

Jamais Othello n'a plus aimé sa femme qu'au moment où il va l'assassiner. Jamais elle ne lui a paru plus belle, plus séduisante, plus désirable, plus irrésistible! Jamais elle ne lui a causé, plus qu'en ce moment, les éblouissements des sens. Elle est là sous ses yeux couchée et endormie. Une veilleuse, posée sur la table, laisse entrevoir à sa lueur douteuse et fantastique les formes de cette chair idéale. Il se penche sur la condamnée. Il écoute les dernières harmonies de ce souffle qui va s'éteindre. Il s'approche pour respirer les parfums ineffables de cette haleine « qui persuaderait presque à la justice de briser son glaive ! » O tentation ! Othello n'y peut plus tenir. L'amant renaît en lui et demande grâce au bourreau ! Oh ! un sursis par pitié ! Seulement le temps d'effleurer ces lèvres ! Un baiser, un baiser encore, un de plus, et ce sera le dernier ! A ce contact de la flamme, Desdémona s'éveille : « Voulez-vous venir au lit, dit-elle à Othello ? » Mais ce n'est plus l'amant qu'elle a devant elle, c'est le bourreau.

— Avez-vous prié ce soir, Desdémona?

— Oui, monseigneur.

— Si vous vous rappelez quelque crime que la grâce du ciel n'ait pas encore absous, implorez-la vite.

— Hélas! monseigneur, que voulez-vous dire par là?

— Allons, faites, et soyez brève. Je vais marcher en attendant.

Et bientôt l'exécution a lieu, exécution terrible qu'un génie immense a pu seul imaginer. Le bourreau prend l'alcôve de l'amant et en fait un sépulcre. Il change le lit en cercueil. Il enlève l'oreiller nuptial, cet oreiller où, hier encore, reposaient deux têtes adorées, et il en fait un étouffoir. Il arrache les draps de noce, ces draps tièdes encore de la première nuit, et il en fait une garotte. Il saisit tout le mobilier de l'amour, et il en fait l'appareil de la mort.

Mais à peine le supplice est-il terminé, à peine la sentence a-t-elle été exécutée, que la vérité apparaît avec la splendeur de l'évidence. Quelques mots dits par Émilia ont suffi pour justifier la condamnée de toutes les imputations qui pesaient sur elle, et pour établir que le verdict prononcé reposait sur un faux témoignage. En vain Othello, hagard, échevelé, bouleversé, essaye-t-il de se cramponner quelques minutes à l'honnêteté d'Iago : l'éclat de la lumière lui fait lâcher prise. Il reconnaît enfin la radieuse innocence de sa femme. Il s'était cru bourreau, il n'était qu'assassin.

Dès qu'il s'est vu sous cet aspect, Othello ne peut plus vivre. Le meurtre de Desdémona est là qui crie vengeance, et Othello n'est pas homme à accorder un répit au meurtrier. Que lui parle-t-on des tribunaux de Venise? Il trouve trop lentes les formalités de la juridiction sociale. C'est en lui-même, c'est par-devant sa conscience qu'il instruit son procès. Justice sommaire et sans appel. Tout à l'heure il a jugé Desdémona, il peut bien se juger maintenant. Tout à l'heure il a condamné Desdémona, à présent il se condamne.

« Doucement, vous autres ! un mot ou deux avant que vous partiez ! J'ai rendu à l'État quelques services, on le sait. N'en parlons plus, je vous en prie. Dans vos lettres, quand vous raconterez ces faits lamentables, parlez de moi tel que je suis. N'atténuez rien, mais n'aggravez rien. Alors vous aurez à parler d'un homme qui a aimé sans sagesse, mais qui n'a que trop aimé; d'un homme peu accessible à la jalousie, mais qui, une fois travaillé par elle, a été entraîné jusqu'au bout! Racontez cela, et dites en outre qu'une fois, dans Alep, voyant un Turc, un mécréant en turban, battre un Vénitien et insulter l'État, je saisis ce chien de circoncis à la gorge, et le frappai — ainsi. »

Et cela dit, Othello se jette sur son épée. Double suicide! Il se tue comme il a tué Desdémona.

Tout est fini. Le démon a terminé son œuvre. L'union du More et de la Vénitienne, cette union, qui semblait indissoluble, est dissoute. Ce mariage si légitimement sublime, ce mariage d'amour, ce mariage de raison, le voilà cassé; et entre ces époux, l'un le génie, l'autre la beauté, l'un l'héroïsme, l'autre la grâce, c'est le meurtre qui de sa voix rauque a prononcé le divorce! Hélas! c'était donc pour être séparés ainsi qu'ils s'étaient aimés. C'était donc par là que devaient finir toutes ces joies, toutes ces extases, tous ces ravissements. Ce ménage si tranquille dont la paix était comme une céleste harmonie, cet intérieur charmant où le bruit des baisers devait être le pire désaccord, ce foyer conjugal autour duquel ils groupaient en espérance une famille, tout cela s'est évanoui brusquement dans un crime. Leur chambre à coucher n'est plus qu'une mare de sang! Leur lit nuptial n'est plus qu'un charnier, et les voilà tous deux couchés ensemble, l'une étranglée, l'autre poignardé!

De tous les dénoûments que le théâtre de Shakespeare nous offre, certes celui-ci est le plus douloureux et le plus navrant. Dans les autres drames du poëte, la nécessité d'une conclusion sanglante s'explique et se justifie par l'action elle-même. Qu'Hamlet meure, cela se conçoit : il a tué le père d'Ophélia. Que Roméo meure, cela se conçoit encore : il a tué le cousin de Juliette. Que Lear succombe, cela se comprend : il a fait mourir sa propre fille sous sa malédiction! Que Macbeth tombe, cela est légitime : il a tué Banquo, il a tué lady Macduff. Mais, pour mourir de cette mort cruelle, qu'avait fait Othello? qu'avait fait Desdémona! En quoi avaient-ils mérité d'être ainsi entraînés dans la tombe? Leur conscience ne leur reprochait rien : ils n'avaient jamais commis, même par imprudence, une action mauvaise; ils étaient exempts de remords comme de blâme. Ils étaient bons, honnêtes et loyaux. Comment donc avaient-ils encouru le châtiment? Ils n'avaient pas commis de faute.

Si fait! Ils avaient commis une faute, la faute primordiale, la faute antérieure à la faute même de Caïn. Ils étaient coupables, comme le premier et comme le dernier d'entre nous, de l'offense originelle. Ils avaient été engendrés sur cette terre! Ils étaient nés dans un monde d'avance damné, où le bonheur est interdit aux plus dignes; où toutes les joies se payent par des douleurs, et où le rire produit des larmes; dans un monde où le bien a le mal pour correctif nécessaire, où l'amour a pour revers la jalousie, et où le génie a l'envie pour ombre. Ils étaient nés dans un monde où l'iniquité sociale aggrave encore l'imperfection naturelle, où la vertu n'est qu'un titre à l'épreuve, le service qu'une garantie d'ingratitude, l'héroïsme qu'une désignation au martyre; dans un monde où la mauvaise foi triomphe de la bonne; où les Socrates boivent la ciguë, où les Brutus se suicident, où les Dante sont proscrits, et où règnent les Tibère. Oui, c'est pour être nés dans ce monde qu'Othello et Desdémona ont souffert. Tous deux ont expié par leur supplice le crime d'humanité. Que ceux qui seraient tentés de trouver l'expiation trop dure, ne s'en prennent pas au poëte, historien fidèle de la vie.

L'auteur véritable de cette conclusion, ce n'est pas Shakespeare, c'est Dieu.

Hauteville-House. Octobre 1859.

CYMBELINE [1]

PERSONNAGES :

CYMBELINE, roi de Bretagne (2).
CLOTEN, fils de la reine, d'un premier lit.
LÉONATUS POSTHUMUS, mari d'Imogène.
BÉLARIUS, seigneur banni, déguisé sous le nom de Morgan.
GUIDERIUS, } fils de Cymbeline, et supposés fils de Bélarius
ARVIRAGUS, } sous les noms de Polydore et de Cadwall.
PHILARIO, ami de Posthumus, }
IACHIMO, ami de Philario, } Romains.
UN GENTILHOMME FRANÇAIS, ami de Philario.
CAIUS LUCIUS, général de l'armée romaine.
UN CAPITAINE ROMAIN.
DEUX CAPITAINES BRETONS.
PISANIO, écuyer de Posthumus.
CORNÉLIUS, médecin.
DEUX GENTILSHOMMES de la cour de Cymbeline.
DEUX GEOLIERS.

LA REINE, femme de Cymbeline.
IMOGÈNE, fille de Cymbeline, d'un premier lit.
HÉLÈNE, suivante d'Imogène.

SEIGNEURS, DAMES, SÉNATEURS ROMAINS, TRIBUNS.
APPARITIONS.
UN DEVIN.
MUSICIENS, OFFICIERS, CAPITAINES, SOLDATS, MESSAGERS ET AUTRES GENS DE SERVICE.

La scène est tantôt dans la Grande-Bretagne, tantôt en Italie.

SCÈNE I.

[Dans le palais des rois de Bretagne.]

Entrent DEUX GENTILSHOMMES.

PREMIER GENTILHOMME.

— Vous ne rencontrez personne qui ne fronce le sourcil ; nos tempéraments — ne sont pas mieux gouvernés par le ciel que les visages de la cour — ne le sont par le visage du roi.

DEUXIÈME GENTILHOMME.

Mais qu'y a-t-il donc?

PREMIER GENTILHOMME.

— L'héritière unique de son royaume, sa fille, — qu'il destinait au fils unique de sa femme, de cette veuve — qu'il vient d'épouser, s'est donnée — à un gentilhomme pauvre, mais digne : elle est mariée ; — son mari est banni, elle-même emprisonnée ; tout — à l'extérieur est désolation ; quant au roi, je le crois — vraiment touché au cœur.

DEUXIÈME GENTILHOMME.

Le roi seul?

PREMIER GENTILHOMME.

— Celui qui a perdu la princesse l'est également, ainsi que la reine, — qui souhaitait le plus cette alliance. Mais il n'est pas un courtisan, — bien que tous composent leur mine — sur les yeux du roi, qui n'ait le cœur — content de la chose qui les assombrit.

DEUXIÈME GENTILHOMME.

Et pourquoi?

PREMIER GENTILHOMME.

— Celui à qui la princesse échappe est un être — trop mauvais même pour un mauvais renom; mais celui qui la possède, — je veux dire celui qui l'a épousée et qui (hélas! le brave homme) — est banni pour cela, c'est une créature telle — que, cherchât-on son pareil dans toutes les régions de la terre, — on trouverait toujours quelque infériorité — dans celui qu'on lui comparerait. Je ne pense pas — qu'un extérieur si beau et tant de qualités intérieures — parent un autre que lui.

DEUXIÈME GENTILHOMME.

Vous l'élevez bien haut.

PREMIER GENTILHOMME.

— Je l'exalte en deçà de lui-même, monsieur : — je réduis plutôt que je n'étends — l'éloge qui lui est dû.

DEUXIÈME GENTILHOMME.

Quel est son nom? sa naissance?

PREMIER GENTILHOMME.

— Je ne puis le creuser jusqu'à la racine. Son père — se nommait Sicilius; il s'unit avec honneur — à Cassibelan contre les Romains, — mais n'obtint ses titres que de Ténantius, qu'il — servit avec gloire et avec un succès admiré. — Ce fut alors qu'il gagna le surnom de Léonatus. — Avant le gentilhomme en question, Sicilius eut — deux autres fils qui, dans les guerres du temps, — moururent l'épée à la main. Leur père, — vieux alors et épris de postérité, en conçut un tel chagrin — qu'il quitta la vie, et sa noble femme, — grosse du gentilhomme dont nous parlons, mourut — en lui donnant naissance. Le roi prit l'enfant — sous sa protection, le nomma Posthumus Léonatus, — l'éleva, le fit de sa chambre, — et lui donna toute l'instruction que son âge — lui permit de recevoir. Posthumus aspirait — la science comme l'air, aussitôt qu'elle se présentait; — dès son printemps il fit moisson. Il vécut à la cour — fort vanté et fort aimé (chose rare); — modèle pour les plus jeunes, il était pour les hommes mûrs — un miroir où ils se rajustaient, et pour les plus vénérables — un enfant gâté qui les menait tous. Quant à sa maîtresse, — celle pour qui il est aujourd'hui banni, elle proclame — par sa valeur même quelle estime elle avait de lui et de ses vertus : — tous peuvent lire nettement dans son choix — quel homme est Posthumus.

DEUXIÈME GENTILHOMME.

Je l'honore — rien que sur votre récit. Mais, dites-moi, je vous prie, — la princesse est-elle l'unique enfant du roi?

PREMIER GENTILHOMME.

Son unique enfant. — Pourtant, si cela vous intéresse, sachez que le roi avait deux fils qui ont été volés — en nourrice, l'un à l'âge de trois ans, — et l'autre au maillot : jusqu'à cette heure, nul soupçon, nul indice — de ce qu'ils sont devenus.

DEUXIÈME GENTILHOMME.

Combien y a-t-il de cela?

PREMIER GENTILHOMME.

— Quelque vingt années.

DEUXIÈME GENTILHOMME.

— Se peut-il que les enfants d'un roi aient été ainsi enlevés! — si étourdiment gardés! et que les recherches aient été lentes au point — de ne pas retrouver leur trace?

PREMIER GENTILHOMME.

Quelque étrange que cela soit, — quelque ridicule que

puisse être une telle négligence, — la chose n'en est pas moins vraie, monsieur.

DEUXIÈME GENTILHOMME.

Je vous crois bien.

PREMIER GENTILHOMME.

Il faut nous taire. Voici notre gentilhomme, — avec la reine et la princesse.

Ils sortent.

Entrent la REINE, POSTHUMUS *et* IMOGÈNE.

LA REINE.

— Non, ma fille, soyez-en sûre, vous ne trouverez pas en moi — l'hostilité habituelle aux belles-mères ; — pas un regard malveillant pour vous. Vous êtes ma prisonnière, mais — votre geôlière vous remettra les clefs — qui ferment votre cachot. Pour vous, Posthumus, — aussitôt que je pourrai fléchir le roi irrité, — je serai votre avocat déclaré ; mais, vrai Dieu ! — le feu de la rage est encore en lui, et vous ferez bien — de vous courber sous son arrêt avec toute la patience — que peut vous inspirer votre sagesse.

POSTHUMUS.

S'il plaît à votre altesse, — je partirai aujourd'hui même.

LA REINE.

Vous connaissez le péril... — Je vais faire un tour dans le jardin : j'ai pitié — des angoisses de deux affections qu'on sépare, bien que le roi ait donné l'ordre de ne pas vous laisser ensemble.

La reine sort.

IMOGÈNE

— O hypocrite courtoisie ! Avec quelle délicatesse cette tourmenteuse — caresse ceux qu'elle frappe !... Mon mari bien-aimé, — la colère de mon père m'inquiète, mais, — sauf le saint respect que je lui garde, ce n'est pas — pour moi que je redoute sa rage. Il faut que vous partiez! — J'affronterai seule ici le feu incessant — de ses regards furieux, soutenue dans la vie — par cette unique pensée qu'il y a au monde un joyau — que je puis revoir encore.

Elle laisse tomber une larme.

POSTHUMUS.

Ma reine! ma maîtresse! — Oh! ne pleurez plus, madame, de peur qu'on ne me soupçonne — avec raison d'avoir plus de tendresse — qu'il ne convient à un homme! Je resterai — le plus loyal mari qui ait jamais engagé sa foi. — Ma résidence sera à Rome, chez un nommé Philario, — un ami de mon père qui ne m'est connu — que par correspondance. Adressez-moi là vos lettres, ma reine, — et je boirai de mes yeux chaque mot que vous m'écrirez, — l'encre fût-elle du fiel.

La REINE revient.

LA REINE.

Soyez brefs, je vous prie. — Si le roi venait, je ne sais pas jusqu'où irait contre moi — son déplaisir.

A part.

N'importe! je veux diriger — ses pas par ici. Je ne lui procure jamais une souffrance, — qu'il ne me la paye comme un bienfait : — il achète cher mes cruautés.

Elle sort.

POSTHUMUS.

Quand nous passerions à prendre congé l'un de l'autre — tout le temps qui nous reste encore à vivre, — la douleur de la séparation ne ferait que grandir. Adieu!

IMOGÈNE.

— Non, restez encore un peu : — vous sortiriez pour

une simple promenade à cheval — que cet adieu serait encore trop court.

Elle détache un anneau de son doigt.

Tenez, amour, — ce diamant me vient de ma mère; prenez-le, mon cœur; — mais gardez-le jusqu'à ce que vous épousiez une autre femme, — quand Imogène sera morte.

POSTHUMUS.

Quoi! quoi! une autre femme! — Dieux cléments, donnez-moi seulement celle qui m'appartient, — et retenez-moi loin des embrassements d'une autre — avec les liens de la mort!...

Mettant l'anneau à son doigt.

Toi, reste ici, — tant que la sensation pourra t'y garder!... Et vous, ma suave beauté, — il ne suffit pas qu'en vous échangeant contre ma pauvre personne, — vous ayez infiniment perdu; il faut encore que dans nos moindres trocs — ce soit moi qui gagne sur vous. Portez ceci pour l'amour de moi : — ce sont les menottes de l'amour; je veux les mettre — à cette belle prisonnière.

Il lui met un bracelet au bras.

IMOGÈNE.

O dieux, — quand nous reverrons-nous ?

Cymbeline arrive précipitamment avec plusieurs seigneurs.

POSTHUMUS.

Hélas! le roi!

CYMBELINE, à Posthumus.

— Arrière, être infâme! va-t'en! hors de ma vue! — Si après cet ordre tu encombres encore ma cour — de ton indignité, tu meurs! Fuis! — tu es un poison pour mon sang.

POSTHUMUS.

Que les dieux vous protégent — et bénissent les gens de bien qui restent à la cour! — Je pars.

Il sort.

IMOGÈNE.

La mort n'a pas d'angoisse — plus poignante que celle-ci.

CYMBELINE.

O créature déloyale, — toi qui devrais me rajeunir, tu amoncelles — un siècle sur ma tête!

IMOGÈNE.

Je vous en supplie, seigneur, — ne vous blessez pas vous-même par votre agitation; moi, — je suis insensible à votre colère : une émotion plus haute — supprime ici toute douleur, toute crainte.

CYMBELINE.

Et toute grâce aussi? et toute obéissance?

IMOGÈNE.

— Oui, toute grâce, puisque j'ai perdu tout espoir.

CYMBELINE

— Toi qui aurais pu épouser le fils unique de la reine.

IMOGÈNE.

— Trop heureuse de ne pas l'avoir fait! J'ai choisi l'aigle, — et esquivé l'épervier.

CYMBELINE.

— Tu as pris un mendiant, et voulu faire de mon trône — un siége d'ignominie.

IMOGÈNE.

Non; dites que j'y ai ajouté — du lustre.

CYMBELINE.

Infâme!

IMOGÈNE.

Seigneur, — c'est votre faute si j'ai aimé Posthumus, — vous avez fait de lui le compagnon de mes jeux; c'est

— un homme qui vaut la plus noble femme; il dépasse ma valeur — presque de tout le prix que je lui coûte.

CYMBELINE.

Quoi! es-tu folle?

IMOGÈNE.

— Presque, seigneur : que le ciel me guérisse!... Que ne suis-je — la fille d'un bouvier, et mon Léonatus, — le fils du berger voisin!

CYMBELINE.

Idiote!

La REINE revient.

CYMBELINE, à la reine.

Ils étaient encore ensemble; vous n'avez pas agi — selon mes ordres. Emmenez-la — et encagez-la.

LA REINE.

J'implore votre patience...

A Imogène.

Du calme, — ma chère fille, du calme...

A Cymbeline.

Mon doux souverain, — laissez-nous ensemble; et cherchez quelque consolation pour vous-même — dans la réflexion.

CYMBELINE.

Ah! qu'elle s'affaiblisse — d'une goutte de sang chaque jour, et que, devenue vieille, — elle meure de sa folie!

Il sort.

Entre PISANIO.

LA REINE.

Fi!...

A Imogène.

Il faut que vous cédiez. — Voici votre serviteur.

A Pisanio.

Eh bien! monsieur, quoi de nouveau?

PISANIO.

— Monseigneur votre fils a tiré l'épée contre mon maître.

LA REINE.

— Ha! il n'y a pas eu de mal, j'espère?

PISANIO.

Il aurait pu y en avoir, — mais mon maître a fait de cette rencontre un jeu plutôt qu'un combat, — il était sans colère... Les assistants — les ont séparés.

LA REINE.

J'en suis bien aise.

IMOGÈNE

— Votre fils est le champion de mon père : il soutient sa cause ; — dégaîner contre un proscrit! O le brave seigneur! — Je voudrais les voir — face à face en Afrique, — et être moi-même auprès d'eux avec une aiguille pour en piquer — celui qui reculerait...

A Pisanio.

Pourquoi avez-vous quitté votre maître?

PISANIO.

— Par son ordre. Il ne m'a pas permis — de l'accompagner au port, et il m'a laissé ses instructions — sur le service que j'aurai à faire — quand il vous plaira de m'employer.

LA REINE.

Cet homme — a toujours été votre fidèle serviteur : j'ose gager mon honneur — qu'il restera tel.

PISANIO.

Je remercie humblement votre altesse.

LA REINE, à Imogène.

— De grâce, faisons ensemble quelques pas.

IMOGÈNE, à Pisanio.

Dans une demi-heure, — revenez, je vous prie, me parler : il faut, au moins, que vous — alliez voir s'embarquer monseigneur : jusque-là, laissez-moi.

Ils sortent.

SCÈNE II.

(Une avenue aux environs du palais.)

Entrent CLOTEN et DEUX SEIGNEURS.

PREMIER SEIGNEUR.

Seigneur, je vous conseillerais de changer de chemise : la violence de l'action vous a fait fumer comme un sacrifice. L'air qui sort de vous est aussitôt remplacé par d'autre, et il n'y a pas d'air au dehors aussi salubre que celui que vous exhalez.

CLOTEN.

Si ma chemise était ensanglantée, alors j'en changerais... L'ai-je blessé?

DEUXIÈME SEIGNEUR, à part.

Non, ma foi; pas même sa patience!

PREMIER SEIGNEUR.

Blessé? Il faut que son corps soit une carcasse perméable s'il n'est pas blessé. C'est un tamis d'acier, s'il n'est pas blessé.

DEUXIÈME SEIGNEUR, à part.

Son acier était endetté : il fuyait le créancier à l'autre extrémité de la ville.

CLOTEN.

Le misérable ne voulait pas m'attendre.

DEUXIÈME SEIGNEUR, à part.

Non, il fuyait toujours, en avant, sur ta face.

PREMIER SEIGNEUR.

Vous attendre! Vous aviez vous un domaine suffisant; mais il l'a agrandi, il vous a cédé du terrain.

DEUXIÈME SEIGNEUR, à part.

Autant de pouces que tu as d'océans. Faquins!

CLOTEN.

Je voudrais qu'on ne nous eût pas séparés.

DEUXIÈME SEIGNEUR, à part.

Et moi aussi, pas avant que tu eusses mesuré sur la poussière quelle longueur d'imbécile tu as.

CLOTEN.

Dire qu'elle aime ce drôle, et me refuse!

DEUXIÈME SEIGNEUR, à part.

Si c'est un péché de faire un bon choix, elle est damnée.

PREMIER SEIGNEUR.

Seigneur, comme je vous l'ai toujours dit, sa beauté et sa cervelle ne vont pas ensemble; c'est une belle enseigne, mais j'ai vu que son esprit a peu de réflexion.

DEUXIÈME SEIGNEUR, à part.

Elle ne luit pas sur les sots, de peur que la réflexion ne l'incommode.

CLOTEN.

Allons! je rentre dans ma chambre. Je voudrais qu'il y eût du mal!

DEUXIÈME SEIGNEUR, à part.

Je ne le souhaite pas, à moins que ce n'eût été la chute d'un âne, ce qui n'est pas un grand mal.

CLOTEN.

Venez-vous avec nous?

PREMIER SEIGNEUR.

J'escorterai votre seigneurie.

CLOTEN.

Eh bien, partons ensemble.

DEUXIÈME SEIGNEUR.

Volontiers, monseigneur.

Ils sortent.

SCÈNE III.

[Une chambre dans le palais.]

Entrent IMOGÈNE et PISANIO.

IMOGÈNE.

— Je désire que tu pousses jusqu'au port — et que tu interroges tous les bâtiments. S'il m'écrivait — et que l'écrit ne me parvînt pas, ce serait comme pour un condamné — la perte de ses lettres de grâce. Quels sont les derniers mots — qu'il t'a dits?

PISANIO.

« Ma reine! ma reine! »

IMOGÈNE.

— Et alors il agitait son mouchoir?

PISANIO.

Et il le baisait, madame.

IMOGÈNE.

— Linge insensible! tu étais plus heureux que moi! — Et ce fut tout?

PISANIO.

Non, madame; car aussi longtemps — que l'œil ou l'oreille ont pu me le faire — distinguer, il est resté — sur le pont, ayant à la main un gant, un chapeau ou un mouchoir — qu'il agitait sans cesse, comme pour exprimer, à chaque battement, à chaque commotion de son cœur, — combien son âme était lente à appareiller, — combien prompt le navire!

IMOGÈNE.

Tu n'aurais pas dû le quitter — des yeux, avant de l'avoir vu — aussi petit, plus petit même qu'un corbeau.

PISANIO.

C'est ce que j'ai fait, madame.

IMOGÈNE.

— Moi, j'aurais brisé, j'aurais fait éclater les fibres de mes yeux, rien — que pour le regarder, jusqu'à ce que diminué — par l'espace, il m'eût paru mince comme mon aiguille ; — oui, je l'aurais suivi du regard jusqu'à ce que, — de la petitesse d'un moucheron, il se fût évanoui dans l'air, et alors — j'aurais détourné la vue et pleuré... Mais, bon Pisanio, — quand aurons-nous de ses nouvelles ?

PISANIO.

Soyez-en sûre, madame, — à la première occasion.

IMOGÈNE.

— Quand je l'ai quitté, j'avais encore — une foule de jolies choses à lui dire. Avant que j'aie pu lui expliquer — comment je penserais à lui, à certaines heures, — et quelles seraient ces pensées ; avant que j'aie pu lui faire jurer — que les femmes d'Italie ne le rendraient pas traître — à mes droits et à son honneur ; avant que je lui aie recommandé — de s'unir à moi par la prière, — à six heures du matin, à midi, à minuit, car alors — je suis au ciel pour lui ; avant que j'aie pu — lui donner le baiser d'adieu que je voulais placer — entre deux mots enchanteurs, est survenu mon père, — qui, pareil à l'ouragan tyrannique du Nord, — a tué toutes nos fleurs en bouton.

Entre UNE DAME.

LA DAME.

La reine, madame, — désire la compagnie de votre altesse.

IMOGÈNE à Pisanio.

— Faites vite ce que je vous ai dit... — Je vais rejoindre la reine.

PISANIO.

— J'obéirai, madame.

Ils sortent.

SCÈNE IV.

[Rome. Une salle à manger chez Philario.]

Entrent Philario, Iachimo, un Français, un Hollandais et un Espagnol.

IACHIMO.

Croyez-moi, monsieur ; je l'ai vu en Bretagne ; il était alors à la croissance de sa renommée ; il annonçait tout le mérite qu'on lui reconnaît aujourd'hui : eh bien j'aurais pu le regarder sans la moindre admiration, lors même que le catalogue de ses qualités eût été affiché près de lui et que je l'eusse vérifié article par article.

PHILARIO.

Vous parlez d'un temps où il n'était pas, comme aujourd'hui, pourvu de ce qui l'achève, au dehors comme au dedans.

LE FRANÇAIS.

Je l'ai vu en France ; nous en avions beaucoup là qui pouvaient regarder le soleil d'un œil aussi ferme que lui.

IACHIMO.

L'aventure de son mariage avec la fille du roi, en le faisant apprécier d'après la valeur de sa femme plutôt que d'après la sienne, a donné de lui, je n'en doute pas, une opinion fort exagérée.

LE FRANÇAIS.
Et puis son bannissement.
IACHIMO.
Oui, et l'enthousiasme de ceux qui, portant les couleurs d'Imogène, déplorent ce lamentable divorce, tout contribue merveilleusement à surfaire Posthumus. Car c'est en le louant qu'on espère soutenir le choix, si facile à battre en brèche, que la princesse a fixé sur un homme sans fortune et sans titre. Mais comment se fait-il qu'il vienne demeurer chez vous? Comment votre liaison a-t-elle pris racine?
PHILARIO.
Son père a été mon compagnon d'armes, et je lui ai dû maintes fois la vie.

Entre POSTHUMUS.

PHILARIO.
Voici notre Breton; accordez-lui l'accueil que des gentilshommes de votre éducation doivent à un étranger de sa qualité. Faites, je vous en conjure, plus ample connaissance avec ce seigneur, que je vous recommande comme mon noble ami; j'aime mieux laisser l'avenir vous démontrer ce qu'il vaut, que vous le dire en sa présence.
LE FRANÇAIS, à Posthumus.
Monsieur, nous nous sommes connus à Orléans.
POSTHUMUS.
Et depuis lors je suis resté votre débiteur pour une obligeance que je vous payerai sans cesse, sans jamais m'acquitter.
LE FRANÇAIS.
Monsieur, vous exagérez beaucoup mon pauvre bon vouloir : j'étais heureux de vous réconcilier avec mon

compatriote. C'eût été grand dommage que vous vous fussiez rencontrés l'un l'autre, avec des intentions aussi mortelles, pour une affaire d'une si futile, d'une si triviale nature.

POSTHUMUS.

Pardon, monsieur, j'étais alors un jeune voyageur; j'aimais mieux agir contrairement à l'opinion des autres que me laisser guider par leur expérience dans chacune de mes actions; mais maintenant que mon jugement s'est formé (ceci soit dit sans offenser personne), je déclare que ma querelle n'était nullement futile.

LE FRANÇAIS.

Ma foi si! elle l'était trop pour être soumise à l'arbitrage des épées, surtout par deux hommes dont l'un, selon toute vraisemblance, eût abattu l'autre, ou qui auraient succombé tous deux.

IACHIMO.

Pouvons-nous, sans indiscrétion, vous demander le sujet du différend?

LE FRANÇAIS.

Nul inconvénient, je pense. La querelle ayant été publique, peut être racontée sans que nul s'en formalise. C'était à peu près la même discussion qui eut lieu hier soir, quand chacun de nous fit l'éloge des belles de son pays. En ce temps-là, ce cavalier soutenait (et était prêt à signer son affirmation avec du sang) que sa maîtresse était plus belle, plus vertueuse, plus sage, plus chaste, plus fermement constante, et plus inattaquable que la plus rare de nos dames de France.

IACHIMO.

Sans doute cette dame ne vit plus aujourd'hui, ou bien l'opinion de ce gentilhomme doit être, à l'heure qu'il est, modifiée.

POSTHUMUS.

Elle garde encore sa vertu, et, moi, mon sentiment.

IACHIMO.

Vous ne devez pas la mettre si fort au-dessus de nos femmes d'Italie.

POSTHUMUS.

Quand j'y serais provoqué ici comme en France, je ne rabattrais rien de mon jugement sur elle, dussé-je passer pour son adorateur plutôt que pour son ami.

IACHIMO.

Comparer une de vos femmes aux nôtres et la dire aussi sage et aussi belle, ce serait déjà trop beau pour une Bretonne. Si votre bien-aimée dépassait toutes les femmes que j'ai connues autant que ce diamant éclipse beaucoup de ceux que j'ai vus,

Il montre l'anneau que Posthumus porte à son doigt.

Je serais forcé, tout au plus, de la croire supérieure à un certain nombre de dames; mais je n'ai pas vu le plus rare diamant, ni vous, la femme la plus rare.

POSTHUMUS.

Je l'ai louée autant que je l'estimais, comme je loue ce diamant.

IACHIMO.

Et ce diamant, combien l'estimez-vous?

POSTHUMUS.

Plus que tous les biens de ce monde.

IACHIMO.

Ou votre incomparable est morte, ou la voilà évaluée au-dessous d'un colifichet.

POSTHUMUS.

Vous vous trompez : l'un peut être vendu ou donné, s'il existe assez de richesse pour le payer, ou de mérite pour l'obtenir. L'autre n'est pas un objet à vendre, mais uniquement le présent des dieux.

IACHIMO.

Que les dieux vous ont accordé !

POSTHUMUS.

Et qu'avec leur protection je conserverai.

IACHIMO.

Vous pouvez la déclarer vôtre ; mais, vous le savez, des oiseaux étrangers s'abattent parfois sur l'étang du voisin. Votre bague aussi, on peut vous la voler ; si bien que, de vos deux bijoux inappréciables, le premier est frêle et le second fragile : un adroit filou ou un homme de cour accompli pourrait tenter de s'approprier l'un ou l'autre.

POSTHUMUS.

Votre Italie ne contient pas d'homme de cour assez accompli pour triompher de l'honneur de ma maîtresse, si c'est à cause de ce risque-là que vous la qualifiez de frêle. Je ne doute pas que vous n'ayez une provision de voleurs, et néanmoins je ne crains pas pour ma bague.

PHILARIO.

Laissons-cela, messieurs.

POSTHUMUS.

Très-volontiers, seigneur. Ce digne cavalier, et je l'en remercie, ne me traite pas en étranger : nous voilà familiers au premier mot.

IACHIMO.

En une conversation cinq fois longue comme celle-ci, je me chargerais de conquérir votre belle maîtresse, et de la faire céder jusqu'au plein abandon, si j'avais accès près d'elle et occasion de la courtiser.

POSTHUMUS.

Non, non.

IACHIMO.

J'oserais là-dessus gager la moitié de ma fortune contre votre anneau, qui, je le crois, ne la vaut pas tout à fait. Mais c'est moins contre sa réputation que contre votre confiance que le pari est fait; et, pour que vous n'en preniez pas offense, j'offre de tenter l'épreuve sur n'importe quelle femme au monde.

POSTHUMUS.

Vous vous abusez grandement dans cette audacieuse conviction; et je ne doute pas que vous n'obteniez le résultat mérité par votre tentative.

IACHIMO.

Lequel?

POSTHUMUS.

Un échec : pourtant cette tentative, comme vous l'appelez, mériterait quelque chose de plus, un châtiment.

PHILARIO.

Messieurs, en voilà assez. Cette discussion est venue trop brusquement : qu'elle meure comme elle est née, et, je vous conjure, faites meilleure connaissance.

IACHIMO.

J'aurais volontiers engagé mes domaines et ceux de mon voisin, en garantie de ce que j'ai dit.

POSTHUMUS.

Quelle femme choisiriez-vous pour cette épreuve?

IACHIMO.

La vôtre, que vous croyez si ferme dans sa fidélité. Recommandez-moi à la cour où est votre dame, et je vous parie dix mille ducats contre votre anneau que, sans autre avantage que l'occasion d'un double entretien, je lui ravirai cet honneur que vous vous imaginez si bien gardé.

POSTHUMUS.

Je gagerai de l'or contre de l'or; mais pour ma bague, j'y tiens autant qu'à mon doigt; elle en fait partie.

IACHIMO.

Vous êtes amant et cela vous rend prudent. Eussiez-vous acheté, à un million le gros, de la chair de femme, vous ne sauriez la préserver de la corruption. Je le vois, vous avez quelque scrupule qui vous inquiète.

POSTHUMUS.

Ce verbiage est chez vous habitude des lèvres; mais au fond, j'espère, vous avez une pensée plus sérieuse.

IACHIMO.

Je suis le maître de mes paroles, et je suis prêt à entreprendre ce que j'ai dit, je le jure.

POSTHUMUS.

Voulez-vous? je consens à mettre en gage mon diamant jusqu'à votre retour. Arrêtons entre nous la convention. Ma maîtresse dépasse de toute sa vertu l'énormité de votre indigne pensée. Je brave votre défi... Voici mon anneau.

PHILARIO.

Je ne veux pas que ce pari ait lieu.

IACHIMO.

Par les dieux! il est fait!..... Si je ne vous rapporte une preuve suffisante que j'ai possédé la plus tendre partie du corps de votre maîtresse, mes dix mille ducats sont à vous, comme votre diamant. Si je reviens sans lui avoir pris cet honneur dont vous êtes si sûr, mon or, ce bijou-ci et elle, votre bijou encore, tout est à vous, pourvu que, par une lettre de recommandation, vous m'ayez obtenu libre accès auprès d'elle.

POSTHUMUS.

J'accepte ces conditions : qu'elles soient entre nous articles de contrat. Seulement voici jusqu'où s'engage votre responsabilité. Si, votre expédition contre elle une fois terminée, vous me donnez la preuve directe que vous avez triomphé, je ne suis plus votre ennemi : elle ne vaut pas une querelle entre nous. Mais si elle n'a pas été séduite, si vous ne me démontrez pas qu'elle l'ait été, vous me répondrez, l'épée à la main, et de votre outrageante opinion et de l'assaut que vous aurez livré à sa pudeur.

IACHIMO.

Votre main : la convention est faite. Nous en ferons rédiger la minute par un conseil légal, et je pars vite pour la Bretagne, de peur que notre gageure ne prenne froid et ne meure d'inanition. Je vais chercher mon or et faire enregistrer nos deux enjeux.

POSTHUMUS.

C'est convenu.

Sortent Posthumus et Iachimo.

LE FRANÇAIS.

Le pari tiendra-t-il, croyez-vous ?

PHILARIO.

Le signor Iachimo n'en démordra pas. De grâce, suivons-les.

Ils sortent.

SCÈNE V.

[La Bretagne. L'appartement de la reine.]

Entre la REINE, *suivie de ses* DAMES *et de* CORNÉLIUS.

LA REINE.

— Tandis que la rosée est encore sur la terre, allez cueillir ces fleurs. — Vite ! qui de vous en a la liste ?

PREMIÈRE DAME.

Moi, madame.

LA REINE.

— Dépêchez-vous.

Les dames sortent.

— Maintenant, maître docteur, avez-vous apporté ces drogues?

CORNÉLIUS.

— Oui, selon le bon plaisir de votre altesse : les voici, madame.

Il lui remet une petite boîte.

— Mais je supplie votre grâce de ne pas s'offenser d'une question — que ma conscience m'enjoint de faire : pourquoi m'avez-vous — commandé ces philtres empoisonnés — qui causent une mort languissante — et tuent lentement, mais à coup sûr?

LA REINE.

Je m'étonne, docteur, — que tu me fasses pareille demande : ne suis-je pas — ton élève depuis longtemps? ne m'as tu pas appris — à composer des parfums, à distiller, à confire? Et si bien — que notre grand roi lui-même me fait souvent la cour — pour mes conserves. Étant à ce point avancée, — si tu ne me crois pas diabolique, ne trouves-tu pas juste — que j'agrandisse mon savoir par — d'autres expériences? Je veux essayer la force — de tes compositions sur des êtres — qui ne nous semblent même pas digne de la corde, mais non sur une créature humaine. — C'est ainsi que j'en éprouverai l'énergie; j'opposerai — des dissolvants à leur action, et j'analyserai par là — leurs vertus diverses et leurs effets.

CORNÉLIUS.

Votre altesse — ne fera que s'endurcir le cœur par de telles expériences; — et puis l'examen de ces effets ne pourra pas se faire — sans danger ni dégoût.

LA REINE.

Oh! sois tranquille!

Entre PISANIO.

LA REINE, à part.

— Voici ce misérable flagorneur ; c'est sur lui — que je ferai mon premier essai : il est tout à son maître, — et l'ennemi de mon fils...

Haut.

Eh bien, Pisanio ? — Docteur, je n'ai plus besoin de vos services pour cette fois : — vous êtes libre.

CORNÉLIUS, à part.

Vous m'êtes suspecte, madame, — mais vous ne ferez aucun mal.

LA REINE, à Pisanio.

Écoute ! un mot !

Elle s'entretient à voix basse avec Pisanio.

CORNÉLIUS, à part.

— Je n'aime pas cette femme. Elle croit tenir — de merveilleux poisons lents ; je connais son âme, — et je ne veux pas confier à un être si méchant — des drogues d'aussi infernale nature. Celles que je lui ai remises — peuvent stupéfier et amortir momentanément les sens : — sans doute elle les éprouvera, d'abord, sur des chiens et sur des chats, — puis, plus tard, sur des espèces plus hautes : mais il n'y a, — dans la mort apparente qu'elles causent, d'autre danger — qu'une léthargie passagère des esprits, — suivie d'une nouvelle vie plus active. Je la dupe — avec ces poisons prétendus, et n'en suis que plus loyal — de la tromper ainsi.

LA REINE.

Ton service est fini, docteur, — jusqu'à ce que je te fasse appeler.

CORNÉLIUS.

Je prends humblement congé de vous.

Il sort.

LA REINE.

— Elle pleure toujours, dis-tu? Ne crois-tu pas que le temps — étanchera ses larmes, et qu'elle laissera la raison prendre — en elle la place de la folie? Mets-toi à l'œuvre; — et, quand tu viendras m'annoncer qu'elle aime mon fils, — je te dirai alors : Pisanio, tu es — aussi grand que ton maître, plus grand même; car — sa fortune succombe et n'a plus le souffle, car sa gloire — est à sa dernière convulsion. Revenir! il ne le peut pas plus — que rester où il est; changer de place, — ce n'est pour lui que changer de misère; — et chaque jour qui arrive n'arrive que pour le dégrader — d'un jour de plus! Que peux-tu attendre — en t'appuyant sur un être qui chancelle — et qui, impossible à relever, n'a pas assez d'amis, — même pour le soutenir?

La reine laisse tomber la boîte que Cornélius lui a remise. Pisanio la ramasse.

Tu ne sais pas — ce que tu ramasses là; eh bien, garde-le pour ta peine; — c'est un cordial que j'ai fait et qui cinq fois déjà — a arraché le roi à la mort : je n'en connais pas — de plus efficace... Allons, je t'en prie, garde-le : — garde-le comme arrhes de tout le bien — que je te veux encore. Éclaire ta maîtresse — sur sa situation; fais-le, comme de toi même; — songe à la chance nouvelle que tu te crées : songe, en effet, — que tu conserves toujours ta maîtresse, et que de plus tu as mon fils — qui s'occupera de toi. J'obtiendrai du roi — ton élévation, sous la forme — que tu désireras; et enfin moi-même, moi surtout, — qui aurai contribué à ta juste grandeur, je m'engage — à accabler ton mérite de mes libéralités... Appelle mes femmes : — songe à ce que j'ai dit...

Pisanio sort.

Un maraud sournois et fidèle! — L'agent inébranlable de son maître! — Le conseiller qui sans cesse raffermit

— la main d'Imogène dans celle de son mari ! — Je lui ai donné là une chose — qui, s'il en fait usage, mettra la belle à court de messagers d'amour ; et elle-même plus tard, — si elle n'assouplit pas son humeur, elle peut être sûre — d'en goûter aussi.

PISANIO rentre avec les DAMES chargées de fleurs.

C'est cela ! c'est cela !...Parfait ! parfait ! — Ces violettes et ces primevères variées, — portez-les dans mon cabinet... Adieu, Pisanio ; — pense à ce que je t'ai dit.
Elle sort suivie de ses dames.

PISANIO.

Oui, j'y penserai ; — mais, si jamais je deviens infidèle à mon bon maître, — je m'étranglerai de mes propres mains ; c'est tout ce que je ferai pour vous.
Il sort.

SCÈNE VI.

(L'appartement d'Imogène.)

Entre IMOGÈNE.

IMOGÈNE.

— Un père cruel, une belle-mère perfide, — un soupirant stupide pour une femme — dont le mari est banni !... Oh ! mon mari — couronne suprême de ma douleur ! c'est toi qui redoubles — mes tourments !... Que n'ai-je été enlevée par des voleurs, — comme mes deux frères ! Misérables — ceux qui s'attachent à ce qui est glorieux ! Bienheureux, — quelque humbles qu'ils soient, ceux qui trouvent, dans la satisfaction de vœux modestes, — la recette du bien-être !

Entrent Pisanio et Iachimo.

IMOGÈNE, à part, examinant Iachimo.

Quel est cet homme? Fi!

PISANIO.

— Madame, un noble gentilhomme romain — vous apporte des lettres de monseigneur.

IACHIMO.

Vous changez de couleur, madame? — Le digne Léonatus est en bonne santé; — il salue tendrement votre altesse.

Il présente une lettre à Imogène.

IMOGÈNE.

Merci, mon bon monsieur, — vous êtes le très-bienvenu.

IACHIMO.

— Tout ce qu'on voit de ses dehors est splendide : — si elle renferme une âme aussi belle, — c'est elle qui est le phénix arabe, et j'ai — perdu mon pari... Hardiesse, sois mon amie; — audace, arme-moi de la tête aux pieds; — ou bien je combattrai, comme le Parthe, en fuyant; — ou plutôt je fuirai sans combattre.

IMOGÈNE, lisant.

« Il est du plus noble rang, et ses prévenances m'ont infiniment
» obligé. Traitez-le donc en conséquence, selon le cas que vous faites
» de votre fidèle

» LÉONATUS. »

— Je ne lis tout haut que ces lignes : — mais le reste de la lettre réchauffe mon cœur — jusqu'au fond et le remplit de reconnaissance. — Vous êtes aussi bienvenu, digne seigneur, qu'il m'est — donné de vous le dire, et je vous le prouverai — en tout ce que je pourrai faire.

IACHIMO.

Merci, belle dame... — Eh quoi! les hommes sont-ils fous? La nature leur a donné des yeux — pour contempler l'arche des cieux et les riches trésors — de la terre et de la mer ; des yeux qui ne confondent pas — les globes enflammés du firmament avec les pierres jumelles — dont la plage est couverte ; et nous ne pouvons pas, — aidés d'organes aussi parfaits, faire la distinction — entre le beau et le laid?

IMOGÈNE.

D'où vient votre stupéfaction?

IACHIMO.

— Ce n'est pas la faute du regard, car des singes même, placés entre deux femelles, jacasseraient avec la jolie et — repousseraient la vilaine avec des grimaces;— ni du jugement ; car un idiot, placé dans une pareille alternative, — ferait le bon choix; ni de l'appétit; — car une sale laideur, mise en face d'une aussi pure beauté, — ferait vomir le vide au désir, — avant qu'il fût tenté d'y goûter !

IMOGÈNE.

— Que voulez-vous dire?

IACHIMO.

La luxure blasée elle-même, — ce désir assouvi, mais jamais satisfait, — qui fuit à mesure qu'il s'emplit, commence par dévorer — l'agneau sans tache, avant de rechercher l'ordure.

IMOGÈNE.

Cher monsieur, — quel transport vous saisit? Vous sentez-vous bien?

IACHIMO.

— Merci, madame : très-bien.

A Pisanio.

Je vous en supplie, monsieur, veuillez dire — à mon écuyer de m'attendre où je l'ai laissé : il est — ici tout étranger et fort timide.

PISANIO.

J'allais sortir, monsieur, — pour lui faire accueil.

Il sort.

IMOGÈNE.

— Mon mari va toujours bien? Sa santé, dites-moi?...

IACHIMO.

Est fort bonne, madame.

IMOGÈNE.

— A-t-il l'humeur gaie? J'espère que oui.

IACHIMO.

— Excessivement plaisante : il n'y a pas d'étranger — aussi gai et aussi jovial : on l'appelle le — viveur breton.

IMOGÈNE.

Quand il était ici, — il était enclin à la tristesse, et le plus souvent — sans savoir pourquoi.

IACHIMO.

Je ne l'ai jamais vu triste. — Dans sa société, là-bas, est un Français, un — grand seigneur qui, paraît-il, aime beaucoup — une fille gauloise restée dans sa patrie, et qui est une fournaise — à soupirs. Le joyeux Breton, — je veux dire votre mari, rit à gorge déployée de cette passion : « Ah ! s'écrie-t-il, — comment se retenir les
» côtes quand on voit un homme qui sait, — par l'his-
» toire, par ouï-dire, ou par sa propre expérience, — ce
» qu'est la femme et ce qu'elle ne peut — s'empêcher
» d'être, user sa libre vie à pleurer — un continuel
» esclavage? »

IMOGÈNE.

Mon seigneur peut-il parler ainsi?

IACHIMO.

— Oui, madame, en riant jusqu'aux larmes. — C'est une récréation de se trouver là, — et de l'entendre se moquer du Français... N'importe, le ciel sait — qu'il y a des hommes bien blâmables.

IMOGÈNE.

Ce n'est pas lui, j'espère.

IACHIMO.

— Ce n'est pas lui. Pourtant il pourrait se montrer plus reconnaissant — des bontés du ciel à son égard. Bien doué personnellement, — il a reçu en vous, que je regarde comme son bien, un don inestimable... — Mais, tout en étant forcé à l'admiration, je suis forcé aussi — à la pitié.

IMOGÈNE.

A la pitié pour qui?

IACHIMO.

Pour deux créatures que je plains cordialement.

IMOGÈNE.

En suis-je une, monsieur? — Vous me regardez! Quel désastre discernez-vous en moi — qui mérite votre pitié?

IACHIMO.

Lamentable! — Quoi, déserter le rayonnant soleil, et se plaire — dans un bouge auprès d'un lumignon!

IMOGÈNE.

Je vous en prie, monsieur, — énoncez plus clairement vos réponses — à mes questions. Pourquoi me plaignez-vous?

IACHIMO.

— Parce que d'autres, — j'allais vous le dire, jouissent de votre... Mais — c'est l'affaire des dieux d'en tirer vengeance, — et non la mienne d'en parler.

IMOGÈNE.

Vous paraissez savoir — quelque chose qui me concerne. Parlez, de grâce! — La crainte d'une catastrophe est souvent plus douloureuse — que sa révélation : car, ou le mal certain — est irrémédiable, ou, s'il est connu à temps, — il peut être réparé. Découvrez-moi donc — ce secret que vous lancez et que vous retenez ainsi.

IACHIMO.

Supposez que j'eusse à moi cette joue — pour y tremper mes lèvres; cette main dont le toucher, — dont le moindre contact arracherait à tout homme — le serment du plus loyal amour; cet objet qui — captive mon regard effaré — et le tient fixé sur lui : si alors, misérable damné, — je couvrais de ma bave des lèvres aussi publiques que les degrés — qui montent au Capitole; si je pressais de mes étreintes des mains — durcies par un mensonge, comme — par une fatigue de toutes les heures; si enfin je fermais ma paupière sur des yeux — — vils et ternes comme la lumière enfumée — qu'alimente un suif fétide, je mériterais, n'est-ce pas, — que tous les fléaux de l'enfer vinssent à la fois — punir une telle trahison.

IMOGÈNE.

Mon seigneur a, je le crains, — oublié la Bretagne.

IACHIMO.

Et lui-même. Ce n'est pas — spontanément que je vous révèle — l'infamie de son changement; non! c'est votre grâce — qui, du fond le plus muet de ma conscience, évoque — sur ma bouche cet aveu!

IMOGÈNE.

Ne m'en dites pas davantage.

IACHIMO.

— O chère âme! Votre cause émeut mon cœur — d'une pitié qui me fait mal. Une femme — si belle, qui, liée à un empire, — grandirait du double le plus grand roi, être ainsi associée — à des baladines payées sur le revenu — de vos propres coffres! à de malsaines aventurières —. qui risquent toutes les infirmités contre l'or —

que la corruption peut prêter à la nature! à une engeance gangrenée, — capable d'empoisonner même le poison! Ah! vengez-vous; — sinon celle qui vous porta n'était pas reine, et vous — êtes déchue de votre auguste souche!

IMOGÈNE.

Me venger! — Comment puis-je me venger? Si ce que vous dites est vrai, — car j'ai un cœur qui — ne peut pas en croire aussi vite mes oreilles; si ce que vous dites est vrai, comment me vengerais-je?

IACHIMO.

Devez-vous vous résigner à — vivre, comme une prêtresse de Diane, entre des draps glacés, — tandis qu'il se vautre sur d'autres, — aux mépris de vos droits, aux dépens de votre bourse? — Vengez-vous! — Je me consacre à votre bonheur; — plus digne que ce renégat de votre lit, — je resterai à jamais votre amant fidèle, — discret et sûr.

Il se rapproche d'Imogène pour l'embrasser.

IMOGÈNE.

A moi, Pisanio!

IACHIMO.

— Laissez-moi sceller mon dévouement sur vos lèvres.

IMOGÈNE.

— Arrière!... Je me blâme de t'avoir — si longtemps écouté... Si tu avais de l'honneur, — tu m'aurais fait ce récit par respect pour la vertu, — et non dans le but vil et étrange que tu te proposes. — Tu diffames un gentilhomme qui est aussi loin — de ta calomnie que tu l'es de l'honneur; et — tu poursuis ici une femme qui te méprise — à l'égal du démon... A moi, Pisanio! — Le roi mon père sera informé — de ton attentat: s'il trouve bon — qu'un étranger impudent vienne marchander à sa cour — comme dans un bouge de Rome, et nous exposer — ses intentions bestiales, alors il a une cour — qui lui importe peu et une fille dont — il ne se soucie pas... A moi, Pisanio !

IACHIMO.

— O fortuné Léonatus ! je puis le dire : — la foi que ta femme a en toi — est digne de ta confiance en elle, comme ta rare vertu — l'est de son inébranlable fidélité... Vivez longtemps heureux, — vous, la femme du plus noble seigneur dont jamais — pays ait été fier, vous, qui ne pouviez être que la compagne — du plus noble ! Accordez-moi mon pardon. — Je ne vous ai parlé ainsi que pour savoir si votre foi — était profondément enracinée ; je vais vous faire de votre mari — un portrait exact cette fois. Il est l'homme — le plus accompli qui existe ; c'est un saint enchanteur, — qui charme toutes les sociétés : — la moitié du cœur de tous les hommes est à lui.

IMOGÈNE.

Vous lui faites réparation.

IACHIMO.

— Il est comme un dieu descendu parmi les hommes ; — il a une sorte de majesté qui le fait paraître — plus qu'un mortel... Ne soyez pas offensée, — très-puissante princesse, si j'ai osé — éprouver votre foi par un faux rapport. L'expérience — a confirmé votre généreux jugement — sur l'homme accompli que vous avez choisi, — par une infaillible consécration. L'affection que j'ai pour lui — m'a porté à vanner ainsi vos sentiments ; mais les dieux vous ont faite — différente des autres femmes et pure de toute ivraie. Votre pardon, je vous prie !

IMOGÈNE.

— Tout est réparé, monsieur. Employez comme vôtre mon pouvoir à la cour.

IACHIMO.

— Mes humbles remercîments !... J'allais oublier —

d'implorer de votre grâce un léger service, — qui pourtant a son importance, car il concerne — votre mari, moi-même et d'autres nobles amis — qui sont intéressés dans la question.

IMOGÈNE.

Voyons, de quoi s'agit-il?

IACHIMO.

— Nous sommes une douzaine de Romains qui, avec votre mari — (la plus belle plume de notre aile!) nous sommes cotisés — pour acheter un présent à l'empereur; — agent choisi par tous, j'ai fait l'emplette — en France. C'est de la vaisselle d'un travail exquis; ce sont des joyaux — du goût le plus riche et le plus rare; la valeur en est grande; — étranger ici, je suis tant soit peu impatient — de mettre ces objets en sûreté. Vous plairait-il — d'en accepter le dépôt?

IMOGÈNE.

Volontiers, — et j'engage mon honneur à leur sûreté; puisque — mon seigneur y est intéressé, je les garderai — dans ma chambre à coucher.

IACHIMO.

Ils sont dans un coffre, — sous l'escorte de mes gens; je prendrai la liberté — de vous les envoyer pour cette nuit seulement. — Je dois me rembarquer demain.

IMOGÈNE.

Oh! non, non.

IACHIMO.

— Pardon; je tronquerais ma parole — en prolongeant mon séjour. De la Gaule où j'étais, — je n'ai traversé les mers que pour tenir ma promesse — de voir votre altesse.

IMOGÈNE.

Je vous remercie de vos peines; — mais ne partez pas demain!

IACHIMO.

Oh! il le faut, madame. — Ainsi, je vous en conjure, si vous voulez — saluer par écrit votre mari, faites-le ce soir même. — J'ai dépassé les délais fixés, et c'est chose grave — pour la remise de notre présent.

IMOGÈNE.

Je vais écrire. — Envoyez-moi votre coffre : il sera sûrement gardé, — et rendu fidèlement. Vous êtes le bienvenu.

Ils sortent.

SCÈNE VII.

[Devant le palais des rois de Bretagne.]

Entrent CLOTEN et DEUX SEIGNEURS.

CLOTEN.

A-t-on jamais eu pareil guignon! Au moment où j'effleurais le but, voir la boule d'un autre écarter la mienne! Je perds cent livres sur le coup, et alors il faut que je ne sais quel ruffian vienne me reprocher de jurer, comme si je lui empruntais mes jurons et que je ne fusse pas le maître de les dépenser à ma fantaisie.

PREMIER SEIGNEUR.

Qu'a-t-il gagné à cela? Vous lui avez fendu la caboche avec votre boule.

DEUXIÈME SEIGNEUR, à part.

Heureusement que la victime a eu plus de cervelle que l'assommeur! Sans quoi il ne lui en serait pas resté.

CLOTEN.

Quand un gentilhomme est disposé à jurer, il ne convient pas que les assistants lui coupent la parole, pas vrai?

DEUXIÈME SEIGNEUR.

Non, monseigneur.

A part.

Ni qu'il leur coupe les oreilles.

CLOTEN.

Le ruffian! le chien! Moi, lui donner satisfaction! Oh! que n'est-il de mon rang!

DEUXIÈME SEIGNEUR, à part.

Il serait l'égal d'un niais.

CLOTEN.

Rien au monde ne me vexe autant. Malepeste! je voudrais n'être pas aussi noble que je le suis! On n'ose pas se battre avec moi, parce que la reine est ma mère : il n'y a pas un maroufle qui ne puisse se battre tout son soûl, et moi, il faut que je me démène comme un coq qui ne peut trouver de pair!

DEUXIÈME SEIGNEUR, à part.

Un coq fait comme un chapon! Du coq tu n'as que le cri et la crète!

CLOTEN.

Tu dis?

PREMIER SEIGNEUR.

Il ne convient pas que votre seigneurie se mesure avec tous les compagnons qu'elle outrage.

CLOTEN.

Non, je le sais; mais il convient que je puisse insulter mes inférieurs.

DEUXIÈME SEIGNEUR.

Oui, et cela ne peut convenir qu'à votre seigneurie.

CLOTEN.

C'est justement ce que je dis.

PREMIER SEIGNEUR.

Avez-vous entendu parler d'un étranger qui est arrivé à la cour ce soir?

CLOTEN.

Un étranger, et je n'en sais rien !

DEUXIÈME SEIGNEUR, à part.

Il est lui-même un étrange gaillard, et il n'en sait rien.

PREMIER SEIGNEUR.

Oui, il est arrivé un Italien, qu'on dit être des amis de Léonatus.

CLOTEN.

Léonatus ! ce gueux qu'on a banni ! quel qu'il soit, son ami en est un autre. Qui vous a parlé de cet étranger?

PREMIER SEIGNEUR.

Un des pages de votre seigneurie.

CLOTEN.

Sied-il que j'aille le voir? Ne sera-ce pas déroger?

PREMIER SEIGNEUR.

Vous ne pouvez déroger, monseigneur.

CLOTEN.

Pas facilement, je crois.

DEUXIÈME SEIGNEUR, à part.

Tu es un sot avéré : et tu ne peux déroger, ne lâchant que des sottises.

CLOTEN.

Allons! je vais voir cet italien : ce que j'ai perdu aujourd'hui aux boules, je veux le lui regagner cette nuit. Allons! venez.

DEUXIÈME SEIGNEUR.

Je vais suivre votre seigneurie,

Cloten et le premier seigneur sortent.

DEUXIÈME SEIGNEUR, seul.

— Se peut-il qu'une diablesse aussi astucieuse que sa mère — ait mis au monde cet âne! qu'une femme qui — soumet tout à son cerveau ait pour fils un idiot — qui ne pourrait pas apprendre par cœur que, ôté deux de vingt,

— il reste dix-huit !... Hélas ! pauvre princesse, — divine Imogène, que ne souffres-tu pas, — entre un père gouverné par ta marâtre, — une mère forgeant des complots à toute heure, et un soupirant — plus odieux pour toi que n'est le noir exil — pour ton cher mari !... Puissent les cieux, contre l'horrible — divorce qu'on veut t'imposer, raffermir — les remparts de ton tendre honneur et maintenir inébranlable — le temple de ta belle âme ! Puisses-tu vivre, enfin, — pour posséder et ton seigneur banni et ce vaste royaume !

Il sort.

SCÈNE VIII.

[La chambre à coucher d'Imogène. Ameublement dans le goût le plus riche de la Renaissance. Tout autour de la chambre, une tapisserie soie et argent représentant la rencontre d'Antoine et de Cléopâtre sur le Cydnus. Au fond, une cheminée sur le manteau de laquelle est sculptée une Diane au bain, et dont les chenêts sont surmontés de deux Cupidons d'argent se tenant sur un pied. Çà et là quelques tableaux. Plafond couvert de chérubins en ronde-bosse. Dans un coin est un coffre. IMOGÈNE est dans son lit, occupée à lire à la clarté d'un flambeau qui brûle sur une table à côté d'elle.] (3).

Entre HÉLÈNE, une de ses SUIVANTES.

IMOGÈNE.
— Qui est là ? une de mes femmes ? Hélène !

HÉLÈNE.
Oui, madame, à vos ordres.

IMOGÈNE.
— Quelle heure est-il ?

HÉLÈNE.
Près de minuit, madame.

IMOGÈNE.

— J'ai donc lu trois heures : mes yeux sont fatigués. — Plie le feuillet où j'en suis restée, et va te coucher. — N'emporte pas le flambeau, laisse-le brûler. — Ah! si tu peux te lever vers quatre heures, — éveille-moi, je te prie. Le sommeil m'a toute envahie.

Hélène sort.

— Dieux, je me confie à votre protection! — Des fées et des tentateurs nocturnes — gardez-moi, je vous en supplie!

Elle s'endort.

Iachimo sort du coffre.

IACHIMO.

— Le grillon chante, et les sens harassés de l'homme — se réparent dans le repos. Ainsi mon compatriote Tarquin — foula doucement les tapis de jonc avant d'éveiller — la chaste beauté qu'il viola... O Cythérée! — comme tu pares ton lit! Frais lis, — plus blanc que tes draps! que je puisse te toucher!... — Rien qu'un baiser, un seul!... Rubis incomparables, — comme vous le rendez cher! C'est son haleine qui — parfume ainsi la chambre : la flamme du flambeau — se penche vers elle et voudrait regarder sous ses paupières — pour entrevoir la lumière maintenant couverte — par ces rideaux d'un blanc azuré que frange — un bleu céleste! Mais ne perdons pas de vue mon projet. — Pour bien me souvenir de la chambre, je vais tout écrire.

Il tire un carnet et prend des notes.

Tels et tels tableaux. Là, la fenêtre... Le lit — orné de cette façon... Cette tapisserie — avec telle et telle figure... Le sujet qu'elle représente... — Ah! quelques notes prises d'après nature sur son corps — en diraient dix mille fois plus que la description — de tous les meubles, et enrichiraient beaucoup mon inventaire. — O toi, sommeil, singe de la mort, accable-la de toute ta léthargie ! — Que ses sens soient comme une tombe — étendue ainsi dans une chapelle !...

Il lui défait son bracelet.

A moi ! à moi ! — Aussi aisé que le nœud gordien était difficile ! — Je le tiens. Voilà une preuve extérieure — aussi convaincante que la conscience intime — pour le désespoir du mari. Sur son sein gauche — est un signe composé de cinq taches pareilles à ces gouttes de pourpre — qu'on voit dans le calice d'une primevère. Voici une garantie — telle que la loi elle-même n'en pourrait obtenir. La connaissance de ce secret — va le forcer à croire que j'ai crocheté la serrure et ravi — le trésor de son honneur. Il suffit.

Il fait le geste d'écrire, puis s'arrête.

A quoi bon ? — Pourquoi prendre note de ce qui est rivé, — chevillé dans ma mémoire ?

Prenant le livre sur la table.

Elle lisait — l'histoire de Térée : la feuille est pliée — à l'endroit où Philomèle céda. C'est assez ; — rentrons dans le coffre, et fermons-en le ressort. — Hâtez-vous, hâtez-vous, dragons de la nuit ! que l'aurore — vienne vite dessiller l'œil du corbeau ! Je loge chez la frayeur. — Bien qu'il y ait un ange du ciel, l'enfer est ici.

L'horloge sonne.

— Un, deux, trois... Il est temps, il est temps !

Il rentre dans le coffre.

SCÈNE IX.

[Sous les fenêtres de l'appartement d'Imogène.]

Entrent CLOTEN et des SEIGNEURS.

PREMIER SEIGNEUR.
Votre seigneurie est, dans la perte, le joueur le plus patient, le plus froid qui ait jamais retourné un as.

CLOTEN.
Il n'y a pas d'homme que la perte ne trouve froid.

PREMIER SEIGNEUR.
Mais il y en a peu qu'elle trouve aussi noblement patients que votre seigneurie. Ce n'est que quand vous gagnez que vous êtes tout flamme et tout ardeur.

CLOTEN.
Le gain donne du courage à tout le monde. Si je pouvais obtenir cette niaise d'Imogène, je serais assez riche. Le matin est proche, n'est-ce pas?

PREMIER SEIGNEUR.
Il fait jour, monseigneur.

CLOTEN.
Je voudrais que cet orchestre fût ici. On m'a conseillé de lui donner de la musique tous les matins. On dit qu'elle en sera pénétrée.

Entrent des MUSICIENS.

CLOTEN.
Allons! accordez vos instruments. Si vous pouvez l'émouvoir avec vos doigts, tant mieux; nous jouerons de la langue aussi. Si rien n'y fait, qu'elle reste ce qu'elle est; mais moi, jamais je ne céderai. Commencez par

quelque chef-d'œuvre : vous nous donnerez ensuite une merveilleuse mélodie faite sur des paroles exquises et admirables, et alors nous la laisserons réfléchir.

CHANSON.

Écoute ! écoute ! l'alouette chante à la porte du ciel,
 Et Phébus se lève déjà
Pour baigner ses coursiers aux sources
 Que recèle le calice des fleurs ;
Et les soucis clignotants commencent
 A ouvrir leurs yeux d'or.
Avec tout ce qui est charmant,
 Ma douce dame, lève-toi,
  Lève-toi, lève-toi.

CLOTEN, aux musiciens.

Maintenant, décampez. Si ça lui fait de l'impression, je n'en estimerai que plus votre musique : si ça ne lui en fait pas, c'est qu'elle a dans les oreilles un vice auquel ni crins de cheval, ni boyaux de veau, ni voix même d'eunuque, ne peuvent remédier.

Les musiciens sortent.

Entrent CYMBELINE *et la* REINE.

DEUXIÈME SEIGNEUR.

Voici le roi !

CLOTEN.

Je suis bien aise d'être debout si tard, c'est ce qui fait que je suis debout de si bonne heure. Le roi ne peut qu'approuver paternellement tant de zèle... Salut à votre majesté et à ma gracieuse mère.

CYMBELINE.

Attendez-vous ici à la porte de notre fille ? L'entêtée ne veut donc pas paraître ?

CLOTEN.

Je l'ai assaillie de musiques, mais elle ne daigne pas y faire attention.

CYMBELINE.

— L'exil de son mignon est trop récent : — elle ne l'a pas encore oublié; il faut quelque temps encore — pour effacer ce souvenir de son esprit, — et alors elle est à vous.

LA REINE.

Vous êtes fort obligé au roi — qui ne néglige aucun moyen de vous — servir auprès de sa fille. Faites — votre cour en règle; recherchez — les occasions; augmentez votre empressement — en raison des refus; faites comme si — votre cœur même vous inspirait les devoirs que — vous lui rendez; obéissez-lui en tout, — excepté quand ses ordres ont pour but votre éloignement : — pour ça, soyez insensible.

CLOTEN.

Insensible! je ne puis l'être.

Arrive un MESSAGER.

LE MESSAGER.

Permettez, sire! une ambassade arrive de Rome; — Caïus Lucius en fait partie.

CYMBELINE.

C'est un digne compagnon, — quoiqu'il vienne avec des intentions menaçantes; — mais ce n'est pas sa faute. Nous devons le recevoir — avec tous les honneurs dus à celui qui l'envoie — et avec toutes les prévenances qu'il a méritées lui-même — par les services qu'il nous a rendus.

A Cloten.

Mon cher fils, — quand vous aurez souhaité le bonjour à votre maîtresse, — venez nous rejoindre; nous aurons besoin — de vous pour la réception de ce Romain. Venez, ma reine!

Cymbeline, la Reine, les Seigneurs et le Messager sortent.

CLOTEN, seul.

— Si elle est levée, je veux lui parler ; sinon, — qu'elle reste couchée et qu'elle rêve !...

Il frappe à la porte.

Holà ! permettez !... — Je sais que ses femmes l'entourent. Si — je graissais la patte à l'une d'elles ? C'est l'or — qui procure les entrées dans maints endroits; c'est l'or — qui corrompt les garde-chasse de Diane même et qui leur fait amener — la biche sous le coup du braconnier ; — c'est l'or qui fait tuer l'honnête homme en sauvant le bandit, — et qui parfois envoie à la potence bandit et honnête homme. Que — ne peut-il pas faire et défaire ? Je veux prendre — une de ses femmes pour procureur ; car — je ne m'entends pas encore bien à plaider moi-même.

Il frappe.

Permettez !

Une SUIVANTE arrive derrière la porte.

LA SUIVANTE.

— Qui frappe là?

CLOTEN.

Un gentilhomme.

LA SUIVANTE.

Rien de plus?

CLOTEN.

— Si fait, fils d'une dame de qualité.

LA SUIVANTE, ouvrant.

Beaucoup, — à qui leur tailleur coûte aussi cher qu'à vous, n'ont pas le droit d'en dire autant. Que désire votre seigneurie ?

CLOTEN.

— La personne de votre maîtresse. Est-elle prête ?

LA SUIVANTE.

— Oui, — à garder la chambre.

CLOTEN, lui remettant une bourse.

— Voici de l'or pour vous. Vendez-moi votre éloge.

LA SUIVANTE.

— Que voulez-vous dire? Mon propre panégyrique, ou l'éloge — dont je vous croirai digne?... La princesse!

IMOGÈNE survient.

CLOTEN, à Imogène.

— Bonjour, belle des belles! Sœur, votre douce main!

La suivante se retire.

IMOGÈNE.

— Bonjour, monsieur. Vous vous mettez trop en frais — pour ne recueillir que des déboires : en remercîment, — tout ce que je puis vous dire, c'est que je suis pauvre de remercîments, — et que je n'en ai pas à donner.

CLOTEN.

Pourtant, je jure que je vous aime!

IMOGÈNE.

— Si vous vous borniez à le dire, la chose serait pour moi aussi sérieuse. — Vous aurez beau le jurer toujours, vous obtiendrez toujours pour récompense — que je ne m'en soucie pas.

CLOTEN.

Ce n'est pas là une réponse.

IMOGÈNE.

C'est de peur que vous ne vous écriiez : *Qui ne dit mot consent*, — que je vous parle. De grâce, épargnez-moi. Je le déclare, — je répondrai de manière aussi discourtoise — à vos plus tendres attentions. Un homme de votre haute sagacité — devrait, après tant de leçons, savoir se retirer.

CLOTEN.

— Vous abandonner à votre folie furieuse ! Ce serait un crime à moi : — je ne le ferai pas.

IMOGÈNE.

Les niais ne sont pas furieux, eux !

CLOTEN.

Est-ce moi que vous traitez de niais?

IMOGÈNE.

— Oui, si je suis folle ; — soyez patient, je ne serai plus furieuse : — cela nous guérira tous deux. Je suis désolée, monsieur, — que vous me fassiez oublier les manières d'une femme — pour vous parler sur ce ton. Sachez une fois pour toutes — ce que moi, qui connais mon cœur, je vous déclare ici — en toute franchise : je ne me soucie pas de vous ; — et même la charité me manque à ce point — (je m'en accuse) que je vous hais ! Je regrette que vous ne l'ayez pas — senti. Vous ne m'auriez pas forcée à m'en vanter.

CLOTEN.

Vous pêchez — contre l'obéissance que vous devez à votre père. Car — le contrat que vous prétendez avoir fait avec ce misérable, — (un drôle élevé d'aumônes et nourri des restes, — des miettes de la cour!) ce contrat n'en est pas un. — Libre aux petites gens — (et qui donc est au-dessous de lui?) d'unir des existences — qui ne produisent que marmaille et misère, par un lien noué à leur guise ; — mais cette licence vous est interdite, à vous, — par les exigences de la couronne ; et vous ne pouvez pas en souiller — le précieux éclat au contact d'un vil maraud, — d'une espèce à livrée, d'une étoffe à écuyer, — d'un mitron de bas étage !

IMOGÈNE.

Profane drôle ! Quand tu serais le fils de Jupiter sans être, — d'ailleurs, autrement doué que tu ne l'es, tu serais encore trop vil — pour être son laquais. Ce serait pour toi un honneur suffisant, — presque une faveur si, — examen fait de tes mérites, tu étais nommé valet de bourreau dans son royaume ! Tu provoquerais l'envie — pour être à ce point privilégié !

CLOTEN.

Que les miasmes du midi l'empoisonnent !

IMOGÈNE.

— Il ne peut pas éprouver de plus grand malheur — que d'être nommé par toi. La moindre nippe — qui ait jamais effleuré son corps est plus précieuse — pour moi que tous les cheveux de ta tête, — quand ils seraient changés tous en autant de Cloten !...

Regardant son bras.

Eh bien !

Appelant.

Pisanio !

Pisanio entre.

CLOTEN.

La moindre nippe !... que le diable...

IMOGÈNE, à Pisanio.

— Cours immédiatement auprès de Dorothée, ma femme de chambre.

CLOTEN.

— La moindre nippe !

IMOGÈNE.

Être ainsi hantée par cet imbécile, — obsédée, exaspérée... Va dire à ma camériste — de chercher un bracelet qui par mégarde — a glissé de mon bras : il me vient de ton maître. Malédiction sur moi — si je m'en séparais, fût-ce pour le revenu — du plus grand roi de l'Europe ! Je crois bien l'avoir vu ce matin même ; je suis sûre —

qu'il était hier soir à mon bras ; je l'ai baisé ; j'espère bien qu'il n'est pas allé conter à mon mari — que je baise un autre objet que lui !

PISANIO.

Il ne peut pas être perdu.

IMOGÈNE.

— Je l'espère bien : va le chercher.

Pisanio sort.

CLOTEN.

Vous m'avez outragé... — La moindre nippe !

IMOGÈNE.

Oui, je l'ai dit, monsieur. — Voulez-vous me faire un procès ? Je le répéterai devant témoin.

CLOTEN.

— J'en informerai votre père.

IMOGÈNE.

Et votre mère aussi. — Elle est ma protectrice, et aussi, je m'y attends, elle me donnera — tous les torts. Sur ce, je vous laisse, monsieur, — au plus fort de votre mécontentement.

Elle sort.

CLOTEN.

Je me vengerai. — La moindre nippe !... C'est bien.

Il sort.

SCÈNE X.

(A Rome. Chez Philario.)

Entrent POSTHUMUS et PHILARIO.

POSTHUMUS.

— Ne craignez rien, monsieur. Je voudrais être aussi certain — de la bienveillance du roi que je suis rassuré sur l'honneur — inviolable d'Imogène.

PHILARIO.
Quels moyens avez-vous de fléchir le roi?
POSTHUMUS.
— Aucun. Je suis réduit à tout attendre du temps; — je grelotte durant l'hiver actuel, en souhaitant — que des jours plus chauds viennent pour moi. C'est sur ces espérances transies — que je compte pour m'acquitter envers votre amitié : si elles sont déçues, — il faudra que je meure votre débiteur.

PHILARIO.
— Votre bonne grâce et votre compagnie — me payent avec usure de tout ce que je puis faire. En ce moment, votre roi — doit avoir eu des nouvelles du grand Auguste : Caïus Lucius — accomplira de point en point sa mission. Je crois que Cymbeline — concédera le tribut et enverra les arrérages; — sinon, qu'il s'attende à revoir nos Romains, dont le souvenir — est encore frais dans la douleur de son peuple!

POSTHUMUS.
Eh bien, moi, — sans être homme d'État et sans avoir chance de l'être, — je pense que cela finira par une guerre : vous entendrez dire — que les légions qui sont maintenant en Gaule ont débarqué — dans notre intrépide Bretagne avant d'apprendre — que le moindre tribut ait été payé. Mes compatriotes — sont mieux exercés qu'à l'époque où Jules César — souriait de leur inexérience, tout en trouvant leur courage — digne d'un pli à son front. Leur discipline, — maintenant alliée à leur courage, prouvera — aux provocateurs que le peuple breton — peut progresser avec le monde!

Entre IACHIMO.

PHILARIO.
Voyez donc! Iachimo!

POSTHUMUS.

— Il faut que les cerfs les plus agiles vous aient traîné sur terre, — et que tous les vents réunis aient caressé vos voiles, — pour rendre votre traversée si rapide !

PHILARIO.

Soyez le bienvenu, monsieur.

POSTHUMUS.

— La réponse brève qu'on vous a faite est, je présume, la cause — de votre prompt retour.

IACHIMO.

Votre femme — est une des plus belles femmes que j'aie vues !

POSTHUMUS.

— Et aussi des plus chastes : sinon, autant vaudrait — qu'elle exhibât sa beauté à la fenêtre pour allécher les débauchés — et se débaucher avec eux.

IACHIMO.

Voici des lettres pour vous.

POSTHUMUS.

— Elles ne contiennent rien que de bon, je pense.

IACHIMO.

C'est fort probable.

Posthumus ouvre une lettre et la lit.

PHILARIO, à Iachimo.

— Caïus Lucius était-il à la cour de Bretagne quand vous y étiez ?

IACHIMO.

Il y était attendu, — mais non arrivé.

POSTHUMUS.

Jusque-là tout est bien.

Montrant sa bague à Iachimo.

— Cette pierre a-t-elle toujours les mêmes feux? ou bien la trouvez-vous trop terne pour en faire votre parure?

IACHIMO.

Si j'ai perdu, — je dois en payer la valeur en or. — Je ferais un voyage deux fois aussi long pour passer — une seconde nuit aussi rapidement délicieuse que celle — que j'ai eue en Bretagne. Car la bague est gagnée!

POSTHUMUS.

— La chose est trop forte pour être admise ainsi.

IACHIMO.

Pas du tout! — avec une femme aussi aisée que la vôtre!

POSTHUMUS.

Monsieur, ne tournez pas — votre perte en plaisanterie : vous savez, j'espère, que nous — ne pouvons rester amis.

IACHIMO.

Nous le devons, cher monsieur, — pour peu que vous observiez notre convention. Si je ne rapportais pas ici — une connaissance parfaite de votre belle, je conviens — que notre discussion pourrait aller plus loin. Mais à présent, — je le déclare, j'ai gagné à la fois et son honneur — et votre anneau; et je ne vous ai pas trichés — ni l'un ni l'autre, car je n'ai agi que — d'accord avec vous deux.

POSTHUMUS.

Si vous pouvez prouver — que vous l'avez possédée au lit, ma main — et cet anneau sont à vous. Sinon, après l'infâme opinion — que vous avez eue de sa pure vertu, il faut que l'un de nous — laisse son épée à l'autre, ou que, désarmés l'un par l'autre, nous léguions — nos lames au premier qui les trouvera.

IACHIMO.

Monsieur, les détails — si voisins de l'évidence que je vais vous donner, — vont certainement vous convaincre; s'il le faut, — je les affirmerai sous serment, mais je ne douté pas — que vous ne m'épargniez cette formalité quand vous l'aurez reconnue — inutile.

POSTHUMUS.

Poursuivez.

IACHIMO.

Parlons d'abord de sa chambre à coucher. — (J'avoue n'y avoir pas dormi ; mais, je le déclare, — ce que j'ai vu valait bien la peine de veiller.) Elle est tendue — d'une tapisserie soie et argent, représentant — la fière Cléopâtre qui rencontre son Romain, — et le Cydnus que fait déborder ou — la foule des barques ou l'orgueil !... Prodige — de goût et de magnificence, où la main-d'œuvre le dispute — à la matière ! J'étais émerveillé de ce fini, de cette exactitude — où respire la vie.

POSTHUMUS.

Tout cela est vrai : — mais vous avez pu l'entendre dire ici à moi — ou à quelque autre.

IACHIMO.

De nouvelles particularités — vont vous édifier sur mon savoir.

POSTHUMUS.

Il le faut, — ou votre honneur est fort compromis.

IACHIMO.

La cheminée — est au sud de la chambre ; une chaste Diane au bain — en couvre le manteau ; je n'ai jamais vu figure — si disposée à parler : le sculpteur — a été un second créateur dans cette œuvre muette ; il a surpassé la nature, — au mouvement et à l'haleine près.

POSTHUMUS.

Voilà encore une chose — que vous avez pu recueillir de quelque récit : — on en a tant parlé !

IACHIMO.

Le plafond est couvert — de chérubins d'or en ronde bosse. Les chenets... — que j'oubliais, sont deux Cupidons d'argent, les yeux bandés, — se tenant sur un pied, et délicatement — attachés à leur soubassement.

POSTHUMUS, impatienté.

Il s'agit de son honneur! — Accordons que vous ayez vu tout cela et qu'on doive — des éloges à votre mémoire; la description — de ce qui est dans sa chambre ne vous assure en rien — le gain du pari.

IACHIMO, tirant le bracelet d'Imogène.

Eh bien, si vous le pouvez, — pâlissez ; je ne demande qu'à mettre à l'air ce bijou.

Le montrant.

Voyez !...

Le retirant à lui.

Maintenant je le serre. Il faut que je le marie — à votre bague. Je les garderai tous deux.

POSTHUMUS.

Au nom du ciel, — laissez-le-moi voir encore une fois! Est-ce bien celui — que je lui ai laissé?

IACHIMO.

Le même, mon cher, et je la remercie! — Elle l'a détaché de son bras; je la vois encore : — son joli geste enchérissait sur son présent, — et le rendait bien plus précieux. En me le donnant, elle m'a dit : *J'y tenais autrefois!*

POSTHUMUS.

Il se peut qu'elle s'en soit défaite — pour me l'envoyer.

IACHIMO.

C'est ce qu'elle vous écrit, n'est-ce pas?

POSTHUMUS.

— Oh! non! non! non... vous dites vrai.

Lui remettant sa bague.

Prenez aussi cela; — c'est un basilic dont la vue me tue!... — Qu'il soit donc dit que l'honneur n'est jamais — où est la beauté, la vérité où est l'apparence, l'amour

— où il y a plus d'un homme ! et que les femmes — ne sont pas plus attachées par leur serment à ceux qui le reçoivent — qu'à leur vertu qui est néant !... — O fausseté sans mesure !

PHILARIO.

Du calme, monsieur ! — reprenez votre anneau ; il n'est pas encore gagné. — Il est possible qu'elle ait perdu ce bracelet, ou même, — qui sait si une de ses femmes, payée pour cela, ne lui a pas volé ?

POSTHUMUS.

C'est juste ; — et je présume qu'il se l'est ainsi procuré... Rendez-moi ma bague ! — Donnez-moi quelques renseignements physiques sur sa personne, — plus concluants que ceci ; car ceci a été volé.

IACHIMO.

— Par Jupiter ! c'est de son bras même que je le tiens !

POSTHUMUS.

— Entendez-vous ! il le jure ; il le jure par Jupiter. — C'est donc vrai !... Eh bien, gardez la bague... C'est vrai, je suis sûr — qu'elle ne l'a pas perdu : ses femmes — sont toutes liées par serment et honorables... Elles, consentir à voler cela ! — pour un étranger ! Non !... Elle s'est livrée à lui ! — L'insigne de son déshonneur, — le voilà, et voici le prix que coûte son titre de prostituée !

Il montre la bague.

— Va, prends ton salaire, et que tous les démons de l'enfer — te le disputent !

PHILARIO.

Restez calme, monsieur ! — Ceci ne suffit pas pour convaincre — un homme bient persuadé de...

POSTHUMUS.

Ne m'en parlez plus ! — Elle a été saillie par lui...

IACHIMO.

Voulez-vous — d'autres preuves? Au-dessous de son sein, — bien digne qu'on le presse, est un signe, tout fier — d'être aussi délicatement niché. Sur ma vie, — je l'ai baisé, et cela m'a donné un appétit nouveau, — tout rassasié que j'étais. Vous vous rappelez — cette tache?

POSTHUMUS.

Oui, et elle en dénonce — une autre si immense qu'elle ne tiendrait pas dans l'enfer, — y fût-elle seule!

IACHIMO.

Voulez-vous en entendre davantage?

POSTHUMUS.

— Épargnez-moi votre arithmétique; ne comptez pas les récidives : — une fois, c'est un million de fois!

IACHIMO.

Je jure...

POSTHUMUS.

Pas de serment! — Si vous jurez que vous n'avez pas fait cela, vous mentez; — et je veux te tuer, si tu nies — que tu m'aies fait cocu!

IACHIMO.

Je ne veux rien nier.

POSTHUMUS.

— Oh! si je l'avais ici pour mettre sa chair en lambeaux! — Je veux aller en Bretagne, et le faire, au milieu de la cour, devant — son père... Je ferai quelque chose.

Il sort.

PHILARIO, *montrant Posthumus qui s'en va.*

— Emporté — au delà des bornes de la patience...

A Iachimo.

Vous avez gagné. — Suivons-le, et détournons la rage — qui l'emporte contre lui-même.

IACHIMO.

De tout mon cœur.

Ils sortent.

SCÈNE XI.

(A Rome. Un lieu solitaire.)

Entre POSTHUMUS.

POSTHUMUS.

— Les hommes ne peuvent donc pas être créés sans que la femme — y soit de moitié? Nous sommes tous bâtards; — et l'homme si vénérable — que j'appelais mon père était je ne sais où — quand j'ai été fabriqué. C'est quelque faussaire qui — m'a frappé à son coin. Et pourtant ma mère passait — pour la Diane de son temps, comme aujourd'hui ma femme — pour la merveille du sien... O vengeance! vengeance! — Que de fois elle a contenu mes légitimes désirs, — et imploré de moi l'abstinence, et cela avec — une pudeur si rose qu'à sa vue seule — le vieux Saturne se serait échauffé! Et moi je la croyais — aussi chaste que la neige restée à l'ombre!... Oh! de par tous les diables! — et voilà ce jeune Iachimo qui, en une heure, n'est-ce pas? — moins que cela, dès les premières minutes... Peut-être n'a-t-il pas dit un mot; peut-être, — comme un sanglier bourré de glands, un sanglier germanique, — n'a-t-il eu qu'à crier : Oh! et qu'à couvrir; peut-être n'a-t-il pas trouvé d'autre opposition — que celle qu'il attendait, et elle aussi, — d'une mêlée corps à corps!... Si je pouvais découvrir en moi — ce qui me vient de la femme! car il n'y a pas dans l'homme — de tendance vicieuse qui, je l'affirme, — ne lui vienne de la femme : est-ce le mensonge? eh bien, —

il vient de la femme! la flatterie? d'elle encore! la perfidie? d'elle! — la luxure et les pensées immondes? d'elle! d'elle! la rancune? d'elle! — Ambitions, cupidités, capricieuses vanités, dédains, envies friandes, médisances, inconstance, — tous les défauts qu'on peut nommer, ou même que l'enfer connaît, — viennent d'elle, tous ou presque tous : non, je disais bien, tous! — Car, même envers le vice, elles ne sont pas constantes; — sans cesse elles quittent un vice vieux d'une minute pour un autre — moins vieux de moitié... Je veux écrire contre elles, — les détester, les maudire... Mais non! le plus grand raffinement — d'une vraie haine est de prier qu'elles aient tous leurs désirs. — Le démon même ne pourrait pas mieux les tourmenter!

Il sort.

SCÈNE XII.

[La grande salle du palais des rois de Bretagne.]

Entrent par une porte CYMBELINE, la REINE, CLOTEN, des courtisans; par une autre, CAÏUS LUCIUS et sa suite.

CYMBELINE.

— Parlez maintenant, que veut de nous César-Auguste?

LUCIUS.

— Quand Jules-César, dont le souvenir, — encore vivant pour les yeux des hommes, sera pour leurs oreilles et leurs langues — une éternelle tradition, vint dans cette Bretagne — et la conquit, Cassibelan (4), ton oncle, — illustré par les éloges de César non moins — que par ses exploits méritoires, s'engagea, pour lui — et pour ses successeurs, à payer à Rome un tribut annuel — de trois mille livres qui dans les derniers temps — n'a pas été acquitté par toi.

LA REINE.

Et qui, — pour tuer les étonnements futurs, — ne le sera jamais.

CLOTEN.

Il y aura bien des Césars — avant que vienne un autre Jules. La Bretagne est — un monde à elle seule; et nous ne voulons rien payer — pour le droit de promener nos nez.

LA REINE.

Les circonstances — qui alors aidèrent les Romains à nous prendre notre bien, nous aident, — à notre tour, à le reprendre. Sire, mon suzerain; souvenez-vous — à la fois et des rois vos ancêtres et — des résistances naturelles qu'offre votre île, — vrai parc de Neptune, hérissé, palissadé — de rochers inaccessibles, de vagues rugissantes, — de bancs de sable qui, plutôt que de soutenir les barques de vos ennemis, — les rongeraient jusqu'au grand mât! César fit bien ici — une espèce de conquête, mais ce n'est pas ici qu'il s'est targué — d'être venu, d'avoir vu, d'avoir vaincu : un désastre, — le premier qui l'eût jamais atteint, le repoussa — de nos côtes, deux fois battu; et ses navires, — pauvres jouets naïfs de nos terribles mers, — secoués par les lames, se brisèrent comme des coquilles d'œufs — contre nos rochers. En réjouissance, — le fameux Cassibelan, qui avait été, — ô fortune baladine! sur le point d'abattre l'épée de César, — illumina de feux de joie la ville de Lud (5), — et enfla de courage les Bretons!...

CLOTEN.

Allons, il n'y a plus ici de tribut à payer : notre royaume est plus fort qu'il ne l'était à cette époque; et, comme je l'ai dit, il n'y a plus de César comme celui-là :

d'autres pourront avoir le nez aussi crochu, mais pas un, le bras si roide !... —

CYMBELINE.

— Mon fils, laissez finir votre mère. —

CLOTEN.

Nous en avons encore beaucoup parmi nous qui ont la poignée aussi dure que Cassibelan. Je ne dis pas que je suis du nombre, mais j'ai un bras. Comment ! Un tribut ! pourquoi payerions-nous un tribut ? Si César peut nous cacher le soleil avec une couverture ou mettre la lune dans sa poche, nous lui payerons tribut pour avoir de la lumière : sinon, monsieur, assez parlé de tribut, je vous prie !

CYMBELINE.

— Vous devez savoir — qu'avant que les Romains injurieux eussent extorqué — ce tribut de nous, nous étions libres. L'ambition de César, — qui se gonflait presque à élargir — les flancs du monde, en dépit de toute justice, nous imposa ce joug ; le secouer — est le devoir d'un peuple belliqueux, comme nous prétendons — l'être. Donc nous disons ici à César — qu'il était notre ancêtre, ce Mulmutius qui — établit nos lois, coutumes trop longtemps mutilées — par l'épée de César, et que leur restauration libératrice — sera le grand acte du pouvoir que nous tenons, — quelque colère qu'en ait Rome. Oui, il fit nos lois, ce Mulmutius — qui, le premier en Bretagne, mit — sur son front une couronne d'or, et se nomma — roi (6) !

LUCIUS.

Je suis fâché, Cymbeline, — d'avoir à déclarer César, — qui as plus de rois à son service que tu n'as — d'officiers dans ta maison, César Auguste, ton ennemi. — Apprends donc cela de moi. Au nom de César, — je proclame contre toi la guerre et la confusion : attends-toi —

à une furie irrésistible... Après ce défi, — je te remercie pour moi-même.

CYMBELINE.

Tu es le bienvenu, Caïus. — Ton César m'a fait chevalier (7), j'ai passé ma jeunesse — en grande partie sous ses ordres; c'est lui qui m'a conféré l'honneur; — en voulant aujourd'hui me le reprendre de force, — il m'oblige à le défendre à outrance. On m'assure — que les Pannoniens et les Dalmates — viennent de prendre les armes pour leurs libertés : pour ne pas lire — une leçon dans cet exemple, il faudrait que les Bretons fussent de glace. — Tels ne les trouvera pas César.

LUCIUS.

Que l'expérience parle! —

CLOTEN.

Sa majesté l'a dit : vous êtes le bienvenu. Passez joyeusement avec nous un jour ou deux, ou plus encore. Si ensuite vous venez nous voir avec d'autres intentions, vous nous trouverez dans notre enceinte d'eau salée. Si vous nous en chassez, elle est à vous. Si vous succombez dans l'aventure, vous n'en rendrez que meilleur le menu de nos corbeaux, et ce sera tout.

LUCIUS.

Vous l'avez dit, seigneur.

CYMBELINE.

— Je connais le bon plaisir de ton maître, et il connaît le mien. — Pour le reste, sois le bienvenu.

Ils sortent.

SCÈNE XIII.

[Dans le palais.]

Entre Pisanio, une lettre à la main.

PISANIO.

— Comment! d'adultère? Et pourquoi ne pas me nommer — le monstre qui l'accuse?... Léonatus! — ô mon maître! quel étrange venin — est donc tombé dans ton oreille? Quel est le perfide Italien — qui, crachant le poison comme il le verserait, a ainsi surpris — ta trop facile crédulité? Elle déloyale! Non. — C'est pour sa fidélité qu'elle est punie et qu'elle supporte, — plus en déesse qu'en femme, des assauts — qui réduiraient mainte vertu. Oh! mon maître, — te voilà au-dessous d'elle par l'âme autant que tu l'étais — par la fortune! Comment! que je l'assassine! — au nom de l'affection et de la fidélité que mes serments — ont mises à tes ordres? Moi, elle!... son sang!... — Si cela s'appelle rendre service, que jamais — on ne me répute serviable! Quelle mine ai-je donc, — qu'on puisse me croire dénué d'humanité — au point d'en venir là? *Frappe*, me dit-il; *la lettre — que je t'envoie pour elle te donnera l'occasion d'agir — sur son ordre même.* O papier damné! — Aussi noir que l'encre qui est sur toi! Chiffon insensible! — peux-tu être complice d'un tel acte et garder — cette virginale blancheur!... Justement la voici.

Entre Imogène.

PISANIO.

— Je ne sais rien de ce qu'on me commande.

IMOGÈNE.

— Eh bien, Pisanio ?

PISANIO, lui remettant un papier.

— Madame, voici une lettre de monseigneur.

IMOGÈNE.

— De qui ? de ton seigneur ? Ah ! c'est de mon seigneur ! de Léonatus ! — Il serait bien savant, l'astronome — qui connaîtrait les étoiles comme je connais son écriture : — il lirait l'avenir à livre ouvert... Dieux propices, — faites que ce qui est contenu ici me montre mon seigneur amoureux, — bien portant, satisfait... non pas — d'être séparé de moi (il faut qu'il en souffre... — il est des souffrances salutaires, et celle-là est du nombre, — car elle fortifie l'amour), satisfait — de tout, excepté de cela ! Avec ta permission, bonne cire !

Elle décachète la lettre.

Bénies soyez-vous, — abeilles qui faites ces fermoirs du secret ! Les amants — et les signataires de billets protestés ne font pas pour vous le même vœu : — c'est vous qui envoyez les débiteurs en prison, mais aussi, — c'est vous qui scellez les tablettes du jeune Cupidon !... De bonnes nouvelles, ô dieux !

Elle lit.

« La justice et la colère de votre père, s'il allait me surprendre
» dans ses États, n'ont pas de cruauté qui m'épouvante, pour peu
» que vous consentiez, ô la plus chère des créatures, à me ranimer
» par votre vue. Apprenez que je suis en Cambrie, à Milford-Haven.
» Faites en cette circonstance ce que votre amour vous conseillera.
» Votre bonheur est le vœu de celui qui reste fidèle à ses serments
» et dont l'amour grandit toujours, de votre.

LÉONATUS POSTHUMUS.

— Oh ! un cheval avec des ailes !... Entends-tu, Pisanio ? — Il est à Milford-Haven. Lis, et dis-moi — quelle distance il y a d'ici là. Si, pour de médiocres intérêts, un homme — peut s'y traîner en une semaine, pourquoi ne puis-je pas, moi, — y voler en un jour? Allons fidèle Pisanio, — tu brûles comme moi de voir ton maître; tu en brûles... — Oh! n'exagérons rien!... pas comme moi; mais tu en brûles, — quoique moins vivement que moi, car vois-tu, mon ardeur — excède l'excès; eh bien, réponds, parle vite... — Un conseiller d'amour devrait toujours entasser les mots dans l'oreille — à y étouffer l'ouïe. Combien y a-t-il d'ici à ce bienheureux Milford?... En route — tu me diras qui a valu au pays de Galles ce bonheur — de posséder un pareil port. Mais, d'abord — comment pouvons-nous nous sauver d'ici? Et mon absence, — pendant l'intervalle entre notre départ — et notre retour, comment l'excuser? Mais, avant tout, comment sortir d'ici? — Car pourquoi chercher déjà, pourquoi même inventer jamais une excuse? Nous causerons de cela plus tard... Je t'en prie, parle, — combien de vingtaines de milles pouvons-nous bien faire à cheval — d'une heure à l'autre?

PISANIO.

Une vingtaine entre deux soleils, — madame; c'est assez pour vous, c'est même trop.

IMOGÈNE.

— Comment! mon cher, un homme qui irait à son exécution — ne pourrait pas aller aussi lentement. J'ai entendu parler de courses faites sur paris, — où les chevaux étaient plus agiles que les grains de sable — qui se précipitent au fond de l'horloge; mais ceci est une plaisanterie. — Va dire à ma femme de chambre de feindre une indisposition et de déclarer — qu'elle va retourner chez son père, et puis procure-moi — des vêtements de voyage, qui conviendraient, pour le prix, — à la ménagère d'un gentilhomme campagnard.

PISANIO.

Madame, vous feriez bien de réfléchir.

IMOGÈNE.

— Je vois devant moi, l'ami : partout ailleurs, à droite, à gauche, — en arrière, est un brouillard — impénétrable pour moi. En route, je te prie ! — Fais ce que je te commande ; il n'y a plus rien à dire. — Pas d'autre voie praticable que celle de Milford.

Ils sortent.

SCÈNE XIV.

(Dans le pays de Galles. Une contrée montagneuse. Au fond du théâtre, une caverne dont on n'aperçoit que l'ouverture. Dans un coin, une tombe.]

BÉLARIUS, GUIDÉRIUS et ARVIRAGUS entrent en scène successivement par l'ouverture de la caverne.

BÉLARIUS, encore dans la caverne.

— Un trop beau jour pour garder la maison, surtout — sous un plafond aussi bas que le nôtre ! Baissez-vous, enfants : cette porte — vous apprend à adorer le ciel, et vous courbe — pour l'office divin du matin. Les portes des monarques — ont une arche si haute que les géants peuvent les traverser le front haut, — et garder leurs turbans impies, — sans souhaiter le bonjour au soleil...

Debout, hors de la caverne.

Salut, toi, beau ciel ! — Nous logeons dans le roc, mais nous te traitons plus poliment — que des vivants plus altiers.

GUIDÉRIUS, paraissant.

Salut, ciel !

ARVIRAGUS, paraissant.

Salut, ciel !

BÉLARIUS.

— Maintenant, à nos jeux montagnards! Sus à ces hauteurs, — vous dont les jambes sont jeunes : moi, je foulerai ces plateaux. Remarquez bien, — quand vous m'apercevrez d'en haut petit comme un corbeau, — que c'est la place qui amoindrit l'homme ou le grandit; — et vous pourrez alors réfléchir aux récits que je vous ai faits — des cours, des princes, des intrigues des camps, — où le service n'est pas service parce qu'il est rendu, — mais parce qu'il passe pour l'être. Cette conviction — nous fait tirer profit de tout ce que nous voyons; — et, souvent, pour notre consolation, nous trouverons — que l'escarbot à l'aile d'écaille est mieux abrité — que l'aigle à la vaste envergure. Oh! il y a dans notre existence — plus de noblesse qu'à solliciter l'humiliation; — plus de richesse qu'à vivre oisifs de concussions; — plus de fierté qu'à se pavaner sous la soie qu'on n'a pas payée! — Bon nombre reçoivent le salut de celui qui les rend beaux, — mais restent à jamais inscrits sur ses livres; ce n'est pas une vie qui vaille la nôtre!

GUIDÉRIUS.

— Vous parlez par expérience : nous, pauvres petits sans ailes, — nous n'avons jamais volé hors de la vue du nid; nous ne savons pas — quel air souffle loin du logis. Peut-être cette vie-ci est-elle la plus heureuse, — si la vie tranquille est le bonheur : elle est plus douce pour vous, — qui en avez connu une plus rude; elle convient — à votre âge roidi; mais pour nous, c'est — un cloître d'ignorance, un voyage dans un lit, — c'est la prison d'un débiteur qui n'ose pas — enjamber la limite.

ARVIRAGUS.

De quoi pourrons-nous parler — quand nous serons vieux comme vous? Lorsque nous entendrons — la pluie et le vent battre le noir Décembre, de quoi, — pincés dans cette caverne, causerons-nous — durant les heures glacées? Nous n'avons rien vu : — nous sommes pareils à la bête : subtils comme le renard, pour attraper; — belliqueux comme le loup, pour manger; — notre valeur consiste à chasser ce qui fuit; — notre cage, nous la faisons retentir, comme l'oiseau emprisonné, — en chantant librement notre servage.

BÉLARIUS.

Comme vous parlez! — Ah! si seulement vous connaissiez les usures de la cité, — après en avoir fait vous-mêmes l'épreuve! les intrigues de la cour, — sommet aussi dur à quitter qu'à garder, et dont l'escalade — est une chute certaine, hauteur si glissante — que le vertige y fait souffrir autant que la chute! — Si vous connaissiez les soucis de la guerre, — métier où l'homme ne cherche que le danger — sous prétexte de gloire et d'honneur, et où, s'il meurt à la recherche, — il obtient pour épitaphe une calomnie aussi souvent — qu'un éloge; où bien des fois — il est puni d'avoir fait le bien, et, ce qu'il y a de pire, — obligé de s'incliner devant la censure!... O mes enfants, cette histoire, — le monde peut la lire dans la mienne. Mon corps est balafré de coups d'épée romaine, et ma réputation était jadis parmi les plus illustres. Cymbeline m'aimait; — et quand on parlait d'un soldat, mon nom — n'était pas loin. Alors j'étais un arbre — dont les branches ployaient sous le fruit; mais, une nuit, — un ouragan ou un brigandage, appelez cela comme vous voudrez, — jeta à terre ma parure dorée, oui, jusqu'à mes feuilles, — et me laissa nu à l'air.

GUIDÉRIUS.

Incertitude de la faveur!

BÉLARIUS.

— Ma faute unique, je vous l'ai dite souvent. — Deux misérables, dont les faux serments prévalurent — sur mon intègre honneur, jurèrent à Cymbeline — que j'étais ligué avec les Romains. De là — mon bannissement; et, depuis vingt ans, — ce roc et ces solitudes ont été mon univers; — j'y ai vécu dans l'honnêteté et la liberté, et j'y ai payé — au ciel plus de dettes pieuses que dans toute ma vie passée. Mais, vite à la montagne! — Ceci n'est pas un entretien de chasseurs! Celui qui abattra — le premier gibier sera le roi de la fête; — les deux autres le serviront; — et nous n'aurons pas peur du poison qui est d'étiquette — en plus haut lieu... Je vous rejoindrai dans les vallées.

Guidérius et Arviragus s'en vont.

BÉLARIUS, seul.

— Comme il est difficile d'étouffer les étincelles de la nature! — Ces garçons-là ne se doutent guère qu'ils sont les fils du roi, — et Cymbeline ne songe pas même qu'ils sont vivants! — Ils se croient mes enfants : et, bien qu'élevés ainsi, humblement, — dans une caverne où ils se courbent, leurs pensées heurtent — les toits des palais, et la nature leur inspire, — dans les choses les plus simples, les plus triviales, je ne sais quoi de princier — qui depasse la mine des autres. Voilà Polydore, — l'héritier de Cymbeline et de la Bretagne, celui que — le roi son père appelait Guidérius. Par Jupin! — quand je m'asseois sur mon escabeau à trois pieds et que je raconte — mes faits de guerre, ses esprits volent — sur mes lèvres. Si je dis : *Ainsi mon ennemi tomba, — et ainsi je mis mon pied sur son cou*, aussitôt — le sang royal lui afflue aux joues, il est en sueur, — il roidit ses jeunes nerfs et se met dans la posture — qui mime ma narration. Son jeune frère, Cadwal, — jadis Arviragus, dans une attitude analogue, — ajoute à mon récit une animation qui révèle plus encore — sa propre pensée... Écoutez! ils lèvent le gibier!... O Cymbeline, le ciel et ma conscience savent — que tu m'as injustement banni : aussi, — je t'ai volé ces enfants à l'âge de deux et de trois ans, — voulant te priver de postérité, — comme tu m'avais dépouillé de mes terres. Euriphile, — c'est toi qui fus leur nourrice ! Ils t'ont prise pour leur mère, — et chaque jour ils vont t'honorer sur ta tombe. — Et c'est moi, Bélarius, nommé maintenant Morgan, — qu'ils prennent pour leur père véritable...

Son du cor au loin.
Le gibier est levé.

Il s'en va.

SCÈNE XV.

[Aux environs de Milford-Haven.]

Entrent Pisanio et Imogène.

IMOGÈNE.

— Tu m'as dit, quand nous sommes descendus de cheval, que l'endroit — était à deux pas. Il ne tardait pas à ma mère — de me voir pour la première fois, autant qu'à moi d'arriver... Pisanio, mon cher, — où est Posthumus?... Quelle est donc la pensée — qui rend tes yeux si hagards? Pourquoi ce soupir échappé — du fond de ta poitrine? Ton portrait, fait ainsi, — passerait pour l'image de l'anxiété — inexprimable. Prends — une mine moins farouche, avant que l'égarement — ait gagné ma ferme raison. Qu'y a-t-il? — Pourquoi me tends-tu ce papier — avec ce regard menaçant? Si c'est un beau temps qu'il m'annonce, — dis-le par un sourire; si c'est un temps affreux, tu n'as — qu'à garder cet air-là...

Elle ouvre le papier que lui a remis Pisanio.

L'écriture de mon mari ! — L'Italie, cette damnée faiseuse de philtres, l'aura ensorcelé, — et il est dans quelque situation critique... Parle, l'ami! Tes paroles — pourraient amortir le coup que cette lecture — va peut-être rendre fatal pour moi.

PISANIO.

Veuillez lire; — et vous allez voir en moi, misérable homme, l'être — le plus conspué de la fortune.

IMOGÈNE, lisant.

« Ta maîtresse, Pisanio, s'est prostituée dans mon lit : j'en ai des témoignages qui saignent en moi. Je ne parle pas sur de faibles conjectures, mais sur des preuves aussi fortes que ma douleur, aussi certaine que la vengeance attendue par moi. Dans cette mission, Pisanio, c'est toi qui doit me remplacer si ta foi n'a pas été entachée par son parjure. Que tes propres mains lui ôtent la vie; je t'en fournirai l'occasion à Milford-Haven, où va l'amener une lettre de moi. Là, si tu ne la frappes pas, si tu ne me donnes pas la certitude que c'est chose faite, c'est que tu es le complaisant de son déshonneur, et déloyal autant qu'elle. »

PISANIO.

— Qu'ai-je besoin de tirer mon épée? Ce papier — lui a déjà coupé la gorge. — Non! ce qui la tue, c'est la calomnie, — dont le tranchant est plus aigu que l'épée, dont la langue — est plus venimeuse que tous les reptiles du Nil, dont le souffle — prend les vents pour coursiers et lance l'imposture — à tous les coins du monde, aux rois, aux reines, aux États, — aux vierges, aux matrones! il n'est pas jusqu'aux secrets de la tombe — où ne pénètre la calomnie vipère!... Comment vous trouvez-vous, madame?

IMOGÈNE.

— Moi, infidèle à son lit! Qu'est-ce donc que d'être infidèle? — Est-ce d'y rester couchée sans dormir, et en pensant à lui? — D'y pleurer d'heure en heure? ou, pour peu que le sommeil s'impose à la nature, — de l'interrompre par un rêve qui m'effraye pour lui, — et de m'éveiller d'un cri moi-même? Est-ce là être infidèle à son lit? — Voyons!

PISANIO.

Hélas! noble femme!

IMOGÈNE.

Moi, infidèle!... J'en appelle à ta conscience, Iachimo. — Quand tu l'accusas, lui, d'impudeur, — tu me fis l'effet d'un misérable : mais maintenant — tes traits m'ont l'air honnête... Quelque impure Italienne, — fille du fard qui la peint, l'aura séduit : — et moi, pauvre rebutée, je suis une parure hors de mode, — trop riche encore pour être accrochée au mur, — et qu'il faut découdre... En morceaux, Imogène!... Oh! — les serments des hommes sont les trahisseurs des femmes! — Les plus vertueux dehors, — après ta trahison, ô mon époux! passeront — pour une apparence hypocrite qui n'est pas naturelle là où elle est, — mais qu'on revêt pour amorcer les femmes!

PISANIO.

Bonne madame, écoutez-moi!

IMOGÈNE.

— Après la perfidie d'Énée, les hommes vraiment sincères — furent, de son temps, réputés perfides ; les pleurs de Sinon — ont calomnié bien des larmes saintes et détourné la pitié — des plus réelles misères. De même, toi, Posthumus, — tu couvriras de ton levain les hommes les plus purs : — les loyaux et les preux passeront pour perfides et pour parjures, — à dater de ta grande faute... Allons, l'ami! sois fidèle, toi : — fais ce que dit ton maître, et, quand tu le verras, — rends du moins justice à mon obéissance.

Elle tire du fourreau l'épée de Pisanio et la lui offre.

Vois, — je tire moi-même ton épée ; prends-la, et frappe — ici, au cœur, cette innocente demeure de mon amour. — Ne crains rien : elle est vide de tout, excepté de douleur; — ton maître n'y est plus, lui, qui — en fût vraiment le trésor. Fais ce qu'il dit : frappe. — Tu peux être vaillant dans une meilleure cause, — mais maintenant tu as l'air d'un lâche.

PISANIO, rejetant l'épée.

A bas, vil instrument! — tu ne damneras pas ma main.

IMOGÈNE.

Mais quoi! il faut que je meure; — et si ce n'est pas de ta main, tu — désobéis à ton maître. Contre le suicide — il existe une prohibition tellement divine — qu'elle effarouche ma faible main. Allons, voici mon cœur! — Je sens quelque chose dessus...

Elle ouvre son corsage et en tire des papiers.

Attends, attends, je ne veux aucune défense; — je suis docile comme ton fourreau... Que vois-je? — Les lettres du royal Léonatus! — Autant d'écrits hérétiques! Loin, loin de moi, — corrupteurs de ma foi! vous ne servirez plus — de cuirasse à mon cœur! Ainsi de pauvres dupes peuvent être trompées par de faux prêtres; mais bien que ceux qui sont trahis — souffrent cruellement de la trahison, il arrive aussi que les traîtres — subissent un supplice plus grand.

Elle déchire les papiers et les jette au vent.

Et toi, Posthumus, toi qui as soulevé — ma désobéissance contre le roi mon père, — et qui m'as fait dédaigner les hommages — des princes, mes égaux, tu découvriras plus tard — que ce n'était pas là un acte de vulgaire occurrence, mais — un rare sacrifice; et je souffre moi-même — de penser combien, quand tu seras refroidi pour celle — que ton ardeur épuise aujourd'hui, combien alors — mon souvenir te torturera... Je t'en prie, dépêche-toi : — l'agneau implore le boucher : où est ton

SCÈNE XV.

couteau? — Tu es trop long à faire ce que t'a dit ton maître, — quand c'est aussi ce que je désire.

PISANIO.

O généreuse dame!... — Depuis que j'ai reçu l'ordre de faire cette chose, — je n'ai pas pu dormir un moment.

IMOGÈNE.

Fais donc et va au lit!

PISANIO.

— Il faudra que d'abord je m'aveugle d'insomnie!

IMOGÈNE.

Pourquoi alors — t'en es-tu chargé? Pourquoi m'as-tu égarée — si loin avec un faux prétexte? A quoi bon notre présence ici? — A quoi bon ma fatigue et la tienne? et la peine de nos chevaux? — et l'occasion qui t'invite? et cette perturbation jetée à la cour — par mon absence, à la cour où je ne songe même plus — à revenir? Pourquoi as-tu tant fait, — si c'est pour détendre l'arc quand tu es à l'affût, — et que la biche élue est devant toi?

PISANIO.

Je voulais gagner du temps — afin de me délivrer d'un si affreux emploi: pour cela, — j'ai imaginé un expédient. Chère dame, — écoutez-moi avec patience.

IMOGÈNE.

Parle à lasser ta langue, parle; — je me suis entendu traiter de prostituée; et mon oreille, — déchirée ainsi, ne peut pas avoir de blessure plus cruelle, — car il n'est pas de charpie pour panser celle-là! — Parle donc.

PISANIO.

Eh bien, madame, — j'ai supposé que vous ne retourneriez plus à la cour.

IMOGÈNE.

Selon toute apparence, — puisque tu me menais ici pour me tuer.

PISANIO.

Non, non, certes. — Si j'ai été aussi intelligent qu'honnête, — mon projet doit tout mener à bien. Il n'est pas possible — que mon maître n'ait pas été abusé. — Quelque scélérat, sans doute consommé dans son art, — vous aura fait à tous deux cette offense infernale.

IMOGÈNE.

— Quelque courtisane romaine!

PISANIO.

Non, sur ma vie! — Je ferai seulement croire que vous êtes morte, et je lui enverrai — quelque sanglant indice; car il m'a ordonné — de le faire. Vous aurez disparu de la cour, — et cela confirmera la chose.

IMOGÈNE.

Mais, mon ami, — que ferais-je pendant ce temps-là? Où demeurer? Comment vivre? — Qui me soutiendra dans cette vie, quand je serai — morte à mon mari?

PISANIO.

Si vous retournez à la cour...

IMOGÈNE.

— Plus de cour, plus de père, plus d'obsessions — de ce brutal, de ce noble, de ce stupide néant, — de ce Cloten, dont l'amour m'était aussi — horrible qu'un siége!

PISANIO.

Si vous ne retournez pas à la cour, — alors vous ne devez plus rester en Bretagne.

IMOGÈNE.

Où irai-je? — Le soleil brille-t-il pour la Bretagne seule? N'est-ce qu'en Bretagne — qu'il y a des jours et des nuits? Notre Bretagne — dépend de la masse du monde, sans faire corps avec elle : — nid de cygnes au milieu d'un vaste étang! Ah! réfléchis — qu'il y a des vivants hors de la Bretagne.

SCÈNE XV.

PISANIO.

Je suis bien aise — que vous pensiez à vivre ailleurs. L'ambassadeur — romain, Lucius, arrive à Milford-Haven — demain. Si maintenant votre pensée peut rester — aussi ténébreuse que l'est votre fortune, si seulement vous savez déguiser — ce qui ne peut être avoué — sans danger pour vous, vous vous ouvrirez une voie — secrète et pleine de perspectives; peut-être même arriverez-vous — tout près de Posthumus, assez près au moins pour que, si ses actions ne sont pas visibles pour vous, — un bruit fidèle révèle sans cesse à votre oreille — le moindre de ses mouvements.

IMOGÈNE.

Oh! dis ton moyen! — Y eût-il péril pour ma pudeur, s'il n'est pas mortel, — je me risque.

PISANIO.

Voilà justement la difficulté : — il vous faut oublier d'être femme, quitter — le commandement pour l'obéissance, la timidité délicate, — qui est la compagne de toutes les femmes ou plutôt — la grâce même de la femme, pour un courage effronté; — il vous faudra être prompte aux lazzis, aux vives réparties, être impertinente et — mutine comme la belette; enfin, même, — aventurer le chaste trésor de vos joues, — en l'exposant, cruelle épreuve, hélas! — mais inévitable, à l'ardeur banale — des baisers d'Apollon Titan, et renoncer — à ces minutieux et élégants atours sous lesquels — vous rendiez la grande Junon jalouse.

IMOGÈNE.

Allons! sois bref. — J'entrevois ton but, et je suis presque — un homme déjà.

PISANIO.

Commencez seulement par le paraître. — Ayant prévu le cas, j'ai tenu tout prêts, — dans ma valise, un pourpoint, un chapeau, un haut de chausses, le costume — complet (8). Mettez-le, voulez-vous? — Puis, empruntant par l'imitation tous les dehors — d'un jouvenceau de votre âge, présentez-vous — devant le noble Lucius; demandez à entrer à son service, dites-lui de quel talent vous êtes douée (et il le reconnaîtra bien vite, — s'il a l'oreille sensible à la musique). Je ne doute pas — qu'il ne vous accueille avec joie, car il a une générosité — que double une sainte vertu. Les ressources vous manquent-elles? — Tout ce que j'ai est à vous, et je m'engage à pourvoir — à vos besoins présents et à venir.

IMOGÈNE.

Tu es l'unique appui — que les dieux me laissent pour vivre. Pars, je te prie. — Il y aurait encore bien des choses à considérer : mais nous tirerons — des circonstances le meilleur profit. Je suis déjà aguerrie — à cette épreuve, et je la soutiendrai — avec un courage de prince. Je t'en prie, pars.

PISANIO.

— C'est bien, madame. Abrégeons les adieux, — de peur que, mon absence étant remarquée, je ne sois soupçonné d'avoir aidé à votre évasion de la cour... Ma noble maîtresse, — voici une boîte que je tiens de la reine. — Ce qu'elle renferme est précieux. Si vous êtes malade sur mer, — si sur cette terre vous avez des langueurs d'estomac, — une goutte de ceci dissipera l'indisposition.

Lui remettant les habits d'homme.

Cherchez un ombrage, — et équipez-vous pour votre virilité..... Puissent les dieux — vous guider vers le succès!

IMOGÈNE.

Ainsi soit-il! je te remercie.

Ils se séparent.

SCÈNE XVI.

[Devant la grande porte du palais des rois de Bretagne.]

Entrent CYMBELINE, la REINE, CLOTEN, LUCIUS, des SEIGNEURS.

CYMBELINE.
— Jusqu'ici! et je vous dis adieu.

LUCIUS.
Merci, royal seigneur. — Mon empereur m'a écrit. Il faut que je parte; — et je suis désolé d'avoir à vous déclarer — l'ennemi de mon maître.

CYMBELINE.
Nos sujets, seigneur, — ne veulent pas subir son joug; et, pour nous-même, — nous montrer moins souverain qu'eux — paraîtrait certes peu royal.

LUCIUS.
Sur ce, seigneur, je vous demande — une escorte pour m'accompagner jusqu'à Milford-Haven...

A la Reine.

— Madame, que tous les bonheurs arrivent à votre grâce,

Au Roi.

Comme à vous!

CYMBELINE, aux seigneurs.
— Messeigneurs, c'est vous que je désigne pour le cortége. — Rendez-lui en tout point les honneurs qui lui sont dus. — Sur ce, adieu, noble Lucius.

LUCIUS, à Cloten.
Votre main, monseigneur.

CLOTEN.
— Prenez-la comme celle d'un ami; mais à l'avenir — ce sera pour vous celle d'un ennemi.

LUCIUS.

Seigneur, c'est à l'événement — de nommer le vainqueur. Adieu.

CYMBELINE.

Mes bons seigneurs, ne quittez pas le digne Lucius, — jusqu'à ce qu'il ait passé la Séverne...

A Lucius.

Bonne chance!

Lucius et les seigneurs sortent

LA REINE.

— Il part d'ici le sourcil froncé : mais c'est notre honneur — de lui en avoir donné sujet.

CLOTEN.

Tant mieux! — C'est tout ce que désirent vos vaillants Bretons.

CYMBELINE.

Lucius a déjà écrit à l'empereur — ce qui se passe ici. Il importe donc que — nos chariots et nos cavaliers soient prêts à temps. — Les forces que l'ennemi a déjà en Gaule — seront bien vite rangées en bataille, dès qu'elles s'ébranleront — contre la Bretagne.

LA REINE.

Ce n'est pas le moment de s'endormir, — mais d'agir promptement et vigoureusement.

CYMBELINE.

— C'est notre confiance qu'il en serait ainsi — qui a fait notre hardiesse... Mais, ma douce reine, — où donc est notre fille? Elle n'a pas — paru devant le Romain, et ne nous a pas rendu — ses devoirs aujourd'hui. Elle nous fait l'effet — d'une créature plus acariâtre que respectueuse : — nous avons remarqué cela... Qu'on la fasse venir devant nous! car — nous avons été d'une patience trop débonnaire.

Un gentilhomme de service sort.

SCÈNE XVI.

LA REINE.

Royal seigneur, — depuis l'exil de Posthumus, c'est dans la retraite — qu'elle a vécu : le temps seul, monseigneur, — peut la guérir. Je supplie votre majesté — de lui épargner les paroles dures : c'est une femme — si sensible aux reproches que chaque mot est un coup, — et chaque coup, la mort pour elle.

Rentre le GENTILHOMME de service.

CYMBELINE.

Où est-elle, monsieur ? Comment — peut-elle justifier ses mépris ?

LE GENTILHOMME.

Ne vous déplaise, sire, — ses appartements sont tous fermés ; et personne — ne veut répondre, quelque bruit que nous fassions.

LA REINE.

— Monseigneur, la dernière fois que je suis allée la voir, — elle m'a priée de l'excuser près de vous si, étroitement reléguée — chez elle par l'affaiblissement de sa santé, — elle laisse en souffrance cette dette de respects — qu'elle est tenue d'acquitter envers vous. Voilà — ce qu'elle m'avait demandé de vous faire savoir ; mais les soins de notre cour — ont mis ma mémoire en faute.

CYMBELINE.

Ses portes fermées ! — Et on ne l'a pas vu depuis quelque temps ! fasse le ciel que mes craintes — soient mal fondées !

Il sort précipitamment.

LA REINE.

Mon fils, suivez le roi.

CLOTEN.

— Cet homme à elle, ce Pisanio, son vieux serviteur, — je ne l'ai pas vu depuis deux jours.

LA REINE.

Courez donc.

Cloten sort.

LA REINE, seule.

— Oui, ce Pisanio, l'acolyte de Posthumus. — Je lui ai donné une drogue... Ah! s'il se pouvait qu'il fût absent — pour l'avoir avalée! il croyait en effet — que c'était une substance précieuse. Mais elle, — qu'est-elle devenue? Peut-être le désespoir l'aura saisie; — ou bien, sur les ailes de son fervent amour, elle aura fui — vers son Posthumus adoré. La voilà en proie — à la mort ou au déshonneur : et mon but — est atteint dans les deux cas. Elle à bas, — c'est moi qui dispose de la couronne britannique.

Rentre CLOTEN.

— Eh bien, mon fils?

CLOTEN.

Il est certain qu'elle s'est évadée. — Allez calmer le roi; il est en délire; personne — n'ose l'approcher.

LA REINE.

Tant mieux. Puisse cette nuit — ne pas avoir pour lui de lendemain!

Elle sort.

CLOTEN, seul.

— Je l'aime et je la hais, car elle est belle et vraiment royale. — Toutes les distinctions exquises, elle les a plus — qu'aucune grande dame, qu'aucune femme. Ce que chacune — a de mieux, elle l'a, et, pétrie de tous leurs attraits, — seule elle vaut mieux qu'elles toutes. Voilà pourquoi je l'aime. Mais — ses dédains pour moi et les faveurs dont elle accable — ce vil Posthumus, font assez de tort à son jugement — pour ternir ses mérites. Et c'est pour cela — que je veux conclure en l'exécrant, oui — jusqu'à me venger d'elle! Car, s'il est — des dupes...

Pisanio entre précipitamment.

CLOTEN.

Qui est là? Ah! vous faites vos paquets, drôle? — Venez ici. Vous voilà donc, mon précieux entremetteur! Maraud, — où est ta maîtresse? réponds en un mot; sinon, — je t'envoie tout droit chez les démons.

PISANIO.

Oh! mon bon seigneur!

CLOTEN, la main à son épée.

— Où est ta maîtresse? Par Jupiter, — je ne répéterai pas la question. Misérable sournois, — j'obtiendrai ce secret de ton cœur, ou je t'ouvrirai — le cœur pour l'y trouver! Est-elle avec ce Posthumus, — ce tas de bassesses massives dont on — n'extrairait pas un drachme de valeur?

PISANIO.

Hélas, monseigneur, — comment serait-elle avec lui? Depuis quand a-t-elle disparu? — Il est à Rome.

CLOTEN.

Où est-elle, monsieur? Approchez encore. — Plus d'hésitation! Apprends-moi tout. — Qu'est-elle devenue?

PISANIO.

— Oh! mon digne seigneur!...

CLOTEN.

Digne maraud! révèle-moi où est ta maîtresse tout de suite! — au premier mot... Assez de *digne seigneur!* — Parle, ou ton silence va être à l'instant — ta condamnation et ta mort.

Il menace Pisanio de son épée.

PISANIO.

Eh bien, monsieur, — ce papier contient le récit de tout ce que je sais — sur son évasion.

Il lui présente la lettre qu'il a reçue de Posthumus. Cloten la saisit.

CLOTEN.

Voyons... Je la poursuivrai — jusque sur les marches du trône d'Auguste.

Il lit la lettre.

PISANIO, à part.

Il fallait faire cela ou périr ! — Elle est suffisamment loin : ce qu'il apprend là — peut le mettre en campagne, sans la mettre en danger.

CLOTEN.

Humph !

PISANIO, à part.

— Je vais écrire à mon maître qu'elle est morte. O Imogène, — puisses-tu voyager saine et sauve, et saine et sauve revenir !

CLOTEN.

— Cette lettre est-elle vraie, drôle ?

PISANIO.

— Oui, monsieur, à ce que je crois.

CLOTEN.

C'est l'écriture de Posthumus ! Je la reconnais... Si tu voulais, mon drôle, ne pas être un manant, mais te mettre loyalement à mon service ; si tu voulais remplir, avec une sérieuse industrie, tous les emplois que j'aurai occasion de te confier, c'est-à-dire faire imédiatement et fidèlement les coquineries quelconques que je te commanderai, eh bien, je te regarderais comme un honnête homme, et tu aurais à ta disposition mes largesses pour ta fortune, ma voix pour ton avancement.

PISANIO.

Fort bien, monseigneur.

SCÈNE XVI.

CLOTEN.

Veux-tu me servir? Puisque tu es resté si patiemment, si constamment attaché à la maigre destinée de ce mendiant de Posthumus, certainement, dans une carrière moins ingrate, tu seras pour moi un agent zélé. Veux-tu me servir?

PISANIO.

Volontiers, seigneur.

CLOTEN.

Donne-moi ta main : voici ma bourse. As-tu en ta possession quelques vêtements de ton ancien maître?

PISANIO.

Oui, monseigneur. J'ai à mon logement l'habillement même qu'il portait quand il prit congé de ma dame et maîtresse.

CLOTEN.

Pour premier service, va me chercher cet habillement ; que ce soit ton premier service! Va.

PISANIO.

J'obéis, monseigneur.

Il sort.

CLOTEN, seul.

Oui, j'irai te rejoindre à Milford-Haven... J'ai oublié de lui demander une chose, je m'en souviendrai tout à l'heure... C'est là, misérable Posthumus, que je te tuerai... Je voudrais que cet habillement fût arrivé... Elle m'a dit un jour (j'en ai encore l'amertume sur le cœur!) qu'elle faisait plus de cas du moindre vêtement de Posthumus que de ma noble personne, avec toutes les qualités qui l'ornent. Eh bien, c'est sous les vêtements de Posthumus que je veux la violer. Je commencerai par le tuer, lui, sous ses yeux : alors elle verra ma valeur, et ce sera le supplice de ses mépris. Lui une fois à terre, quand j'aurai achevé sur son cadavre ma tirade d'insultes, enfin, quand j'aurai fait dîner ma luxure (ce que, pour mieux vexer la belle, je ferai sous les vêtements même qu'elle appréciait tant), je la ramènerai à la cour à coups de poing, chez elle à coups de pieds. Elle s'est fait une joie de me mépriser, je me fais une fête de me venger !

PISANIO revient avec les vêtements de Posthumus.

CLOTEN.

Sont-ce là les vêtements ?

PISANIO.

Oui, mon noble seigneur.

CLOTEN.

Depuis combien de temps est-elle partie pour Milford-Haven ?

PISANIO.

C'est à peine si elle peut y être arrivée.

CLOTEN.

Porte ce costume dans ma chambre ; c'est la seconde chose que je te commande : la troisième, c'est d'être le complaisant muet de mes desseins. Pour peu que tu sois dévoué, une légitime grandeur s'offrira d'elle-même à toi... C'est à Milford qu'est maintenant ma vengeance : que n'ai-je des ailes pour l'atteindre ! Viens, et sois fidèle !

Il sort.

PISANIO.

— Tu me commandes mon déshonneur ; car t'être fidèle, — ce serait être fourbe, ce que je ne serai jamais — envers le plus loyal des hommes. Va donc à Milford, — mais pour n'y pas trouver celle que tu poursuis. Affluez, affluez — sur elle, bénédictions célestes ! Que l'empressement de ce fou — soit retardé par les obstacles ; que la peine soit toute sa récompense !

Il sort.

SCÈNE XVII.

[Devant la caverne de Bélarius. Le jour baisse.]

IMOGÈNE arrive en se traînant.

IMOGÈNE.

— Je trouve la vie d'homme bien pénible : — je suis épuisée, et voilà deux nuits de suite — que je fais de la terre mon lit. Je me trouverais mal, — si ma résolution ne me soutenait... O Milford ! — quand, du haut de la montagne, Pisanio te montrait à moi, — tu étais à l'horizon. Par Jupiter, il me semble — qu'elles fuient toutes devant les malheureux, les habitations où ils — devraient trouver asile. Deux mendiants m'ont dit — que je ne pouvais pas perdre mon chemin. Voudraient-ils mentir, ces pauvres gens — qui sont accablés d'afflictions et qui savent — que c'est un châtiment ou une épreuve? Pourquoi pas? Rien d'étonnant à cela, — quand les riches disent si rarement la vérité ! Mentir dans l'abondance — est plus coupable que tromper par besoin, et la fausseté — est pire dans les rois que dans les mendiants... Ah! mon seigneur bien-aimé, — tu es un de ces perfides... Maintenant que je pense à toi, — ma faim est passée ; et tout à l'heure j'allais — défaillir d'inanition...

Apercevant l'entrée de la caverne.

Mais que vois-je, là-bas?... — Voici un sentier qui y mène : c'est quelque sauvage repaire... — Si j'appelais? Non ; je n'ose pas appeler : mais la famine, — avant d'emporter une créature, la rend intrépide. — Le bien-être et la paix enfantent les lâches ; le dénûment — a pour fille la hardiesse... Holà ! qui est ici? — Est-ce un être civilisé? qu'il parle! Est-ce un sauvage? — qu'il me prenne ou me prête la vie!... Holà!... Pas de réponse. Eh bien, entrons! — Tirons toujours mon épée; pour peu que mon ennemi — ait peur d'une lame autant que moi, il osera à peine la regarder. — Donnez-moi un tel adversaire, cieux propices!

Elle disparaît dans la caverne.

Arrivent BÉLARIUS, GUIDÉRIUS et ARVIRAGUS.

BÉLARIUS.

— C'est vous, Polydore, qui vous êtes montré le meilleur chasseur — et qui serez le seigneur de la fête; Cadwal et moi, — nous ferons le cuisinier et le valet : c'est notre convention. — L'industrie sécherait bien vite ses sueurs et finirait, — si elle ne travaillait pas dans un but. Venez : notre appétit — rendra savoureux ce repas grossier. La lassitude — peut ronfler sur la pierre, quand la paresse inquiète — trouve dur l'oreiller de duvet.

Se dirigeant vers la caverne.

Allons, paix à toi, — pauvre demeure qui te gardes toi-même!

GUIDÉRIUS.

Je suis épuisé.

ARVIRAGUS.

— Je suis faible par la fatigue, mais fort en appétit.

GUIDÉRIUS.

— Il y a de la viande froide dans la caverne; nous allons la brouter — en attendant que notre gibier soit cuit.

Ils avancent vers la caverne.

BÉLARIUS, devant la caverne.

Arrêtez! n'entrez pas : — s'il ne mangeait pas nos vivres, je croirais — qu'il y a là un être féerique.

SCÈNE XVII.

GUIDÉRIUS.

Qu'est-ce donc, monsieur?

BÉLARIUS.

— Par Jupiter, c'est un ange ou — une merveille terrestre! Regardez la divinité — à l'âge de l'adolescence!

IMOGÈNE apparaît à l'entrée.

IMOGÈNE.

— Bons maîtres, ne me faites pas de mal. — Avant d'entrer ici, j'ai appelé, et je comptais — mendier ou acheter ce que j'ai pris. Sur ma parole, — je n'ai rien volé, et je ne l'aurais pas fait, quand j'aurais trouvé — le sol jonché d'or. Voici de l'argent pour ce que j'ai mangé ; — je l'aurais laissé sur la table, aussitôt — mon repas fini, et je m'en serais allé — en priant pour l'hôtelier.

GUIDÉRIUS.

De l'argent, jeune homme!

ARVIRAGUS.

— Que plutôt tout l'or et tout l'argent de la terre soient changés en fange! — Ils ne valent davantage que pour ceux — qui adorent les dieux de fange.

IMOGÈNE.

Vous êtes fâchés, je le vois. — Sachez, si vous voulez me tuer pour ma faute, que je serais — mort de ne l'avoir pas commise.

BÉLARIUS.

Où allez-vous?

IMOGÈNE.

— A Milford-Haven.

BÉLARIUS.

Quel est votre nom?

IMOGÈNE.

— Fidèle, monsieur. J'ai un parent qui part — pour

l'Italie ; il doit s'embarquer à Milford ; — j'allais le rejoindre, lorsque, presque épuisé par la faim, — je me suis laissé aller à cette faute.

BÉLARIUS.

De grâce, beau damoiseau, — ne nous prenez pas pour des rustres, et ne mesurez pas nos bonnes âmes — à notre sauvage demeure. Vous êtes le bienvenu. — Il fait presque nuit. Vous accepterez un repas meilleur — avant de partir, et nos remercîments pour être resté notre convive. — Garçons, faites-lui fête.

GUIDÉRIUS.

Si vous étiez femme, damoiseau, — je vous ferais une rude cour, rien que pour être votre fiancé. D'honneur, — j'achèterais cette faveur au prix que je dis.

ARVIRAGUS.

Cela me rassure, — qu'il soit homme. Je l'aimerai comme mon frère...

A Imogène.

— Oui, l'accueil que je lui ferais — après une longue absence, recevez-le de moi : vous êtes le très-bienvenu ! — Soyez joyeux, car vous êtes tombé parmi des amis.

IMOGÈNE, à part.

Des amis ! — si c'étaient des frères ! Plût au ciel qu'ils le fussent ! — ils seraient les fils de mon père ; ma destinée — eût été moins importante et d'un poids plus égal — à la tienne, ô Posthumus !

BÉLARIUS.

Quelque souffrance l'étreint.

GUIDÉRIUS.

— Que je voudrais l'en délivrer !

ARVIRAGUS.

Et moi ! quelle qu'elle soit ! — à tout prix, à tout risque, grands dieux !

SCÈNE XVII.

BÉLARIUS.

Un mot, mes enfants.

Il parle à voix basse aux deux jeunes gens.

IMOGÈNE.

— Les grands, — qui n'auraient pour palais que cette caverne, — qui se serviraient eux-mêmes et se contenteraient du mérite — que leur reconnaît leur propre conscience, en refusant — le futile tribut de l'inconstante multitude, — ne seraient pas plus nobles que ces deux frères. Dieux! pardonnez-moi! — je voudrais changer de sexe pour être leur camarade, — puisque Léonatus m'a trompée.

BÉLARIUS.

C'est convenu, — nous allons accommoder notre gibier.....

A Imogène.

Entrez, beau jouvenceau : — à jeun, la causerie est pénible; quand nous aurons soupé, — nous te demanderons sans indiscrétion ton histoire, — juste, du moins, ce que tu voudras nous en dire.

GUIDÉRIUS, *à Imogène.*

Marchez devant, je vous prie.

ARVIRAGUS.

— La nuit est moins agréable au hibou, le matin à l'alouette, qu'à nous votre venue.

IMOGÈNE.

— Merci, monsieur.

ARVIRAGUS.

Je vous en prie, marchez devant.

Ils disparaissent dans la caverne.

SCÈNE XVIII.

[Rome.]

Entrent DEUX SÉNATEURS et des TRIBUNS.

PREMIER SÉNATEUR.

Voici la teneur du rescrit de l'empereur : — Attendu que les plébéiens sont maintenant occupés — contre les Pannoniens et les Dalmates, — et que les légions stationnées en Gaule — sont trop faibles pour soutenir la guerre contre — les Bretons insurgés, il engage — les gentilshommes à entreprendre cette campagne. Il crée — Lucius proconsul, et c'est à vous, tribuns, — que, pour faire les levées immédiates, il délègue — ses pouvoirs absolus. Vive César !

UN TRIBUN.

— Lucius est-il général de toutes les forces ?

DEUXIÈME SÉNATEUR.

Oui.

LE TRIBUN.

— Il est maintenant en Gaule ?

PREMIER SÉNATEUR.

Oui, avec les légions — dont je vous parlais et que vos levées — doivent renforcer. Les termes de votre commission — vous fixent le nombre des hommes et la durée — de leur service.

LE TRIBUN.

Nous ferons notre devoir.

Ils s'éloignent.

SCÈNE XIX.

[Dans le pays de Galles. Aux environs de la caverne.]

Arrive CLOTEN.

CLOTEN.

Me voici près de l'endroit où ils doivent se rejoindre, si Pisanio m'a fidèlement renseigné. Comme les vêtements de Posthumus me vont bien! Pourquoi sa maîtresse, faite par celui qui a fait son tailleur, ne m'irait-elle pas aussi? D'autant plus, dit-on (excusez l'expression), que le caprice fait aller toutes les femmes. Il faut que je tente l'opération. J'ose me le déclarer à moi-même (car il n'y a pas de vaine gloire pour un homme à causer seul dans sa chambre avec son miroir), les lignes de mon corps sont aussi bien dessinées que les siennes; je suis non moins jeune que lui, plus fort, non moins doué par la nature et plus favorisé par les circonstances, son supérieur par la naissance, aussi capable que lui dans les actions générales et plus remarquable dans le combat singulier : et pourtant cette petite obstinée l'aime en dépit de moi!... A quoi tient la vie! Avant une heure, Posthumus, ta tête, qui maintenant tient à tes épaules, sera abattue, ta maîtresse violée, tes vêtements coupés en morceaux devant ta face! Cela fait, je la chasse du pied jusque chez son père : celui-ci m'en voudra peut-être un peu de ce rude traitement, mais ma mère, qui a tout pouvoir sur son humeur, tournera l'affaire à mon éloge... Mon cheval est solidement attaché... Dehors, mon épée, à l'œuvre de sang!... Fortune, mets-les sous ma main. Voici bien le rendez-vous, tel que

Pisanio me l'a décrit; et le drôle n'oserait pas me tromper.

Il s'éloigne.

SCÈNE XX.

[Devant la caverne.]

BÉLARIUS, GUIDÉRIUS, ARVIRAGUS, puis IMOGÈNE, arrivent sur la scène par l'ouverture de la caverne.

BÉLARIUS, à Imogène.

— Vous n'êtes pas bien; restez dans la caverne; — nous reviendrons près de vous après la chasse.

ARVIRAGUS.

Frère, restez ici. — Ne sommes-nous pas frères?

IMOGÈNE.

L'homme et l'homme devraient l'être; — mais l'argile et l'argile diffèrent en dignité, — bien qu'elles soient toutes deux de même poussière... Je suis très-malade.

GUIDÉRIUS, à Bélarius et à Arviragus.

— Allez à la chasse, vous autres; moi, je resterai avec lui.

IMOGÈNE.

— Je ne suis pas assez malade pour cela; quoique je ne sois pas bien, — je ne suis pas de ces citoyens efféminés qui — se croient morts avant d'être malades. Ainsi, je vous en prie, laissez-moi; — tenez-vous à vos occupations journalières : la rupture de l'habitude — est la rupture de toute la vie. Je suis indisposé; mais votre présence — ne pourrait pas me guérir. La société n'est pas un soulagement — pour qui n'est plus sociable. Mon mal n'est pas grave, — puisque je puis le raisonner. De grâce, ayez confiance, laissez-moi : — je ne puis dérober ici que moi-même, et, que je meure, — le larcin n'est pas grand !

GUIDÉRIUS.

Je t'aime; je t'ai dit — de quel grand amour; il égale — celui que j'ai pour mon père.

BÉLARIUS, à Guidérius.

Quoi! que dis-tu? que dis-tu?

ARVIRAGUS, à Bélarius.

— Si c'est pécher que de parler ainsi, monsieur, je m'accouple — à la faute de mon cher frère. Je ne sais pourquoi — j'aime ce jeune homme; je vous ai ouï dire — que la raison de l'amour est sans raison. Eh bien, qu'il y ait une bière à la porte — et qu'on me demande qui doit mourir, je répondrai : — « Mon père, et non pas ce jeune homme ! »

BÉLARIUS, à part.

O noble élan! — O dignité de nature! grandeur de race! — Les lâches enfantent les lâches; à être vil engeance vile. — La nature a partout la farine et le son, le rebut et la fleur. — Je ne suis pas leur père; mais cet inconnu, par quel miracle l'aiment-ils plus que moi?

Haut.

Il est neuf heures du matin.

ARVIRAGUS, à Imogène.

Frère, adieu.

IMOGÈNE.

— Bonne chasse !

ARVIRAGUS.

Bonne santé !...

A Bélarius.

A vos ordres, monsieur !

Bélarius, Arviragus et Guidérius causent à voix basse.

IMOGÈNE, à part.

— Voilà de bienfaisantes créatures ! Dieux, que de

mensonges j'ai entendus! — Nos courtisans disent que tout est sauvage, hors de la cour. — Expérience, oh! quel démenti tu leur donnes! L'empire des mers produit des monstres; et ses pauvres tributaires, — les fleuves, donnent à notre table des poissons aussi exquis que lui... — Je souffre toujours, toujours du cœur... Pisanio, — je vais essayer de ton remède.

GUIDÉRIUS, à Bélarius.

Je n'ai pas pu le faire causer : — il m'a dit qu'il était bien né, mais malheureux, frappé déloyalement, mais loyal.

ARVIRAGUS.

— C'est aussi ce qu'il m'a répondu : il a ajouté pourtant que plus tard — je pourrais en savoir davantage.

BÉLARIUS.

En campagne, en campagne!

A Imogène.

— Nous allons vous laisser pour le moment; rentrez et reposez-vous.

ARVIRAGUS.

— Nous ne serons pas longtemps dehors.

BÉLARIUS.

Je vous en prie, ne soyez pas malade, — car il faut que vous soyez notre ménagère.

IMOGÈNE.

Bien ou mal portant, — je vous suis attaché.

BÉLARIUS.

Pour toujours!

Imogène s'éloigne et rentre dans la caverne.

— Ce jeune homme, quelle que soit sa détresse, semble être — de bonne maison.

ARVIRAGUS.

Quel chant angélique il a!

GUIDÉRIUS.

— Et puis sa cuisine est exquise. Il découpe nos racines en chiffres ; — et il assaisonne nos bouillons, comme si Junon était malade — et qu'il fût son infirmier.

ARVIRAGUS.

Avec quelle noblesse il réprime — chaque sourire par un soupir : comme si le soupir — était jaloux de ne pas être son sourire, — et comme si le sourire raillait son soupir de vouloir s'envoler — d'un temple si divin, pour se mêler — aux vents qu'insultent les matelots !

GUIDÉRIUS.

Je remarque — que la douleur et la patience, qui ont pris germe en lui, — enchevêtrent leurs fibres.

ARVIRAGUS.

Grandis, patience ! — et que la douleur, cet infect sureau, dégage - sa racine languissante de ta vigne en croissance !

BÉLARIUS.

— Il fait grand jour. Allons, en marche !... Qui vient là ?

Arrive CLOTEN.

CLOTEN.

— Je ne peux pas trouver ces vagabonds : le maraud — s'est moqué de moi... Je suis défaillant.

BÉLARIUS.

Ces vagabonds ! — Est-ce de nous qu'il veut parler ? Il me semble le reconnaître ; c'est — Cloten, le fils de la reine. Je crains quelque embûche... — Il y a bien des années que je ne l'ai vu, et pourtant — je suis sûr que c'est lui... Nous sommes mis hors la loi... Partons.

GUIDÉRIUS, à Bélarius.

— Il est tout seul : vous et mon frère, cherchez — si

quelque escorte est proche, je vous en prie, allez, — et laissez-moi seul avec lui.

Bélarius et Arviragus s'éloignent.

CLOTEN.

Doucement! qui êtes-vous, — vous qui fuyez ainsi? quelques brigands des montagnes? — J'en ai entendu parler...

A Guidérius.

Quel gueux es-tu?

GUIDÉRIUS.

Je n'ai jamais — fait gueuserie si grande que de répondre — au mot *gueux* sans frapper.

CLOTEN.

Tu es un voleur, — un effracteur de loi, un scélérat. Rends-toi, bandit!

GUIDÉRIUS.

— A qui? à toi? Qui es-tu? N'ai-je pas — le bras aussi fort que toi? le cœur aussi fort? — Tu as le verbe plus fort, j'en conviens; mais je ne porte pas — mon poignard dans ma bouche, Parle, qui es-tu donc, pour que je me rende à toi?

CLOTEN.

Misérable drôle, — est-ce que tu ne me connais pas par mes vêtements?

GUIDÉRIUS.

Non, coquin, pas plus que le tailleur — qui fut ton grand-père en faisant ces vêtements; — lesquels, à ce qu'il paraît, te font ce que tu es.

CLOTEN.

Précieux maraud, — ce n'est pas mon tailleur qui les a faits.

GUIDÉRIUS.

Décampe donc, et va remercier — l'homme qui te les a donnés. Tu es un triste hère; — je répugne à te battre.

CLOTEN.

Insolent bandit, — apprends seulement mon nom et tremble.

GUIDÉRIUS.

Quel est ton nom?

CLOTEN.

— Cloten, drôle!

GUIDÉRIUS.

— Cloten, double drôle, à beau être ton nom, — je ne tremble pas ; si tu t'appelais crapaud, ou vipère, ou araignée, — j'en serais plus ému.

CLOTEN.

Pour comble à ta frayeur, — pour coup suprême à ta confusion, sache — que je suis le fils de la reine.

GUIDÉRIUS.

J'en suis fâché; ta mine — n'est pas digne de ta naissance.

CLOTEN.

Est-ce que tu n'es pas épouvanté?

GUIDÉRIUS.

— Je ne crains que ceux que je révère, les sages ; — les fous, j'en ris et je n'en ai pas peur.

CLOTEN, l'épée à la main.

Meurs donc!... à mort! — Quand je t'aurai tué de ma propre main, — je poursuivrai ceux qui viennent de s'enfuir, — et j'accrocherai vos têtes aux portes de la ville de Lud : — rends-toi, sauvage montagnard.

Ils s'éloignent en se battant

BÉLARIUS et ARVIRAGUS reviennent.

BÉLARIUS.

— Pas d'escorte aux environs.

ARVIRAGUS.

— Pas la moindre; vous vous serez mépris sur lui certainement.

BÉLARIUS.

— Je ne puis en convenir. Il y a longtemps que je ne l'ai vu, — mais le temps n'a altéré en rien les traits que sa physionomie — avait alors : ce sont justement les mêmes saccades de voix, — les mêmes éclats de parole. — Je suis sûr que c'était Cloten.

ARVIRAGUS.

C'est ici que nous les avons laissés. — Je souhaite que mon frère vienne à bout de lui ; — vous dites qu'il est si farouche.

BÉLARIUS.

Je veux dire qu'avant même d'être — un homme fait, il n'avait pas peur — des rugissements du danger, parce qu'il lui manquait le jugement — qui souvent est cause de la frayeur... Mais vois donc : ton frère !

Guidérius revient, portant la tête de Cloten.

GUIDÉRIUS.

— Ce Cloten était un niais, une bourse vide ; — pas une obole dedans ! Hercule lui-même — n'aurait pas pu lui broyer la cervelle, car il n'en avait pas. — Et dire que, si je n'avais pas fait cela, le niais eût porté — ma tête comme je porte la sienne !

BÉLARIUS.

Qu'as-tu fait ?

GUIDÉRIUS.

— Je sais parfaitement quoi : j'ai coupé la tête d'un certain Cloten, — se disant fils de la reine, — qui me traitait de traître, de montagnard, et qui jurait — que, seul, de sa main il nous empoignerait tous, — arracherait nos têtes de la place où, grâce aux dieux ! elles sont encore, — et les planterait sur les murs de la ville de Lud.

SCÈNE XX.

BÉLARIUS.

C'en est fait de nous tous.

GUIDÉRIUS.

— Eh bien, digne père, qu'avons-nous à perdre de plus — que la vie qu'il jurait de nous ôter? La loi — ne nous protége pas, pourquoi donc aurions-nous la délicatesse — de laisser un arrogant morceau de chair nous menacer, — et se constituer à la fois notre juge et notre bourreau, — sous prétexte que nous devons respecter la loi?... Quelle escorte — avez-vous découverte!

BÉLARIUS.

Nous n'avons pas — aperçu une âme, mais la saine raison indique — qu'il devait être accompagné. Bien que son humeur — fût une mobilité continuelle, passant sans cesse — du mauvais au pire, il n'est pas de frénésie, pas — de folie absolue assez furieuse — pour l'avoir entraîné seul ici. Peut-être a-t-on dit à la cour qu'il y avait — ici, dans une caverne, vivant de leur chasse, des bannis qui un jour — pourraient faire quelque coup de tête. Entendant cela, — (la chose est dans sa nature) il aura pu s'emporter et jurer — qu'il viendrait nous chercher; mais il n'est pas probable — qu'il se soit hasardé à venir seul, — ni qu'on le lui ait permis; nous sommes donc trop fondés — à craindre que ce corps-là n'ait une queue — plus terrible que la tête.

ARVIRAGUS.

Que le dénoûment — soit tel que l'auront prédit les dieux! Quoi qu'il arrive, — mon frère a bien fait.

BÉLARIUS.

Je n'étais pas en train — de chasser aujourd'hui : la maladie de ce garçon, de Fidèle, — m'a fait trouver le chemin bien long.

GUIDÉRIUS.

C'est avec sa propre épée, — qu'il brandissait sous ma

gorge, que je lui ai tranché — la tête. Je vais la jeter dans le torrent, — derrière notre rocher, pour qu'elle aille à la mer — dire aux poissons qu'elle est la tête de Cloten, le fils de la reine. — C'est tout le cas que j'en fais.

Il s'éloigne.

BÉLARIUS.

Je crains des représailles. — Je voudrais, Polydore, que tu n'eusses pas fait cela, quoique — la valeur t'aille si bien !

ARVIRAGUS.

Je voudrais, moi, l'avoir fait, — dût la vengeance retomber sur moi seul! Polydore, — je t'aime fraternellement, mais je t'envie — cet exploit que tu m'as volé. Je voudrais que toutes les représailles, — auxquelles la force humaine peut faire face, vinssent nous chercher jusqu'ici, — et nous demander des comptes !

BÉLARIUS.

Allons ! c'est chose faite. — Nous ne chasserons plus aujourd'hui : ne cherchons pas les dangers — inutiles. Retourne à notre rocher; — toi et Fidèle, vous serez les cuisiniers; moi, j'attendrai ici — que mon agile Polydore soit revenu, et je l'amènerai — dîner aussitôt.

ARVIRAGUS.

Pauvre Fidèle! malade! — je vais le revoir avec plaisir. Pour lui rendre ses couleurs, — je saignerais volontiers toute une paroisse de Clotens, — et je m'en louerais comme d'un acte de charité.

Il s'éloigne et disparaît dans la caverne.

BÉLARIUS.

O déesse ! — ô divine nature, comme tu te révèles — dans ces deux princes enfants! Ils sont doux — comme les zéphirs qui soufflent sous la violette, — sans même agiter sa corolle embaumée; et pourtant, — dès que leur sang royal s'échauffe, les voilà aussi violents que la rude rafale, — qui prend par la cime le pin de la montagne, — et le fait plier jusqu'à la vallée. Chose merveilleuse, — qu'un invisible instinct leur ait appris — cette majesté sans leçon, cette dignité sans enseignement, — cette urbanité sans exemple, et cette valeur — qui germe en eux sauvage, mais qui fait moisson, — comme si elle avait été semée!... Pourtant je me demande toujours — ce que nous présage la présence de Cloten ici, — et ce que nous amènera sa mort.

GUIDÉRIUS revient.

GUIDÉRIUS.

Où est mon frère? — J'ai envoyé la caboche de Cloten, dans le torrent, — en ambassade à sa mère; jusqu'à son retour, — je garde son corps en otage.
Une fanfare solennelle et plaintive se fait entendre et semble sortir de la caverne.

BÉLARIUS.

Qu'entends-je? mon instrument de signal! — Écoute, Polydore!... Mais pour quel motif — Cadwal le fait-il résonner? Écoute!

GUIDÉRIUS.

— Est-ce qu'il est chez nous?

BÉLARIUS.

Il vient justement de rentrer.

GUIDÉRIUS.

— Que veut-il dire? Depuis la mort de ma mère bien-aimée — ce son n'avait pas retenti. Les choses solennelles — ne conviennent qu'aux cas solennels. Qu'y a-t-il donc? Les joies sans motif ou les lamentations sans cause — sont des gaietés de singe ou des chagrins d'enfant. — Cadwal est-il fou?

Arviragus s'élance tout à coup hors de la grotte, portant Imogène, qui semble morte.

BÉLARIUS.

Regarde, le voici! — Il apporte dans ses bras l'excuse terrible — de ce que nous lui reprochions.

ARVIRAGUS.

Il est mort, l'oiseau — auquel nous tenions tant! Je voudrais — avoir bondi de seize ans à soixante, — et échangé mon agilité pour des béquilles, — plutôt que d'avoir vu ceci!

GUIDÉRIUS.

O lis charmant! si beau — soutenu ainsi par mon frère, tu l'étais bien plus — quand tu te dressais de toi-même!

BÉLARIUS.

O mélancolie! — qui pourra sonder le fond où tu t'abîmes, et, te dégageant — de la vase, désigner la côte où ta carène inerte — pourrait se réfugier aisément!... Et toi, créature bénie, — le ciel sait quel homme tu aurais pu faire; mais moi je sais, — adorable enfant, que tu es mort de mélancolie!

A Arviragus.

— En quel état l'avez-vous trouvé?

ARVIRAGUS.

Roide, comme vous voyez; — souriant ainsi, comme si son sommeil avait senti le chatouillement d'une mouche — inoffensive, et non le coup de la mort! Sa joue droite — reposait sur un coussin.

GUIDÉRIUS.

Où?

ARVIRAGUS.

Par terre, — les bras ainsi croisés. J'ai cru qu'il dormait, et j'ai ôté — de mes pieds les souliers ferrés dont la rudesse — répliquait trop haut à mes pas.

GUIDÉRIUS.

Il n'est qu'endormi, en effet. — S'il nous a quittés, c'est afin d'avoir dans le tombeau un lit — où les fées viendront le visiter — sans que les vers osent s'approcher de lui.

ARVIRAGUS.

C'est avec les plus belles fleurs — que, tant que durera l'été et que je vivrai ici, je veux, Fidèle, — embaumer ta triste tombe. Je ne manquerai pas de t'apporter — la fleur qui est pareille à ton visage, la pâle primevère, et — la clochette azurée comme tes veines, et — la feuille de l'églantier qui, sans médisance, — est moins parfumée que ton haleine : à mon défaut, le rouge-gorge (9), — dans son bec charitable (ô petit bec, comme tu fais honte — à ces riches héritiers qui laissent leur père couché — sans monument!) t'apporterait tout cela. — Oui, et quand il n'y a plus de fleurs, il mettrait sur ton corps une fourrure de mousse — comme vêtement d'hiver.

GUIDÉRIUS.

Assez, de grâce ; — ne joue pas, par ces propos de fillette, avec ce — qui est sérieux. Allons l'ensevelir, — et ne laissons pas différer par l'extase — l'acquittement d'une dette... Au tombeau !

ARVIRAGUS.

Où donc le déposerons-nous?

GUIDÉRIUS.

— A côté de notre bonne mère, Euriphile.

ARVIRAGUS.

Oui, faisons cela, — Polydore, et, quoique nos voix aient maintenant — un timbre plus mâle, berçons-le pour la fosse, — comme jadis notre mère : chantons le même air et les mêmes paroles, — en substituant seulement Fidèle à Euriphile.

GUIDÉRIUS.

Cadwall, je ne peux pas chanter : je me bornerai, en pleurant, à dire les paroles. — Car les chants d'une douleur qui détonne sont pires que — les profanations d'un faux prêtre.

ARVIRAGUS.

Eh bien, nous ne ferons que réciter.

BÉLARIUS.

— Les grandes douleurs, je le vois, guérissent les moindres : car voilà Cloten — tout à fait oublié... Enfants, il était fils d'une reine ; — et, bien qu'il soit venu à nous en ennemi, rappelez-vous — qu'il l'a payé cher. Humbles et puissants, tous doivent pourrir — également et ne faire qu'une même poussière ; mais la déférence, — cet ange du monde, marque une distance — entre le petit et le grand. Notre ennemi était princier ; — vous lui avez ôté la vie, comme à notre ennemi : soit! — mais ensevelissez-le comme un prince.

GUIDÉRIUS.

De grâce, allez le chercher. — Le corps de Thersite vaut celui d'Ajax, — quand tous deux ont cessé de vivre.

ARVIRAGUS.

Pendant que vous l'irez chercher — nous dirons notre hymne...

Bélarius s'éloigne.

Commence, frère.

GUIDÉRIUS.

— Pas encore, Cadwall. Il faut que nous plaçions sa tête vers l'Orient : — mon père a une raison pour cela.

ARVIRAGUS.

C'est juste.

SCÈNE XX.

GUIDÉRIUS.

— Aide-moi donc à le déplacer.

Guidérius et Arviragus déposent Imogène dans le tombeau. Le jour commence à baisser.

ARVIRAGUS.

C'est bien... Commence.

GUIDÉRIUS.

Ne crains plus la chaleur du soleil,
 Ni les rages du vent furieux.
Tu as fini ta tâche en ce monde,
 Et tu es rentré chez toi, ayant touché tes gages.
Garçons et filles chamarrés doivent tous
Devenir poussière, comme les ramonneurs.

ARVIRAGUS.

Ne crains plus la moue des grands.
 Tu as dépassé l'atteinte du tyran;
Plus de souci pour te vêtir et manger!
 Pour toi le roseau est égal au chêne.
Sceptre, talent, science, tout doit
Aboutir à ceci, et devenir poussière.

GUIDÉRIUS.

Ne crains plus le jet de l'éclair

ARVIRAGUS.

Ni le coup de tonnerre redouté.

GUIDÉRIUS.

Ne crains plus la calomnie, censure brutale.

ARVIRAGUS.

Joie et larmes sont finies pour toi.

TOUS DEUX.

Tous les jeunes amants, tous les amants doivent
Te rejoindre et devenir poussière.

GUIDÉRIUS.

Que nul exorciste ne te tourmente!

ARVIRAGUS.

Que nulle magie ne t'ensorcelle!

GUIDÉRIUS.

Que les spectres sans sépulture te respectent!

ARVIRAGUS.

Que rien de funeste ne t'approche!

TOUS DEUX.

Aie une fin tranquille,
Et que ta tombe soit vénérée!

Bélarius *revient portant le corps de Cloten. Le crépuscule se fait.*

GUIDÉRIUS.

— Nous avons achevé les obsèques de Fidèle... Allons, ensevelissons aussi ce corps.

Ils déposent le corps de Cloten à côté d'Imogène.

BÉLARIUS.

— Voici quelques fleurs; vers minuit, nous en mettrons d'autres; — les plantes qui ont sur elles la froide rosée de la nuit — conviennent le mieux pour joncher les tombes...

Tous trois jettent des fleurs sur les corps..

Sur leurs visages!... — Vous aussi, vous étiez des fleurs et vous voilà flétris, comme — le seront bientôt celles que nous jetons sur vous... Maintenant, retirons-nous à l'écart pour nous agenouiller... — La terre qui les avait donnés les a repris. — Leurs plaisirs ici-bas sont passés, comme leurs peines.

Bélarius, Guidérius et Arviragus s'en vont.

IMOGÈNE, rêvant.

— Oui, monsieur, à Milford-Haven; quel est le chemin?... — Je vous remercie... Le long de ce taillis là-bas?... Y a-t-il encore loin?... Miséricorde! encore six

milles! est-ce possible? — j'ai marché toute la nuit!...
Ma foi, je vais m'étendre à terre et dormir.
<small>Elle touche le corps de Cloten.</small>
— Mais, doucement! pas de camarade de lit.
<small>Elle se réveille.</small>

Oh! dieux et déesses! — Ces fleurs sont comme les joies de ce monde; — ce cadavre sanglant, c'est le souci qu'elles cachent... J'espère que je rêve encore : — je songeais que j'étais ménagère d'une caverne, — et cuisinière chez d'honnêtes gens. Mais cela n'est pas... — C'est un trait imaginaire lancé dans le néant, — et sorti des fumées du cerveau... Nos yeux même — sont parfois comme nos jugements, aveugles... En vérité, — je tremble toujours de peur. Ah! — s'il reste encore au ciel une goutte de pitié, pas plus grande — que l'œil d'un roitelet, dieux redoutés, donnez-m'en une part...— Le rêve est toujours là; maintenant même que je suis éveillée, — il est hors de moi, comme en moi. Je ne l'ai pas imaginé, j'ai bien senti... — Un homme décapité!
<small>Elle examine le cadavre.</small>

Les vêtements de Posthumus! — Je reconnais la forme de sa jambe; voici sa main, — son jarret de Mercure, sa taille martiale, — ses muscles herculéens; mais sa face de Jupiter?... — Assassinerait-on au ciel?... Comment! elle n'est plus là?
<small>Elle se relève, échevelée.</small>

Ah! Pisanio, — que toutes les malédictions qu'Hécube en délire jeta aux Grecs — tombent sur toi, jointes aux miennes! C'est toi qui, — complice de Cloten, ce démon effréné, — a égorgé mon seigneur!... Que désormais écrire et lire — soient déclarés trahison! Ce damné Pisanio! — avec ces lettres fabriquées, ce damné Pisanio, — il a abattu le grand mat du plus beau vaisseau — du monde!... O Posthumus! hélas! — où est ta tête? où est-elle ? Ah ! où est-elle ?... — Pisanio aurait bien pu te frapper au cœur, — et te laisser la tête... Qui a pu faire cela ? Pisanio ?... — Oui, lui et Cloten ; la scélératesse et la cupidité — ont fait ici cette catastrophe ! Oh ! c'est clair, bien clair. — La drogue qu'il m'avait donnée et qui, disait-il, devrait être un salutaire — cordial pour moi, ne l'ai-je pas trouvée — meurtrière pour les sens ? Voilà qui confirme tout : — c'est bien l'œuvre de Pisanio et de Cloten ! Oh ! — laisse-moi colorer de ton sang mes joues pâles, — pour que tous deux nous paraissions plus horribles à ceux — qui pourront nous trouver ! O mon seigneur ! mon seigneur !

Elle tombe évanouie.

Arrivent Lucius, *un* Capitaine, *puis d'autres officiers, puis un* Devin.

LE CAPITAINE.

— En outre, les légions en garnison dans la Gaule — ont, selon vos ordres, traversé les mers ; elles attendent — là-bas, à Milford-Haven, avec votre flotte : — elles sont prêtes à agir.

LUCIUS.

Mais que mande-t-on de Rome ?

LE CAPITAINE.

— Le sénat a mis en mouvement les alliés — et les chevaliers d'Italie, fougueux volontaires — qui promettent de nobles services : ils viennent — sous la conduite du vaillant Iachimo, frère — du prince de Sienne.

LUCIUS.

Quand les attendez-vous ?

LE CAPITAINE.

— Avec le premier bon vent.

LUCIUS.

Cette ardeur — rend nos espérances légitimes. Donnez

SCÈNE XX.

l'ordre que nos troupes disponibles — soient rangées en bataille; dites aux capitaines d'y veiller...

<small>Au devin.</small>

Eh bien, maître, — qu'avez-vous rêvé récemment touchant l'issue de cette guerre?

LE DEVIN.

— La nuit dernière, les dieux eux-mêmes m'ont envoyé une vision; j'avais jeûné et prié pour obtenir leur lumière. Voici : — j'ai vu l'oiseau de Jupiter, l'aigle romaine, s'envoler — du sud nébuleux vers ce côté du couchant, — et là s'évanouir dans les rayons du soleil : ce qui — (à moins que mes péchés n'aient obscurci ma prescience) — présage le succès de l'armée romaine.

LUCIUS.

Fais souvent des rêves pareils, — et toujours véridiques...

<small>Apercevant le cadavre de Cloten.</small>

Doucement! Oh! quel est ce tronc — décapité? Cette ruine annonce que jadis — elle a été un noble édifice...

<small>Apercevant Imogène.</small>

Eh quoi, un page! — Mort ou endormi sur l'autre! Il doit être mort; — car la nature a horreur de faire lit commun — avec un mort ou de dormir sur un cadavre... — Voyons le visage de ce garçon.

LE CAPITAINE.

Il est vivant, monseigneur.

LUCIUS.

— Alors il nous expliquera ce corps mutilé...

<small>A Imogène qui s'est redressée.</small>

Jeune homme, — informe-nous de tes aventures; car il semble — qu'elles implorent les questions. Quel est celui — dont tu fais ton oreiller sanglant? Ou qui donc — a altéré cette belle image — peinte par la noble nature? Quel intérêt as-tu — dans cette triste catastrophe ? Comment est-elle arrivée? Qui est-il, — et qui es-tu?

IMOGÈNE.

• Je ne suis rien ; ou, si je suis quelque chose, — mieux vaudrait n'être rien. Celui-là était mon maître, — un Breton vaillant et bon, — tué ici par des montagnards... Hélas.! — il n'y a plus de pareils maîtres! Je puis errer — de l'est à l'occident, réclamer du service, — essayer de beaucoup, et des meilleurs, en les servant fidèlement : jamais — je ne retrouverai un tel maître!

LUCIUS.

Pauvre jeune homme! — tes plaintes ne m'émeuvent pas moins que — la vue de ton maître ensanglanté. Dis-moi son nom, mon bon ami.

IMOGÈNE.

— Richard du Champ...

A part.

Si je fais un mensonge — inoffensif, j'espère que les dieux qui m'entendent — me le pardonneront...

Haut.

Vous disiez, seigneur ?

LUCIUS.

Quel est ton nom?

IMOGÈNE.

Fidèle, seigneur?

LUCIUS.

— Tu le justifies hautement : ton nom sied bien — à ton dévouement ; ton dévouement, à ton nom. — Veux-tu risquer la chance avec moi? Je ne dis pas — que ton nouveau maître vaudra l'autre ; mais sois sûr — qu'il t'aimera autant. Des lettres de l'empereur — remises à moi par un consul ne feraient pas ton avancement plus vite — que ton propre mérite. Viens avec moi.

IMOGÈNE.

— Je vous suivrai, seigneur. Mais d'abord je vais, s'il plaît aux dieux, — mettre mon maître à l'abri des mouches, dans un trou aussi profond — que pourront le faire ces pauvres pioches.

Elle montre ses ongles.

Puis, quand — j'aurai jonché sa tombe de feuilles et d'herbes sauvages; — quand sur elle j'aurai répété cent prières, — comme je le pourrai, pleurant et soupirant; — je quitterai alors son service et me mettrai au vôtre, — pourvu qu'il vous plaise de me recueillir.

LUCIUS.

Oui, bon jeune homme; — et je serai pour toi moins un maître qu'un père... — Mes amis, — cet enfant nous a appris nos devoirs d'hommes. Cherchons — le gazon le mieux paré de pâquerettes, — et faisons au mort, avec nos piques et nos pertuisanes, — une tombe. Allons; enlevez-le !...

A Imogène.

Enfant, il nous est recommandé — par toi, et il aura la sépulture — que peuvent donner des soldats. Du courage ! essuie tes yeux. — Certaines chutes ne sont que des moyens plus heureux d'élévation.

Tous s'en vont.

SCÈNE XXI.

[Dans le palais des rois de Bretagne.]

Entrent CYMBELINE, des SEIGNEURS, et PISANIO.

CYMBELINE.

— Qu'on retourne, et qu'on vienne me dire comment elle est ! — Une fièvre causée par l'absence de son fils ! —

Un délire qui met sa vie en danger!... Cieux, — quels coups profonds tu me portes à la fois! Imogène, — ma plus grande consolation, disparue! La reine, — sur un lit d'agonie, tandis — que des guerres terribles me menacent! Son fils, — si nécessaire en ce moment, disparu! J'en suis accablé, à n'avoir plus — d'espoir...

A Pisanio.

Quant à toi, compagnon, — toi qui certes dois être dans le secret du départ de ma fille et — qui fais si bien l'ignorant, nous te forcerons à parler — par une poignante torture.

PISANIO.

Sire, ma vie est à vous, — je la mets humblement à votre merci. Mais quant à ma maîtresse, — j'ignore où elle réside, pourquoi elle est partie, — et quand elle se propose de revenir. Je supplie votre altesse — de me regarder comme son loyal serviteur.

PREMIER SEIGNEUR, à Cymbeline.

Mon bon suzerain, — le jour où elle a disparu, cet homme était ici. — J'ose répondre qu'il dit vrai et qu'il remplira — loyalement tous ses devoirs de sujet. — Pour Cloten, — on le recherche avec toute l'activité possible, — et je ne doute pas qu'on ne le trouve.

CYMBELINE, à Pisanio.

Tant de soins m'occupent, — que je veux bien t'épargner pour le moment; mais mes soupçons — restent pendants.

PREMIER SEIGNEUR.

Que votre majesté me permette de lui dire — que les légions romaines, toutes tirées de la Gaule, — sont débarquées sur vos côtes, avec un renfort — de gentilshommes romains, envoyés par le sénat.

CYMBELINE.

— C'est maintenant qu'il me faudrait les conseils de

mon fils et de la reine ! — Je suis étourdi d'affaires.

PREMIER SEIGNEUR.

Mon bon suzerain, — vos forces peuvent amplement tenir tête — à celles qui vous sont signalées : qu'il en vienne de nouvelles, vous en trouverez de nouvelles. — Il ne s'agit que de mettre en mouvement ces masses — impatientes de marcher.

CYMBELINE.

Je vous remercie. Retirons-nous, — et faisons face aux circonstances, dès qu'elles s'offriront à nous. Nous n'avons pas peur — des menaces de l'Italie; c'est — ce qui nous arrive ici qui nous afflige... En avant!

Tous sortent, excepté Pisanio.

PISANIO.

— Je n'ai rien reçu de mon maître depuis — que je lui ai écrit qu'Imogène était tuée. C'est étrange. — Pas de nouvelles, non plus, de ma maîtresse qui m'avait promis de m'en donner souvent. Je ne sais pas davantage — ce qu'est devenu Cloten ; je reste — absolument perplexe. Les cieux ont encore beaucoup à faire. — Mon mensonge est probité : je suis loyal de ne pas l'être. — La guerre actuelle fera voir au roi même — que j'aime mon pays, ou j'y périrai. — Laissons le temps éclaircir tous les autres doutes. — La fortune mène au port plus d'une barque sans gouvernail.

Il sort.

SCÈNE XXII.

[Devant la caverne.]

Arrivent BÉLARIUS, GUIDÉRIUS et ARVIRAGUS.

GUIDÉRIUS.

—Le bruit est tout autour de nous.

BÉLARIUS.

Éloignons-nous-en.

ARVIRAGUS.

— Quel charme, monsieur, trouvons-nous à la vie, pour la soustraire — ainsi à l'action et à l'aventure?

GUIDÉRIUS.

Oui, quel est notre espoir — en nous cachant? Si nous suivons cette voie, ou les Romains — nous tueront comme Bretons, ou ils nous admettront — comme des barbares révoltés contre leur patrie — dont il faut se servir, et ils nous tueront après.

BÉLARIUS.

Mes fils, — nous irons plus haut dans les montagnes, afin d'être en sûreté. — Impossible de nous joindre au parti du roi : la mort de Cloten — si récente nous expose, nous qui ne sommes pas connus ni enrôlés — dans les rangs, à être questionnés sur le lieu — où nous avons vécu : on nous arrachera — l'aveu de ce que nous avons fait, et la réplique sera pour nous une mort — prolongée par la torture.

GUIDÉRIUS.

Voilà, monsieur, une crainte — peu digne de vous en ce moment, — et peu édifiante pour nous.

ARVIRAGUS.

Est-il vraisemblable — qu'au moment où ils entendent hennir les chevaux des Romains, — où ils aperçoivent les feux de leur camp, où ils ont les yeux — et les oreilles distraits par des choses si importantes, — les Bretons aillent perdre leur temps à nous examiner, — pour savoir d'où nous venons?

BÉLARIUS.

Oh! je suis trop connu — dans l'armée. — Je n'avais vu Cloten que tout jeune, et pourtant vous êtes témoins que les années ne l'ont point effacé — de mon souvenir.

D'ailleurs, le roi — n'a mérité ni mes services ni votre amour. — C'est mon exil qui vous a privés d'éducation, — voués à cette vie dure et empêchés pour toujours — d'avoir les priviléges promis par votre berceau, — victimes à jamais hâlées des étés brûlants, — à jamais frissonnantes des hivers !

GUIDÉRIUS.

Mieux vaut cesser d'exister — qu'exister ainsi. Rejoignons l'armée, monsieur. — Moi et mon frère, nous ne sommes pas connus, et vous-même, — si loin de la pensée de tous, si changé par l'âge, — vous êtes à l'abri des questions.

ARVIRAGUS.

Par ce soleil qui brille, — j'irai, moi. Quelle chose humiliante que je n'aie jamais — vu mourir un homme ! C'est à peine si j'ai regardé d'autre sang — que celui des lièvres effarés, des chèvres en chaleur et de la venaison... Jamais je n'ai monté qu'un cheval, et encore, — cavalier primitif, je n'ai jamais porté de pointe ni de fer au talon. Je suis honteux, — quand je regarde le soleil sacré, de jouir — de ses rayons bienfaisants, en restant — si longtemps un pauvre inconnu.

GUIDÉRIUS.

Par le ciel, j'irai aussi, moi !

A Bélarius

— Si vous voulez me bénir, seigneur, et me donner ma liberté, — je défendrai vaillamment ma vie; mais si vous ne le voulez pas, — que les conséquences de ce refus retombent sur moi — de la main des Romains !

ARVIRAGUS.

J'en dis autant. Ainsi soit-il !

BÉLARIUS.

— Il n'y a pas de raison, puisque vous faites — si peu de cas de votre vie, pour que je prenne — plus de souci de ma caducité. Je suis des vôtres, enfants. — Si le sort veut que vous mourriez pour la défense de votre patrie, — mon lit sera fait, enfants, et j'y dormirai près de vous. — En avant! en avant!...

A part.

Le temps leur semble long. Leur sang est humilié — de ne pouvoir jaillir et prouver qu'ils sont nés princes!

SCÈNE XXIII.

[Une tente dans le camp romain.]

Entre POSTHUMUS, un mouchoir ensanglanté à la main.

POSTHUMUS.

—Oui, linge sanglant, je te conserverai; car c'est moi qui ai voulu — que tu fusses teint ainsi... Maris, — si vous suiviez mon exemple, combien d'entre vous — assassineraient des femmes plus vertueuses qu'eux-mêmes — pour le plus léger écart!... O Pisanio, — un bon serviteur n'exécute pas tous les ordres : — il n'est tenu d'obéir qu'aux justes... Dieux, si vous — aviez soumis chacune de mes fautes au châtiment, je n'aurais jamais — vécu pour infliger celui-ci; ainsi, vous auriez préservé — la noble Imogène pour le repentir, et vous m'auriez frappé, — moi, misérable, bien plus digne qu'elle de votre vengeance. Hélas! — il en est que vous arrachez de ce monde pour de petites transgressions : et, par cette preuve d'amour, — vous les garantissez des chutes nouvelles! Il en est d'autres à qui vous laissez le temps — d'entasser les fautes sur les fautes, le pire sur le mal, — et ainsi vous les faites trembler pour leur bonheur futur... — Vous avez repris Imogène; que vos volontés soient faites, — et accordez-moi la grâce de me résigner... On m'a amené ici, — au milieu de la noblesse italienne, pour combattre, — contre le trône de mon Imogène. C'est assez, — Bretagne, que j'aie tué ta souveraine. Sois calme! — je ne te porterai pas d'autre coup. Donc, cieux propices, — écoutez patiemment ma résolution : je vais me débarrasser — de ces vêtements italiens, et m'habiller — en paysan breton. Ainsi, je veux combattre — contre le parti avec qui je suis venu; ainsi, je veux mourir — pour toi, ô Imogène, pour toi qui fais de ma vie — une mort de chaque soupir; ainsi, inconnu, — n'excitant ni pitié ni haine, je veux me précipiter — à la face du péril. Je veux que les hommes reconnaissent — en moi plus de valeur que n'en annoncent mes habits. — Dieux, mettez en moi la force des Léonati! — Pour la honte des modes de ce monde, je veux — mettre la distinction dans l'homme et non hors de lui.

Il sort.

SCÈNE XXIV.

[Le champ de bataille.]

D'un côté, passent Lucius, Iachimo et l'armée romaine; de l'autre, l'armée bretonne, suivie de Posthumus, vêtu comme un pauvre soldat. Les armées se retirent après avoir traversé la scène. Alors une escarmouche s'engage. Iachimo et Posthumus reviennent en combattant. Posthumus est vainqueur; il désarme Iachimo et le laisse.

IACHIMO.

— Le crime qui pèse sur mon cœur — m'ôte l'énergie. J'ai calomnié une femme, — la princesse de cette contrée, et l'air qui y souffle — m'affaiblit par représailles. Autrement ce maraud, — véritable cuistre de la nature, aurait-il pu me maîtriser — dans mon propre métier?

Les chevaleries et les honneurs, portés — comme ils le sont par moi, ne sont que titres de dérision. — Si votre noblesse, ô Bretons! l'emporte autant — sur ce rustre qu'il surpasse nos seigneurs, il y a cette différence — que nous sommes à peine des hommes, et que vous êtes des dieux.

Il s'éloigne.

La bataille continue. Les Bretons fuient. CYMBELINE est pris; alors arrivent, pour le délivrer, BÉLARIUS, GUIDÉRIUS et ARVIRAGUS.

BÉLARIUS.

— Halte! halte! Nous avons l'avantage du terrain ; — le défilé est gardé : rien ne décide notre déroute — que notre lâche frayeur.

GUIDÉRIUS ET ARVIRAGUS.

Halte! halte! et combattons!

Arrive POSTHUMUS qui seconde les Bretons. Ils délivrent Cymbeline et s'éloignent. Alors arrivent LUCIUS, IACHIMO et IMOGÈNE.

LUCIUS, à Imogène.

— Retire-toi de la mêlée, enfant, et sauve-toi; — les amis tuent les amis, et le désordre est tel — que si la guerre avait les yeux bandés!

IACHIMO.

Tout cela, grâce à leurs troupes fraîches!

LUCIUS.

— La journée a étrangement tourné. Ayons vite — des renforts, ou fuyons!

Ils s'éloignent.

SCÈNE XXV.

[Une autre partie du champ de bataille.]

Arrivent Posthumus et un Seigneur breton.

LE SEIGNEUR.

— Venez-vous de l'endroit où l'on a fait résistance?

POSTHUMUS.

Oui;—mais vous, vous venez, ce me semble, de celui où l'on fuyait?

LE SEIGNEUR.

Oui.

POSTHUMUS.

— Vous n'êtes pas à blâmer, monsieur; car tout était perdu, — si le ciel n'avait pas combattu pour nous. Le roi lui-même — était coupé de ses deux ailes, l'armée rompue, — et des Bretons l'on ne voyait plus que les dos, tous fuyant — à travers un étroit défilé. L'ennemi plein d'ardeur, — tout essoufflé de carnage, avait plus d'ouvrage — que de bras. Les uns étaient frappés — mortellement, d'autres légèrement touchés, d'autres renversés — uniquement par la frayeur: si bien que l'étroit passage était encombré — de morts, tous frappés par derrière, ou de lâches, vivant encore — pour la mort lente du déshonneur.

LE SEIGNEUR.

Où donc était ce défilé?

POSTHUMUS.

— Tout près du champ de bataille: une vraie tranchée avec parapet de gazon. — Un vieux soldat en a pris avantage, — un honnête homme, celui-là, je vous le garantis, et qui a bien mérité — la longue dépense qu'a coûté sa barbe blanche -- par cet acte patriotique. Le voilà en travers du défilé — avec deux jeunes gens, des gamins bien plus faits en apparence – pour jouer aux barres que pour faire un carnage pareil, — avec des figures bonnes pour le masque et bien plus blanches — que maint minois voilé par la coquetterie ou par la pudeur. —Notre homme défend le passage en criant aux fuyards : — *Ce sont les cerfs de Bretagne qui meurent en fuyant, et non les hommes ! — Aux enfers les âmes qui reculent ! Arrêtez, — ou nous aussi nous sommes des Romains, et nous vous traitons — comme à la chasse, si vous vous échappez comme des bêtes. Rien ne peut vous sauver — qu'une intrépide volte-face : halte ! halte !* Ces trois braves — agissent alors comme trois légions ; — car trois combattants font un front de bataille dans une position — qui empêche les autres de donner. Avec ce seul mot : *halte ! halte !* — que le lieu même a déjà fait si opportun et que rend plus magique — leur intrépidité, qui changerait — une quenouille en lance, ils font rayonner les plus blêmes visages, — en y ranimant à la fois la honte et l'ardeur. Ceux qui n'étaient devenus lâches — que par l'exemple (oh ! en guerre, — les seuls à condamner sont les premiers coupables) se mettent à regarder — le terrain perdu et à jurer comme des lions — contre les piques des chasseurs. Alors commence — parmi les assaillants un temps d'arrêt, puis une retraite, — enfin la déroute, désastreuse confusion. Les voilà qui courent — comme des poulets, là même où ils s'étaient abattus en aigles, et qui refont, esclaves, — les enjambées qu'ils avaient faites, victorieux. Aussitôt nos lâches — (comme des provisions de rebut à la fin d'une rude traversée deviennent — d'une utilité capitale) dès qu'ils ont trouvé la porte ouverte — pour tomber sur des gens désarmés, ciel ! avec quelle ardeur ils frappent, — ici sur des tués, là sur des mourants, plus loin sur des amis même — emportés par la première vague des fuyards! Dix hommes, tout à l'heure chassés par un seul, — sont maintenant capables, chacun, d'en égorger vingt. — Ceux qui naguère seraient morts sans résister sont devenus — les vampires funèbres du champ de bataille !

LE SEIGNEUR.

Voilà d'étranges conjonctures : — cet étroit défilé! ce vieillard! ces deux enfants (10)!

POSTHUMUS.

— Allons! pas tant d'étonnement! Vous êtes plutôt fait — pour vous émerveiller des exploits des autres — que pour en accomplir vous-même. Voulez-vous rimer là-dessus, — et tourner la chose en épigramme? En voici une :

Deux enfants, un vieillard en enfance, un chemin
Ont sauvé le Breton et perdu le Romain.

LE SEIGNEUR.

Là, ne vous fâchez pas!

POSTHUMUS.

Réclamation vaine!
Toi qui fuis l'ennemi, pourquoi te mettre en peine
D'un ami? pour ta peur il sera sans pitié,
Et tu fuiras bientôt sa trop franche amitié.

— Vous m'avez mis en train de rimer.

LE SEIGNEUR.

Vous vous fâchez, adieu.

Il s'éloigne.

POSTHUMUS.

— Il se sauve encore!... Et c'est là un seigneur! Oh! la noble bassesse! — Être sur le champ de bataille et m'en demander des nouvelles! — Combien aujourd'hui auraient donné leurs honneurs — pour sauver leurs carcasses? Combien ont tourné les talons dans ce but, — et pourtant ont péri! Et moi, resté sous le charme de mon malheur, — je n'ai pu trouver la mort là où je l'entendais râler, — ni être atteint par elle là où elle frappait. Il est bien étrange — que ce monstre hideux se cache dans les fraîches coupes, dans les lits moelleux, — dans les douces paroles, et qu'il ait là plus d'agents que parmi nous tous, — guerriers, qui agitons ses coutelas!... N'importe, je veux la trouver. — Puisque maintenant elle épargne les Bretons, — je cesse d'être Breton, et je reprends ma place — parmi les Romains. Je ne veux plus combattre, — mais je m'abandonne au premier soudard — qui me touchera l'épaule. Grand a été le carnage — fait ici par les Romains; grandes seront les représailles — des Bretons. Pour moi, ma rançon est la mort : — je viens ici, n'importe dans quels rangs, jeter une existence — que je ne veux plus ni garder ni remporter. — Cédons-la à tout prix pour Imogène!

Entrent deux Capitaines bretons et des Soldats.

PREMIER CAPITAINE.

— Que le grand Jupiter soit loué! Lucius est pris. — On croit que ce vieillard et ses fils étaient des anges.

DEUXIÈME CAPITAINE.

— Il y en avait un quatrième, en habit de paysan, — qui a donné l'attaque avec eux.

PREMIER CAPITAINE.

C'est ce qu'on raconte : — mais on n'a pu retrouver aucun d'eux...

Apercevant Posthumus.

Halte! Qui est là?

POSTHUMUS.

— Un Romain, — qui ne serait pas ici à languir, s'il avait trouvé — des seconds.

DEUXIÈME CAPITAINE.

Qu'on mette la main sur lui ! Encore un de ces chiens ! — Il ne leur restera pas une patte pour retourner dire à Rome — par quels corbeaux ils ont été mangés ici... Il vante ses services, — comme s'il était quelqu'un de marque : qu'on le mène au roi.

Arrivent CYMBELINE et son cortége; puis BÉLARIUS, GUIDÉRIUS, ARVIRAGUS, PISANIO; puis des captifs romains. Les capitaines présentent Posthumus à Cymbeline, qui le livre à un geôlier. Tous s'éloignent.

SCÈNE XXVI.

[Un cachot.]

Entre POSTHUMUS enchaîné et DEUX GEOLIERS.

PREMIER GEOLIER.

— Maintenant on ne vous volera pas, vous voilà parqué. — Broutez ici à l'aise, si vous y trouvez de la pâture.

DEUXIÈME GEOLIER.

Oui, et de l'appétit.

Les geôliers sortent.

POSTHUMUS.

— Sois la bienvenue, captivité ! car tu es, — je le crois, la voie vers la délivrance ! Après tout, je suis plus heureux — que le malade de la goutte, lequel aimerait mieux — gémir à perpétuité que d'être guéri — par la mort, cet infaillible médecin qui a la clef — de toutes ces serrures... O ma conscience ! c'est toi qui es aux fers — bien plus que mes jambes et mes poignets. Dieux bons, donnez-moi — l'instrument du repentir pour lui ouvrir le verrou — et la délivrer à jamais ! Suffit-il que j'aie des regrets ? — Avec des regrets les enfants apaisent leur père temporel,

— et les dieux sont plus miséricordieux encore. Si je dois faire acte de pénitence, — je ne puis mieux le faire que dans cette captivité, — plus volontaire que forcée... S'il faut que je m'acquitte — pour obtenir ma liberté, dieux, — contentez-vous de prendre tout mon être mortel. — Je sais que vous êtes plus cléments que les vils créanciers humains — qui acceptent de leurs débiteurs un tiers, — un sixième, un dixième, et qui les laissent prospérer de nouveau — en leur faisant remise du reste... Ce n'est pas ce que je demande : — en échange de la chère vie d'Imogène, prenez la mienne ; bien — qu'elle ne la vaille pas, c'est encore une vie frappée à votre coin. — Entre hommes, on ne pèse pas toutes les monnaies ; — si légères qu'elles soient, on les accepte pour l'image : — vous m'accepterez, moi qui suis fait à la vôtre. Ah ! puissances célestes, — ne me refusez pas ce règlement, prenez ma vie, — et faites-moi quitte de ces froides entraves. O Imogène ! — je veux te parler en silence.

Il s'endort.

Musique solennelle. Entre, comme en une apparition, SICILIUS LÉONATUS, père de Posthumus, vieillard vêtu comme un guerrier. Il conduit par la main sa femme, matrone âgée, la mère de Posthumus. La musique joue de nouveau. Arrivent alors les deux jeunes LÉONATI, frères de Posthumus, laissant voir les blessures dont ils sont morts à la guerre. Tous font cercle autour de Posthumus endormi.

SICILIUS.

O toi, maître du tonnerre, cesse d'exhaler
 Ton dépit contre les essaims humains,
Emporte-toi contre Mars, querelle-toi avec Junon
  Qui compte tes adultères
  Et s'en venge.
Mon pauvre enfant n'a-t-il pas toujours fait le bien !
  Et je ne l'ai jamais vu !
Je suis mort, tandis qu'il était dans le sein de sa mère,

Attendant l'ordre de la nature.
Ah! si les hommes ont raison de dire
    Que tu es le père de l'orphelin,
Tu aurais dû être son père, et le défendre
    Des maux qui tourmentent la terre.

LA MÈRE.

Lucine, loin de me prêter aide,
    M'enleva dans les douleurs,
Et Posthumus, arraché de moi,
    Arriva, pleurant, parmi ses ennemis,
Pauvre petit être!

SICILIUS.

La grande nature, à l'image de ses ancêtres,
    Le fit d'une si noble étoffe,
Qu'il mérita les louanges du monde,
    Comme le digne héritier du grand Sicilius.

PREMIER FRÈRE.

Dès qu'il fut mûr pour l'âge d'homme,
    Qui, dans toute la Bretagne,
Eût pu entrer en parallèle avec lui,
    Et soutenir aussi fructueusement
Le regard d'Imogène qui savait
    Si bien distinguer son mérite?

LA MÈRE.

Pourquoi, grâce à ce mariage dérisoire,
    A-t-il été banni, chassé
Du domaine des Léonati, et arraché
    A sa bien-aimée,
    La suave Imogène?

SICILIUS.

Pourquoi as-tu permis qu'un Iachimo,
    Vile créature d'Italie,
Salît son noble cœur et son esprit
    D'une injuste jalousie,
Et que mon fils devînt la dupe ridicule
    De cette vilenie?

DEUXIÈME FRÈRE.

C'est afin de le savoir que nous venons de nos calmes retraites,
    Nos parents et nous deux,

Nous deux qui, pour la cause de notre patrie,
  Tombâmes bravement et fûmes tués,
Sujets loyaux, pour défendre avec honneur
  Les droits de Ténantius.

PREMIER FRÈRE.

Posthumus a montré la même vaillance
  Au service de Cymbeline ;
Pourquoi donc, Jupiter, roi des dieux,
  As-tu ainsi ajourné
La récompense due à son mérite,
Et l'as-tu changée toute en douleur?

SICILIUS.

Ouvre ta fenêtre de cristal ; regarde,
  Et n'essaye plus,
Sur une race vaillante, tes rudes
  Et puissants fléaux.

LA MÈRE.

Jupiter, puisque notre fils est bon,
  Termine ses misères.

SICILIUS.

Regarde du haut de ta demeure de marbre ; du secours !
  Ou, pauvres spectres, nous irons crier
  Devant le synode des puissances lumineuses
    Contre ta divinité.

DEUXIÈME FRÈRE.

Du secours, Jupiter ; ou nous appelons,
  Et nous désertons ton tribunal.

JUPITER *descend, au milieu des foudres et des éclairs, assis sur un aigle ; il lance un coup de tonnerre. Les spectres tombent à genoux.*

JUPITER.

Cessez, vous, petits esprits des régions basses,
De blesser nos oreilles. Silence ! comment osez-vous, spectres,
Accuser le dieu foudroyant dont le tonnerre,
A l'affût dans le ciel, domine toutes les hauteurs rebelles?
Arrière, pauvres ombres de l'Élysée, allez
Vous reposer sur vos pelouses toujours fleuries.
Ne vous tourmentez pas de ce qui arrive aux mortels.

Ce n'est pas votre affaire, vous le savez; c'est la nôtre.
Je châtie qui j'aime, mais c'est pour que mes bienfaits,
Différés, en soient plus doux. Soyez tranquilles.
Notre divinité relèvera votre fils abaissé :
Ses douleurs, bien placées, lui font un trésor de joie!
Notre étoile jupitérienne a présidé à sa naissance, et
C'est dans notre temple qu'il a été marié...
 Relevez-vous et disparaissez!...
Il sera le seigneur dont Imogène sera la dame,
D'autant plus heureux qu'il aura plus souffert.
Mettez-lui sur la poitrine ces tablettes où
Il nous a plu d'inscrire sa destinée;
Et puis partez! Cessez par ce vacarme
D'exprimer votre impatience, de peur d'exciter la mienne...
Aigle, remonte à mon palais de cristal.

Il disparaît.

SICILIUS.

Il est descendu tonnant; son haleine céleste
 Avait une odeur de soufre; l'aigle sacré s'abattait
Comme pour nous écraser. Et il remonte,
Plus embaumé que nos champs bienheureux; le royal oiseau
Essuie ses ailes immortelles et aiguise son bec,
Comme quand son dieu est content.

TOUS.
Merci, Jupiter!
SICILIUS.
Le pavé de marbre se referme; il est rentré
Sous son toit rayonnant... Partons, et, pour être heureux,
Conformons-nous scrupuleusement à ses ordres augustes.

Les spectres s'évanouissent.

POSTHUMUS, s'éveillant.

— Sommeil, tu as été pour moi un aïeul : tu m'as donné — un père; tu m'as créé — une mère et deux frères. Mais, ô dérision!... — Plus rien! tous disparus aussitôt qu'engendrés. — Et me voici réveillé! les pauvres misérables qui comptent — sur la faveur des grands rêvent comme j'ai fait, — s'éveillent et trouvent néant. Mais je ne sais ce que je dis : — beaucoup, qui ne songent pas à la fortune et qui ne la méritent pas, — sont pourtant accablés de ses faveurs, comme moi, — qui ai eu ce songe doré sans savoir pourquoi!...

Mettant la main sur sa poitrine.

— Quelles fées hantent ces lieux? un livre! Oh! splendide! — Qu'il ne soit pas, selon la mode de ce monde, plus beau au dehors — qu'au dedans ; que, — bien différent de nos courtisans, — il tienne ce qu'il promet!

Il lit.

« Quand un lionceau, inconnu à lui-même, trouvera sans le chercher un souffle d'air tendre qui l'embrassera, et quand des rameaux, détachés d'un cèdre auguste, et morts depuis longues années, revivront pour être réunis à leur antique souche et reverdir de nouveau ; alors les misères de Posthumus seront terminées, la Bretagne sera heureuse et fleurira dans l'abondance et dans la paix. »

— Ceci est encore un rêve ou quelque absurdité, comme les fous — en profèrent sans y réfléchir. De deux choses l'une : — ou ce livre n'a pas de sens, ou il est — inexplicable à notre sens. En cela, — il est comme ma vie même ; — je veux le garder, ne fût-ce que par sympathie.

Entre le Geolier.

LE GEOLIER.

— Allons, monsieur, êtes-vous prêt pour la mort?

POSTHUMUS.

Presque trop cuit, mon cher ! je suis prêt depuis longtemps.

LE GEOLIER.

Il ne s'agit que de vous pendre, monsieur ; si vous êtes prêt pour ça, vous êtes à point.

POSTHUMUS.

Eh bien, si je suis un bon repas pour les spectateurs, le plat aura payé le coup.

SCÈNE XXVI.

LE GEOLIER.

Le compte est rude pour vous, monsieur. Mais, ce qu'il y a de consolant, c'est que vous n'aurez plus à faire de payements, plus à craindre de ces notes de taverne, qui, si elles vous ont procuré la joie, attristent souvent le départ. Vous entrez là défaillant à force d'avoir faim; vous en sortez chancelant à force d'avoir bu; fâché d'avoir trop payé, et fâché d'avoir trop reçu; la bourse et le cerveau vides; le cerveau trop lourd, pour avoir été trop léger; la bourse trop légère, pour avoir été éventée. Oh! vous serez désormais à l'abri de ces contrastes... Quelle charité que celle d'une corde de deux sous! Le temps de glisser, et elle additionne les milliers; vous n'avez pas besoin d'autre teneur de livre : elle vous donne décharge du passé, du présent et de l'avenir. Pour elle, monsieur, votre nuque est à la fois plume, registre et comptoir; et vite, voici l'acquit!

POSTHUMUS.

Je suis plus joyeux de mourir que tu ne l'es de vivre.

LE GEOLIER.

Il est vrai, monsieur, que celui qui dort ne sent pas le mal de dents. Mais un homme qui doit dormir de votre sommeil et qu'un bourreau doit mettre au lit changerait volontiers, je crois, de place avec son chambellan, car, voyez-vous, monsieur, vous ne savez pas le chemin que vous allez prendre.

POSTHUMUS.

Si fait, je le sais, l'ami!

LE GEOLIER.

Votre mort a donc des yeux dans le crâne? je n'en ai jamais vu ainsi représentée. Il faut ou que vous soyez dirigé par quelqu'un qui prétend le savoir, ou que vous prétendiez vous-même savoir ce qu'à coup sûr vous ne savez pas; ou enfin que vous hasardiez une reconnaissance à vos risques et périls. Comment vous réussirez au bout de votre voyage, je crois que vous ne reviendrez jamais le dire à personne.

POSTHUMUS.

Je te le déclare, l'ami, tout le monde a des yeux pour se diriger dans la route que je vais prendre, hormis ceux qui les ferment et ne veulent pas s'en servir.

LE GEOLIER.

Quelle immense plaisanterie! Est-ce qu'un homme peut avoir l'usage de ses yeux pour voir la route qui l'aveugle! Je suis bien sûr que la pendaison est le chemin de la cécité.

Entre un Messager.

LE MESSAGER, au geôlier.

Otez-lui ses menottes et amenez votre prisonnier devant le roi.

POSTHUMUS.

Tu apportes de bonnes nouvelles... On m'appelle pour me rendre libre.

LE GEOLIER.

Si cela est, je veux bien être pendu.

POSTHUMUS.

Tu seras plus libre alors qu'un geôlier, pas de verrou pour les morts.

Il sort avec le messager.

LE GEOLIER.

A moins de trouver un homme qui veuille épouser la potence et procréer de petits gibets, je n'ai jamais vu condamné si empressé. Oui, ma foi, tout Romain qu'il est, il y a des gueux plus fieffés que lui qui désirent vivre; il y en a aussi qui meurent contre leur gré; je serais ainsi si j'étais du nombre. Je voudrais que nous n'eussions tous qu'une âme, et une bonne âme. Oh! ce serait la ruine des geôliers et des potences. Je parle contre mon intérêt actuel, mais ce que je désire aurait bien aussi son avantage.

Il sort.

SCÈNE XXVII.

[La tente royale.]

Entrent CYMBELINE, BÉLARIUS, GUIDÉRIUS, ARVIRAGUS, PISANIO, SEIGNEURS, OFFICIERS, gens de la suite.

CYMBELINE.

— Tenez-vous à mes côtés, vous que les dieux ont faits — les sauveurs de mon trône. Quelle douleur pour mon cœur — qu'on n'ait pu retrouver le pauvre soldat — qui a si magnifiquement combattu, dont les haillons — faisaient honte aux armures dorées, et dont la poitrine nue — marchait devant les boucliers impénétrables ! — Heureux celui qui le trouvera, si — notre grâce peut faire son bonheur !

BÉLARIUS.

Je n'ai jamais vu — si noble furie dans un si pauvre être, — ni si splendides exploits dans un homme qui ne promettait — que misère et piteuse allure.

CYMBELINE.

Pas de nouvelles de lui?

PISANIO.

— On l'a cherché parmi les morts et les vivants; — aucune trace de lui.

CYMBELINE.

A mon grand regret, je deviens — l'héritier de sa récompense.

Se tournant vers Bélarius, Guidérius et Arviragus.

Je veux l'ajouter — à la vôtre, ô vous, bras, cœur, cerveau de la Bretagne, — vous par qui je conviens qu'elle vit! Il est temps maintenant — de vous demander d'où vous venez… Dites-le.

BÉLARIUS.

Sire, — nous sommes nés en Cambrie, et gentilshommes. — Prétendre rien de plus ne serait ni juste ni modeste, — à moins que je n'ajoute que nous sommes d'honnêtes gens.

CYMBELINE.

Pliez le genou.

Tous trois s'agenouillent. Le roi tire son épée et les frappe du plat sur l'épaule.

— Relevez-vous, mes chevaliers de bataille : je vous crée — compagnons de notre personne, et je veux vous investir — de dignités conformes à votre rang.

Entrent CORNÉLIUS et les dames de la reine.

— Il y a du trouble dans ces visages… Pourquoi — saluez-vous si tristement notre victoire? On vous croirait Romains, — et non de la cour de Bretagne.

CORNÉLIUS.

Salut, grand roi! — Dussé-je aigrir votre bonheur, je dois vous annoncer — que la reine est morte.

CYMBELINE.

A qui ce message — peut-il convenir plus mal qu'à un médecin? Mais, j'y songe, — la science a beau prolonger la vie, la mort — doit saisir le docteur lui-même… Comment a-t-elle fini?

CORNÉLIUS.

— Par une horrible mort, frénétique comme sa vie : — sans cesse cruelle au monde, elle a fini par être — plus cruelle pour elle-même. Ce qu'elle a avoué, — je vous le répéterai, si cela vous plaît. Voici ses femmes;

— elles peuvent me reprendre, si je me trompe, elles qui, les joues humides, — ont été présentes à ses derniers moments.

CYMBELINE.

Parle, je te prie.

CORNÉLIUS.

— D'abord, elle a avoué qu'elle ne vous avait jamais aimé, — qu'éprise, non de vous, mais de la grandeur que vous lui donniez, — elle s'était mariée avec votre royauté et avait épousé votre rang, — en abhorrant votre personne.

CYMBELINE.

Elle seule savait cela ; — et, si elle ne l'avait déclaré en mourant, je n'en aurais pas cru — ses lèvres mêmes. Continue.

CORNÉLIUS.

— Votre fille, qu'elle affectait d'aimer — si profondément, était, elle l'a avoué, — un scorpion à ses yeux : si sa fuite — ne l'avait prévenue, elle lui eût — ôté la vie par le poison.

CYMBELINE.

O le raffiné démon ! — Qui donc peut lire une femme ?... Est-ce tout ?

CORNÉLIUS.

— Le pire est encore à dire, seigneur. Elle a avoué qu'elle vous préparait — un poison minéral qui, une fois pris, — devait, minute par minute, ronger votre vie, et, fibre a fibre, — vous consumer de langueur. Pendant ce temps, elle comptait, — à force de veilles, de larmes, de soins, de baisers, — vous dominer par ses manéges, et, — quand elle vous aurait bien préparé par sa ruse, enlever — pour son fils l'adoption de la couronne ; — mais, l'étrange disparition de celui-ci lui ayant fait manquer le but, — une rage sans pudeur l'a prise : elle a, en dépit — du ciel et des hommes, révélé ses projets, regrettant — que les maux couvés par elle n'eussent pas éclos, et, ainsi, — désespérée, elle est morte.

CYMBELINE.

Avez-vous entendu tout cela, vous, ses femmes?

UNE SUIVANTE.

— Oui, sire, n'en déplaise à votre altesse.

CYMBELINE.

Ce ne sont pas mes yeux — que je blâme, car elle était belle, — ni mes oreilles, qui entendaient ses flatteries, ni mon cœur, — qui la crut ce qu'elle semblait être: le vice aurait été — de se méfier d'elle. Pourtant, ô ma fille! — tu peux bien dire qu'il y avait folie chez moi. — et en attester les souffrances. Puisse le ciel tout réparer!

Arrivent, gardés par une escorte, LUCIUS, IACHIMO, le DEVIN, et autres prisonniers romains, derrière lesquels viennent POSTHUMUS et IMOGÈNE, toujours vêtue d'habits d'homme.

— Tu ne viens plus, Caïus, nous demander le tribut : — les Bretons l'ont aboli, mais pour cela ils ont perdu — bien des braves : les parents des morts ont demandé — que tant de bonnes âmes fussent apaisées par le sacrifice — de vous tous, captifs, et nous le leur avons accordé — Préparez-vous donc.

LUCIUS.

— Songez, seigneur, aux hasards de la guerre : la journée — n'a été à vous que par accident : si elle se fût décidée pour nous, — nous n'aurions pas, de sang-froid, menacé — nos prisonniers du glaive. Mais puisque les dieux — veulent que notre vie seulement — serve de rançon, soit! Il suffit — à un Romain d'un cœur de Romain pour savoir souffrir : — Auguste vit, il avisera :

voilà tout, — pour ce qui me concerne. Je ne veux — implorer de vous qu'une chose...

Il montre Imogène.

Mon page est né Breton. — Acceptez sa rançon : jamais maître — n'eut un serviteur plus affable, plus dévoué, plus diligent, — plus empressé dans ses prévenances, plus fidèle, — plus accort, plus aux petits soins. Que son mérite — appuie ma requête, et j'ose le dire, votre altesse — ne peut me refuser. Il n'a fait de mal à aucun Breton, — bien qu'il ait servi un Romain. Sauvez-le, Seigneur, — et n'épargnez pas le sang des autres.

CYMBELINE, considérant Imogène.

Je suis sûr de l'avoir vu... — Ses traits me sont familiers. — Enfant, tu as d'un regard conquis ma faveur : — je te prends. — Je ne sais pas pourquoi ni dans quel but — je te dis de vivre, enfant : tu n'as pas à en remercier ton maître ; vis, — et demande à Cymbeline la grâce que tu voudras : — pourvu qu'elle soit en mon pouvoir et dans ton intérêt, je te l'accorde ; — oui, quand ce serait la vie d'un de ces prisonniers, - du plus noble !

IMOGÈNE.

Je remercie humblement votre altesse.

LUCIUS, à Imogène.

— Je ne te dis pas de demander ma vie, cher garçon, — et je suis sûr pourtant que tu vas le faire.

IMOGÈNE, les yeux fixés sur Iachimo.

Non, non! hélas! — J'ai autre chose à faire : j'aperçois un objet — aussi pénible pour moi que la mort; votre vie, mon bon maître, — doit se tirer de là toute seule.

LUCIUS.

Ce garçon me dédaigne ; — il m'abandonne et me repousse : elles meurent vite, les joies — qui se fondent sur la foi des filles et des jeunes gens... — Pourquoi est-il dans cette anxiété?

CYMBELINE.

Que désires-tu, enfant? — Je t'aime de plus en plus : réfléchis de plus en plus — à ce qu'il vaut mieux demander. Connais-tu celui que tu regardes? Parle, — veux-tu qu'il vive? Est-il ton parent? ton ami?

IMOGÈNE.

— C'est un Romain; il n'est pas plus mon parent — que je ne le suis de votre altesse; et même, comme je suis né votre vassal, — je vous touche de plus près.

CYMBELINE.

Pourquoi donc le considères-tu ainsi?

IMOGÈNE.

— Sire, je vous le dirai en particulier, si vous daignez — m'entendre.

CYMBELINE.

Oui, de tout mon cœur; — je te prêterai toute mon attention. Quel est ton nom?

IMOGÈNE.

Fidèle, sire.

CYMBELINE.

— Tu es mon cher enfant, mon page; — je veux être ton maître; viens avec moi; parle librement.

Cymbeline et Imogène se retirent à l'écart et se parlent à voix basse.

BÉLARIUS, à Arviragus.

— Est-ce que cet enfant-là n'est pas ressuscité?

ARVIRAGUS.

Il ressemble, autant qu'un grain de sable — à un autre, à ce garçon doux et rose — qui est mort et s'appelait Fidèle...

A Guidérius.

Qu'en dites-vous?

SCÈNE XXVII.

GUIDÉRIUS.

C'est le mort que voilà vivant.

BÉLARIUS.

— Chut! chut! voyons la suite; il ne nous regarde pas; attendons. — Des créatures peuvent être aussi semblables; si c'était lui, je suis sûr — qu'il nous aurait parlé.

GUIDÉRIUS.

Mais c'est lui que nous avons vu mort.

BÉLARIUS.

— Silence; voyons la suite.

PISANIO, à part.

C'est ma maîtresse. — Puisqu'elle est vivante, advienne — que pourra.

CYMBELINE et IMOGÈNE reviennent.

CYMBELINE.

Viens, place-toi à notre côté, — et fais ta demande tout haut...

A Iachimo.

Monsieur, avancez, — répondez à cet enfant, et faites-le franchement; — sinon, je le jure par ma couronne et par la majesté — qui est mon honneur, une amère torture devra trier la vérité du mensonge...

A Imogène.

Va, parle-lui.

IMOGÈNE, montrant la bague que porte Iachimo.

— La faveur que je réclame est que ce gentilhomme explique — de qui il tient cet anneau.

POSTHUMUS, à part.

Qu'est-ce que cela lui fait?

CYMBELINE.

— Ce diamant à votre doigt, dites, — d'où vous vient-il?

IACHIMO, à Cymbeline.

— Tu veux me torturer si je ne révèle pas mon secret ; — eh bien, cette révélation doit être une torture pour toi.

CYMBELINE.

Comment ? pour moi !

IACHIMO.

— Je suis heureux qu'on me contraigne de déclarer — ce que je souffre tant de cacher. C'est par une infamie — que j'ai acquis cet anneau. Ce bijou était à Léonatus — que tu as banni, à ce Léonatus, je le dis, dût l'aveu te tourmenter — plus que moi-même, le plus noble seigneur qui ait jamais vécu — entre le ciel et la terre ! Veux-tu en savoir davantage, mon seigneur ?

CYMBELINE.

Oui, toute la vérité sur ceci.

IACHIMO.

— Ta fille, cette perfection — dont le souvenir fait saigner mon cœur et trembler — mes esprits coupables... Excusez-moi. Je me sens défaillir.

Il chancelle.

CYMBELINE.

— Ma fille ! que dis-tu ! Reprends tes forces. — J'aime mieux te laisser vivre tant que le voudra la nature, — que de te voir mourir avant que tu m'aies tout appris : fais un effort, l'homme, et parle.

IACHIMO.

— Il y a quelque temps... Maudite soit l'horloge — qui frappa cette heure !... C'était à Rome... Malheur — à cette maison-là !... Nous étions à table... Oh ! que — nos mets n'étaient-ils empoisonnés, ceux, du moins, — que je portai à mes lèvres !... Le bon Posthumus... — Que vous dirai-je ? il était trop bon pour la société — des hommes pervers, lui, le meilleur — parmi l'élite des gens de bien! Posthumus, assis gravement, — nous écoutait vanter nos amoureuses d'Italie. — A nous en croire, leur beauté rendait stérile l'éloge ampoulé — du plus éloquent parleur; leurs traits estropiaient — l'idole de Vénus et la svelte statue de Minerve, — ces modèles inaccessibles à la chétive nature; leur personne — était un atelier de toutes les qualités qui — font aimer la femme par l'homme; enfin, séduction irrésistible, — leur éclat qui frappait les regards...

CYMBELINE.
Je suis sur un brasier. — Arrive au fait.

IACHIMO.
J'y viendrai toujours trop tôt, — à moins que tu ne veuilles souffrir bien vite... Posthumus, — comme il convenait à un noble amant ayant une — amoureuse royale, releva l'insinuation; — et, sans déprécier celles que nous venions de louer, avec — tout le calme de la sincérité, il nous fit — le portrait de sa maîtresse. Auprès de son langage — si mesuré, nos éloges — parurent des hâbleries dites sur des filles de cuisine; sa description — nous confondit comme des sots mal embouchés.

CYMBELINE.
Allons, allons, au fait!

IACHIMO.
— La chasteté de votre fille... M'y voici!... — Posthumus en parla comme si, à côté de cette froideur unique, — les rêves de Diane étaient brûlants! Sur quoi, misérable que je suis, — je révoquai ses éloges en doute, et, pariant — des pièces d'or contre cette bague qu'il portait alors — à son doigt honoré, je gageai que j'obtiendrais — par faveur sa place dans le lit nuptial — et que je gagnerais son anneau — par l'adultère d'Imogène et le mien. Lui, en digne chevalier, — ayant dans sa vertu toute la foi - que j'ai acquise par expérience, n'hésite

pas à risquer sa bague ; — il l'aurait risquée de même, eût-elle été une escarboucle — des roues de Phœbus ; il l'aurait fait sans péril, eût-elle valu — le char radieux tout entier ! Vite je cours en — Bretagne pour mon projet... Vous pouvez, seigneur, — vous rappeler m'avoir vu à votre cour : c'est alors que j'appris — de votre chaste fille quelle vaste différence — il y a entre l'amour et la luxure. Ainsi s'éteignit — mon espoir, mais non mon désir. Ma cervelle italienne, — ayant affaire à votre simplicité bretonne, conçut — un stratagème infâme, mais parfait pour mes intérêts. — Bref, je réussis si bien, — que je revins à Rome avec des preuves assez concluantes — pour rendre fou le noble Léonatus. — Je portai coup à sa confiance — par des témoignages de toutes sortes : c'étaient des notes détaillées — sur les tentures et les peintures de sa chambre à coucher, son bracelet — que j'avais acquis... si vous saviez par quelle supercherie ! Enfin, des révélations — sur les secrets de sa personne, telles qu'il lui était impossible — de ne pas croire le nœud de chasteté conjugale à jamais rompu, — et le pari gagné par moi. Sur ce, — il me semble que je le vois encore...

POSTHUMUS, s'avançant.

Oui, tu le vois, — démon italien ! A moi, trop crédule niais, — infâme meurtrier, brigand ! à moi tout ce qui est — dû à tous les scélérats passés, présents — et à venir !... Oh ! donnez-moi une corde, un couteau, du poison, — et quelque intègre justicier ! Toi, roi, envoie chercher — les tourmenteurs les plus ingénieux : je suis celui — que les plus horribles choses de ce monde corrigent, — étant pire qu'elles toutes ! Je suis Posthumus, — et c'est moi qui ai tué ta fille... Non ! je mens, misérable !... — je l'ai fait tuer par un scélérat moindre que moi, — par un bandit sacrilége ! Elle était le temple de la vertu elle-même! — Crachez, lancez des pierres, jetez de la boue sur moi! Ameutez — les chiens de la rue contre moi! Que chaque criminel — soit appelé Posthumus Léonatus! et — son crime sera toujours moindre que le mien. O Imogène! — ma reine, ma vie, ma femme! O Imogène! — Imogène, Imogène!

IMOGÈNE, s'élançant vers lui.

Du calme, monseigneur!... Écoutez... écoutez...

POSTHUMUS.

— Est-ce que je laisserai faire un jeu de ceci? Page insolent, — à ta place!

Il la frappe, elle tombe évanouie.

PISANIO, se précipitant vers Imogène.

Au secours, messieurs, au secours — de ma maîtresse et de la vôtre!... Oh! mon seigneur Posthumus! — Vous n'avez jamais tué Imogène qu'en ce moment! Du secours! du secours! — Ma dame vénérée!

CYMBELINE.

Est-ce que le monde tourne?

POSTHUMUS.

— D'où me viennent ces vertiges?

PISANIO.

Revenez à vous, maîtresse.

CYMBELINE.

— Si cela est, les dieux veulent me frapper — à mort de joie.

PISANIO.

Comment va ma maîtresse?

IMOGÈNE, rouvrant les yeux.

— Oh! retire-toi de ma vue; — c'est toi qui m'as donné le poison : homme dangereux, arrière! — Ne viens pas respirer où il y a des princes!

CYMBELINE.

La voix d'Imogène!

PISANIO.

Madame, — que les dieux me lapident de leurs foudres si, — en vous donnant cette boîte, je ne la croyais pas — chose précieuse ; je la tenais de la reine.

CYMBELINE.

— Un nouveau mystère encore !

IMOGÈNE.

Cela m'a empoisonnée.

CORNÉLIUS.

O dieux ! — j'avais oublié une chose que la reine a avoué — et qui doit justifier cet homme : *Si Pisanio, — a-t-elle dit, a donné à sa maîtresse la drogue — que je lui ai donnée, moi, comme un cordial, il l'a traitée — comme je traiterais un rat.*

CYMBELINE.

Que veut dire ceci, Cornélius ?

CORNÉLIUS.

— Sire, la reine me pressait souvent — de préparer pour elle des poisons, toujours sous le prétexte — de faire d'instructives expériences — en tuant seulement de vils animaux, tels que des chats et des chiens — sans valeur. Craignant que ses projets — ne fussent plus dangereux, je composai pour elle — une certaine substance qui, étant absorbée, devait suspendre — pour un moment la puissance vitale, mais permettre bien vite — à toutes les facultés de la nature de reprendre — leurs fonctions normales...

A Imogène.

En avez-vous pris ?

IMOGÈNE.

— Je le crois bien ! j'ai été morte !

BÉLARIUS.

Mes enfants, — voilà notre erreur expliquée.

GUIDÉRIUS.

Bien sûr, c'est Fidèle.

IMOGÈNE, à Posthumus.

— Pourquoi avez-vous rejeté de vous votre épousée ?
— Figurez-vous que vous êtes au haut d'un roc, et maintenant — rejetez-moi !

Elle le tient embrassé.

POSTHUMUS.

Reste ici, chère âme, pendue comme le fruit, — jusqu'à ce que l'arbre meure !

CYMBELINE.

Eh quoi ! mon sang, ma fille ! — Me prends-tu dans cette scène pour un comparse ? — Tu ne me diras donc rien ?

IMOGÈNE, tombant à genoux.

Votre bénédiction, seigneur !

BÉLARIUS, la montrant à Arviragus et à Guidérius.

— Vous vous êtes épris de cette jeunesse-là, mais je ne vous en blâme point ; — vous aviez un motif pour ça.

CYMBELINE, à Imogène.

Que mes larmes, en tombant, — deviennent une eau sainte sur toi ! Imogène, — ta mère est morte.

IMOGÈNE.

J'en suis attristée, seigneur.

CYMBELINE.

— Oh ! elle fut criminelle ! et c'est bien sa faute — si nous nous revoyons de façon si étrange. Quant à son fils, — il a disparu, nous ne savons comment, ni par où.

PISANIO.

Monseigneur, — maintenant que la crainte est loin de moi, je dirai la vérité. — Le seigneur Cloten, — après l'évasion de ma maîtresse, vint à moi, — l'épée haute, et, l'écume à la bouche, jura que, — si je ne lui révélais pas le chemin qu'elle avait pris, — j'étais mort. Le hasard fit — que j'avais alors une lettre de mon maître — dans ma poche : l'avis qu'elle était censée contenir — décida Cloten — à aller chercher la princesse dans les montagnes voisines de Milford. — Aussitôt, pris de frénésie, couvert des vêtements de mon maître, — qu'il m'avait extorqués, il courut dans l'infâme dessein de violer — l'honneur de ma maîtresse. Ce qu'il est devenu, — je n'en sais rien.

GUIDÉRIUS.

A moi d'achever son récit : — je l'ai tué.

CYMBELINE.

Ah ! que les dieux nous en préservent ! — Je ne voudrais pas que tes services n'arrachassent — de mes lèvres qu'une rigoureuse sentence. Je t'en prie, vaillant jeune homme, — rétracte-toi.

GUIDÉRIUS.

Je l'ai dit et je l'ai fait.

CYMBELINE.

C'était un prince.

GUIDÉRIUS.

— Un prince fort incivil. Les outrages qu'il m'a faits — n'avaient rien de princier : car il m'a provoqué — dans un langage qui m'aurait fait flageller la mer, — si elle avait ainsi rugi. J'ai coupé sa tête, — et je suis bien aise qu'il ne soit pas ici — pour en dire autant de la mienne.

CYMBELINE.

J'en suis fâché pour toi. — Tu es condamné par ta propre bouche, et tu dois — subir notre loi. Tu es mort.

IMOGÈNE.

Ce cadavre décapité, — je l'ai pris pour celui de mon seigneur.

CYMBELINE.

Qu'on enchaîne le coupable, — et qu'on l'emmène hors de notre présence !

Les gardes entourent Guidérius.

SCÈNE XXVII.

BÉLARIUS.

Arrête, seigneur roi. — Cet homme est plus grand que celui qu'il a tué : — il est aussi bien né que toi même, et il t'a — rendu plus de services qu'une bande de Clotens — n'aurait reçu de balafres pour ta défense.

Aux gardes qui vont attacher Guidérius.

Lâchez-lui les bras ; — ils ne sont pas faits pour les chaînes.

CYMBELINE.

Eh bien, vieux soldat, — veux-tu donc annuler les mérites dont le prix t'est dû encore, — en tâtant de notre colère ? Comment serait-il de naissance — aussi bonne que nous ?

ARVIRAGUS.

Pour cela, il a été trop loin.

CYMBELINE, à Guidérius.

— Et toi, tu n'en mourras pas moins.

BÉLARIUS.

Nous mourrons tous trois ; — mais je prouverai que deux d'entre nous ont l'auguste origine — que je lui ai attribuée... Mes fils, il faut — que je fasse une révélation dangereuse pour moi, — mais peut-être heureuse pour vous.

ARVIRAGUS.

Votre danger — est le nôtre.

GUIDÉRIUS.

Et notre bonheur, le sien.

BÉLARIUS.

Puisque j'y suis autorisé, soit ! — Grand roi, tu avais un sujet — appelé Bélarius.

CYMBELINE.

Après ? C'est — un traître banni.

BÉLARIUS.

C'est l'homme, — ridé par l'âge, qui te parle. Un banni, en effet ; — mais traître, je ne sais pas comment.

CYMBELINE.

Qu'on l'emmène ; — le monde entier ne le sauverait pas.

BÉLARIUS.

Pas tant d'emportement ! — Paye-moi d'abord la nourriture de tes fils ; — et que tout soit confisqué, aussitôt — que je l'aurai reçu.

CYMBELINE.

La nourriture de mes fils?

BÉLARIUS, s'agenouillant.

— Je suis trop brusque et trop osé. Me voici à genoux. — Avant de me relever, je veux grandir mes fils ; — ensuite, qu'on n'épargne plus le vieux père !... Puissant seigneur, — ces deux jeunes gens qui m'appellent leur père, — et croient être mes fils, ne me sont rien : ils — sont issus de vos reins, mon roi, — et nés de votre sang.

CYMBELINE.

Issus de moi, dis-tu?

BÉLARIUS.

— Aussi vrai que vous l'êtes de votre père. Moi, le vieux Morgan, — je suis ce Bélarius que vous bannîtes jadis. — Votre bon plaisir fut mon crime unique, mon châtiment, — toute ma trahison : le mal que j'ai souffert — a été tout le mal que j'ai causé. Quant à ces nobles princes — (car tel est leur titre et telle leur nature), c'est moi qui depuis vingt ans — les ai élevés : ils savent tous les arts que j'ai — pu leur apprendre ; et ce que vaut mon éducation, seigneur, — votre altesse le sait. Leur nourrice, Euriphile, — que j'ai épousée depuis pour son larcin, enleva ces enfants, — après mon bannissement. C'est moi qui la décidai, — ayant reçu d'avance un châtiment — pour ce que je fis alors. Ma loyauté punie — m'entraîna à cette trahison. Plus une perte si chère — vous était sensible, plus il convenait —

à mon plan de vous les enlever. Mais, gracieux seigneur, — voici vos fils : en vous les rendant, je perds — deux compagnons des plus charmants du monde. — Que les bénédictions du ciel qui nous couvre — tombent sur leurs têtes comme la rosée ! Car ils sont dignes — d'ajouter deux astres aux cieux !

Il essuie une larme.

CYMBELINE.

Tu pleures, en me parlant. — Le service que vous avez rendu tous trois est plus — extraordinaire que ce que tu dis. J'avais perdu mes enfants. — Si ce sont eux que je vois, je ne saurais souhaiter — deux plus nobles fils.

BÉLARIUS.

Attendez un peu... — Ce gentilhomme que j'appelais Polydore — est votre Guidérius, ô digne prince. — Cet autre, mon Cadwall, est Arviragus, — votre plus jeune fils ; il était emmailloté, seigneur, — dans un magnifique manteau, brodé de la main — de la reine sa mère, et que, pour mieux vous convaincre, — il m'est facile de produire.

CYMBELINE.

Guidérius — avait au cou un signe, une étoile couleur de sang ; — c'était une marque bizarre.

BÉLARIUS.

C'est celui-ci. — Il a toujours sur lui ce sceau naturel ; — la sage nature a voulu, en lui donnant, — qu'il le fît reconnaître aujourd'hui.

CYMBELINE.

Oh ! il m'est — donc né trois enfants à la fois ? Jamais mère — ne fut plus heureuse de sa délivrance. Soyez bénis, — vous, qui après cet étrange éloignement de votre sphère, — revenez maintenant y régner !... O Imogène, — tu y perds un royaume.

IMOGÈNE.

Non, monseigneur, — j'y gagne deux mondes!...
O mes gentils frères, — nous nous étions donc retrouvés!
Oh! ne niez plus à présent — que je sois la plus véridique; vous m'appeliez votre frère, — quand je n'étais que votre sœur; moi, je vous appelais mes frères, — quand vous l'étiez en effet.

CYMBELINE.

Vous vous étiez déjà vus?

ARVIRAGUS.

— Oui, mon bon seigneur.

GUIDÉRIUS.

Et aimés à la première vue; — et cela a continué jusqu'au moment où nous l'avons crue morte.

CORNÉLIUS.

Après qu'elle eut avalé l'élixir de la reine.

CYMBELINE.

O rare instinct! — Quand donc entendrai-je un récit complet? Cet orageux abrégé — est touffu de détails qui — réclament une minutieuse distinction.

A Imogène.

Où, comment avez-vous vécu? — Quand êtes-vous entrée au service de ce Romain, notre captif? — Comment vous êtes-vous séparée de vos frères? Comment les avez-vous revus? — Pourquoi avez-vous fui de la cour? et où? Répondez à cela.

Se tournant vers Bélarius et les deux princes.

— Et vous trois, il faut que vous me disiez vos motifs de venir à la bataille, et — je ne sais combien d'autres choses; — que vous me racontiez tous les incidents — dans leur ordre; mais ni le temps, ni le lieu — ne se prêtent à ces longs interrogatoires... Voyez — comme Posthumus reste ancré à Imogène! — Et elle, quels regards elle lance — sur lui, sur ses frères, sur moi, sur son maître! Inoffensifs éclairs qui frappent — chaque objet d'une joie dont le contre-coup — se dissémine en tous! Quittons ce terrain, — et allons parfumer le temple de nos sacrifices.

A Bélarius.

— Tu es mon frère : nous te tiendrons pour tel à jamais.

IMOGÈNE, à Bélarius.

— Et vous êtes mon père aussi : car c'est grâce à vos secours — que je vois ces temps propices.

CYMBELINE.

Tous excédés de joie, — hormis ces captifs! qu'ils soient joyeux, eux aussi! — Je veux qu'ils goûtent notre bonheur!

IMOGÈNE, à Lucius.

Mon bon maître, — je veux vous servir encore.

LUCIUS.

Soyez heureuse.

CYMBELINE.

— Et ce soldat disparu qui a combattu si noblement, — comme il ferait bien ici! comme il rehausserait — la gratitude d'un roi!

POSTHUMUS.

Seigneur, je suis — le soldat qui accompagnait ces trois braves, — sous le vêtement du pauvre : cet équipement convenait — au projet que je poursuivais alors. Ce soldat, c'était moi, — n'est-ce pas, Iachimo? Vous étiez à terre, et j'aurais pu vous anéantir.

IACHIMO, s'agenouillant.

M'y voici encore; — mais maintenant c'est le poids de ma conscience qui plie mon genou, — ce n'est plus votre force. Prenez, je vous en conjure, cette vie — que je vous dois tant de fois; mais prenez d'abord votre bague — et ce bracelet de la princesse la plus fidèle — qui ait jamais engagé sa foi.

POSTHUMUS, le relevant.

Ne vous agenouillez pas devant moi. — Le pouvoir que je prends sur vous est de vous épargner : — ma vengeance envers vous, c'est de vous pardonner. Vivez, — et agissez mieux avec d'autres.

CYMBELINE.

Noble sentence ! — Un gendre nous enseigne notre privilége. — Le mot d'ordre pour tous est : Pardon !

ARVIRAGUS, à Posthumus.

Vous nous avez assistés, seigneur, — comme si vous vous croyiez en effet notre frère : — nous sommes heureux que vous le soyez.

POSTHUMUS.

— Votre serviteur, princes !

A Lucius.

Mon bon seigneur romain, — appelez votre devin. Pendant mon sommeil, il m'a semblé — que le grand Jupiter, monté sur son aigle, — m'apparaissait avec les fantômes — de ma propre famille. En me réveillant, j'ai trouvé — sur mon sein ce grimoire dont la teneur — est si obscure que je ne puis — y trouver de sens : qu'il montre — sa science en nous l'expliquant.

LUCIUS.

Philarmonus !

LE DEVIN.

— Me voici, mon bon seigneur.

LUCIUS.

Lis cela, et dis-en la signification.

LE DEVIN, lisant.

« Quand un lionceau, inconnu à lui-même, trouvera, sans le chercher, un souffle d'air tendre qui l'embrassera, et quand des rameaux, détachés d'un cèdre auguste et morts depuis longues années, revivront pour être réunis à leur antique souche et reverdir de nouveau ; alors les misères de Posthumus seront terminées, la Bretagne sera heureuse et fleurira dans l'abondance et dans la paix. »

SCÈNE XXVII.

— Toi, Léonatus, tu es le lionceau, — ainsi que la construction logique de ton nom : — Leo natus nous l'indique.

A Cymbeline.

Le souffle d'air tendre est ta vertueuse fille : — pour *air tendre*, nous disons *mollis aer* : et de *mollis aer*, — nous faisons *mulier*, femme. Cette femme, je le devine, — c'est la plus constante de toutes, c'est la vôtre.

Il se tourne vers Posthumus.

Tout à l'heure encore, — justifiant la lettre de l'oracle, — sans le savoir et sans le vouloir, elle vous étreignait — de l'air le plus tendre.

CYMBELINE.

Tout cela est assez probable.

LE DEVIN.

— Le cèdre auguste, ô royal Cymbeline, — te personnifie ; les rameaux détachés, ce sont — tes deux fils, qui, enlevés par Bélarius, — et censés morts depuis longues années, viennent de revivre, — pour être réunis au cèdre majestueux, dont les rejetons — promettent à la Bretagne l'abondance et la paix.

CYMBELINE.

Eh bien, — commençons par la paix... Caïus Lucius, — quoique vainqueurs, nous nous soumettons à César — et à l'empire romain, et nous promettons — de payer notre tribut accoutumé. Nous ne l'avions refusé — que d'après les conseils d'une reine criminelle : — et le ciel, dans sa justice, a fait tomber sur elle et sur sa race — tout le poids de son bras.

LE DEVIN.

— Que les puissances d'en haut règlent de leurs doigts — l'accord harmonieux de cette paix ! La vision — que j'avais fait connaître à Lucius, avant le premier choc — de cette bataille à peine refroidie, vient de s'accomplir

— pleinement. J'avais vu l'aigle romaine, — prenant son essor du sud vers l'ouest, — décroître et s'évanouir dans les rayons — du soleil; ce qui présageait que notre aigle auguste, — l'impérial César, resserrerait — son alliance avec le radieux Cymbeline — qui brille ici, à l'occident.

CYMBELINE.

Louons les dieux, — et que nos fumées ondoyantes montent à leurs narines — de nos autels bénis ! Annonçons cette paix — à tous nos sujets. Mettons-nous en marche. Que — les enseignes romaines et bretonnes flottent — amicalement unies : traversons tous la ville de Lud, — et allons dans le temple du grand Jupiter — ratifier notre paix; scellons-la par des fêtes ! — En avant !... Jamais guerre ne se termina — par une paix pareille, avant que les mains sanglantes fussent lavées !

Ils s'en vont.

FIN DE CYMBELINE.

LE LIBRAIRE AU LECTEUR.

Un livre publié sans épître préalable serait, comme dit un vieux proverbe anglais, un habit bleu sans galon. L'auteur étant mort, j'ai jugé bon de me charger de son œuvre. La recommander n'est pas mon intention ; car ce qui est bon doit sans intercession se recommander à tous ; et j'ai ici d'autant plus d'assurance que le nom de l'auteur suffit à lancer son œuvre. Ainsi, laissant chacun à la liberté de son jugement, je me suis risqué à imprimer cette pièce et je la livre à la censure générale.

Votre

THOMAS WALKLEY (12).

PERSONNAGES :

OTHELLO, le More de Venise (13).
BRABANTIO, père de Desdémona.
CASSIO, lieutenant honorable.
IAGO, un scélérat (14).
RODERIGO, gentilhomme dupe.
LE DOGE DE VENISE.
SÉNATEURS.
MONTANO, gouverneur de Chypre.
GENTILSHOMMES DE CHYPRE.
LODOVICO ET GRATIANO, nobles vénitiens.
MATELOTS.
LE CLOWN.

DESDÉMONA, femme d'Othello.
ÉMILIA, femme d'Iago.
BIANCA, courtisane (15).

La scène est d'abord à Venise, puis dans l'île de Chypre (16).

LA
Tragédie d'Othello,

Le More de Venife.

Telle qu'elle a été diuerfes fois jouée au Globe, et aux Black Friers, par les Seruiteurs de Sa Majefté.

Ecrit par William Shakespeare.

LONDRES

Imprimé par *N. O.* pour *Thomas Walkley* et en vente à fa boutique à l'Aigle et l'Enfant, dans la Bourfe Britannique.

1622.

SCÈNE I.

[Venise. Une place sur laquelle est située la maison de Brabantio. Il fait nuit.]

Arrivent RODERIGO et IAGO.

RODERIGO.

— Fi ! ne m'en parle pas. Je suis fort contrarié – que toi, Iago, qui as usé de ma bourse, – comme si les cordons t'appartenaient, tu aies eu connaissance de cela.

IAGO.

— Tudieu ! (17) mais vous ne voulez pas m'entendre. — Si jamais j'ai songé à pareille chose, – exécrez-moi.

RODERIGO.

Tu m'as dit que tu le haïssais.

IAGO.

— Méprisez-moi, si ce n'est pas vrai. Trois grands de la Cité – vont en personne, pour qu'il me fasse son lieutenant, le solliciter, – chapeau bas, et, foi d'homme, je sais mon prix, je ne mérite pas un grade moindre. – Mais lui, entiché de son orgueil et de ses idées, – répond évasivement, et, dans un jargon – ridicule, bourré de termes de guerre, – il éconduit mes protecteurs. *En vérité*, dit-il, – *j'ai déjà choisi mon officier.* – Et quel est cet officier ? – Morbleu, c'est un grand calculateur,

— un Michel Cassio, un Florentin, — un garçon presque condamné à la vie d'une jolie femme, — qui n'a jamais rangé en bataille un escadron, — et qui ne connaît pas mieux la manœuvre — qu'une donzelle, ne possédant que la théorie des bouquins, — sur laquelle les robins bavards peuvent disserter — aussi magistralement que lui. N'importe ! à lui la préférence ! Un babil sans pratique — est tout ce qu'il a de militaire. — Et moi, qui, sous les yeux de l'autre, ai fait mes preuves — à Rhodes, à Chypre et dans maints pays — chrétiens et païens, il faut que je reste en panne et que je sois dépassé — par un teneur de livres, un faiseur d'additions ! — C'est lui, au moment venu, qu'on doit faire lieutenant, — et moi, je reste l'enseigne (titre que Dieu bénisse !) de sa seigneurie more.

RODERIGO.

— Par le ciel, j'eusse préféré être son bourreau.

IAGO.

— Pas de remède à cela, c'est la plaie du service. — L'avancement se fait par apostille et par faveur, — et non d'après la vieille gradation qui fait du second — l'héritier du premier. Maintenant, monsieur, jugez vous-même — si je suis engagé par de justes raisons — à aimer le More.

RODERIGO.

Moi, je ne resterais pas sous ses ordres.

IAGO.

— Oh ! rassurez-vous, monsieur. — Je n'y reste que pour servir mes projets sur lui. — Nous ne pouvons pas tous être les maîtres, et les maîtres — ne peuvent pas tous être fidèlement servis. Vous remarquerez — beaucoup de ces marauds, humbles et agenouillés — qui, raffolant de leur obséquieux servage — s'échinent, leur vie durant, comme l'âne de leur maître, — rien que pour avoir la pitance. Se font-ils vieux? on les chasse : — fouettez-moi ces honnêtes drôles!... Il en est d'autres — qui, tout en affectant les formes et les visages du dévouement, — gardent dans leur cœur la préoccupation d'eux-mêmes, — et qui, ne jetant à leur seigneur que des semblants de dévouement, — prospèrent à ses dépens, puis, une fois leurs habits bien garnis, — se font hommage à eux-mêmes. Ces gaillards-là ont quelque cœur, — et je suis de leur nombre, je le confesse. — En effet, seigneur, — aussi vrai que vous êtes Roderigo, — si j'étais le More, je ne voudrais pas être Iago. — En le servant, je ne sers que moi-même. — Ce n'est, le ciel m'est témoin, ni l'amour ni le devoir qui me font agir, — mais, sous leurs dehors, mon intérêt personnel. — Si jamais mon action visible révèle — l'acte et l'idée intimes de mon âme — par une démonstration extérieure, le jour ne sera pas loin — où je porterai mon cœur sur ma manche, — pour le faire becqueter aux corneilles... Je ne suis pas ce que je suis.

RODERIGO.

— Quel bonheur a l'homme aux grosses lèvres — pour réussir ainsi !

IAGO.

Appelez le père, — réveillez-le, et mettez-vous aux trousses de l'autre. Empoisonnez sa joie. — Criez son nom dans les rues. Mettez en feu les parents, — et, quoiqu'il habite sous un climat favorisé, — criblez-le de moustiques. Si son bonheur est encore du bonheur, — altérez-le du moins par tant de tourments — qu'il perde son éclat.

RODERIGO.

— Voici la maison du père ; je vais l'appeler tout haut.

IAGO.

— Oui, avec un accent d'effroi, avec un hurlement terrible, — comme quand, par une nuit de négligence, l'incendie — est signalé dans une cité populeuse.

RODERIGO, sous les fenêtres de la maison de Brabantio.

— Holà! Brabantio! Signor Brabantio! Holà!

IAGO.

— Éveillez-vous! Holà! Brabantio! Au voleur! au voleur! au voleur! — Ayez l'œil sur votre maison, sur votre fille et sur vos sacs! — Au voleur! au voleur!

BRABANTIO, paraissant à une fenêtre.

— Quelle est la raison de cette terrible alerte? — De quoi s'agit-il?

RODERIGO.

— Signor, toute votre famille est-elle chez vous?

IAGO.

— Vos portes sont-elles fermées?

BRABANTIO.

Pourquoi? dans quel but me demandez-vous cela?

IAGO.

— Sangdieu! monsieur, vous êtes volé. Par pudeur, passez votre robe! — Votre cœur est déchiré : vous avez perdu la moitié de votre âme! — Juste en ce moment, en ce moment, en ce moment même, un vieux bélier noir — est monté sur votre blanche brebis. Levez-vous, levez-vous! — Éveillez à son de cloche les citoyens en train de ronfler, — ou autrement le diable va faire de vous un grand-papa. — Levez-vous, vous dis-je.

BRABANTIO.

Quoi donc? avez-vous perdu l'esprit?

RODERIGO.

— Très-révérend signor, est-ce que vous ne reconnaissez pas ma voix?

BRABANTIO.

— Non. Qui êtes-vous?

RODERIGO.

— Mon nom est Roderigo.

BRABANTIO.

Tu n'en es que plus mal venu. — Je t'ai défendu de rôder autour de ma porte; — tu m'as entendu dire en toute franchise — que ma fille n'est pas pour toi; et voici qu'en pleine folie, — rempli du souper et des boissons qui te dérangent, — tu viens, par une méchante bravade, — alarmer mon repos.

RODERIGO.

— Monsieur! Monsieur! Monsieur! Monsieur!

BRABANTIO.

Mais tu peux être sûr — que ma colère et mon pouvoir sont assez forts — pour te faire repentir de ceci.

RODERIGO.

Patience, mon bon monsieur.

BRABANTIO.

— Que me parlais-tu de vol? Nous sommes ici à Venise : — ma maison n'est point une grange abandonnée.

RODERIGO.

Très-grave Brabantio, — je viens à vous, dans toute la simplicité d'une âme pure. —

IAGO.

Pardieu, monsieur, vous êtes de ces gens qui refuseraient de servir Dieu, si le diable le leur disait. Parce que nous venons vous rendre un service, vous nous prenez pour des chenapans, et vous laissez couvrir votre fille par un cheval de Barbarie! Vous voulez avoir des étalons pour cousins et des genets pour alliés !

BRABANTIO.

Quel misérable païen es-tu donc, toi?

IAGO.

Je suis, monsieur, quelqu'un qui vient vous dire que votre fille et le More sont en train de faire la bête à deux dos.

BRABANTIO.

— Tu es un manant.

IAGO.

Vous êtes... un sénateur.

BRABANTIO, à Roderigo.

— Tu me répondras de ceci! Je te connais, toi, Roderigo!

RODERIGO.

— Monsieur, je vous répondrai de tout. Mais, de grâce, une question. — Est-ce d'après votre désir et votre consentement réfléchi, — comme je commence à le croire, que votre charmante fille, — à cette heure indue, par une nuit si épaisse, — est allée, sous la garde pure et simple — d'un maraud de louage, d'un gondolier, — se livrer aux étreintes grossières d'un More lascif? — Si cela est connu et permis par vous, — alors nous avons eu envers vous le tort d'une impudente indiscrétion. — Mais, si cela se passe à votre insu, mon savoir-vivre me dit — que nous recevons à tort vos reproches. Ne croyez pas — que, m'écartant de toute civilité, — j'aie voulu jouer et plaisanter avec votre honneur! — Votre fille, si vous ne l'avez pas autorisée, — je le répète, a fait une grosse révolte, — en attachant ses devoirs, sa beauté, son esprit, sa fortune, — à un vagabond, à un étranger qui a roulé — ici et partout. Édifiez-vous par vous-même tout de suite (18). — Si elle est dans sa chambre et dans votre maison, — faites tomber sur moi la justice de l'État — pour vous avoir ainsi abusé.

BRABANTIO, à l'intérieur.

Battez le briquet! holà! — Donnez-moi un flambeau!

Appelez tous mes gens!... — Cette aventure n'est pas en désaccord avec mon rêve; — la croyance à sa réalité m'oppresse déjà. — De la lumière, dis-je! de la lumière!

Il se retire de la fenêtre.

IAGO, à Roderigo.

— Adieu. Il faut que je vous quitte. — Il ne me paraît ni opportun, ni sain, dans mon emploi, — d'être assigné, comme je le serais — en restant, pour déposer contre le More; car, je le sais bien, — quoique ceci puisse lui attirer quelque cuisante mercuriale, — l'État ne peut pas se défaire de lui sans danger. Il est engagé, — par des raisons si impérieuses, dans la guerre de Chypre — qui se poursuit maintenant, que, s'agît-il du salut de leurs âmes, — nos hommes d'État n'en trouveraient pas un autre à sa taille — pour mener leurs affaires. En conséquence, — bien que je le haïsse à l'égal des peines de l'enfer — je dois, pour les nécessités du moment, — arborer les couleurs, l'enseigne de l'affection, — pure enseigne, en effet!... Afin de le découvrir sûrement, — dirigez les recherches vers le Sagittaire (19). — Je serai là avec lui. Adieu donc!

Il s'en va.

BRABANTIO arrive suivi de gens portant des torches.

BRABANTIO.

— Le mal n'est que trop vrai : elle est partie! — Et ce qui me reste d'une vie méprisable — n'est plus qu'amertume... Maintenant, Roderigo, — où l'as-tu vue?... Oh! malheureuse fille! — Avec le More, dis-tu?... Qui voudrait être père, à présent? — Comment l'as-tu reconnue?... Oh! elle m'a trompée — incroyablement!... Que t'a-t-elle dit, à toi?... D'autres flambeaux! — Qu'on réveille tous mes parents!... Sont-ils mariés, crois-tu?

RODERIGO.

— Oui, sans doute, je le crois.

BRABANTIO.

— Ciel! comment a-t-elle échappé? O trahison du sang! — Pères, à l'avenir, ne vous rassurez pas sur l'esprit de vos filles, — d'après ce que vous leur verrez faire... N'y a-t-il pas de sortiléges — au moyen desquels les facultés de la jeunesse et de la virginité — peuvent être déçues? N'as-tu pas lu, Roderigo, — quelque chose comme cela?

RODERIGO.

Oui, monsieur, certainement.

BRABANTIO.

— Éveillez mon frère!... Que ne te l'ai-je donnée! — Que ceux-ci prennent une route, ceux-là, une autre!

A Roderigo.

Savez-vous — où nous pourrions les surprendre, elle et le More?

RODERIGO.

— Je crois que je puis le découvrir, si vous voulez — prendre une bonne escorte et venir avec moi.

BRABANTIO.

— De grâce, conduisez-nous. Je vais frapper à toutes les maisons; — je puis faire sommation, au besoin.

A ses gens.

Armez-vous, holà! — et appelez des officiers de nuit spéciaux! — En avant, mon bon Roderigo, je vous dédommagerai de vos peines.

Tous s'en vont.

SCÈNE II.

[Venise. La place de l'Arsenal. Il fait toujours nuit.]

Entrent Iago, Othello et plusieurs domestiques.

IAGO.
— Bien que j'aie tué des hommes au métier de la guerre, — je regarde comme l'étoffe même de la conscience — de ne pas commettre de meurtre prémédité; je ne sais pas être inique — parfois pour me rendre service : neuf ou dix fois, — j'ai été tenté de le trouer ici, sous les côtes.

OTHELLO.
— Les choses sont mieux ainsi.

IAGO.
— Non, mais il bavardait tant! — il parlait en termes si ignobles et si provocants — contre Votre Honneur, — qu'avec le peu de sainteté que vous me connaissez, — j'ai eu grand peine à le ménager. Mais, de grâce, monsieur. — êtes-vous solidement marié? Soyez sûr — que ce Magnifique est très-aimé : — il a, par l'influence, une voix aussi puissante que — celle du doge. Il vous fera divorcer. — Il vous opposera toutes les entraves, toutes les rigueurs — pour lesquelles la loi, tendue de tout son pouvoir, — lui donnera de la corde.

OTHELLO.
Laissons-le faire selon son dépit. — Les services que j'ai rendus à Sa Seigneurie — parleront plus fort que ses plaintes. On ne sait pas tout encore : — quand je verrai qu'il y a honneur à s'en vanter, — je révélerai que je tiens la vie et l'être — d'hommes assis sur un trône; et

mes mérites — pourront répondre la tête haute à la fière fortune — que j'ai conquise. Sache-le bien, Iago, — si je n'aimais pas la gentille Desdémona, — je ne voudrais pas restreindre mon existence, libre sous le ciel, — au cercle d'un intérieur, — non, pour tous les trésors de la mer. Mais vois donc! quelles sont ces lumières là-bas?

Cassio et plusieurs officiers portant des torches apparaissent à distance.

IAGO.

— C'est le père et ses amis qu'on a mis sur pied. — Vous feriez bien de rentrer.

OTHELLO.

Non pas : il faut que l'on me trouve. — Mon caractère, mon titre, ma conscience intègre — me montreront tel que je suis. Sont-ce bien eux?

IAGO.

— Par Janus, je crois que non.

OTHELLO, s'approchant des nouveaux venus.

Les gens du doge et mon lieutenant! — Que la nuit vous soit bonne, mes amis! — Quoi de nouveau?

CASSIO.

Le doge vous salue, général, — et réclame votre comparution immédiate.

OTHELLO.

De quoi s'agit-il, — à votre idée?

CASSIO.

— Quelque nouvelle de Chypre, je suppose : — c'est une affaire qui presse. Les galères — ont expédié une douzaine de messagers qui ont couru — toute la nuit, les uns après les autres. — Déjà beaucoup de nos conseils se sont levés et réunis — chez le doge. On vous a réclamé ardemment; — et, comme on ne vous a pas trouvé à votre logis, — le sénat a envoyé trois escouades différentes — à votre recherche.

OTHELLO.

Il est heureux que j'aie été trouvé par vous. — Je n'ai qu'un mot à dire ici, dans la maison.

Il montre le Sagittaire.

— Et je pars avec vous.

Il s'éloigne et disparaît.

CASSIO.

Enseigne, que fait-il donc là?

IAGO.

— Sur ma foi, il a pris à l'abordage un galion de terre ferme. — Si la prise est déclarée légale, sa fortune est faite à jamais.

CASSIO.

— Je ne comprends pas.

IAGO.

Il est marié.

CASSIO.

A qui donc?

IAGO.

Marié à...

OTHELLO revient.

IAGO.

Allons, général, voulez-vous venir?

OTHELLO.

Je suis à vous.

CASSIO.

— Voici une autre troupe qui vient vous chercher.

Entrent BRABANTIO, RODERIGO et des officiers de nuit, armés et partant des torches.

IAGO.

— C'est Brabantio : général, prenez garde. — Il vient avec de mauvaises intentions.

OTHELLO.

Holà ! arrêtez.

RODERIGO, à Brabantio.

— Seigneur, voici le More.

BRABANTIO, désignant Othello.

Sus au voleur !

<small>Ils dégaînent des deux côtés.</small>

IAGO.

— C'est vous. Roderigo? Allons, monsieur, à nous deux !

OTHELLO.

— Rentrez ces épées qui brillent : la rosée pourrait les rouiller.

<small>A Brabantio.</small>

— Bon signor, vous aurez plus de pouvoir avec vos années — qu'avec vos armes.

BRABANTIO.

— O toi ! hideux voleur, où as-tu recélé ma fille ? — Damné que tu es, tu l'as enchantée !... — En effet, je m'en rapporte à tout être de sens : — si elle n'était pas tenue à la chaîne de la magie, — est-ce qu'une fille si tendre, si belle, si heureuse, — si opposée au mariage qu'elle repoussait — les galants les plus somptueux et les mieux frisés du pays, — aurait jamais, au risque de la risée générale, — couru de la tutelle de son père au sein noir de suie — d'un être comme toi, fait pour effrayer et non pour plaire ? — Je prends tout le monde pour juge. Ne tombe-t-il pas sous le sens — que tu as pratiqué sur elle tes charmes hideux — et abusé sa tendre jeunesse avec des drogues ou des minéraux — qui éveillent le désir ? Je ferai examiner ça. — La chose est probable et palpable à la réflexion. — En conséquence, je t'appréhende et je t'empoigne — comme un suborneur du monde, comme un adepte — des arts prohibés et hors la loi.

A ses gardes.

Emparez-vous de lui ; s'il résiste, — maîtrisez-le à ses risques et périls.

OTHELLO.

Retenez vos bras, — vous, mes partisans, et vous, les autres ! — Si ma réplique devait être à coups d'épée, je me la serais rappelée — sans souffleur.

A Brabantio.

Où voulez-vous que j'aille — pour répondre à votre accusation ?

BRABANTIO.

En prison ! jusqu'à l'heure rigoureuse — où la loi, dans le cours de sa session régulière, — t'appellera à répondre.

OTHELLO.

Et, si je vous obéis, — comment pourrai-je satisfaire le doge, — dont les messagers, ici rangés à mes côtés, — doivent, pour quelque affaire d'État pressante, — me conduire jusqu'à lui ?

UN OFFICIER, à Brabantio.

C'est vrai, très-digne signor, — le doge est en conseil, et votre excellence elle-même — a été convoquée, j'en suis sûr.

BRABANTIO.

Comment! le doge en conseil ! — à cette heure de nuit !... Emmenez-le. — Ma cause n'est point frivole : le doge lui-même — et tous mes frères du sénat — ne peuvent prendre ceci que comme un affront personnel. — Car, si de telles actions peuvent avoir un libre cours, — des serfs et des païens seront bientôt nos gouvernants !

Ils s'en vont.

SCÈNE III.

[Venise. La salle du conseil.]

Le DOGE et les SÉNATEURS sont assis autour d'une table. Au fond se tiennent les officiers de service.

LE DOGE.

— Il n'y a pas dans ces nouvelles assez d'harmonie — pour y croire.

PREMIER SÉNATEUR.

En effet, elles sont en contradiction. — Mes lettres disent cent sept galères.

LE DOGE.

— Et les miennes, cent quarante.

DEUXIÈME SÉNATEUR.

Et les miennes, deux cents. — Bien qu'elles ne s'accordent pas sur le chiffre exact — (vous savez que les rapports fondés sur des conjectures — ont souvent des variantes), elles confirment toutes — le fait d'une flotte turque se portant sur Chypre.

LE DOGE.

— Oui, cela suffit pour former notre jugement. — Je ne me laisse pas rassurer par les contradictions, — et je vois le fait principal prouvé — d'une terrible manière.

UN MATELOT, au dehors.

Holà! holà! holà!

Entre un OFFICIER suivi d'un matelot.

L'OFFICIER.

— Un messager des galères!

SCÈNE III.

LE DOGE.

Eh bien ! qu'y a-t-il ?

LE MATELOT.

— L'expédition turque appareille pour Rhodes (20) ; — c'est ce que je suis chargé d'annoncer au gouvernement — par le seigneur Angelo.

LE DOGE, aux sénateurs.

Que dites-vous de ce changement ?

PREMIER SÉNATEUR.

Il n'a pas de motif — raisonnable. C'est une feinte — pour détourner notre attention. Considérons — la valeur de Chypre pour le Turc ; — comprenons seulement — que cette île est pour le Turc plus importante que Rhodes, — et qu'elle lui est en même temps plus facile à emporter, — puisqu'elle n'a ni l'enceinte militaire — ni aucun moyen de défense — dont Rhodes est investie : songeons à cela — et nous ne pourrons pas croire que le Turc fasse la faute — de renoncer à la conquête qui l'intéresse le plus — et de négliger une attaque d'un succès facile — pour provoquer et risquer un danger sans profit (21).

LE DOGE.

— Non, à coup sûr, ce n'est pas à Rhodes qu'il en veut.

UN OFFICIER.

— Voici d'autres nouvelles.

Entre un MESSAGER.

LE MESSAGER.

— Révérends et gracieux seigneurs, les Ottomans, — après avoir gouverné tout droit sur l'île de Rhodes, — ont été ralliés là par une flotte de réserve.

PREMIER SÉNATEUR.

— C'est ce que je pensais... Combien de bâtiments, à votre calcul?

LE MESSAGER.

— Trente voiles; maintenant ils reviennent — sur leur route et dirigent manifestement — leur expédition sur Chypre... Le seigneur Montano, — votre fidèle et très-vaillant serviteur, — prend la respectueuse liberté de vous en donner avis, — et vous prie de le croire.

LE DOGE.

— Il est donc certain que c'est contre Chypre! — Est-ce que Marcus Luccicos n'est pas à la ville?

PREMIER SÉNATEUR.

— Il est maintenant à Florence.

LE DOGE.

— Écrivez-lui de notre part de revenir, au train de poste.

PREMIER SÉNATEUR.

— Voici venir Brabantio et le vaillant More.

Entrent BRABANTIO, OTHELLO, IAGO, RODERIGO *et des officiers.*

LE DOGE.

— Vaillant Othello, nous avons à vous employer sur-le-champ — contre l'ennemi commun, l'Ottoman.

A Brabantio.

— Je ne vous voyais pas : soyez le bienvenu, noble seigneur. — Vos conseils et votre aide nous ont manqué cette nuit.

BRABANTIO.

— Et à moi, les vôtres. Que votre grâce me pardonne! — Ce ne sont ni mes fonctions ni les nouvelles publiques — qui m'ont tiré de mon lit. L'intérêt général — n'a pas de prise sur moi en ce moment : car la douleur privée — ouvre en moi ses écluses avec tant de violence — qu'elle engloutit et submerge les autres soucis — dans son invariable plénitude.

LE DOGE.

De quoi s'agit-il donc?

BRABANTIO.

— Ma fille! ô ma fille!

UN SÉNATEUR.

Morte?

BRABANTIO.

Oui, morte pour moi. — On l'a abusée! on me l'a volée! on l'a corrompue — à l'aide de talismans et d'élixirs achetés à des charlatans. — Car, qu'une nature s'égare si absurdement, — n'étant ni défectueuse, ni aveugle, ni boîteuse d'intelligence (22), — ce n'est pas possible sans que la sorcellerie...

LE DUC.

— Quel que soit celui qui, par d'odieux procédés, — a ainsi ravi votre fille à elle-même — et à vous, voici le livre sanglant de la loi. — Vous en lirez vous-même la lettre rigoureuse, — et vous l'interpréterez à votre guise : oui, quand mon propre fils — serait accusé par vous!

BRABANTIO.

Je remercie humblement votre grâce. — Voici l'homme; c'est ce More que, paraît-il, — votre mandat spécial a, pour des affaires d'État, — appelé ici.

LE DOGE ET LES SÉNATEURS.

Lui! nous en sommes désolés.

LE DOGE, à Othello.

— Qu'avez-vous, de votre côté, à répondre à cela?

BRABANTIO.

Rien, sinon que cela est.

OTHELLO.

— Très-puissants, très-graves et très-révérends seigneurs, — mes nobles et bien-aimés maîtres, — j'ai enlevé la fille de ce vieillard, — c'est vrai, comme il est vrai que je l'ai épousée : — voilà le chef de mon crime ; vous le voyez de front, — dans toute sa grandeur. Je suis rude en mon langage, — et peu doué de l'éloquence apprêtée de la paix. — Car, depuis que ces bras ont leur moelle de sept ans, — ils n'ont cessé, excepté depuis ces neuf mois d'inaction, — d'employer dans le camp leur plus précieuse activité ; — et je sais peu de chose de ce vaste monde — qui n'ait rapport aux faits de guerre et de bataille. — Aussi, embellirai-je peu ma cause — en la plaidant moi-même. Pourtant, avec votre gracieuse autorisation, — je vous dirai sans façon et sans fard — l'histoire entière de mon amour, et par quels philtres, par quels charmes, — par quelles conjurations, par quelle puissante magie — (car ce sont les moyens dont on m'accuse) — j'ai séduit sa fille.

BRABANTIO.

Une enfant toujours si modeste, — d'une nature si douce et si paisible — qu'au moindre mouvement — elle rougissait d'elle-même ! Devenir, en dépit de la nature, — de son âge, de son pays, de sa réputation, de tout, — amoureuse de ce qu'elle avait peur de regarder ! — Il n'y a qu'un jugement difforme et très-imparfait — pour déclarer que la perfection peut faillir ainsi — contre toutes les lois de la nature ; il faut forcément — conclure à l'emploi des maléfices infernaux — pour expliquer cela. J'affirme donc, encore une fois, — que c'est à l'aide de mixtures toutes-puissantes sur le sang — ou de quelque philtre enchanté à cet effet — qu'il a agi sur elle (23).

LE DOGE.

Affirmer cela n'est pas prouver. — Des témoignages plus certains et plus évidents — que ces maigres apparences et que ces pauvres vraisemblances — d'une probabilité médiocre, doivent être produits contre lui.

PREMIER SÉNATEUR.

— Mais parlez, Othello. — Est-ce par des moyens équivoques et violents — que vous avez dominé et empoisonné les affections de cette jeune fille ? — ou bien n'avez-vous réussi que par la persuasion et par ces loyales requêtes — qu'une âme soumet à une âme?

OTHELLO.

Je vous en conjure, — envoyez chercher la dame au *Sagittaire*, — et faites-la parler de moi devant son père. — Si vous me trouvez coupable dans son récit, — que non-seulement notre confiance et la charge que je tiens de vous — me soient retirées, mais que votre sentence — retombe sur ma vie même !

LE DOGE.

Qu'on envoie chercher Desdémona!

OTHELLO, à Iago.

— Enseigne, conduisez-les : vous connaissez le mieux l'endroit.

Iago et quelques officiers sortent.

— En attendant qu'elle vienne, je vais, aussi franchement que — je confesse au ciel les faiblesses de mon sang, — expliquer nettement à votre grave auditoire — comment j'ai obtenu l'amour de cette belle personne, — et comment elle, le mien.

LE DOGE.

— Parlez, Othello.

OTHELLO.

— Son père m'aimait; il m'invitait souvent, — il me demandait l'histoire de ma vie, — année par année, les batailles, les siéges, les hasards — que j'avais traversés. — Je parcourus tout, depuis les jours de mon enfance — jusqu'au moment même où il m'avait prié de raconter. — Alors je parlai de chances désastreuses, — d'aventures émouvantes sur terre et sur mer, — de morts esquivées d'un cheveu sur la brèche menaçante, — de ma capture par l'insolent ennemi, — de ma vente comme esclave, de mon rachat, — et de ce qui suivit. Dans l'histoire de mes voyages, — des antres profonds, des déserts arides, — d'âpres fondrières, des rocs et des montagnes dont la cime touche le ciel, — s'offraient à mon récit : je les y plaçai. — Je parlai des cannibales qui s'entre-dévorent, — des anthropophages et des hommes qui ont la tête — au-dessous des épaules (24). Pour écouter ces choses, — Desdémona montrait une curiosité sérieuse ; — quand les affaires de la maison l'appelaient ailleurs, — elle les dépêchait toujours au plus vite, — et revenait, et de son oreille affamée — elle dévorait mes paroles. Ayant remarqué cela, — je saisis une heure favorable et je trouvai moyen — d'arracher du fond de son cœur le souhait — que je lui fisse la narration entière de mes explorations, qu'elle ne connaissait que par des fragments sans suite. — J'y consentis, et souvent je lui dérobai des larmes, — quand je parlai de quelque catastrophe — qui avait frappé ma jeunesse. Mon histoire terminée, — elle me donna pour ma peine un monde de soupirs ; — elle jura qu'en vérité cela était étrange, plus qu'étrange, — attendrissant, prodigieusement attendrissant ; — elle eût voulu ne pas l'avoir entendu, mais elle eût voulu aussi - que le ciel eût fait pour elle un pareil homme ! Elle me remercia, — et me dit que, si j'avais un ami qui l'aimait, — je lui apprisse seulement à répéter mon histoire, — et que cela suffirait à la charmer. — Sur cette insinuation, je parlai : — elle m'aimait pour les dangers que j'avais traversés, — et je l'aimais pour la sympathie qu'elle y avait prise. — Telle est la sorcellerie dont j'ai usé... — Mais voici ma dame qui vient ; qu'elle-même en dépose !

Entrent Desdémona, Iago et les officiers de l'escorte.

LE DOGE.

— Il me semble qu'une telle histoire séduirait ma fille même. — Bon Brabantio, — réparez aussi bien que possible cet éclat.. — Il vaut encore mieux se servir d'une arme brisée — que de rester les mains nues.

BRABANTIO.

De grâce, écoutez-la. — Si elle confesse qu'elle a fait la moitié des avances, — que la ruine soit sur ma tête si mon injuste blâme — tombe sur cet homme!... Approchez, gentille donzelle! — Distinguez-vous dans cette noble compagnie — celui à qui vous devez le plus d'obéissance?

DESDÉMONA.

Mon noble père, — je vois ici un double devoir pour moi. — A vous je dois la vie et l'éducation, — et ma vie et mon éducation m'apprennent également — à vous respecter. Vous êtes mon seigneur selon le devoir... — Jusque-là je suis votre fille.

Montrant Othello.

Mais voici mon mari! — Et autant ma mère montra de dévouement — pour vous, en vous préférant à son père même, — autant je prétends en témoigner — légitimement au More, mon seigneur.

BRABANTIO.

— Dieu soit avec vous! j'ai fini...

Au doge.

— Plaise à votre grâce de passer aux affaires d'État...
Que n'ai-je adopté un enfant plutôt que d'en faire un!...

A Othello.

— Approche, More. Je te donne de tout mon cœur ce

— que je t'aurais, si tu ne le possédais déjà, refusé — de tout mon cœur.

A Desdémona.

Grâce à toi, mon bijou, — je suis heureux dans l'âme de n'avoir pas d'autres enfants; — car ton escapade m'eût appris à les tyranniser — et à les tenir à l'attache... J'ai fini, monseigneur.

LE DOGE.

— Laissez-moi parler à votre place, et placer une maxime — qui serve à ces amants de degré, de marchepied — pour remonter à votre faveur. — Une fois irrémédiables, les maux sont terminés — par la vue du pire qui pût nous inquiéter naguère. — Gémir sur un malheur passé et disparu — est le plus sûr moyen d'attirer un nouveau malheur. — Lorsque la fortune nous prend ce que nous ne pouvons garder, — la patience rend son injure dérisoire. — Le volé qui sourit dérobe quelque chose au voleur. — C'est se voler soi-même que dépenser une douleur inutile.

BRABANTIO.

— Ainsi, que le Turc nous vole Chypre! — nous n'aurons rien perdu, tant que nous pourrons sourire! — Il reçoit bien les conseils, celui qui ne reçoit — en les écoutant qu'un soulagement superflu. — Mais celui-là reçoit une peine en même temps qu'un conseil, — qui n'est quitte avec le chagrin qu'en empruntant à la pauvre patience. — Ces sentences, tout sucre ou tout fiel, — ont une puissance fort équivoque. — Les mots ne sont que des mots, et je n'ai jamais ouï dire — que dans un cœur meurtri on pénétrât par l'oreille. — Je vous en prie humblement, procédons aux affaires de l'État.

LE DOGE.

Le Turc se porte sur Chypre avec un armement considérable. Othello, les ressources de cette place sont connues de vous mieux que de personne. Aussi, quoique nous ayons là un lieutenant d'une capacité bien prouvée, l'opinion, cette arbitre souveraine des décisions, vous adresse son appel de suprême confiance. Il faut donc que vous vous résigniez à assombrir l'éclat de votre nouvelle fortune par les orages de cette rude expédition.

OTHELLO.

— Très-graves sénateurs, ce tyran, l'habitude, — a fait de la couche de la guerre, couche de pierre et d'acier, — le lit de plume le plus doux pour moi. Je le déclare, — je ne trouve mon activité, mon énergie naturelle — que dans une vie dure. Je me charge — de cette guerre contre les Ottomans. — En conséquence, humblement incliné devant votre gouvernement, — je demande pour ma femme une situation convenable, — les priviléges et le traitement dus à son rang, avec une résidence et un train — en rapport avec sa naissance.

LE DOGE.

Si cela vous plaît, elle peut aller chez son père.

BRABANTIO.

— Je n'y consens pas.

OTHELLO.

Ni moi.

DESDÉMONA.

— Ni moi. Je n'y voudrais pas résider, — de peur de provoquer l'impatience de mon père — en restant sous ses yeux. Très-gracieux doge, — prêtez à mes explications une oreille indulgente, — et laissez-moi trouver dans votre suffrage une charte — qui protége ma faiblesse.

LE DOGE.

Que désirez-vous, Desdémona?

DESDÉMONA.

— Si j'ai aimé le More assez pour vivre avec lui, — ma

révolte éclatante et mes violences à la destinée — peuvent le trompetter au monde. Mon cœur — est soumis au caractère même de mon mari. — C'est dans le génie d'Othello que j'ai vu son visage ; — et c'est à sa gloire et à ses vaillantes qualités — que j'ai consacré mon âme et ma fortune. — Aussi, chers seigneurs, si l'on me laissait ici, — chrysalide de la paix, tandis qu'il part pour la guerre, — on m'enlèverait les épreuves pour lesquelles je l'aime, — et je subirais un trop lourd intérim — par sa chère absence. Laissez-moi partir avec lui !

OTHELLO.

— Vos voix, seigneurs ! Je vous en conjure, laissez à sa volonté — le champ libre. Si je vous le demande, — ce n'est pas pour flatter le goût de ma passion, — ni pour assouvir l'ardeur de nos jeunes amours — dans ma satisfaction personnelle, — mais bien pour déférer généreusement à son vœu. — Que le ciel défende vos bonnes âmes de cette pensée — que je négligerai vos sérieuses et grandes affaires quand — elle sera près de moi ! Si jamais, dans ses jeux volages, — Cupidon ailé émoussait par une voluptueuse langueur — mes facultés spéculatives et actives, — si jamais les plaisirs corrompaient et altéraient mes devoirs, — que les ménagères fassent un chaudron de mon casque, — et que tous les outrages et tous les affronts conjurés — s'attaquent à mon renom ?

LE DOGE.

— Décidez entre vous — si elle doit partir ou rester. L'affaire crie : hâtez-vous ! — Votre promptitude doit y répondre. Il faut que vous soyez en route cette nuit.

DESDÉMONA.

— Cette nuit, monseigneur (25) ?

LE DOGE.

Cette nuit même.

OTHELLO.

De tout mon cœur.
LE DOGE, aux sénateurs.

— A neuf heures du matin, nous nous retrouverons ici. — Othello, laissez derrière vous un officier, — il vous portera notre brevet — et toutes les concessions de titres et d'honneurs — qui vous importent.

OTHELLO.

— S'il plaît à votre grâce, ce sera mon enseigne, — un homme de probité et de confiance. — C'est lui que je charge d'escorter ma femme — et de me remettre tout ce que votre gracieuse seigneurie jugera nécessaire — de m'envoyer.

LE DOGE.

— Soit ! Bonne nuit à tous.

A Brabantio.

Eh ! noble signor, — s'il est vrai que la vertu a tout l'éclat de la beauté, — vous avez un gendre plus brillant qu'il n'est noir.

PREMIER SÉNATEUR.

— Adieu ! brave More ! Rendez heureuse Desdémona.

BRABANTIO.

— Veille sur elle, More. Aie l'œil prompt à tout voir. — Elle a trompé son père, elle pourrait bien te tromper.

Le doge, les sénateurs et les officiers sortent.

OTHELLO.

— Ma vie sur sa foi ! Honnête Iago, — il faut que je te laisse ma Desdémona ; — mets, je te prie, ta femme à son service, — et amène-les au premier moment favorable. — Viens, Desdémona, je n'ai qu'une — heure d'amour, de loisirs et de soins intérieurs — à passer avec toi. Nous devons obéir au temps.

Othello et Desdémona sortent.

RODERIGO.

Iago !

IAGO.

Que dis-tu, noble cœur?

RODERIGO.

Que crois-tu que je vais faire?

IAGO.

Pardieu! te coucher et dormir.

RODERIGO.

Je vais incontinent me noyer.

IAGO.

Si tu le fais, je ne t'aimerai plus après. Niais que tu es!

RODERIGO.

La niaiserie est de vivre quand la vie est un tourment. Nous avons pour prescription de mourir quand la mort est notre médecin.

IAGO.

Oh! le lâche! voilà quatre fois sept ans que je considère le monde; et, depuis que je peux distinguer un bienfait d'une injure, je n'ai jamais trouvé un homme qui sût s'aimer. Avant de pouvoir dire que je vais me noyer pour l'amour de quelque guenon, je consens à être changé en babouin.

RODERIGO.

Que faire? J'avoue ma honte d'être ainsi épris; mais ne dépend pas de ma vertu d'y remédier.

IAGO.

Ta vertu pour une figue! Il dépend de nous-mêmes d'être d'une façon ou d'une autre. Notre corps est notre jardin, et notre volonté en est le jardinier. Voulons-nous y cultiver des orties ou y semer la laitue, y planter l'hysope et en sarcler le thym, le garnir d'une seule espèce d'herbes ou d'un choix varié, le stériliser par la paresse ou l'engraisser par l'industrie? Eh bien! le pouvoir de tout modifier souverainement est dans notre volonté. Si la balance de la vie n'avait pas le plateau de la raison pour contre-poids à celui de la sensualité, notre tempérament et la bassesse de nos instincts nous conduiraient aux plus fâcheuses conséquences. Mais nous avons la raison pour refroidir nos passions furieuses, nos élans charnels, nos désirs effrénés. D'où je conclus que ce que vous appelez l'amour n'est qu'une végétation greffée ou parasite.

RODERIGO.

Impossible !

IAGO.

L'amour n'est qu'une débauche du sang et une concession de la volonté. Allons, sois un homme. Te noyer, toi ! On noie les chats et leur portée aveugle. J'ai fait profession d'être ton ami et je m'avoue attaché à ton service par des câbles d'une ténacité durable. Or, je ne pourrai jamais t'assister plus utilement qu'à présent... Mets de l'argent dans ta bourse, suis l'expédition, altère ta physionomie par une barbe usurpée... Je le répète, mets de l'argent dans ta bourse... Il est impossible que Desdémona conserve longtemps son amour pour le More... Mets de l'argent dans ta bourse... et le More son amour pour elle. Le début a été violent, la séparation sera à l'avenant, tu verras !... Surtout mets de l'argent dans ta bourse... Ces Mores ont la volonté changeante... Remplis bien ta bourse... La nourriture qui maintenant est pour lui aussi savoureuse qu'une grappe d'acacia, lui sera bientôt aussi amère que la coloquinte. Quant à elle, si jeune, il faut bien qu'elle change. Dès qu'elle se sera rassasiée de ce corps-là, elle reconnaîtra l'erreur de son choix. Il faut bien qu'elle change, il le faut !... Par conséquent, mets de l'argent dans ta bourse. Si tu dois absolument te damner, trouve un moyen plus délicat que de te noyer : réunis tout l'argent que tu pourras. Si la sainteté d'un serment fragile échangé entre un aventurier barbare et une rusée Vénitienne n'est pas chose trop dure pour mon génie et pour toute la tribu de l'enfer, tu jouiras de cette femme : aussi trouve de l'argent. Peste soit de la noyade ! Elle est bien loin de ton chemin. Cherche plutôt à te faire pendre après ta jouissance obtenue qu'à aller te noyer avant.

RODERIGO.

Te dévoueras-tu à mes espérances, si je me rattache à cette solution ?

IAGO.

Tu es sûr de moi. Va, trouve de l'argent. Je te l'ai dit souvent et je te le redis. Je hais le More. Mes griefs m'emplissent le cœur ; tes raisons ne sont pas moindres. Liguons-nous pour nous venger de lui. Si tu peux le faire cocu, tu te donneras un plaisir, et à moi une récréation. Il y a dans la matrice des heures bien des événements dont elles accoucheront. En campagne ! Va, munis-toi d'argent. Demain nous reparlerons de ceci. Adieu.

RODERIGO.

Où nous reverrons-nous dans la matinée ?

IAGO.

A mon logis.

RODERIGO.

Je serai chez toi de bonne heure.

IAGO.

Bon ! Adieu. M'entendez-vous bien, Roderigo ?

RODERIGO.

Que dites-vous ?

IAGO.

Plus de noyade ! entendez-vous ?

RODERIGO.

Je suis changé. Je vais vendre toutes mes terres.

IAGO.

Bon! Adieu. Remplissez bien votre bourse.

Roderigo sort.

IAGO, seul.

— Voilà comment je fais toujours ma bourse de ma dupe. — Car ce serait profaner le trésor de mon expérience — que de dépenser mon temps avec une pareille bécasse — sans en retirer plaisir et profit. Je hais le More. — On croit de par le monde qu'il a, entre mes draps, — rempli mon office d'époux. J'ignore si c'est vrai ; — mais, moi, sur un simple soupçon de ce genre, — j'agirai comme sur la certitude. Il fait cas de moi. — Je n'en agirai que mieux sur lui pour ce que je veux. — Cassio est un homme convenable... Voyons maintenant... — Obtenir sa place et donner pleine envergure à ma vengeance : — coup double! Comment? comment? Voyons... Au bout de quelque temps, faire croire à Othello — que Cassio est trop familier avec sa femme. — Cassio a une personne, des manières caressantes, qui — prêtent au soupçon : il est bâti pour rendre les femmes infidèles. — Le More est une nature franche et ouverte — qui croit honnêtes les gens, pour peu qu'ils le paraissent ; — il se laissera mener par le nez aussi docilement — qu'un âne. — Je tiens le plan : il est conçu. Il faut que l'enfer et la nuit — produisent à la lumière du monde ce monstrueux embryon!

Il sort.

SCÈNE IV.

[Chypre. Près de la plage.]

Arrivent MONTANO et DEUX GENTILSHOMMES.

MONTANO.

— Que pouvez-vous distinguer en mer du haut du cap?

PREMIER GENTILHOMME.

— Rien du tout, tant les vagues sont élevées! — Entre le ciel et la pleine mer, je ne puis — découvrir une voile.

MONTANO.

Il me semble que le vent a parlé bien haut à la terre; — jamais plus rudes rafales n'ont ébranlé nos créneaux. — S'il a fait autant de vacarme sur mer, — quelles sont les côtes de chêne qui, sous ces montagnes en fusion, — auront pu garder la mortaise? Qu'allons-nous apprendre à la suite de ceci?

DEUXIÈME GENTILHOMME.

— La dispersion de la flotte turque. — Pour peu qu'on se tienne sur la plage écumante, — les flots irrités semblent lapider les nuages; — la lame, secouant au vent sa haute et monstrueuse crinière, — semble lancer l'eau sur l'Ourse flamboyante — et inonder les satellites du pôle immuable. — Je n'ai jamais vu pareille agitation — sur la vague enragée.

MONTANO.

Si la flotte turque — n'était pas réfugiée dans quelque baie, elle a sombré. — Il lui est impossible d'y tenir.

Arrive UN TROISIÈME GENTILHOMME.

TROISIÈME GENTILHOMME.

— Des nouvelles, mes enfants! Nos guerres sont finies!

— Cette désespérée tempête a si bien étrillé les Turcs — que leurs projets sont éclopés. Un noble navire, venu de Venise, — a vu le sinistre naufrage et la détresse — de presque toute leur flotte.

MONTANO.

Quoi! vraiment?

TROISIÈME GENTILHOMME.

Le navire est ici mouillé, — un bâtiment véronais. Michel Cassio, — lieutenant du belliqueux More, Othello, — a débarqué; le More lui-même est en mer — et vient à Chypre avec des pleins pouvoirs.

MONTANO.

— J'en suis content : c'est un digne gouverneur.

TROISIÈME GENTILHOMME.

— Mais ce même Cassio, tout en parlant avec satisfaction — du désastre des Turcs, paraît fort triste, — et prie pour le salut du More : car ils ont été séparés — au plus fort de cette sombre tempête.

MONTANO.

Fasse le ciel qu'il soit sauvé! — J'ai servi sous lui, et l'homme commande — en parfait soldat... Eh bien, allons sur le rivage. — Nous verrons le vaisseau qui vient d'atterrir, — et nous chercherons des yeux le brave Othello — jusqu'au point où la mer et l'azur aérien — sont indistincts à nos regards.

TROISIÈME GENTILHOMME.

Oui, allons! — Car chaque minute peut nous amener — un nouvel arrivage.

Arrive CASSIO.

CASSIO, à Montano.

— Merci à vous, vaillant de cette île guerrière, — qui appréciez si bien le More! Oh! puissent les cieux — le défendre contre les éléments, — car je l'ai perdu sur une dangereuse mer!

MONTANO.

Est-il sur un bon navire ?

CASSIO.

— Son bâtiment est fortement charpenté, et le pilote — a la réputation d'une expérience consommée. — Aussi mon espoir, loin d'être ivre-mort, — est-il raffermi par une saine confiance.

VOIX AU DEHORS.

Une voile! une voile! une voile!

Arrive un AUTRE GENTILHOMME.

CASSIO.

— Quel est ce bruit?

QUATRIÈME GENTILHOMME.

— La ville est déserte. Sur le front de la mer — se pressent un tas de gens qui crient : Une voile !

CASSIO.

— Mes pressentiments me désignent là le gouverneur.

On entend le canon.

DEUXIÈME GENTILHOMME.

— Ils tirent la salve de courtoisie ; — ce sont des amis, en tous cas.

CASSIO, au deuxième gentilhomme.

Je vous en prie, Monsieur, partez — et revenez nous dire au juste qui vient d'arriver.

DEUXIÈME GENTILHOMME.

— J'y vais.

Il sort.

MONTANO, à Cassio.

— Ah çà! bon lieutenant, votre général est-il marié?

CASSIO.

— Oui, et très-heureusement; il a conquis une fille — qui égale les descriptions de la renommée en délire ; — une fille qui échappe au trait des plumes pittoresques,

— et qui, dans l'étoffe essentielle de sa nature, — porte toutes les perfections (26)... Eh bien, qui vient d'atterrir?

Le DEUXIÈME GENTILHOMME rentre.

DEUXIÈME GENTILHOMME.
— C'est un certain Iago, enseigne du général.

CASSIO.
— Il a eu la plus favorable et la plus heureuse traversée. — Les tempêtes elle-mêmes, les hautes lames, les vents hurleurs, — les rocs hérissés, les bancs de sable, — ces traîtres embusqués pour arrêter la quille inoffensive, — ont, comme s'ils avaient le sentiment de la beauté, oublié — leurs instincts destructeurs et laissé passer saine et sauve — la divine Desdémona.

MONTANO.
Quelle est cette femme?

CASSIO.
— C'est celle dont je parlais, le capitaine de notre grand capitaine! — celle qui, confiée aux soins du hardi Iago, — vient, en mettant pied à terre, de devancer notre pensée — par une traversée de sept jours... Grand Jupiter! protége Othello, — et enfle sa voile de ton soufle puissant. — Puisse-t-il vite réjouir cette baie de son beau navire, — revenir tout palpitant d'amour dans les bras de Desdémona (27), — et, rallumant la flamme dans nos esprits éteints, — rassurer Chypre tout entière (28)!... Oh! regardez!

Entrent DESDÉMONA, ÉMILIA, IAGO, RODERIGO et leur suite.

— Le trésor du navire est arrivé au rivage! — Vous, hommes de Chypre, à genoux devant elle! — Salut à toi, notre dame! Que la grâce du ciel — soit devant et derrière toi et à tes côtés, — et rayonne autour de toi!

DESDÉMONA.

Merci, vaillant Cassio. — Quelles nouvelles pouvez-vous me donner de monseigneur?

CASSIO.

— Il n'est pas encore arrivé : tout ce que je sais, — c'est qu'il va bien et sera bientôt ici.

DESDÉMONA.

— Oh! j'ai peur pourtant... Comment vous êtes-vous perdus de vue?

CASSIO.

— Les efforts violents de la mer et du ciel — nous ont séparés... Mais écoutez ! une voile !

Cris au loin.

Une voile ! une voile !

On entend le canon.

DEUXIÈME GENTILHOMME.

— Ils font leur salut à la citadelle : — c'est encore un navire ami.

CASSIO, au deuxième gentilhomme.

Allez aux nouvelles.

Le gentilhomme sort.

A Iago.

— Brave enseigne, vous êtes le bienvenu.

A Émilia.

La bienvenue, mistress ! — Que votre patience, bon Iago, ne se blesse pas — de la liberté de mes manières : c'est mon éducation — qui me donne cette familiarité de courtoisie.

Il embrasse Émilia.

IAGO.

— Monsieur, si elle était pour vous aussi généreuse de ses lèvres — qu'elle est pour moi prodigue de sa langue, — vous en auriez bien vite assez.

SCÈNE IV.

DESDÉMONA.

Hélas! elle ne parle pas!

IAGO.

Beaucoup trop, ma foi! — Je m'en aperçois toujours quand j'ai envie de dormir. — Dame! j'avoue que devant votre grâce — elle renfonce un peu sa langue dans son cœur — et ne grogne qu'en pensée.

ÉMILIA.

Vous n'avez guère motif de parler ainsi.

IAGO.

— Allez, allez, vous autres femmes, vous êtes des peintures hors de chez vous, — des sonnettes dans vos boudoirs, des chats sauvages dans vos cuisines, — des saintes quand vous injuriez, des démons quand on vous offense, — des flâneuses dans vos ménages, des femmes de ménage dans vos lits.

DESDÉMONA.

— Oh! fi! calomniateur!

IAGO.

— Je suis Turc, si cela n'est pas vrai; — vous vous levez pour flâner et vous vous mettez au lit pour travailler.

ÉMILIA.

— Je ne vous chargerai pas d'écrire mon éloge.

IAGO.

Certes, vous ferez bien.

DESDÉMONA.

— Qu'écrirais-tu de moi si tu avais à me louer?

IAGO.

— Ah! noble dame, ne m'en chargez pas. — Je ne suis qu'un critique.

DESDÉMONA.

— Allons, essaye... On est allé au port, n'est-ce pas?

IAGO.

— Oui, madame.

DESDÉMONA.

— Je suis loin d'être gaie; mais je trompe — ce que je suis, en affectant d'être le contraire. — Voyons, que dirais-tu à mon éloge!

IAGO.

— Je cherche, mais en vérité, mon idée — tient à ma caboche, comme la glu à la frisure; — elle arrache la cervelle et le reste. Enfin, ma muse est en travail — et voici ce dont elle accouche :

> Si une femme a le teint et l'esprit clairs,
> Elle montre son esprit en faisant montre de son teint.

DESDÉMONA.

Bien loué! Et si elle est noire et spirituelle?

IAGO.

> Si elle est noire et qu'elle ait de l'esprit,
> Elle trouvera certain blanc qui ira bien à sa noirceur.

DESDÉMONIA.

De pire en pire!

ÉMILIA.

Et si la belle est bête?

IAGO.

> Celle qui est belle n'est jamais bête :
> Car elle a toujours assez d'esprit pour avoir un héritier.

DESDÉMONA.

Ce sont de vieux paradoxes absurdes pour faire rire les sots dans un cabaret. Quelle misérable éloge as-tu pour celle qui est laide et bête?

IAGO.

> Il n'est pas de laide si bête
> Qui ne fasse d'aussi vilaines farces qu'une belle d'esprit.

DESDÉMONA.

Oh! la lourde bévue! La pire est celle que tu vantes le mieux. Mais quel éloge accorderas-tu donc à une femme réellement méritante, à une femme qui, en attestation de sa vertu, peut à juste titre invoquer le témoignage de la malveillance elle-même?

IAGO.

Celle qui, toujours jolie, ne fut jamais coquette,
Qui, ayant la parole libre, n'a jamais eu le verbe haut,
Qui, ayant toujours de l'or, ne s'est jamais montrée fastueuse,
Celle qui s'est détournée d'un désir en disant : Je pourrais bien!
Qui, étant en colère et tenant sa vengeance,
A gardé son offense et chassé son déplaisir,
Celle qui ne fut jamais assez frêle en sagesse
Pour échanger une tête de morue contre une queue de saumon (29).
Celle qui a pu penser et n'a pas révélé son idée,
Qui s'est vu suivre par des galants et n'a pas tourné la tête,
Cette créature-là est bonne, s'il y eut jamais créature pareille.

DESDÉMONA.

A quoi?

IAGO.

A faire téter des niais et à déguster de la petite bière.

DESDÉMONA.

Oh! quelle conclusion boiteuse et impotente!..... Ne prends pas leçon de lui, Émilia, tout ton mari qu'il est... Que dites-vous, Cassio? Voilà, n'est-ce pas? un conseiller bien profane et bien licencieux.

CASSIO.

Il parle sans façon, madame : vous trouverez en lui le soldat de meilleur goût que l'érudit.

Cassio parle à voix basse à Desdémona et soutient avec elle une conversation animée.

IAGO, à part, les observant.

Il la prend par le creux de la main... Oui, bien dit!

Chuchote, va ! Une toile d'araignée aussi mince me suffit pour attraper cette grosse mouche de Cassio. Oui, souris-lui, va : je te garrotterai dans ta propre courtoisie... Vous dites vrai, c'est bien ça. Si ces grimaces-là vous enlèvent votre grade, lieutenant, vous auriez mieux fait de ne pas baiser si souvent vos trois doigts, comme sans doute vous allez le faire encore pour jouer au beau sire !

Cassio envoie du bout des doigts un baiser à Desdémona.

Très-bien ! bien baisé ! excellente courtoisie ! c'est cela, ma foi. Oui, encore vos doigts à vos lèvres ! Puissent-ils être pour vous autant de canules de clystère !...

Fanfares.

Le More ! je reconnais sa trompette.

CASSIO.

C'est vrai.

DESDÉMONA.

Allons au-devant de lui pour le recevoir.

CASSIO.

Ah ! le voici qui vient !

Entre OTHELLO avec sa suite. La foule se presse derrière lui.

OTHELL.

— O ma belle guerrière !

DESDÉMONA.

Mon cher Othello !

OTHELLO.

— C'est pour moi une surprise égale à mon ravissement — de vous voir ici avant moi. O joie de mon âme ! — Si après chaque tempête viennent de pareils calmes, — puissent les vents souffler jusqu'à réveiller la mort ! — Puisse ma barque s'évertuer à gravir sur les mers des sommets — hauts comme l'Olympe, et à replonger ensuite aussi loin — que l'enfer l'est du ciel! Si le moment était venu de mourir, — ce serait maintenant le bonheur suprême; car j'ai peur, — tant le contentement de mon âme est absolu, — qu'il n'y ait pas un ravissement pareil à celui-ci — dans l'avenir inconnu de ma destinée!

DESDÉMONA.

Fasse le ciel — au contraire que nos amours et nos joies augmentent avec — nos années!

OTHELLO.

Dites amen à cela, adorables puissances! — Je ne puis pas expliquer ce ravissement. — Il m'étouffe, c'est trop de joie. — Tiens! Tiens encore!

Il l'embrasse.

Que ce soient là les plus grands désaccords — que fassent nos cœurs!

IAGO, à part.

Oh! vous êtes en harmonie à présent! — Mais je broierai les clefs qui règlent ce concert, — foi d'honnête homme!

OTHELLO.

Allons! au château!... — Vous savez la nouvelle, amis; nos guerres sont terminées, les Turcs sont noyés.

Aux gens de Chypre.

— Comment vont nos vieilles connaissances de cette île?

A Desdémona.

— Rayon de miel, on va bien vous désirer à Chypre! — J'ai rencontré ici une grande sympathie. O ma charmante, — je bavarde sans ruse, et je raffole — de mon bonheur..... Je t'en prie, bon Iago, — va dans la baie, et fais débarquer mes coffres! — Ensuite amène le patron à la citadelle; — c'est un brave, et son mérite — réclame maints égards..... Allons, Desdémona... —

Encore une fois, quel bonheur de nous retrouver à Chypre !

Othello, Desdémona, Cassio, Émilia et leur suite sortent.

IAGO, à Roderigo.

Viens me rejoindre immédiatement au havre... Approche... Si tu es un vaillant, s'il est vrai, comme on le dit, que les hommes, une fois amoureux, ont dans le caractère une noblesse au-dessus de leur nature, écoute-moi. Le lieutenant est de service cette nuit dans la Cour des Gardes... Mais d'abord il faut que je te dise ceci... Desdémona est éperdument amoureuse de lui.

RODERIGO.

De lui ? Bah ! ce n'est pas possible.

IAGO, mettant son index sur sa bouche.

Mets ton doigt comme ceci, et que ton âme s'instruise ! Remarque-moi avec quelle violence elle s'est d'abord éprise du More, simplement pour les fanfaronnades et les mensonges fantastiques qu'il lui disait. Continuera-t-elle de l'aimer pour son bavardage ? Que ton cœur discret n'en croie rien ! Il faut que ses yeux soient assouvis; et quel plaisir trouvera-t-elle à regarder le diable ? Quand le sang est amorti par l'action de la jouissance, pour l'enflammer de nouveau et pour donner à la satiété un nouvel appétit, il faut une séduction dans les dehors une sympathie d'années, de manières et de beauté, qui manquent au More. Eh bien, à défaut de ces agréments nécessaires, sa délicate tendresse se trouvera déçue ; le cœur lui lèvera, et elle prendra le More en dégoût, en horreur ; sa nature même la décidera et la forcera à faire un second choix. Maintenant, mon cher, ceci accordé (et ce sont des prémisses très-concluantes et très-raisonnables), qui est placé plus haut que Cassio sur les degrés de cette bonne fortune ? Un drôle si souple, qui a tout juste assez de conscience pour affecter les formes d'une civile et généreuse bienséance, afin de mieux satisfaire la passion libertine et lubrique qu'il cache! Non, personne n'est mieux placé que lui, personne! Un drôle intrigant et subtil, un trouveur d'occasions! Un faussaire qui peut extérieurement contrefaire toutes les qualités, sans jamais présenter une qualité de bon aloi! Un drôle diabolique!... Et puis, le drôle est beau, il est jeune, il a en lui tous les avantages que peut souhaiter la folie d'une verte imagination! C'est une vraie peste que ce drôle, et la femme l'a déjà attrapé.

RODERIGO.

Je ne puis croire cela d'elle. Elle est pleine des plus angéliques inclinations.

IAGO.

Angélique queue de figue! Le vin qu'elle boit est fait de grappes. Si elle était angélique à ce point, elle n'aurait jamais aimé le More. Angélique crème fouettée! N'as-tu pas vu son manége avec la main de Cassio? N'as-tu pas remarqué?

RODERIGO.

Oui, certes : c'était de la pure courtoisie.

IAGO.

Pure paillardise, j'en jure par cette main! C'est l'index, l'obscure préface à l'histoire de la luxure et des impures pensées. Leurs lèvres étaient si rapprochées que leurs haleines se baisaient. Pensées fort vilaines, Roderigo! Quand de pareilles réciprocités ont frayé la route, arrive bien vite le maître exercice, la conclusion faite chair. Pish!... Mais laissez-vous diriger par moi, monsieur, par moi qui vous ai amené de Venise. Soyez de garde cette nuit. Pour la consigne, je vais vous la donner. Cassio ne vous connaît pas... Je ne serai pas loin de vous... Trouvez quelque prétexte pour irriter Cassio, soit en parlant trop haut, soit en contrevenant à sa consigne, soit par tout autre moyen à votre convenance que l'occasion vous indiquera mieux encore.

RODERIGO.

Bon!

IAGO.

Il est vif, monsieur, et très-prompt à la colère; et peut-être vous frappera-t-il de son bâton. Provoquez-le à le faire, car de cet incident je veux faire naître parmi les gens de Chypre une émeute qui ne pourra se calmer sérieusement que par la destitution de Cassio. Alors vous abrégerez la route à vos désirs par les moyens que je mettrai à leur disposition, dès qu'aura été très-utilement écarté l'obstacle qui s'oppose à tout espoir de succès.

RODERIGO.

Je ferai cela si vous pouvez m'en fournir l'occasion.

IAGO.

Compte sur moi. Viens tout à l'heure me rejoindre à la citadelle. Il faut que je débarque ses bagages. Au revoir.

RODERIGO.

Adieu.

Il sort.

IAGO, seul.

— Que Cassio l'aime, je le crois volontiers; — qu'elle l'aime, lui, c'est logique et très-vraisemblable. — Le More, quoique je ne puisse pas le souffrir, — est une fidèle, aimante et noble nature, — et j'ose croire qu'il sera pour Desdémona — le plus tendre mari. Et moi aussi je l'aime! — non pas absolument par convoitise (quoique par aventure — je puisse être coupable d'un si gros péché), — mais plutôt par besoin de nourrir ma vengeance; — car je soupçonne fort le More lascif — d'avoir sailli à ma place. Cette pensée, — comme un poison minéral, me ronge intérieurement; — et mon âme ne peut pas être et ne sera pas satisfaite — avant que nous soyons manche à manche, femme pour femme, — ou tout au moins avant que j'aie inspiré au More — une jalousie si forte — que la raison ne puisse plus la guérir. Pour en venir là, — si ce pauvre limier vénitien dont je tiens en laisse — l'impatience, reste bien en arrêt, — je mettrai notre Michel Cassio sur le flanc. — J'abuserai le More sur son compte de la façon la plus grossière, — (car je crains Cassio aussi pour mon bonnet de nuit) ; — et je me ferai remercier, aimer et récompenser par le More, — pour avoir fait de lui un âne insigne — et avoir altéré son repos et sa confiance — jusqu'à la folie.

Se frappant le front.

L'idée est là, mais confuse encore : — la fourberie ne se voit jamais de face qu'à l'œuvre.

Il sort.

SCÈNE V.

[Une place publique.]

Entre le Héraut d'Othello portant une proclamation et suivi de la foule.

LE HÉRAUT.

C'est le bon plaisir d'Othello, notre noble et vaillant général, que tous célèbrent comme un triomphe l'arrivée des nouvelles certaines annonçant l'entière destruction de la flotte turque ; les uns en dansant, les autres en faisant des feux de joie, chacun en se livrant aux divertissement et aux réjouissances où l'entraîne son goût. Car, outre ces bonnes nouvelles, on fête aujourd'hui les noces du général. Voilà ce qu'il lui a plu de faire proclamer.

Tous les offices du château sont ouverts, et il y a pleine liberté d'y banqueter depuis le moment présent, cinq heures de relevée, jusqu'à ce que la cloche ait annoncé onze heures. Dieu bénisse l'île de Chypre et notre noble général, Othello.

Tous sortent.

SCÈNE VI (30).

[Dans le château.]

Entrent OTHELLO, DESDÉMONA, CASSIO et des SERVITEURS.

OTHELLO.

— Mon bon Michel, veillez à la garde cette nuit ; — sachons contenir le plaisir dans l'honorable limite — de la modération.

CASSIO.

Iago a reçu les instructions nécessaires. — Néanmoins, je veux de mes propres yeux — tout inspecter.

OTHELLO.

Iago est très-honnête. — Bonne nuit, Michel ; demain, de très-bonne heure, — j'aurai à vous parler.

A Desdémona.

Venez, cher amour : — l'acquisition faite, l'usufruit doit s'ensuivre ; — le rapport est encore à venir entre vous et moi.

A Cassio.

— Bonne nuit.

Sortent Othello, Desdémona et leur suite.

Entre IAGO.

CASSIO.

Vous êtes le bienvenu, Iago : rendons-nous à notre poste.

SCÈNE VI.

IAGO.

Pas encore, lieutenant : il n'est pas dix heures. Notre général ne nous a renvoyés si vite que par amour pour sa Desdémona. Ne l'en blâmons pas. Il n'a pas encore fait nuit joyeuse avec elle, et la fête est digne de Jupiter.

CASSIO.

C'est une femme bien exquise.

IAGO.

Et, je vous le garantis, pleine de ressources.

CASSIO.

Vraiment, c'est une créature d'une fraîcheur, d'une délicatesse suprême.

IAGO.

Quel regard elle a! il me semble qu'il bat la chamade de la provocation.

CASSIO.

Le regard engageant, et pourtant, ce me semble, parfaitement modeste.

IAGO.

Et quand elle parle, n'est-ce pas le tocsin de l'amour?

CASSIO.

Vraiment, elle est la perfection même.

IAGO.

C'est bien! bonne chance à leurs draps!... Allons, lieutenant, j'ai là une cruche de vin, et il y a à l'entrée une bande de galants chypriotes qui seraient bien aises d'avoir une rasade à la santé du noir Othello.

CASSIO.

Pas ce soir, bon Iago! j'ai pour boire une très-pauvre et très-malheureuse cervelle. Je ferais bien de souhaiter que la courtoisie inventât quelque autre plaisir sociable!

IAGO.

Oh! ils sont tous nos amis. Une seule coupe! je la boirai pour vous.

CASSIO.

Je n'en ai bu qu'une ce soir, et prudemment arrosée encore; voyez pourtant quel changement elle fait en moi. J'ai une infirmité malheureuse, et je n'ose pas imposer à ma faiblesse une nouvelle épreuve.

IAGO.

Voyons, l'homme! c'est une nuit de fête : nos galants le demandent.

CASSIO.

Où sont-ils ?

IAGO.

Là, à la porte : je vous en prie, faites-les entrer.

CASSIO.

J'y consens, mais cela me déplaît.

Il sort.

IAGO, seul.

— Si je puis seulement lui enfoncer une seconde coupe — sur celle qu'il a déjà bue ce soir, — il va être aussi querelleur et aussi irritable — que le chien de ma jeune maîtresse... Maintenant, mon fou malade, Roderigo, — que l'amour a déjà mis presque sens dessus dessous, — a ce soir même porté à Desdémona — des toasts profonds d'un pot, et il est de garde ! — Et puis ces trois gaillards chypriotes, esprits gonflés d'orgueil, — qui maintiennent leur honneur à une méticuleuse distance, — et en qui fermente le tempérament de cette île belliqueuse, — je les ai ce soir même échauffés à pleine coupe, — et ils sont de garde aussi... Enfin, au milieu de ce troupeau d'ivrognes, — je vais engager Cassio dans quelque action — qui mette l'île en émoi... Mais les voici qui viennent. — Si le résultat confirme mon rêve, — ma barque va filer lestement, avec vent et marée !

SCÈNE VI.

Cassio rentre, suivi de Montano *et de quelques* Gentilhommes.

CASSIO.

Par le ciel! ils m'ont déjà fait boire un coup.

MONTANO.

Un bien petit, sur ma parole : pas plus d'une pinte, foi de soldat!

IAGO.

Holà! du vin!

Il chante.

   Et faites-moi trinquer la canette,
   Et faites-moi trinquer la canette.
Un soldat est un homme, et la vie n'est qu'un moment;
   Faites donc boire le soldat.

Du vin, pages!

On apporte du vin.

CASSIO.

Par le ciel! voilà une excellente chanson.

IAGO.

Je l'ai apprise en Angleterre, où vraiment les gens ne sont pas impotents devant les pots. Votre Danois, votre Allemand et votre Hollandais ventru... A boire, holà!... ne sont rien à côté de votre Anglais.

CASSIO.

Votre Anglais est-il donc si expert à boire?

IAGO.

Oh! il vous boit, avec facilité, votre Danois ivre-mort; il peut sans suer renverser votre Allemand, et il a déjà fait vomir votre Hollandais, qu'il a encore un autre pot à remplir!

Tous remplissent leurs verres.

CASSIO.

A la santé de notre général!

MONTANO.

J'en suis, lieutenant, et je vous fais raison.

IAGO.

O suave Angleterre !

Il chante.

Le roi Étienne était un digne pair.
Ses culottes ne lui coûtaient qu'une couronne ;
Il trouvait ça six pence trop cher,
Et aussi il appelait son tailleur un drôle.
C'était un être de haut renom,
Et toi tu n'es qu'un homme de peu.
C'est l'orgueil qui ruine le pays.
Prends donc sur toi ton vieux manteau (31) !

Holà ! du vin !

CASSIO.

Tiens ! cette chanson est encore plus exquise que l'autre.

IAGO.

Voulez-vous l'entendre de nouveau ?

CASSIO, d'une voix avinée.

Non, car je tiens pour indigne de son rang celui qui fait ces choses... Bon !... Le ciel est au-dessus de tous ; il y a des âmes qui doivent être sauvées, et il y a des âmes qui ne doivent pas être sauvées (32).

IAGO.

C'est vrai, bon lieutenant.

CASSIO.

Pour ma part, sans offenser le général ni aucun homme de qualité, j'espère être sauvé.

IAGO.

Et moi aussi, lieutenant.

CASSIO.

Oui, mais permettez ! après moi. Le lieutenant doit être sauvé avant l'enseigne... Ne parlons plus de ça ; passons

SCÈNE VI.

à nos affaires... Pardonnez-nous nos péchés!... Messieurs, veillons à notre service!... N'allez pas, Messieurs, croire que je suis ivre! Voici mon enseigne; voici ma main droite et voici ma gauche... Je ne suis pas ivre en ce moment : je puis me tenir assez bien et je parle assez bien.

TOUS.

Excessivement bien.

CASSIO.

Donc, c'est très-bien : vous ne devez pas croire que je suis ivre.

Il sort en chancelant.

MONTANO.

A la plateforme, mes maîtres! Allons relever le poste.

IAGO, à Montano.

— Vous voyez ce garçon qui vient de sortir : — c'est un soldat digne d'être aux côtés de César — et fait pour commander. Eh bien, voyez son vice : — il fait avec sa vertu un équinoxe exact; — l'un est égal à l'autre. C'est dommage. — J'ai bien peur, vu la confiance qu'Othello met en lui, — qu'un jour quelque accès de son infirmité — ne bouleverse cette île.

MONTANO.

Mais est-il souvent ainsi?

IAGO.

— C'est pour lui le prologue continuel du sommeil; — il resterait sans dormir deux fois douze heures, — si l'ivresse ne le berçait pas.

MONTANO.

Il serait bon — que le général fût prévenu de cela. — Peut-être ne s'en aperçoit-il pas; peut-être sa bonne nature, — à force d'estimer le mérite qui apparaît en Cassio, — ne voit-elle pas ses défauts. N'ai-je pas raison?

Entre RODERIGO.

IAGO, à part.

Ah! c'est vous, Roderigo! — Je vous en prie, courez après le lieutenant, allez!

Roderigo sort.

MONTANO.

— C'est grand dommage que le noble More — hasarde un poste comme celui de son lieutenant — sur un homme ayant une infirmité si enracinée. — Ce serait une honnête action de le dire — au More.

IAGO.

Moi, je ne le ferais pas pour toute cette belle île. — J'aime fort Cassio, et je ferais beaucoup — pour le guérir de son mal... Mais écoutez! Quel est ce bruit?

CRIS AU DEHORS.

Au secours! au secours!

Rentre RODERIGO, poursuivi par Cassio.

CASSIO.

— Coquin! chenapan!

MONTANO.

Qu'y a-t-il, lieutenant?

CASSIO.

— Le drôle! vouloir m'apprendre mon devoir! — Je vais battre ce drôle jusqu'à ce qu'il entre dans une bouteille d'osier.

RODERIGO.

— Me battre!

CASSIO.

Tu bavardes, coquin?

Il frappe Roderigo.

SCÈNE VI.

MONTANO, l'arrêtant.

Voyons, bon lieutenant; — je vous en prie, monsieur, retenez votre main.

CASSIO.

Lâchez-moi, monsieur, — ou je vous écrase la mâchoire.

MONTANO.

Allons! allons! vous êtes ivre.

CASSIO.

Ivre!

Cassio et Montano dégaînent et se battent.

IAGO, bas à Roderigo.

En route, vous dis-je! Sortez et criez à l'émeute!

Roderigo sort.

— Voyons, mon bon lieutenant!... par pitié, messieurs!... — Holà! au secours!... Lieutenant! seigneur Montano! — Au secours, mes maîtres!... Voilà une superbe faction, en vérité.

Le tocsin sonne.

— Qui est-ce qui sonne la cloche?... Diable! ho! — Toute la ville va se lever... Au nom de Dieu! lieutenant! arrêtez! — Vous allez être déshonoré à jamais!

Entre OTHELLO avec sa suite.

OTHELLO.

Que se passe-t-il ici?

MONTANO.

—Mon sang ne cesse de couler : je suis blessé à mort. Qu'il meure!

Il s'élance sur Cassio.

OTHELLO.

— Sur vos têtes, arrêtez!

IAGO.

— Arrêtez! holà! Lieutenant! Seigneur Montano!

Messieurs! — Avez-vous perdu tout sentiment de votre rang et de votre devoir? — Arrêtez! le général vous parle. Arrêtez! par pudeur!

Le tocsin sonne toujours. Les combattants se séparent.

OTHELLO.

— Voyons! qu'y a-t-il? holà! quelle est la cause de ceci? — Sommes-nous changés en Turcs pour nous faire à nous-mêmes — ce que le ciel a interdit aux Ottomans? — Par pudeur chrétienne, laissez là cette rixe barbare; — celui qui bouge pour se faire l'écuyer tranchant de sa rage — tient son âme pour peu de chose : il meurt au premier mouvement.

Aux gens de sa suite.

— Qu'on fasse taire cette horrible cloche qui met cette île effarée — hors d'elle-même! De quoi s'agit-il, mes maîtres? — Honnête Iago, toi qui sembles mort de douleur, — parle. Qui a commencé? Sur ton dévouement je te somme de parler.

IAGO.

— Je ne sais pas : tout à l'heure, tout à l'heure encore, il n'y avait au quartier — que de bons amis, affectueux comme des fiancés — se déshabillant pour le lit; et aussitôt, — comme si quelque planète avait fait déraisonner les hommes, — les voilà, l'épée en l'air, qui se visent à la poitrine — dans une joûte à outrance. Je ne puis dire comment — a commencé cette triste querelle, — et je voudrais avoir perdu dans une action glorieuse — les jambes qui m'ont amené pour être témoin de ceci.

OTHELLO, à Cassio.

— Comment se fait-il, Michel, que vous vous soyez oublié ainsi?

CASSIO.

— De grâce, pardonnez-moi, je ne puis parler.

SCÈNE VI.

OTHELLO.

— Digne Montano, vous étiez de mœurs civiles ; — la gravité et le calme de votre jeunesse — ont été remarqués par le monde, et votre nom est grand — dans la bouche de la plus sage censure. Comment se fait-il — que vous gaspilliez ainsi votre réputation, — et que vous échangiez votre riche renom pour le titre — de tapageur nocturne ? Répondez-moi.

MONTANO.

— Digne Othello, je suis dangereusement blessé. — Votre officier Iago peut, — en m'épargnant des paroles qui en ce moment me feraient mal, — vous raconter tout ce que je sais. Je ne sache pas — que cette nuit j'aie dit ou fait rien de blâmable, — à moins que la charité pour soi-même ne soit parfois un vice, — et que ce ne soit un péché de nous défendre — quand la violence nous attaque.

OTHELLO.

Ah ! par le ciel, — mon sang commence à dominer mes inspirations les plus tutélaires, — et la colère, couvrant de ses fumées mon calme jugement, — essaye de m'entraîner. Pour peu que je bouge, — si je lève seulement ce bras, le meilleur d'entre vous — s'abîmera dans mon indignation. Dites-moi — comment cette affreuse équipée a commencé et qui l'a causée ; — et celui qui sera reconnu coupable, — me fût-il attaché dès la naissance comme un frère jumeau, — je le rejetterai de moi... Quoi ! dans une ville de guerre, — encore frémissante, où la frayeur déborde de tous les cœurs, — engager une querelle privée et domestique, — la nuit, dans la salle des gardes, un lieu d'asile ! — C'est monstrueux !... Iago, qui a commencé ?

MONTANO, à Iago.

— Si, par partialité d'affection ou d'esprit de corps,

— tu dis plus ou moins que la vérité, — tu n'es pas un soldat!

IAGO, à Montano.

Ne me touchez pas de si près. — J'aimerais mieux avoir la langue coupée — que de faire tort à Michel Cassio; — mais je suis persuadé que je puis dire la vérité — sans lui nuire en rien, voici les faits, général : — tandis que nous causions, Montano et moi, — arrive un individu criant *au secours!* — et, derrière lui, Cassio, l'épée tendue, — prêt à le frapper. Alors, seigneur,

Montrant Montano.

Ce gentilhomme — s'interpose devant Cassio et le supplie de s'arrêter. — Moi, je me mets à la poursuite du criard — pour l'empêcher, comme cela est arrivé, — d'effrayer la ville par ses clameurs. Mais il avait le pied si leste — qu'il a couru hors de ma portée, et je suis revenu d'autant plus vite — que j'entendais le cliquetis et le choc des épées — et Cassio qui jurait très-fort : ce que jusqu'ici — il n'avait jamais fait, que je sache. Quand je suis rentré — et ce n'a pas été long, je les ai trouvés l'un contre l'autre, — en garde et ferraillant, exactement comme ils étaient — quand vous êtes venu vous-même les séparer. — Je n'ai rien à dire de plus, — si ce n'est que les hommes sont hommes, et que les meilleurs s'oublient parfois. — Quoique Cassio ait eu un petit tort envers celui-ci — (on sait que les gens en rage frappent ceux à qui ils veulent le plus de bien), — il est certain, selon moi, que Cassio — a reçu du fuyard quelque outrage excessif — que la patience ne pouvait supporter.

OTHELLO.

Je le vois, Iago, — ton honnêteté et ton affection atténuent cette affaire — pour la rendre légère à Cassio..... Cassio, je t'aime, — mais désormais tu n'es plus de mes officiers.

Entre Desdémona et sa suite.

— Voyez si ma douce bien-aimée n'a pas été réveillée !...

A Cassio.

— Je ferai de toi un exemple.

DESDÉMONA.

— Que se passe-t-il donc, cher?

OTHELLO.

Tout est bien, ma charmante. — Viens au lit.

A Montano.

Monsieur, pour vos blessures, — je serai moi-même votre chirurgien. Qu'on l'emmène.

On emporte Montano.

— Iago, parcours avec soin la ville, — et calme ceux que cette ignoble bagarre a effarés... — Allons, Desdémona; c'est la vie du soldat — de voir ses salutaires sommeils troublés par l'alerte.

Tous sortent, excepté Iago et Cassio.

IAGO.

Quoi! êtes-vous blessé, lieutenant?

CASSIO.

Oui, et incurable.

IAGO.

Diantre! au ciel ne plaise!

CASSIO.

Réputation! Réputation! Réputation! Oh! j'ai perdu ma réputation! J'ai perdu la partie immortelle de moi-même, et ce qui reste est bestial!... Ma réputation, Iago, ma réputation!

IAGO.

Foi d'honnête homme, j'avais cru que vous aviez reçu quelque blessure dans le corps : c'est plus douloureux là que dans la réputation. La réputation est un préjugé vain et fallacieux : souvent gagnée sans mérite et perdue sans justice. Vous n'avez pas perdu votre réputation du tout, à moins que vous ne vous figuriez l'avoir perdue. Voyons, l'homme! Il y a des moyens de ramener le général. Il vous a renvoyé dans un moment d'humeur, punition prononcée par la politique plutôt que par le ressentiment; juste comme on frapperait son chien inoffensif pour effrayer un lion impérieux. Implorez-le de nouveau, et il est à vous.

CASSIO.

J'aimerais mieux implorer son mépris qu'égarer la confiance d'un si bon chef sur un officier si léger, si ivrogne et si indiscret!... Être ivre! jaser comme un perroquet et se chamailler! Vociférer, jurer et parler charabias avec son ombre (33)!... O toi, invisible esprit du vin, si tu n'as pas de nom dont on te désigne, laisse-nous t'appeler démon!

IAGO.

Quel était celui que vous poursuiviez avec votre épée? Que vous avait-il fait?

CASSIO.

Je ne sais pas.

IAGO.

Est-il possible?

CASSIO.

Je me rappelle une masse de choses, mais aucune distinctement; une querelle, mais nullement le motif. Oh! se peut-il que les hommes s'introduisent un ennemi dans la bouche pour qu'il leur vole la cervelle, et que ce soit pour nous une joie, un plaisir, une fête, un triomphe de nous transformer en bêtes!

IAGO.

Eh! mais vous êtes assez bien maintenant : comment vous êtes-vous remis ainsi?

SCÈNE VI.

CASSIO.

Il a plu au démon Ivrognerie de céder sa place au démon Colère : une imperfection m'en montre une autre pour me faire bien franchement mépriser de moi-même.

IAGO.

Allons, vous êtes un moraliste trop sévère. Vu l'époque, le lieu et l'état de ce pays, j'aurais cordialement désiré que ceci ne fût pas arrivé : enfin, puisque la chose est ce qu'elle est, réparez-la à votre avantage.

CASSIO.

Que je veuille lui redemander ma place, il me dira que je suis un ivrogne. J'aurais autant de bouches que l'Hydre, qu'une telle réponse me les fermerait toutes... Être à présent un homme sensé, tout à l'heure un fou, et bientôt une brute ! Oh ! étrange ! Chaque coupe de trop est maudite et a pour ingrédient un démon.

IAGO.

Allons, allons, le bon vin est un bon être familier quand on en use convenablement ; ne vous récriez plus contre lui. Bon lieutenant ! vous pensez, je pense, que je vous aime.

CASSIO.

Je l'ai bien éprouvé, monsieur !... Moi, ivre !

IAGO.

Vous, comme tout autre vivant, vous pouvez être ivre une fois par hasard, l'ami ! Je vais vous dire ce que vous devez faire. La femme de notre général est maintenant le général. Je puis le dire, en ce sens qu'il s'est consacré tout entier, remarquez bien ! à la contemplation et au culte des qualités et des grâces de sa femme. Confessez-vous franchement à elle. Importunez-la pour qu'elle vous aide à rentrer en place : elle est d'une disposition si généreuse, si affable, si obligeante, si angélique, qu'elle regarde comme un vice de sa bonté de ne pas faire plus que ce qui lui est demandé. Eh bien, cette jointure brisée entre vous et son mari, priez-la de la raccommoder, et je parie ma fortune contre un enjeu digne de ce nom qu'après cette fracture votre amitié sera plus forte qu'auparavant.

CASSIO.

Vous me donnez là de bons avis.

IAGO.

Ce sont ceux, je vous assure, d'une amitié sincère et d'une honnête bienveillance.

CASSIO.

Je le crois sans réserve ; aussi irai-je, de bon matin, supplier la vertueuse Desdémona d'intercéder pour moi. Je désespère de ma fortune, si elle me tient échoué là.

IAGO.

Vous êtes dans le vrai. Bonne nuit, lieutenant. Il faut que je fasse ma ronde.

CASSIO.

Bonne nuit, honnête Iago.

Sort Cassio.

IAGO, seul.

— Et qu'est-ce donc qui dira que je joue le rôle d'un fourbe, — quand l'avis que je donne est si loyal, si honnête, — si conforme à la logique, et indique si bien le moyen — de faire revenir le More? Quoi de plus facile — que d'entraîner la complaisante Desdémona — dans une honnête intrigue? Elle a l'expansive bonté — des éléments généreux. Et quoi de facile pour elle — que de gagner le More? S'agit-il pour lui de renier son baptême — et toutes les consécrations, tous les symboles de la Rédemption, — il a l'âme tellement enchaînée à son amour pour elle, — qu'elle peut faire, défaire, refaire tout à son gré, — selon que son caprice veut exercer sa divinité — sur la faible nature du More. En quoi donc suis-je un fourbe — de conseiller à Cassio la parallèle qui le mène droit au succès? Divinité de l'enfer! — Quand les démons veulent produire les forfaits les plus noirs, — ils les présentent d'abord sous des dehors célestes, — comme je fais en ce moment. En effet, tandis que cet honnête imbécile — suppliera Desdémona de réparer sa fortune — et qu'elle plaidera chaudement sa cause auprès du More, — je verserai dans l'oreille de celui-ci la pensée pestilentielle — qu'elle ne réclame Cassio que par désir charnel; — et plus elle tâchera de faire du bien à Cassio, — plus elle perdra de crédit sur le More. — C'est ainsi que je changerai sa vertu en glu; et que de sa bonté je ferai le filet — qui les enserrera tous... Qu'y a-t-il, Roderigo? —

Le jour commence à poindre.

Entre RODERIGO.

RODERIGO.

Je suis ici à la chasse, non comme le limier qui relance, mais seulement comme celui qui donne le cri. Mon argent est presque entièrement dépensé; j'ai été cette nuit parfaitement bâtonné, et l'issue que je vois à tout ceci, c'est que j'aurai de l'expérience pour mes peines, et qu'alors, avec tout mon argent de moins et un peu d'esprit de plus, je retournerai à Venise.

IAGO.

— Pauvres gens ceux qui n'ont pas de patience! — Quelle blessure s'est jamais guérie autrement que par degrés? — Tu sais bien que nous opérons par l'intelligence et non par la magie, — et l'intelligence est soumise aux délais du temps. — Tout ne va-t-il pas bien? Cassio t'a battu, — et toi, par cette légère contusion, tu as cassé Cassio. — Il y a bien des choses qui poussent vite sous le soleil, — mais les plantes qui sont les premières à porter fruit commencent d'abord par fleurir. — Patience donc!... Par la messe, voici le matin : — le plaisir et l'action font paraître courtes les heures. — Rentre, va au logement que t'indique ton billet. — En route, te dis-je! tu en sauras bientôt davantage. — Allons, esquive-toi.

Roderigo sort.

Deux choses restent à faire. — Ma femme doit agir pour Cassio auprès de sa maîtresse. — Je vais la faire mouvoir; — moi-même, pendant ce temps, je prends le More à part, — et je l'amène brusquement dès qu'il peut surprendre Cassio — sollicitant sa femme... Oui, voilà la marche; n'énervons pas l'idée par la froideur et les retards.

Il sort.

SCÈNE VII.

[Devant le château.]

Entrent Cassio et des Musiciens.

CASSIO.

— Jouez ici, mes maîtres; je vous récompenserai de vos peines. — Quelque chose de bref! et puis souhaitez le bonjour au général.

Musique.

Entre le Clown.

LE CLOWN.

Dites-donc, mes maîtres, est-ce que vos instruments ont été à Naples, qu'ils parlent ainsi du nez?

PREMIER MUSICIEN.

Comment, monsieur, comment?

LE CLOWN.

Est-ce là, je vous prie, ce qu'on appelle des instruments à vent?

PREMIER MUSICIEN.

Pardieu, oui, monsieur.

LE CLOWN.

Ah! c'est par là que pend la queue.

PREMIER MUSICIEN.

Où voyez-vous pendre une queue, monsieur?

LE CLOWN.

Pardieu, à bien des instruments à vent que je connais. Mais, mes maîtres, voici de l'argent pour vous : et le général aime tant votre musique qu'il vous demande, au nom de votre dévouement à tous, de ne plus faire de bruit avec elle.

PREMIER MUSICIEN.

Bien, monsieur, nous cessons.

LE CLOWN.

Si vous avez de la musique qui puisse ne pas s'entendre, vous pouvez continuer; mais, pour celle qui s'entend, comme on dit, le général ne s'en soucie pas beaucoup.

PREMIER MUSICIEN.

Nous n'avons pas de musique comme celle dont vous parlez, monsieur.

LE CLOWN.

Alors remettez vos flûtes dans vos sacs, car je m'en vais. Partez! évaporez-vous! Allons!

Les musiciens sortent.

CASSIO, au clown.

Écoute, mon honnête ami.

LE CLOWN.

Non, je n'écoute pas votre honnête ami. Je vous écoute.

CASSIO.

De grâce, suspend tes lazzis. Voici une pauvre pièce d'or pour toi; si la dame qui accompagne la femme du général est levée, dis-lui qu'un nommé Cassio implore d'elle la faveur d'un instant d'entretien. Veux-tu?

LE CLOWN.

Elle est levée, monsieur : si elle veut venir, il est vraisemblable que je lui notifierai votre désir.

CASSIO.

Fais, mon bon ami.

Le clown sort.

Entre Iago.

Heureuse rencontre, Iago.

IAGO.

— Vous ne vous êtes donc pas couché?

CASSIO.

— Oh! non; il faisait jour — quand nous nous sommes quittés. J'ai pris la liberté, Iago, — d'envoyer quelqu'un à votre femme. J'ai à lui demander — de vouloir bien me procurer accès — auprès de la vertueuse Desdémona.

IAGO.

Je vais vous l'envoyer sur-le-champ; — et je trouverai moyen d'attirer le More — à l'écart pour que vous puissiez causer de vos affaires — avec plus de liberté.

CASSIO.

— Je vous en remercie humblement.

Iago sort.

Je n'ai jamais connu un — Florentin plus aimable et plus honnête (34).

SCÈNE VIII.

Entre ÉMILIA.

ÉMILIA.

— Bonjour, bon lieutenant : je suis fâchée — de votre mésaventure ; mais tout va s'arranger. — Le général et sa femme sont en train d'en causer, — et elle parle pour vous vaillamment. Le More répond — que celui que vous avez blessé a dans Chypre une haute réputation — et de hautes alliances, — et que, par une saine prudence, — il est obligé de vous refuser ; mais il proteste qu'il vous aime, — et qu'il n'a pas besoin d'autre plaidoyer que ses sympathies — pour saisir aux cheveux la première occasion (35) — de vous remettre en place.

CASSIO.

Pourtant, je vous en supplie, — si vous le jugez convenable ou possible, — donnez-moi l'avantage d'un court entretien — avec Desdémona seule.

ÉMILIA.

Entrez, je vous prie : — je vais vous mettre à même — de lui parler à cœur ouvert.

CASSIO.

Je vous suis bien obligé.

Ils disparaissent dans le château.

SCÈNE VIII.

[Dans le château.]

Entrent OTHELLO, IAGO et des GENTILSHOMMES.

OTHELLO, *remettant des papiers à Iago.*

— Ces lettres, Iago, donnez-les au pilote, — et chargez-le de présenter mes devoirs au sénat. — Après quoi (je vais visiter les travaux), — vous viendrez m'y rejoindre.

IAGO.

Bien, mon bon seigneur, je n'y manquerai pas.

OTHELLO.

— Messieurs, allons-nous voir ces fortifications?

LES GENTILSHOMMES.

— Nous escorterons votre seigneurie.

Ils sortent.

SCÈNE IX.

[Devant le château.]

Entrent Desdémona, Cassio et Émilia.

DESDÉMONA.

Sois sûr, bon Cassio, que je ferai — en ta faveur tout mon possible.

ÉMILIA.

— Faites, bonne madame : je sais que cette affaire tourmente mon mari — comme si elle lui était personnelle.

DESDÉMONA.

— Oh! c'est un honnête garçon!... N'en doutez pas, Cassio, — je réussirai à vous rendre, mon mari et vous, — aussi bons amis qu'auparavant.

CASSIO.

Généreuse madame, — quoi qu'il advienne de Michel Cassio, — il ne sera jamais que votre loyal serviteur.

DESDÉMONA.

— Je le sais et vous en remercie. Vous aimez mon seigneur, — vous le connaissez depuis longtemps, soyez persuadé — que dans son éloignement de vous il ne gardera — que la distance de la politique.

SCÈNE IX.

CASSIO.

Oui, madame; — mais cette politique-là peut durer si longtemps, — elle peut s'alimenter d'un régime si subtil et si fluide, — ou se soutenir par la force des choses de telle sorte — que, moi absent et ma place remplie, — le général oublie mon dévouement et mes services.

DESDÉMONA.

— Ne crains pas cela. Ici, en présence d'Émilia, - je te garantis ta place : sois sûr — que, quand je fais un vœu d'amitié, je l'accomplis — jusqu'au dernier article. — Mon mari n'aura pas de repos; — je l'apprivoiserai à force d'insomnie (36)! je l'impatienterai de paroles! — Son lit lui fera l'effet d'une école; sa table, d'un confessionnal! — Je mêlerai à tout ce qu'il fera — la supplique de Cassio. Donc sois gais, Cassio, — car ton avocat mourra plutôt — que d'abandonner ta cause.

Entrent OTHELLO *et* IAGO. *Ils se tiennent quelque temps à distance.*

ÉMILIA.

Madame, voici — monseigneur.

CASSIO, *à Desdémona*.

Madame, je vais prendre congé de vous.

DESDÉMONA.

Bah! restez, — vous m'entendrez parler!

CASSIO.

— Pas maintenant, madame : je me sens mal à l'aise — et impuissant pour ma propre cause.

DESDÉMONA.

Bien, bien, — faites à votre guise.

Sort Cassio.

IAGO.

Ha! je n'aime pas cela.

OTHELLO.

— Que dis-tu?

IAGO.

— Rien, monseigneur... ou si... je ne sais quoi...

OTHELLO.

— N'est-ce pas Cassio qui vient de quitter ma femme?

IAGO.

— Cassio, monseigneur? Non, assurément; je ne puis croire — qu'il se déroberait ainsi comme un coupable — en vous voyant venir.

OTHELLO.

Je crois que c'était lui.

DESDÉMONA.

— Eh bien, monseigneur? — Je viens de causer ici ici avec un solliciteur, — un homme qui languit dans votre déplaisir.

OTHELLO.

De qui voulez-vous parler?

DESDÉMONA.

— Eh! de votre lieutenant Cassio. Mon bon seigneur, — si j'ai assez de grâce ou d'influence pour vous émouvoir, — veuillez dès à présent l'admettre à résipiscence. — Car, s'il n'est pas vrai que cet homme vous aime sincèrement — et que sa faute est une erreur involontaire, — je ne me connais pas en physionomie honnête... — Je t'en prie, rappelle-le.

OTHELLO.

C'est donc lui qui vient de partir d'ici?

DESDÉMONA.

— Oui, vraiment; mais si abattu — qu'il m'a laissé une partie de son chagrin — et que j'en souffre avec lui. Cher amour, rappelle-le.

OTHELLO.

Pas maintenant, ma douce Desdémona (37), dans un autre moment.

SCÈNE IX.

DESDÉMONA.

— Mais sera-ce bientôt?

OTHELLO.

Le plus tôt possible, ma charmante, pour vous plaire.

DESDÉMONA.

— Sera-ce ce soir au souper?

OTHELLO.

Non, pas ce soir.

DESDÉMONA.

— Demain, au dîner, alors?

OTHELLO.

Je ne dînerai pas chez moi; — je vais à un repas d'officiers, à la citadelle.

DESDÉMONA.

— Alors, demain soir! ou mardi matin! — ou mardi après midi! ou mardi soir! ou mercredi matin!... — Je t'en prie, fixe une époque, mais qu'elle — ne dépasse pas trois jours! Vrai, il est bien pénitent; — et puis, aux yeux de notre raison vulgaire, — n'était la guerre qui exige, dit-on, qu'on fasse exemple — même sur les meilleurs, son délit est tout au plus une faute — qui mérite une réprimande privée. Quand reviendra-t-il? — Dites-le-moi, Othello... Je cherche dans mon âme — ce que, si vous me le demandiez, je pourrais vous refuser — ou hésiter autant à vous accorder. Quoi! ce Michel Cassio, — qui vous accompagnait dans vos visites d'amoureux et qui, si souvent, — lorsque j'avais parlé de vous défavorablement, — prenait votre parti! Faut-il tant d'efforts — pour le ramener à vous? Croyez-moi, je pourrais faire beaucoup.

OTHELLO.

— Assez, je te prie; qu'il revienne quand il voudra! — je ne veux rien te refuser.

DESDÉMONA.

Comment! mais ceci n'est point une faveur; — c'est comme si je vous priais de mettre vos gants, — de manger des mets nourrissants ou de vous tenir chaudement, — comme si je vous sollicitais de prendre un soin particulier — de votre personne! Ah? quand je vous demanderai une concession, — dans le but d'éprouver réellement votre amour, — je veux qu'elle soit importante, difficile — et périlleuse à accorder.

OTHELLO.

Je ne te refuserai rien ; — mais toi, je t'en conjure, accorde-moi la grâce — de me laisser un instant à moi-même.

DESDÉMONA.

— Vous refuserai-je? Non. Au revoir, monseigneur.

OTHELLO.

— Au revoir, ma Desdémona; je vais te rejoindre à l'instant.

DESDÉMONA.

— Viens, Émilia.

A Othello.

Qu'il soit fait au gré de vos caprices! — Quels qu'ils soient, je suis obéissante.

Elle sort avec Émilia.

OTHELLO.

— Excellente créature! que la perdition s'empare de mon âme — si je ne t'aime pas! Va, quand je ne t'aimerai plus, — ce sera le retour du chaos.

IAGO.

— Mon noble seigneur...

OTHELLO.

Que dis-tu, Iago?

IAGO.

— Est-ce que Michel Cassio, quand vous faisiez votre cour à madame, — était instruit de votre amour?

OTHELLO.

— Oui, depuis le commencement jusqu'à la fin. Pourquoi demandes-tu cela?

IAGO.

— Mais pour la satisfaction de ma pensée; — je n'y mets pas plus de malice.

OTHELLO.

Et quelle est ta pensée, Iago?

IAGO.

— Je ne pensais pas qu'il eût été en relation avec elle.

OTHELLO.

— Oh! si! même il était bien souvent l'intermédiaire entre nous.

IAGO.

— Vraiment?

OTHELLO.

—Vraiment? oui, vraiment!... Aperçois-tu là quelque chose? — Est-ce qu'il n'est pas honnête?

IAGO.

Honnête, monseigneur?

OTHELLO.

Honnête! oui, honnête.

IAGO.

— Monseigneur, pour ce que j'en sais!

OTHELLO.

— Qu'as-tu donc dans l'idée?

IAGO.

Dans l'idée, monseigneur?

OTHELLO.

Dans l'idée, monseigneur! — Par le ciel, il me fait écho — comme s'il y avait dans son esprit quelque monstre — trop hideux pour être mis au jour... Tu as une arrière-pensée! — Je viens à l'instant de t'entendre dire que tu n'aimais pas cela; — c'était quand Cassio a quitté ma femme. Qu'est-ce que tu n'aimais pas? — Puis, quand je t'ai dit qu'il était dans ma confidence — pendant tout le cours de mes assiduités, tu as crié : Vraiment ! — Et tu as contracté et froncé le sourcil — comme si tu avais enfermé dans ton cerveau — quelque horrible conception. Si tu m'aimes, — montre-moi ta pensée.

IAGO.

— Monseigneur, vous savez que je vous aime.

OTHELLO.

Je le crois; — et comme je sais que tu es plein de dévouement et d'honnêteté, — que tu pèses tes paroles avant de leur donner le souffle, — ces hésitations de ta part m'effraient d'autant plus. — Chez un maroufle faux et déloyal, de telles choses — sont des grimaces habituelles : mais chez un homme qui est probe, — ce sont des dénonciations secrètes qui fermentent d'un cœur — impuissant à contenir l'émotion.

IAGO.

Pour Michel Cassio, — j'ose jurer que je le crois honnête.

OTHELLO.

— Je le crois aussi.

IAGO.

Les hommes devraient être ce qu'ils paraissent; — ou plût au ciel qu'aucun d'eux ne pût paraître ce qu'il n'est pas !

OTHELLO.

— Certainement, les hommes devraient être ce qu'ils paraissent.

IAGO.

Eh bien, alors, — je pense que Cassio est un honnête homme.

OTHELLO.

— Non, il y a autre chose là-dessous. — Je t'en prie,

dis-moi, comme à ta pensée même, — ce que tu rumines ; et exprime ce qu'il y a de pire dans tes idées — par ce que les mots ont de pire.

IAGO.

Mon bon seigneur, pardonnez-moi. — Je suis tenu envers vous à tous les actes de déférence, — mais je ne suis pas tenu à ce dont les esclaves mêmes sont exemptés. — Révéler mes pensées ! eh bien, supposez qu'elles soient viles et fausses... — Quel est le palais où jamais chose immonde — ne s'insinue ? Quel est le cœur si pur — où jamais d'iniques soupçons — n'ont ouvert d'assises et siégé — à côté des méditations les plus équitables ?

OTHELLO.

— Iago, tu conspires contre ton ami, — si, croyant qu'on lui fait tort, tu laisses son oreille — étrangère à tes pensées.

IAGO.

Je vous en supplie !... — Voyez-vous, je puis être injuste dans mes suppositions ; — car, je le confesse, c'est une infirmité de ma nature — de flairer partout le mal ; et souvent ma jalousie — imagine des fautes qui ne sont pas... Je vous en conjure donc, — n'allez pas prendre avis d'un homme si hasardeux — dans ses conjectures, et vous créer un tourment — de ses observations vagues et incertaines. — Il ne sied pas à votre repos, à votre bonheur, — ni à mon humanité, à ma probité, à ma sagesse, — que je vous fasse connaître mes pensées.

OTHELLO.

Que veux-tu dire ?

IAGO.

— La bonne renommée pour l'homme et pour la femme, mon cher seigneur, — est le joyau suprême de l'âme. — Celui qui me vole ma bourse me vole une vétille; c'est quelque chose, ce n'est rien : — elle était à moi, elle est à lui, elle a été possédée par mille autres; — mais celui qui me filoute ma bonne renommée — me dérobe ce qui ne l'enrichit pas — et me fait pauvre vraiment.

OTHELLO.

— Par le ciel! je veux connaître ta pensée.

IAGO.

— Vous ne le pourriez pas, quand mon cœur serait dans votre main; — et vous n'y parviendrez pas, tant qu'il sera en mon pouvoir.

OTHELLO.

— Ah!

IAGO.

Oh! prenez garde, monseigneur, à la jalousie! — C'est le monstre aux yeux verts qui produit — l'aliment dont il se nourrit! Ce cocu vit en joie — qui, certain de son sort, n'aime pas celle qui le trompe : — mais, oh! quelles damnées minutes il compte — celui qui raffole, mais doute, celui qui soupçonne, mais aime éperdument!

OTHELLO.

O misère!

IAGO.

— Le pauvre qui est content est riche, et riche à foison : — mais la richesse sans borne est plus pauvre que l'hiver — pour celui qui craint toujours de devenir pauvre. — Cieux cléments, préservez de la jalousie les âmes — de toute ma tribu!

OTHELLO.

Allons! à quel propos ceci? — Crois-tu que j'irais me faire une vie de jalousie, — pour suivre incessamment tous les changements de lune — à la remorque de nouveaux soupçons? Non! pour moi, être dans le doute, —

c'est être résolu... Échange-moi contre un bouc, — le jour où j'occuperai mon âme — de ces soupçons exagérés et creux — qu'implique ta conjecture. On ne me rendra pas jaloux — en disant que ma femme est jolie, friande, aime la compagnie, — a le parler libre, chante, joue et danse bien ! — Là où est la vertu, ce sont autant de vertus nouvelles. — Ce n'est pas non plus la faiblesse de mes propres mérites qui me fera concevoir — la moindre crainte, le moindre doute sur sa fidélité, — car elle avait des yeux et elle m'a choisi !... Non, Iago ! — Avant de douter je veux voir. Après le doute, la preuve ! — et, après la preuve, mon parti est pris : — adieu à la fois l'amour et la jalousie !

IAGO.

— J'en suis charmé ; car je suis autorisé maintenant — à vous montrer mon affection et mon dévouement pour vous — avec moins de réserve. Donc, puisque j'y suis tenu, — recevez de moi cette confidence... Je ne parle pas encore de preuve... — Veillez sur votre femme, observez-la bien avec Cassio, — portez vos regards sans jalousie comme sans sécurité ; — je ne voudrais pas que votre franche et noble nature — fût victime de sa générosité même... Veillez-y ! — Je connais bien les mœurs de notre contrée. — A Venise, les femmes laissent voir au ciel les fredaines — qu'elles n'osent pas montrer à leurs maris ; et, pour elles, le cas de conscience, — ce n'est pas de s'abstenir de la chose, c'est de la tenir cachée.

OTHELLO.

— Est-ce là ton avis ?

IAGO.

— Elle a trompé son père en vous épousant ; — et c'est quand elle semblait trembler et craindre vos regards — qu'elle les aimait le plus.

OTHELLO.

C'est vrai.

IAGO.

Eh bien, concluez alors! — Celle qui, si jeune, a pu jouer un pareil rôle, — et tenir les yeux de son père comme sous le chaperon d'un faucon, — car il a cru qu'il y avait magie... Mais je suis bien blâmable; j'implore humblement votre pardon — pour vous trop aimer.

OTHELLO.

Je te suis obligé à tout jamais.

IAGO.

— Je le vois, ceci a un peu déconcerté vos esprits.

OTHELLO.

— Non, pas du tout! pas du tout!

IAGO.

Sur ma foi, j'en ai peur. — Vous considérerez, j'espère, ce que je vous ai dit — comme émanant de mon affection... Mais je vois que vous êtes ému : — je dois vous prier de ne pas donner à mes paroles — une conclusion plus grave, une portée plus large — que celle du soupçon.

OTHELLO.

— Non, certes.

IAGO.

Si vous le faisiez, monseigneur, — mes paroles obtiendraient un succès odieux — auquel mes pensées n'aspirent pas... Cassio est mon digne ami... — Monseigneur, je vois que vous êtes ému.

OTHELLO.

Non, pas très-ému. — Je ne pense pas que Desdémona ne soit pas honnête.

IAGO.

— Qu'elle vive longtemps ainsi! Et puissiez-vous vivre longtemps à la croire telle!

SCÈNE IX.

OTHELLO.

— Et cependant comme une nature dévoyée...

IAGO.

— Oui, voilà le point. Ainsi, à vous parler franchement, — avoir refusé tant de partis qui se proposaient — et qui avaient avec elle toutes ces affinités de patrie, de race et de rang — dont tous les êtres sont naturellement si avides ! — Hum ! cela décide un goût bien corrompu, — une affreuse dépravation, des pensées dénaturées... — Mais pardon ! Ce n'est pas d'elle précisément que j'entends parler ; — tout ce que je puis craindre, — c'est que, son goût revenant à des inclinations plus normales, — elle ne finisse par vous comparer aux personnes de son pays, — et (peut-être) par se repentir.

OTHELLO.

Adieu ! adieu ! — Si tu aperçois du nouveau, fais-le-moi savoir. — Mets ta femme en observation... Laisse-moi, Iago.

IAGO.

— Monseigneur, je prends congé de vous.

Il va pour s'éloigner.

OTHELLO.

— Pourquoi me suis-je marié ? Cet honnête garçon, à coup sûr, — en voit et en sait plus, beaucoup plus qu'il n'en révèle.

IAGO, *revenant.*

— Monseigneur, je voudrais pouvoir décider Votre Honneur — à ne pas sonder plus avant cette affaire. Laissez agir le temps. — Il est bien juste que Cassio reprenne son emploi, — car assurément il le remplit avec une grande habileté : — pourtant, s'il vous plaît de le tenir quelque temps encore en suspens, — vous pourrez juger l'homme et les moyens qu'il emploie. — Vous remarquerez si votre femme insiste sur sa rentrée au ser-

vice — par quelque vive et pressante réclamation... —
Bien des choses peuvent se voir par là. En attendant, —
croyez que je suis exagéré dans mes craintes, — comme
j'ai de bonnes raisons pour craindre de l'être; — et
laissez-la entièrement libre, j'en conjure Votre Honneur.

OTHELLO.

— Ne doute pas de ma modération.

IAGO.

Encore une fois je prends congé de vous.

Il sort.

OTHELLO.

— Ce garçon est d'une honnêteté excessive, — et il connaît, par expérience, tous les ressorts — des actions humaines... Ah! mon oiseau, si tu es rebelle au fauconnier, — quand tu serais attaché à toutes les fibres de mon cœur, — je te chasserai dans un sifflement et je t'abandonnerai au vent — pour chercher ta proie au hasard!... Peut-être, parce que je suis noir — et que je n'ai pas dans la conversation les formes souples — des intrigants, ou bien parce que j'incline — vers la vallée des années; oui, peut-être, pour si peu de chose, — elle est perdue! Je suis outragé! et la consolation — qui me reste, c'est de la mépriser. O malédiction du mariage, — que nous puissions appeler nôtres ces délicates créatures — et non pas leurs appétits! J'aimerais mieux être un crapaud — et vivre des vapeurs d'un cachot — que de laisser un coin dans l'être que j'aime — à l'usage d'autrui! Voilà pourtant le fléau des grands : — ils sont moins privilégiés que les petits. — C'est là une destinée inévitable comme la mort : — le fléau cornu nous est réservé fatalement — dès que nous prenons vie... Voici Desdémona qui vient.

Entrent Desdémona et Émilia.

— Si elle me trompe, oh! c'est que le ciel se moque de lui-même! — Je ne veux pas le croire.

DESDÉMONA.

Eh bien, mon cher Othello? — Votre dîner et les nobles insulaires — par vous invités attendent votre présence.

OTHELLO.

— Je suis dans mon tort.

DESDÉMONA.

— Pourquoi votre voix est-elle si défaillante? Est-ce que vous n'êtes pas bien?

OTHELLO.

— J'ai une douleur au front, ici.

DESDÉMONA.

— C'est sans doute pour avoir trop veillé : cela se passera. — Laissez-moi vous bander le front avec ceci : dans une heure, — tout ira bien.

Elle lui met son mouchoir autour du front.

OTHELLO.

Votre mouchoir est trop petit.

Il défait le mouchoir qui tombe à terre.

— Ne vous occupez pas de ça. Venez, je vais avec vous.

DESDÉMONA.

— Je suis bien fâchée que vous ne soyez pas bien.

Sortent Desdémona et Othello.

ÉMILIA, *ramassant le mouchoir.*

— Je suis bien aise d'avoir trouvé ce mouchoir; — c'est le premier souvenir qu'elle ait eu du More. — Mon maussade mari m'a cent fois — cajolée pour que je le vole; mais elle aime tant ce gage — (car l'autre l'a conjurée de le garder toujours) — qu'elle le porte sans cesse sur elle — pour le baiser et lui parler. J'en ferai ouvrer un pareil — que je donnerai à Iago. Ce qu'il en fera, — le ciel le sait, mais pas moi. — Je ne veux rien que satisfaire sa fantaisie.

Entre IAGO.

IAGO.

— Eh bien, que faites-vous seule ici?

ÉMILIA.

— Ne me grondez pas; j'ai quelque chose pour vous.

IAGO.

— Quelque chose pour moi? C'est une chose fort commune...

ÉMILIA.

— Ha!

IAGO.

Que d'avoir une femme sotte.

ÉMILIA.

— Oh! est-ce là tout? Que voulez-vous me donner à présent — pour certain mouchoir?

IAGO.

Quel mouchoir?

ÉMILIA.

Quel mouchoir? — Eh! mais celui qu'Othello offrit en premier présent à Desdémona, — et que si souvent vous m'avez dit de voler.

IAGO.

— Tu le lui as volé?

ÉMILIA.

— Non, ma foi: elle l'a laissé tomber par inadvertance, — et par bonheur, comme j'étais là, je l'ai ramassé. — Tenez, le voici.

Elle lui montre le mouchoir.

IAGO.

Voilà une bonne fille!... Donne-le moi.

ÉMILIA.

— Qu'en voulez-vous faire, pour m'avoir si instamment pressée — de le dérober?

IAGO, escamotant le mouchoir.

Eh bien, que vous importe?

ÉMILIA.

— Si ce n'est pas pour quelque usage sérieux, — rendez-le moi. Pauvre dame! Elle deviendra folle — quand elle ne le trouvera plus.

IAGO.

— Faites comme si vous ne saviez rien. J'ai l'emploi de ceci. — Allez! laissez-moi.

Émilia sort.

— Je veux perdre ce mouchoir chez Cassio, — et le lui faire trouver. Des babioles, légères comme l'air, — sont pour les jaloux des confirmations aussi fortes — que des preuves d'Écriture sainte : ceci peut faire quelque chose. — Le More change déjà sous l'influence de mon poison. — Les idées funestes sont, par leur nature, des poisons — qui d'abord font à peine sentir leur mauvais goût, — mais qui, dès qu'ils commencent à agir sur le sang, — brûlent comme des mines de soufre... Je ne me trompais pas. — Tenez, le voici qui vient! Ni le pavot, ni la mandragore, — ni tous les sirops narcotiques du monde — ne te rendront jamais ce doux sommeil — que tu avais hier.

Entre Othello.

OTHELLO.

Ha! ha! fausse envers moi! — Envers moi!

IAGO.

Allons! qu'avez-vous, général? Ne pensez plus à cela.

OTHELLO.

— Arrière! va-t-en! tu m'as mis sur la roue! — Ah! je le jure, il vaut mieux être trompé tout à fait — que d'avoir le moindre soupçon.

IAGO.

Qu'y a-t-il, monseigneur?

OTHELLO.

— Quel sentiment avais-je des heures de luxure qu'elle me volait? — Je ne le voyais pas, je n'y pensais pas, je n'en souffrais pas! — Je dormais bien chaque nuit; j'étais libre et joyeux! — Je ne retrouvais pas sur ses lèvres les baisers de Cassio! — Que celui qui est volé ne s'aperçoive pas du larcin, — qu'il n'en sache rien, et il n'est pas volé du tout.

IAGO.

— Je suis fâché d'entendre ceci.

OTHELLO.

— J'aurais été heureux quand le camp tout entier, — jusqu'au dernier pionnier, aurait goûté son corps charmant, — si je n'en avais rien su. Oh! maintenant pour toujours — adieu l'esprit tranquille! adieu le contentement! — adieu les troupes empanachées et les grandes guerres — qui font de l'ambition une vertu! Oh! adieu! — adieu le coursier qui hennit, et la stridente trompette, — et l'encourageant tambour, et le fifre assourdissant! — Adieu la bannière royale et toute la beauté, l'orgueil, la pompe et l'attirail de la guerre glorieuse! — Et vous, instruments de guerre dont les gorges rudes — contrefont les clameurs redoutées de l'immortel Jupiter, — adieu! La tâche d'Othello est finie!

IAGO.

— Est-il possible? Monseigneur!

OTHELLO.

— Misérable, tu me prouveras que ma bien-aimé est

une putain! N'y manque pas, — n'y manque pas! Donne-moi la preuve oculaire,

Saisissant Iago à la gorge,

— ou bien, par le salut de mon âme éternelle, — il eût mieux valu pour toi être né chien — que d'avoir à répondre à ma fureur en éveil!

IAGO.

En est-ce donc venu là?

OTHELLO.

— Fais-moi voir la chose, ou du moins prouve-la moi — si bien que la preuve ne porte ni charnière ni tenon — auquel puisse s'accrocher un doute; sinon, malheur à ta vie!

IAGO.

— Mon noble maître!

OTHELLO.

— Si tu la calomnies et si tu me tortures, — cesse à jamais de prier, renonce à toute conscience, — accumule les horreurs sur la tête de l'horreur, — commets des actions à faire pleurer le ciel et à épouvanter toute la terre, — tu ne pourras rien ajouter à ta damnation — de plus énorme que cela!

IAGO.

O grâce divine! O ciel, défendez-moi!... — Êtes-vous un homme?... Avez-vous une âme ou quelque sentiment?... — Dieu soit avec vous! Reprenez-moi mon emploi!... O misérable niais, — qui as vécu pour voir ton honnêteté transformée en vice! — O monde monstrueux! sois témoin, sois témoin, ô monde, — qu'il y a danger à être franc et honnête!... — Je vous remercie de la leçon, et, à l'avenir, — je n'aimerai plus un seul ami, puisque l'amitié provoque de telles offenses!

Il va pour se retirer.

OTHELLO.

— Non! demeure... Tu dois être honnête.

IAGO.

— Je devrais être raisonnable; car l'honnêteté est une folle — qui s'aliène ceux qu'elle sert.

OTHELLO.

Par l'univers! — Je crois que ma femme est honnête et crois qu'elle ne l'est pas; — je crois que tu es probe et crois que tu ne l'es pas; — je veux avoir quelque preuve. Son nom, qui était pur — comme le visage de Diane, — est maintenant terni et noir — comme ma face!... S'il y a encore des cordes ou des couteaux, — des poisons ou du feu ou des flots suffocants, — je n'endurerai pas cela! Oh! avoir la certitude (38)!

IAGO.

— Je vois, monsieur, que vous êtes dévoré par la passion, — et je me repens de l'avoir excitée en vous. — Vous voudriez avoir la certitude?

OTHELLO.

Le voudrais-je? Non! je le veux.

IAGO.

— Vous le pouvez. Mais comment? Quelle certitude vous faut-il, monseigneur? — Voudriez-vous assister, bouche béante, à un grossier flagrant délit, — et la regarder saillir par l'autre?

OTHELLO.

Mort et damnation! Oh!

IAGO.

— Ce serait une entreprise difficile, je crois, — que de les amener à donner ce spectacle. Au diable — si jamais ils se font voir sur l'oreiller par d'autres yeux — que les leurs! Quoi donc? Quelle certitude voulez-vous? — Que dirai-je? Où trouverez-vous la conviction? — Il est impossible que vous voyiez cela, — fussent-ils aussi pressés que des boucs, aussi chauds que des singes, — aussi lascifs que des loups en rut, et les plus grossiers niais — que l'ignorance ait rendus ivres!... Mais pourtant, je le reconnais, — si la probabilité, si les fortes présomptions — qui mènent directement à la porte de la vérité — suffisent à donner la certitude, vous pouvez l'avoir.

OTHELLO.

— Donne-moi une preuve vivante qu'elle est déloyale.

IAGO.

— Je n'aime pas cet office-là ; — mais, puisque je suis entré si avant dans cette cause, — poussé par une honnêteté et un dévouement stupides, — je continuerai... Dernièrement, j'étais couché avec Cassio, — et, tourmenté d'une rage de dents, — je ne pouvais dormir. — Il y a une espèce d'hommes à l'âme si relâchée — qu'ils marmottent leurs affaires pendant leur sommeil. — De cette espèce est Cassio. — Tandis qu'il dormait, je l'ai entendu dire : *Suave Desdémona, — soyons prudents! cachons nos amours!* — Et alors, monsieur, il m'empoignait, et m'étreignait la main, — en s'écriant : *Ô suave créature!* Et alors il me baisait avec force — comme pour arracher par les racines des baisers — éclos sur mes lèvres ; il posait sa jambe sur ma cuisse, — et soupirait et me baisait et criait alors : *Maudite fatalité — qui t'a donnée au More!*

OTHELLO.

Oh! monstrueux! monstrueux!

IAGO.

— Non, ce n'était que son rêve.

OTHELLO.

— Mais il dénonçait un fait accompli. — C'est un indice néfaste, quoique ce ne soit qu'un rêve.

IAGO.

— Et cela peut donner corps à d'autres preuves — qui n'ont qu'une mince consistance.

OTHELLO.

Je la mettrai toute en pièces!

IAGO.

— Non, soyez calme. Nous ne voyons encore rien de fait : — elle peut être honnête encore. Dites-moi seulement, — avez-vous quelquefois vu un mouchoir — brodé de fraises aux mains de votre femme?

OTHELLO.

— Je lui en ai donné un comme tu dis; ç'a été mon premier présent.

IAGO.

—Je ne le savais pas. C'est avec un mouchoir pareil — (il est à votre femme, j'en suis sûr) que j'ai aujourd'hui — vu Cassio s'essuyer la barbe.

OTHELLO.

Si c'est celui-là!...

IAGO.

—Que ce soit celui-là ou un autre, s'il lui appartient, c'est une nouvelle preuve qui parle contre elle.

OTHELLO.

— Oh! si ce gueux du moins avait quarante mille vies! — Une seule est trop misérable, trop chétive pour ma vengeance! — Je le vois maintenant : c'est vrai!... Écoute, Iago, — tout mon fol amour, je le souffle comme ceci à la face du ciel : — il a disparu. Émerge, noire vengeance, du fond de l'enfer! — Cède, ô amour, la couronne et le trône de ce cœur — à la tyrannique haine! Gonfle-toi, mon sein : car ce que tu renfermes — n'est que langues d'aspics!

IAGO.

Je vous en prie, calmez-vous.

OTHELLO.

— Oh! du sang! du sang! du sang!

SCÈNE IX.

IAGO.

— Patience, vous dis-je! vos idées peuvent changer.

OTHELLO.

— Jamais, Iago! De même que la mer Pontique (39), — dont le courant glacial et le cours forcé — ne subissent jamais le refoulement des marées, se dirige sans cesse — vers la Propontide et l'Hellespont, — de même mes pensées de sang, dans leur marche violente, — ne regarderont jamais en arrière! Jamais elles ne reflueront vers l'humble amour, — mais elles iront s'engloutir dans une profonde et immense — vengeance! Oui, par le ciel de marbre qui est là-haut, — au juste respect de ce vœu sacré — j'engage ici ma parole.

Il tombe à genoux.

IAGO.

Ne vous levez pas encore!

Il s'agenouille.

Soyez témoins, — vous, lumières toujours brûlantes au-dessus de nous; — vous, éléments qui nous pressez de toutes parts! — Soyez témoins qu'ici Iago voue — l'activité de son esprit, de son bras, de son cœur — au service d'Othello outragé. Qu'il commande, — et l'obéissance sera de ma part tendresse d'âme, — quelque sanglants que soient ses ordres!

Ils se relèvent.

OTHELLO.

Je salue ton dévouement, — non par de vains remercîments, — mais par une reconnaissante acceptation, — et je vais dès à présent te mettre à l'épreuve; — avant trois jours, viens m'apprendre — que Cassio n'est plus vivant.

IAGO.

— Mon ami est mort: c'est fait, à votre requête. — Mais elle, qu'elle vive!

OTHELLO.

Damnation sur elle, l'impudique coquine ! Oh ! damnation sur elle ! — Allons, éloignons-nous d'ici : je me retire — afin de me procurer des moyens de mort rapides — pour le charmant démon. A présent, tu es mon lieutenant.

IAGO.

— Je suis vôtre pour toujours. —

Ils sortent.

SCÈNE X.

[Un jardin public attenant au château.]

Entrent Desdémona, Émilia et le Clown.

DESDÉMONA, au clown.

Drôle, connaissez-vous l'adresse du lieutenant Cassio ?

LE CLOWN.

Son adresse ? Je n'oserais pas en douter.

DESDÉMONA.

Qu'est-ce à dire, l'ami ?

LE CLOWN.

Cassio est soldat. Or, si je doutais de son adresse, il pourrait bien me la prouver par un coup d'estoc.

DESDÉMONA.

Allons ! où demeure-t-il ?

LE CLOWN.

Si je vous indiquais sa demeure, je vous mettrais dedans.

DESDÉMONA.

Quel sens cela a-t-il ?

LE CLOWN.

Je ne sais pas où il demeure ; et si j'imaginais un logis

SCÈNE X.

en vous disant : Il demeure ici ou il demeure là, est-ce que je ne vous mettrais pas dedans?

DESDÉMONA.

Pourriez-vous vous enquérir de lui, et obtenir des renseignements sur son compte?

LE CLOWN.

Je vais, à son sujet, interroger tout le monde... comme au catéchisme : mes questions dicteront les réponses.

DESDÉMONA.

Trouvez-le, et dites-lui de venir ici; annoncez-lui que j'ai touché monseigneur en sa faveur et que j'espère que tout ira bien.

LE CLOWN.

Ce que vous me demandez est dans les limites d'une intelligence humaine; je vais en conséquence essayer de le faire.

Il sort.

DESDÉMONA.

Où puis-je avoir perdu ce mouchoir, Émilia.

ÉMILIA.

— Je ne sais pas, madame.

DESDÉMONA.

— Crois-moi, j'aimerais mieux avoir perdu ma bourse — pleine de cruzades (40). Heureusement que le noble More — est une âme droite et qu'il n'a rien de cette bassesse — dont sont faites les créatures jalouses! Sinon, c'en serait assez — pour lui donner de vilaines idées.

ÉMILIA.

Est-ce qu'il n'est pas jaloux ?

DESDÉMONA.

— Qui? lui? Je crois que le soleil sous lequel il est né — a extrait de lui toutes ces humeurs-là.

ÉMILIA.

Tenez, le voici qui vient.

DESDÉMONA.

— Maintenant je ne le laisserai plus que Cassio — ne soit rappelé près de lui... Comment cela va-t-il, monseigneur ?

Entre Othello.

OTHELLO.

— Bien, ma chère dame...
A part.
Oh! que de peine à dissimuler! — Comment êtes-vous, Desdémona?

DESDÉMONA.

Bien, mon cher seigneur.

OTHELLO.

— Donnez-moi votre main : cette main est moite, madame.

DESDÉMONA.

— Elle n'a pas encore senti l'âge, ni connu le chagrin.

OTHELLO.

— Ceci annonce de l'exubérance et un cœur libéral : — chaude, chaude et moite! Cette main-là exige — le renoncement à la liberté, le jeûne, la prière, — une longue mortification, de pieux exercices; — car il y a ici un jeune diable tout en sueur, — qui a l'habitude de se révolter... C'est une bonne main, — une main franche.

DESDÉMONA.

Vous pouvez vraiment le dire; — car c'est cette main qui a donné mon cœur.

OTHELLO.

— Une main libérale!... Jadis c'étaient les cœurs qui donnaient les mains; — mais, dans nos nouveaux blasons, rien que des mains, pas de cœurs!

DESDÉMONA.

— Je ne sais rien de tout cela... Revenons à votre promesse.

SCÈNE X.

OTHELLO.

— Quelle promesse, poulette?

DESDÉMONA.

— J'ai envoyé dire à Cassio de venir vous parler.

OTHELLO.

— J'ai un méchant rhume opiniâtre qui me gêne; — prête-moi ton mouchoir.

DESDÉMONA.

Voici, monseigneur.

OTHELLO.

— Celui que je vous ai donné.

DESDÉMONA.

Je ne l'ai pas sur moi.

OTHELLO.

— Non?

DESDÉMONA.

Non, ma foi, monseigneur.

OTHELLO.

C'est une faute. — Ce mouchoir, — une Égyptienne le donna à ma mère; — c'était une charmeresse qui pouvait presque lire — les pensées des gens... Elle lui dit que, tant qu'elle le garderait, — elle aurait le don de plaire et de soumettre entièrement — mon père à ses amours; mais que, si elle le perdait — ou en faisait présent, mon père ne la regarderait plus — qu'avec dégoût et mettrait son cœur en chasse — de fantaisies nouvelles. Ma mère me le remit en mourant, — et me recommanda, quand la destinée m'unirait à une femme, — de le lui donner. C'est ce que j'ai fait. Ainsi, prenez-en soin; — qu'il vous soit aussi tendrement précieux que votre prunelle; — l'égarer ou le donner, ce serait une catastrophe — qui n'aurait point d'égale.

DESDÉMONA.

Est-il possible?

OTHELLO.

— C'est la vérité : il y a une vertu magique dans le tissu. — Une sibylle, qui avait compté en ce monde — deux cents révolutions de soleil, — en a brodé le dessin dans sa prophétique fureur; — les vers qui ont filé la soie étaient consacrés, — et la teinture qui le colore est faite de cœurs de vierges momifiés — qu'avait conservés son art.

DESDÉMONA.

Sérieusement! Est-ce vrai?

OTHELLO.

— Très-véritable. Ainsi, veillez-y bien.

DESDÉMONA.

— Plût au ciel alors que je ne l'eusse jamais vu!

OTHELLO, vivement.

— Ah! pour quelle raison?

DESDÉMONA.

— Pourquoi me parlez-vous d'un ton si brusque et si violent?

OTHELLO.

— Est-ce qu'il est perdu? Est-ce que vous ne l'avez plus? Parlez! Est-ce qu'il n'est plus à sa place?

DESDÉMONA.

— Le ciel nous bénisse!

OTHELLO.

Vous dites!

DESDÉMONA.

— Il n'est pas perdu. Mais quoi! s'il l'était?

OTHELLO.

Ha!

DESDÉMONA.

Je dis qu'il n'est pas perdu.

OTHELLO.

Cherchez-le! faites-le moi voir!

SCÈNE X.

DESDÉMONA.

— Je le pourrais, monsieur, mais je ne veux pas à présent. — C'est une ruse pour me distraire de ma requête. — Je vous en prie, que Cassio soit rappelé !

OTHELLO.

— Cherchez-moi ce mouchoir ! mon âme s'alarme.

DESDÉMONA.

— Allez, allez ! — vous ne rencontrerez jamais un homme plus capable.

OTHELLO.

— Le mouchoir !

DESDÉMONA.

Je vous en prie, causons de Cassio !

OTHELLO.

— Le mouchoir (41) !

DESDÉMONA.

Un homme qui, de tout temps, — a fondé sa fortune sur votre affection, — qui a partagé vos dangers...

OTHELLO.

Le mouchoir !

DESDÉMONA.

— En vérité ! — vous êtes à blâmer.

OTHELLO.

Arrière !

Il sort précipitamment.

ÉMILIA.

Cet homme-là n'est pas jaloux ?

DESDÉMONA.

— Je ne l'avais jamais vu ainsi. — Pour sûr, il y a du miracle dans ce mouchoir. — Je suis bien malheureuse de l'avoir perdu !

ÉMILIA.

— Ce n'est pas un an ou deux qui font connaître les hommes. — Ils ne sont tous que des estomacs pour qui nous ne sommes toutes que des aliments; — ils nous mangent comme des affamés, et, dès qu'ils sont pleins, — ils nous renvoient... Ah! voici Cassio et mon mari.

Entrent Cassio et Iago.

IAGO.

— Il n'y a pas d'autre moyen : c'est elle qui doit le faire. — Et tenez! l'heureux hasard! Allez, importunez-la!

DESDÉMONA.

— Eh bien, bon Cassio! quoi de nouveau avec vous?

CASSIO.

— Madame, toujours ma requête! Je vous en supplie, — faites, par votre vertueuse entremise, que je puisse — revivre en recouvrant l'affection de celui — à qui je voue respectueusement tout le dévouement — de mon cœur. Ah! plus de délais! — Si ma faute est d'une espèce si mortelle — que mes services passés, ma douleur présente, — mes bonnes résolutions pour l'avenir, — soient une rançon insuffisante à nous réconcilier, — que je le sache du moins, et cette certitude aura encore pour moi son avantage. — Alors, je me draperai dans une résignation forcée, — et j'attendrai, cloîtré dans quelque autre carrière, — l'aumône de la Fortune!

DESDÉMONA.

Hélas! trois fois loyal Cassio, — mon intercession détonne pour le moment; — monseigneur n'est plus monseigneur, et je ne le reconnaîtrais pas, — s'il était aussi changé de visage que d'humeur. — Puissé-je être protégée par tous les esprits sanctifiés — comme vous avez été défendu par moi! — J'ai même provoqué le feu de sa colère — par mon franc parler. Il faut que vous patientiez encore un peu; — ce que je puis faire, je veux

SCÈNE X. 333

le faire, et je veux pour vous — plus que je n'oserais pour moi-même : que cela vous suffise !

IAGO.

— Est-ce que monseigneur s'est irrité !

ÉMILIA.

Il vient de partir à l'instant, — et, certainement, dans une étrange agitation.

IAGO.

— Lui, s'irriter !... J'ai vu le canon — faire sauter en l'air les rangées de ses soldats, — et, comme le diable, lui arracher de ses bras même — son propre frère; et je me demande s'il peut s'irriter. — C'est quelque chose de grave alors; je vais le trouver. — Il faut que ce soit vraiment sérieux, s'il est irrité.

DESDÉMONA.

— Je t'en prie, va.

Iago sort.

A coup sûr, c'est quelque affaire d'État : — une nouvelle de Venise ou quelque complot tout à coup déniché — ici dans Chypre même, et à lui révélé, — aura troublé son esprit serein. En pareil cas, — il est dans la nature des hommes de quereller pour de petites choses, — bien que les grandes seules les préoccupent. C'est toujours ainsi : — qu'un doigt vous fasse mal, et il communiquera — même aux autres parties saines, le sentiment — de la douleur. D'ailleurs, songeons-y, les hommes ne sont pas des dieux : — nous ne devons pas toujours attendre d'eux les prévenances — qui sont de rigueur au jour des noces... Gronde-moi bien, Émilia; — j'ai osé, soldat indiscipliné que je suis, — l'accuser dans mon âme d'un manque d'égards; — mais maintenant je trouve que j'avais suborné le témoin — et qu'il est injustement mis en cause.

ÉMILIA.

— Priez le ciel que ce soit, comme vous pensez, quelque affaire d'État, — et non une idée, un lubie jalouse — qui vous concerne.

DESDÉMONA.

— Malheureux le jour où cela serait! Jamais je ne lui en ai donné le motif.

ÉMILIA.

— Mais les cœurs jaloux ne se payent pas de cette réponse ; — ils ne sont pas toujours jaloux pour le motif ; — ils sont jaloux, parce qu'ils sont jaloux. C'est un monstre — engendré de lui-même, né de lui-même.

DESDÉMONA.

— Que le ciel éloigne ce monstre de l'esprit d'Othello!

ÉMILIA.

— Amen, madame!

DESDÉMONA.

— Je vais le chercher... Cassio, promenez-vous par ici ; — si je le trouve bien disposé, je plaiderai votre cause, — et je ferai tout mon possible pour la gagner.

CASSIO.

— Je remercie votre grâce.

Sortent Desdémona et Émilia.

Entre BIANCA.

BIANCA.

— Dieu vous garde, ami Cassio!

CASSIO.

Vous dehors! Quelle raison vous amène? — Comment cela va-t-il, ma très-jolie Bianca? — Sur ma parole, doux amour, j'allais à votre maison.

BIANCA.

— Et moi, j'allais à votre logis, Cassio. — Quoi! tout une semaine loin de moi! Sept jours et sept nuits! — Cent soixante heures! Et les heures d'absence d'un

SCÈNE X. 335

amant — sont cent soixante fois plus longues que les heures du cadran. — Oh! le pénible calcul!

CASSIO.

Pardonnez-moi, Bianca. — Des pensées de plomb ont pesé sur moi tous ces temps-ci : — mais, dès que j'aurai plus de loisir, — je vous payerai les arrérages de l'absence. Chère Bianca, — faites-moi un double de ce travail.

Il lui donne le mouchoir de Desdémona.

BIANCA.

Oh! Cassio, comment ceci est-il entre vos mains? — C'est quelque gage d'une nouvelle amie! — Je sens maintenant la cause de cette absence trop sentie. — En est-ce déjà venu là! C'est bon, c'est bon!

CASSIO.

Allons, femme, — jetez vos viles suppositions à la dent du diable — de qui vous les tenez. Vous voilà jalouse, — à l'idée que c'est quelque souvenir de quelque maîtresse. — Non, sur ma parole, Bianca.

BIANCA.

Eh bien, à qui est-il?

CASSIO.

— Je ne sais pas, ma charmante. Je l'ai trouvé dans ma chambre. — J'en aime le travail : avant qu'il soit réclamé, — comme il est probable qu'il le sera, je voudrais avoir le pareil. — Prenez-le, copiez-le, et laissez-moi pour le moment.

BIANCA.

— Vous laisser! Pourquoi?

CASSIO.

J'attends ici le général : — et ce n'est pas une recommandation désirable pour moi — qu'il me trouve en compagnie féminine.

BIANCA.

Et pourquoi? je vous prie.

CASSIO.

— Ce n'est pas que je ne vous aime pas.

BIANCA.

Mais c'est que vous ne m'aimez point. — Je vous en prie, reconduisez-moi quelques pas, — et dites-moi si je vous verrai de bonne heure ce soir.

CASSIO.

— Je ne puis vous reconduire bien loin : — c'est ici que j'attends, mais je vous verrai bientôt.

BIANCA.

— C'est fort bien. Il faut que je cède aux circonstances!

Ils sortent.

SCÈNE XI.

[Devant le château].

Entrent Othello et Iago.

IAGO.

— Le croyez-vous?

OTHELLO.

Si je le crois, Iago?

IAGO.

— Quoi! donner un baiser en secret!

OTHELLO.

Un baiser usurpé!

IAGO.

— Ou rester au lit toute nue, avec son ami, — une heure ou plus, sans songer à mal?

OTHELLO.

— Rester toute nue avec un ami, sans songer à mal?
— C'est user d'hypocrisie avec le diable. — Ceux qui n'ont que des pensées vertueuses et qui s'exposent ainsi — tentent le ciel en voulant que le diable tente leur vertu.

IAGO.

— S'ils s'abstiennent, ce n'est qu'une faute vénielle. — Mais si je donne à ma femme un mouchoir...

OTHELLO.

— Eh bien, après?

IAGO.

— Eh bien, il est à elle, monseigneur, et, comme il est à elle, — elle peut, je pense, en faire cadeau à n'importe quel homme.

OTHELLO.

— Elle est gardienne de son honneur aussi ; — peut-elle le donner?

IAGO.

— L'honneur est une essence qui ne se voit pas ; — beaucoup semblent l'avoir, qui ne l'ont plus. — Mais pour le mouchoir...

OTHELLO.

— Par le ciel, je l'aurais oublié bien volontiers. — Tu dis... oh! cela revient sur ma mémoire, — comme sur une maison infectée le corbeau — de mauvais augure !... tu dis qu'il avait mon mouchoir?

IAGO.

— Oui, qu'est-ce que cela fait?

OTHELLO.

C'est bien plus grave, alors.

IAGO.

— Eh quoi! si je vous disais que je l'ai vu vous faire outrage, — que je l'ai entendu dire... Il est de par le monde des marauds — qui, après avoir, à force d'importunités, — ou par suite d'un caprice spontané qu'ils inspirent, — entraîné ou séduit une femme, ne peuvent s'empêcher — de bavarder ensuite...

OTHELLO.

Est-ce qu'il a dit quelque chose ?

IAGO.

— Oui, monseigneur ; mais, soyez-en sûr, — rien qu'il ne soit prêt à nier sous serment.

OTHELLO.

Qu'a-t-il dit ?

IAGO.

— Ma foi ! qu'il avait eu... je ne sais quoi.

OTHELLO.

— Quoi ? quoi ?

IAGO.

— Certaine conversation...

OTHELLO.

— Avec elle ?

IAGO.

Avec elle ! sur elle ! comme vous voudrez. —

OTHELLO.

Avec elle ! sur elle ! Une conversation sur elle pourrait n'être qu'une causerie à son sujet : mais une conversation avec elle serait criminelle !... Le mouchoir !... cet aveu !... Le mouchoir !... Lui faire avouer, et puis lui mettre la corde au cou ! Non ! D'abord lui mettre la corde au cou, et puis lui faire avouer... J'en frissonne... Une nature ne se laisserait pas envahir ainsi par l'ombre de la passion sans quelque grande cause... Ce ne sont pas des mots qui m'agitent comme cela... Pish !... — Nez, oreilles et lèvres !... Est-il possible ?... L'aveu !... — le mouchoir !... O diable !

Il tombe évanoui.

IAGO.

— Travaille, — ma médecine, travaille! C'est ainsi qu'on attrape les niais crédules, — et c'est encore ainsi que plus d'une dame digne et chaste, — malgré toute son innocence, est exposée au reproche...

Entre Cassio.

Holà! monseigneur! — monseigneur Othello!... Ah! c'est vous, Cassio?

CASSIO.

— Qu'y a-t-il?

IAGO.

— Monseigneur est tombé en épilepsie : — c'est sa seconde attaque; il en a eu une hier.

CASSIO.

— Frottez-lui les tempes.

IAGO.

Non, laissez-le. — La léthargie doit avoir son cours tranquille; — sinon, l'écume lui viendrait à la bouche, et tout à l'heure — il éclaterait en folie furieuse... Tenez, il remue. — Éloignez-vous un moment; — il va revenir à lui : quand il sera parti, — je voudrais causer avec vous d'une importante affaire.

Sort Cassio.

— Comment cela va-t-il, général? Est-ce que vous ne vous êtes pas blessé à la tête?

OTHELLO.

— Te moques-tu de moi?

IAGO.

Me moquer de vous! Non, par le ciel! — Je voudrais seulement vous voir subir votre sort comme un homme.

OTHELLO.

Un homme qui porte cornes, n'est qu'un monstre et une bête.

IAGO.

— Il y a bien des bêtes alors dans une ville populeuse, — et bien des monstres civilisés.

OTHELLO.

— A-t-il avoué ?

IAGO.

Mon bon monsieur, soyez un homme. — Songez que tout confrère barbu, attelé à ce joug-là, — peut le traîner comme vous ; il y a des millions de vivants — qui reposent nuitamment dans un lit banal — qu'ils jureraient être à aux seuls. Votre cas est meilleur. — Oh ! sarcasme de l'enfer, suprême moquerie du démon ! — étreindre une impudique sur une couche confiante — et la croire chaste ! Non, que je sache tout ! — Et, sachant ce que je suis, je saurai comment la traiter !

OTHELLO.

— Oh ! tu as raison : cela est certain.

IAGO.

Tenez-vous un peu à l'écart — et contenez-vous dans les bornes de la patience. — Tandis que vous êtes ici accablé par la douleur, — émotion bien indigne d'un homme comme vous. — Cassio est venu : je l'ai éconduit — en donnant de votre évanouissement une raison plausible : — je lui ai dit de revenir bientôt me parler ici : — ce qu'il m'a promis. Cachez-vous en observation, — et remarquez les grimaces, les moues, les signes de dédain, — qui vont paraître dans chaque trait de son visage ; — car je vais lui faire répéter toute l'histoire : — où, comment, combien de fois, depuis quelle époque et quand — il en est venu aux prises avec votre femme, quand il compte y revenir. — Je vous le dis, remarquez seulement ses gestes. Mais, morbleu ! de la patience ! — ou je dirai que vous êtes décidément un frénétique, — et non plus un homme.

SCÈNE XI.

OTHELLO.

Écoute, Iago, — je me montrerai le plus patient de tous les hommes, — mais aussi, tu m'entends? le plus sanguinaire.

IAGO.

Il n'y a pas de mal, — pourvu que vous mettiez le temps à tout... Voulez-vous vous retirer?

Othello s'éloigne et se cache.

IAGO, seul sur le devant de la scène.

Je vais maintenant questionner Cassio sur Bianca : — une ménagère qui, en vendant ses attraits, — s'achète du pain et des vêtements. Cette créature — raffole de Cassio. C'est le triste sort de toute catin — d'en dominer beaucoup pour être enfin dominée par un seul. — Quand il entend parler d'elle, Cassio ne peut s'empêcher — de rire aux éclats... Le voici qui vient.

Rentre CASSIO.

— A le voir sourire, Othello va devenir fou; — et son ignare jalousie va interpréter — les sourires, les gestes et les insouciantes manières du pauvre Cassio — tout à fait à contre sens... Comment vous trouvez-vous, lieutenant?

CASSIO.

— D'autant plus mal que vous me donnez un titre — dont la privation me tue.

IAGO.

Travaillez bien Desdémona et vous êtes sûr de la chose.

Bas.

— Si l'affaire était au pouvoir de Bianca,

Haut.

comme vous réussiriez vite!

CASSIO, *riant.*

Hélas! la pauvre créature!

OTHELLO, *à part.*

— Voyez comme il rit déjà!

IAGO.

— Je n'ai jamais connu de femme aussi amoureuse d'un homme.

CASSIO.

— Hélas! pauvre coquine! je crois vraiment qu'elle m'aime.

OTHELLO.

— C'est cela : il s'en défend faiblement et il rit!

IAGO.

— Écoutez, Cassio.

Il lui parle à l'oreille.

OTHELLO, *à part.*

Voilà Iago qui le prie — de lui tout répéter : continue! Bien dit! bien dit!

IAGO.

— Elle donne à entendre que vous l'épouserez : — est-ce votre intention?

CASSIO, *éclatant.*

Ha! ha! ha!

OTHELLO, *à part.*

— Tu triomphes, Romain! tu triomphes! —

CASSIO.

Moi l'épouser!... Quoi! une coureuse! Je t'en prie, aie quelque charité pour mon esprit : ne le crois pas aussi malade... Ha! ha! ha!

OTHELLO, *à part.*

Oui! oui! oui! oui! au gagnant de rire.

IAGO.

Vraiment, le bruit court que vous l'épouserez.

SCÈNE XI.

CASSIO.
De grâce, parlez sérieusement.

IAGO.
Je ne suis qu'un scélérat si cela n'est pas.

OTHELLO, à part.
Avez-vous donc compté mes jours? Bien!

CASSIO.
C'est une invention de la guenon : si elle a l'idée que je l'épouserai, elle la tient de son amour et de ses illusions, et nullement de mes promesses.

OTHELLO, à part.
Iago me fait signe : c'est que l'autre commence l'histoire.

CASSIO.
Elle était ici, il n'y a qu'un moment; elle me hante en tout lieu. J'étais l'autre jour au bord de la mer à causer avec plusieurs Vénitiens; soudain cette folle arrive et me saute ainsi au cou.

Cassio imite le mouvement de Bianca.

OTHELLO, à part.
En s'écriant : O mon cher Cassio! apparemment; c'est ce qu'indique son geste.

CASSIO.
Elle se pend et s'accroche, toute en larmes, après moi; puis elle m'attire et me pousse. Ha! ha! ha!

Il parle bas à Iago.

OTHELLO, à part.
Maintenant, il lui raconte comment elle l'a entraîné dans ma chambre. Oh! je vois bien votre museau, mais je ne sais quel chien je vais jeter dessus.

CASSIO.
Vraiment, il faut que je la quitte.

IAGO.
Devant moi! Tenez, la voici qui vient.

Entre BIANCA.

CASSIO.

C'est une maîtresse fouine, et diantrement parfumée encore...

A Bianca.

Qu'avez-vous donc de me hanter ainsi?

BIANCA.

Que le diable et sa mère vous hantent vous-même!... Que me vouliez-vous avec ce mouchoir que vous m'avez remis tantôt? J'étais une belle sotte de le prendre. Il faut que j'en fasse un tout pareil, n'est-ce pas? Comme cela est vraisemblable que vous l'ayez trouvé dans votre chambre et que vous ne sachiez pas qui l'y a laissé!... C'est le présent de quelque donzelle et il faudrait que je vous en fisse un pareil?... Tenez, donnez-le à votre poupée; peu m'importe comment vous l'avez eu, je ne me charge de rien.

CASSIO.

Voyons, ma charmante Bianca! Voyons! voyons!

OTHELLO, à part.

Par le ciel, ce doit être mon mouchoir.

BIANCA.

Si vous voulez venir souper ce soir, vous le pouvez; si vous ne voulez pas, venez dès que vous y serez disposé.

Elle sort.

IAGO.

Suivez-la! suivez-la!

CASSIO.

Ma foi, il le faut. Sans cela elle s'emporterait dans les rues.

IAGO.

Souperez-vous chez elle?

CASSIO.

Ma foi, j'en ai l'intention.

IAGO.

C'est bien; il se peut que j'aille vous voir; car je serais bien aise de vous parler.

CASSIO.

De grâce, venez! voulez-vous?

IAGO.

Partez. Il suffit.

Cassio sort. Othello quitte sa cachette.

OTHELLO.

Comment le tuerai-je, Iago?

IAGO.

Avez-vous vu comme il a ri de sa vilenie?

OTHELLO.

Oh! Iago!

IAGO.

Et avez-vous vu le mouchoir?

OTHELLO.

Était-ce le mien?

IAGO.

Par cette main levée!... Et vous voyez quel cas il fait de la folle créature, votre femme. Elle lui a donné ce mouchoir, et, lui, il l'a donné à sa putain!

OTHELLO.

Oh! je voudrais le tuer pendant neuf ans!... Une femme si belle! une femme si charmante! une femme si adorable!

IAGO.

Allons! il faut oublier cela.

OTHELLO.

Oui, qu'elle pourrisse, qu'elle disparaisse et qu'elle soit damnée dès cette nuit! Car elle ne vivra pas! Non. Mon cœur est changé en pierre; je le frappe et il me blesse la main. Oh! le monde n'a pas une plus adorable créature! Elle était digne de reposer aux côtés d'un empereur et de lui donner des ordres!

IAGO.

Voyons, ce n'est pas là votre affaire.

OTHELLO.

L'infâme! Je dis seulement ce qu'elle est... Si adroite avec son aiguille!... Admirable musicienne! Oh! avec son chant elle apprivoiserait un ours! Et puis, d'une intelligence, d'une imagination si élevées, si fécondes!

IAGO.

Elle n'en est que plus coupable!

OTHELLO.

Oh! mille et mille fois plus!... En outre, d'un caractère si affable!

IAGO.

Trop affable, vraiment!

OTHELLO.

Oui, cela est certain. Mais quel dommage, Iago! Oh! Iago! quel dommage, Iago!

IAGO.

Si vous êtes si tendre à son iniquité, donnez-lui patente pour faire le mal; car, si cela ne vous touche pas, cela ne gêne personne.

OTHELLO.

Je la hacherai en miettes!... Me faire cocu.

IAGO.

Oh! c'est affreux à elle.

OTHELLO.

Avec mon officier!

IAGO.

C'est plus affreux encore.

OTHELLO.

Procure-moi du poison, Iago, cette nuit!... Je ne veux

pas avoir d'explication avec elle, de peur que son corps et sa beauté ne désarment mon âme encore une fois... Cette nuit, Iago!

IAGO.

N'employez pas le poison; étranglez-la dans son lit, le lit même qu'elle a souillé.

OTHELLO.

Bon, bon. La justice de ceci me plaît. Très-bon.

IAGO.

Et quant à Cassio, laissez-moi être son croque-mort. Vous en apprendrez davantage vers minuit.

Bruit de trompette.

OTHELLO.

Excellent... Quelle est cette fanfare?

IAGO.

— Quelque message de Venise, pour sûr. C'est Lodovico — qui vient de la part du doge; et, voyez, votre femme est avec lui.

Entrent Lodovico, Desdémona et leur suite.

LODOVICO.

— Dieu vous garde, digne général!

OTHELLO.

Je le souhaite de tout mon cœur, monsieur.

LODOVICO.

— Le doge et les sénateurs de Venise vous saluent.

Il lui remet une dépêche.

OTHELLO.

— Je baise l'instrument de leur bon plaisir.

Il ouvre la dépêche et lit.

DESDÉMONA.

— Et quoi de nouveau, mon bon cousin Lodovico?

IAGO, à Lodovico.

— Je suis bien content de vous voir, signor. — Soyez le bienvenu à Chypre.

LODOVICO.

— Merci. Comment va le lieutenant Cassio.

IAGO.

Il vit, monsieur.

DESDÉMONA.

— Cousin, il est survenu entre lui et monseigneur — une désagréable rupture ; mais vous arrangerez tout.

OTHELLO, d'une voix sourde.

— Êtes-vous sûre de cela?

DESDÉMONA, à Othello.

Monseigneur?

OTHELLO, lisant.

« Ne manquez pas de le faire dès que vous aurez... »

LODOVICO, à Desdémona.

— Il ne te parlait pas : il est occupé de la dépêche. — Est-ce qu'il y a un différend entre ton mari et Cassio?

DESDÉMONA.

— Oui, un très-malheureux ; je ferais bien des choses — afin de les réconcilier, pour l'amour que je porte à Cassio.

OTHELLO.

— Feu et soufre !

DESDÉMONA.

Monseigneur?

OTHELLO.

Avez-vous votre raison?

DESDÉMONA, à Lodovico.

— Quoi! est-ce qu'il est fâché?

LODOVICO.

Il est possible que cette lettre l'agite ; — car je crois

qu'on le rappelle à Venise — et que Cassio est désigné pour lui succéder.

DESDÉMONA.

— Ma foi, j'en suis bien aise.

OTHELLO.

En vérité!

DESDÉMONA.

Monseigneur?

OTHELLO.

— Je suis bien aise, moi, de vous voir en démence.

DESDÉMONA.

Comment, mon doux Othello?

OTHELLO.

— Démon!

Il la frappe.

DESDÉMONA.

Je n'ai pas mérité ceci.

LODOVICO.

— Monseigneur, voilà une chose qu'on ne croirait pas à Venise, — quand même je jurerais l'avoir vue. C'est trop fort. — Faites-lui réparation : elle pleure.

OTHELLO.

O démon! démon! — Si les pleurs d'une femme pouvaient féconder la terre, — chaque larme qu'elle laisse tomber ferait un crocodile (42)!...

A Desdémona.

— Hors de ma vue!

DESDÉMONA, s'en allant.

Je ne veux pas rester si je vous offense.

LODOVICO.

Vraiment, voilà une femme obéissante. — J'en supplie votre seigneurie, rappelez-la.

OTHELLO, appelant.

Mistress!

DESDÉMONA.

Monseigneur?

OTHELLO, à Lodovico.

— Que lui voulez-vous, monsieur?

LODOVICO.

Qui? moi, monseigneur?

OTHELLO.

— Oui; vous avez désiré que je la fisse revenir; — monsieur, elle peut se tourner et se retourner, et aller de l'avant, — et se retourner encore; elle peut pleurer, monsieur, pleurer! — Et elle est obéissante, comme vous dites, obéissante, — très-obéissante...

A Desdémona.

Continuez vos sanglots!

A Lodovico.

— Quant à ceci, monsieur...

A Desdémona.

Oh! l'émotion bien jouée!

A Lodovico.

— Je suis rappelé à Venise...

A Desdémona.

Allez-vous en! — je vous enverrai chercher tout à l'heure...

A Lodovico.

Monsieur, j'obéis à cet ordre — et je vais retourner à Venise.

A Desdémona.

Hors d'ici! arrière!

Desdémona sort.

— Cassio prendra ma place. Mais, monsieur, ce soir, — je vous supplie de souper avec moi; — vous êtes le bienvenu, monsieur à Chypre... Boucs et singes (43)!

Il sort.

LODOVICO.

— Est-ce là ce noble More dont notre sénat unanime — proclame la capacité suprême? Est-ce là cette noble nature — que la passion ne pouvait ébranler! cette solide vertu — que ni la balle de l'accident ni le trait du hasard — ne pouvaient effleurer ni entamer?

IAGO.

Il est bien changé.

LODOVICO.

— Sa raison est-elle saine? N'est-il pas en délire?

IAGO.

— Il est ce qu'il est; je ne dois pas murmurer une critique. — S'il n'est pas ce qu'il devrait être, — plût au ciel qu'il le fût!

LODOVICO.

Quoi! frapper sa femme!

IAGO.

— Ma foi, ce n'était pas très-bien! Mais je voudrais être sûr — que ce coup doit être le plus rude.

LODOVICO.

Est-ce une habitude chez lui? — ou bien sont-ce ces lettres qui ont agi sur son sang — et lui ont inoculé ce défaut?

IAGO.

Hélas! hélas! — Ce ne serait pas honnête à moi de dire ce que j'ai vu et appris. Vous l'observerez. — Ses procédés même le feront assez connaître — pour m'épargner la peine de parler. Ne le perdez pas de vue seulement, — et remarquez comment il se comporte.

LODOVICO.

— Je suis fâché de m'être ainsi trompé sur son compte.

Ils sortent.

SCÈNE XII.

[L'appartement de Desdémona.

Entrent OTHELLO et ÉMILIA.

OTHELLO.
— Vous n'avez rien vus alors?

ÉMILIA.
— Ni jamais rien entendu, ni jamais rien soupçonné.

OTHELLO.
— Si fait. Vous les avez vu ensemble, elle et Cassio.

ÉMILIA.
— Mais alors je n'ai rien vu de mal, et pourtant j'entendais — chaque syllabe que le moindre souffle échangeait entre eux.

OTHELLO.
— Quoi! ils n'ont jamais chuchoté?

ÉMILIA.
Jamais, monseigneur.

OTHELLO.
— Ils ne vous ont jamais éloignée?

ÉMILIA.
Jamais!

OTHELLO.
— Sous prétexte d'aller chercher son éventail, ses gants, son masque ou quoi que ce soit?

ÉMILIA.
— Jamais, monseigneur.

OTHELLO.
— C'est étrange.

ÉMILIA.
— Monseigneur, j'oserais parier qu'elle est honnête —

et mettre mon âme comme enjeu. Si vous pensez autrement, — chassez votre pensée : elle abuse votre cœur. — Si quelque misérable vous a mis cela en tête, — que le ciel l'en récompense par la malédiction qui frappa le serpent! — Car, si elle n'est pas honnête, chaste et fidèle, — il n'y a a pas de mari heureux : la plus pure des femmes — est noire comme la calomnie.

OTHELLO.

Dis-lui de venir ici. Va.

Émilia sort.

— Elle n'est pas à court de paroles, mais il faudrait être une entremetteuse bien simple — pour ne pas savoir en dire autant. C'est une subtile putain, — un réceptacle, fermé à clef, de secrets infâmes; — et pourtant elle se met à genoux, et prie : je l'ai vue, moi!

Rentre ÉMILIA avec DESDÉMONA.

DESDÉMONA.

— Monseigneur, quelle est votre volonté?

OTHELLO.

Je vous en prie, poulette, approchez.

DESDÉMONA.

— Quel est votre plaisir?

OTHELLO.

Laissez-moi voir vos yeux ; — regardez-moi en face.

DESDÉMONA.

Quelle est cette horrible fantaisie?

OTHELLO, à Émilia.

— A vos fonctions, mistress ! — Laissez seuls ceux qui veulent procréer et fermez la porte! — Toussez et criez *hem!* si quelqu'un vient. — Votre métier! votre métier! Allons! dépêchez-vous.

Émilia sort.

DESDÉMONA, tombant à genoux.

— Je vous le demande à genoux, que signifie votre langage? — J'entends une furie dans vos paroles, — mais non les paroles (44).

OTHELLO.

— Eh bien, qu'es-tu?

DESDÉMONA.

Votre femme, monseigneur, votre fidèle — et loyale femme!

OTHELLO.

Allons, jure cela, damne-toi! — de peur que, te croyant du ciel, les démons — eux-mêmes craignent de te saisir. Donc, damne-toi doublement : — jure que tu es honnête!

DESDÉMONA.

Le ciel le sait vraiment!

OTHELLO.

— Le ciel sait vraiment que tu es fausse comme l'enfer!

DESDÉMONA.

— Envers qui, monseigneur? envers qui? comment suis-je fausse?

OTHELLO.

— Ah! Desdémona! arrière! arrière! arrière!

Il sanglote.

DESDÉMONA.

— Hélas! jour accablant!... Pourquoi pleurez-vous? Suis-je la cause de ces larmes, monseigneur? — Si par hasard vous soupçonnez mon — père d'être l'instrument de votre rappel, — ne faites pas tomber votre blâme sur moi. Si vous avez perdu son affection, — et moi aussi, je l'ai perdue!

OTHELLO.

Le ciel aurait voulu — m'éprouver par des revers, il

aurait fait pleuvoir — toutes sortes de maux et d'humiliations sur ma tête nue, — il m'aurait plongé dans la misère jusqu'aux lèvres, — il m'aurait voué à la captivité, moi et mes espoirs suprêmes; — eh bien, j'aurais trouvé quelque part dans mon âme — une goutte de résignation. Mais, hélas! faire de moi — le chiffre fixe que l'heure du mépris — désigne de son aiguille lentement mobile!... — Oh! oh!... — Pourtant j'aurais pu supporter cela encore, — bien, très-bien! — Mais la retraite dont j'avais fait le grenier de mon cœur, — et d'où je dois tirer l'existence, sous peine de la perdre! — mais la source d'où mes forces vives doivent découler — pour ne pas se tarir! en être dépossédé, — ou ne pouvoir la garder que comme une citerne où des crapauds hideux — s'accouplent et pullulent!... Oh! change de couleur à cette idée. — Patience, jeune chérubin aux lèvres roses, — et prends un visage sinistre comme l'enfer!

DESDÉMONA.
— J'espère que mon noble maître m'estime vertueuse.

OTHELLO.
— Oh! oui, autant qu'à la boucherie ces mouches d'été — qui engendrent dans un bourdonnement!... O fleur sauvage, — si adorablement belle et dont le parfum si suave — enivre douloureusement les sens!... je voudrais que tu ne fusses jamais née!

DESDÉMONA.
— Hélas! quel péché ai-je commis à mon insu?

OTHELLO.
— Quoi! cette page si blanche, ce livre si beau étaient-ils — faits pour la plus infâme inscription? — Ce que tu as commis! ce que tu as commis! ô fille publique, — si je le disais seulement, mes joues deviendraient des forges — qui brûleraient toute pudeur jusqu'à la cendre!
— Ce que tu as commis! — Le ciel se bouche le nez et

la lune se voile à tes actions : — la lascive rafale qui baise tout ce qu'elle rencontre — s'engouffre dans les profondeurs de la terre — pour ne pas les entendre... Ce que tu as commis! — Impudente prostituée!

DESDÉMONA.
Par le ciel, vous me faites outrage!

OTHELLO.
— Est-ce que vous n'êtes pas une prostituée?

DESDÉMONA.
— Non, aussi vrai que je suis une chrétienne! — Si préserver pour mon mari ce vase — pur de tout contact illégitime — n'est pas l'acte d'une prostituée, je n'en suis pas une!

OTHELLO.
— Quoi! vous n'êtes pas une putain?

DESDÉMONA.
Non, aussi vrai que je serai sauvée!

OTHELLO.
— Est-il possible?

DESDÉMONA.
— Oh! que le ciel ait pitié de nous!

OTHELLO.
J'implore votre pardon, alors. — Je vous prenais pour cette rusée putain de Venise — qui a épousé Othello.

Rentre ÉMILIA.

A Émilia.

Vous, mistress, — vous qui avez l'office opposé à celui de saint Pierre — et qui gardez la porte de l'enfer!... Vous! vous! oui, vous! — Nous avons fini. Voici de l'argent pour vos peines. — Je vous en prie, tournez la clef et gardez-nous le secret.

Il sort.

ÉMILIA.
— Hélas! qu'a donc dans l'esprit ce gentilhomme? —

Comment êtes-vous, madame? — Comment êtes-vous, ma bonne maîtresse?

DESDÉMONA.

— A moitié assoupie, je crois.

ÉMILIA.

— Bonne madame, qu'a donc monseigneur?

DESDÉMONA.

— Qui?

ÉMILIA.

Eh bien, monseigneur, madame.

DESDÉMONA.

— Qui est-ce, ton seigneur?

ÉMILIA.

Celui qui est le vôtre, chère maîtresse (45).

DESDÉMONA.

— Je n'en ai pas; ne me parle pas, Émilia. — Je ne puis pleurer, et je n'ai pas d'autre réponse — que celle qui fondrait en eau... Je t'en prie, cette nuit, — mets à mon lit mes draps de noce, n'oublie pas... — et fais venir ton mari ici.

ÉMILIA.

Voilà bien du changement, en vérité.

Elle sort.

DESDÉMONA.

— Il était juste que je fusse traitée ainsi, très-juste. — Comment me suis-je conduite de façon à lui inspirer le plus petit soupçon d'un si grand crime?

ÉMILIA *rentre avec* IAGO.

IAGO.

— Quel est votre bon plaisir, madame? Qu'avez-vous?

DESDÉMONA.

— Je ne puis le dire. Car ceux qui élèvent des petits

enfants — le font par des moyens doux et des tâches faciles... — Il aurait bien dû me gronder ainsi; car, ma foi, — je suis une enfant quand on me gronde.

IAGO.

Qu'y a-t-il, madame?

ÉMILIA.

— Hélas, Iago! Monseigneur l'a traitée de... putain. — Il a déversé sur elle tant d'outrages et de termes accablants — qu'un cœur honnête ne peut les supporter.

DESDÉMONA.

— Suis-je donc... ce nom-là, Iago?

IAGO.

Quel nom, belle dame?

DESDÉMONA.

— Le nom qu'elle répète et que mon mari dit que je suis.

ÉMILIA.

— Il l'a appelée putain! Un mendiant, dans son ivresse, — n'appliquerait pas de pareils termes à sa caillette.

IAGO.

— Pourquoi a-t-il fait cela?

DESDÉMONA, sanglotant.

— Je ne sais pas; je suis sûre que je ne suis pas ce qu'il dit.

IAGO.

— Ne pleurez pas! ne pleurez pas! Hélas! quel jour!

ÉMILIA.

— N'a-t-elle renoncé à tant de nobles alliances, — à son père, à son pays et à ses amis, — que pour être appelée putain? N'y a-t-il pas là de quoi pleurer?

DESDÉMONA.

— Telle est ma misérable destinée!

IAGO.

Malheur à lui pour cela! — D'où lui vient cet accès?

SCÈNE XII.

DESDÉMONA.

Ah! le ciel le sait.

ÉMILIA.

— Je veux être pendue si quelque éternel coquin, — quelque scélérat affairé et insidieux, — quelque maroufle flagorneur et fourbe n'a pas, pour obtenir quelque emploi, — imaginé cette calomnie! Je veux être pendue si cela n'est pas.

IAGO.

— Fi! Il n'existe pas un pareil homme : C'est impossible.

DESDÉMONA.

— S'il en existe un pareil, que le ciel lui pardonne!

ÉMILIA, avec véhémence.

— Que la potence l'absolve et que l'enfer lui ronge les os! — Pourquoi monseigneur la traiterait-il ainsi? Quel visiteur assidu reçoit-elle? — En quel lieu? à quel moment?... Quelle apparence? quelle vraisemblance? — Le More est abusé par quelque affreux manant, — par quelque grossier manant, par quelque drôle immonde. — O ciel, que ne dénonces-tu de tels misérables! — Que ne mets-tu dans toute main honnête un fouet — pour chasser l'infâme, tout nu, à travers le monde, — de l'orient à l'occident!

IAGO, à Émilia.

Que les passants ne vous entendent pas!

ÉMILIA.

— Oh! malédiction sur cet homme! C'était quelque écuyer du même ordre — qui vous avait mis l'esprit à l'envers — et vous avait fait suspecter quelque chose entre le More et moi.

IAGO.

— Vous êtes une folle, allez!

DESDÉMONA.

O bon Iago, — que ferai-je pour regagner mon mari? — Mon bon ami, va le chercher; car, par la lumière du ciel, — je ne sais comment je l'ai perdu... Me voici à genoux (46) : — si jamais ma volonté a péché contre son amour, — soit par parole, soit par pensée, soit par action positive; — si jamais mon regard, mon oreille, aucun de mes sens — a été charmé par quelque autre apparition que lui; — si je cesse à présent, si j'ai jamais cessé, — si (m'eût-il jetée dans les misères — du divorce) je cesse jamais de l'aimer tendrement, — que la consolation se détourne de moi!... L'injustice peut beaucoup, — et son injustice peut détruire ma vie, — mais jamais elle n'altérera mon amour. Je ne peux pas dire... putain! — Cela me fait horreur, rien que de prononcer le mot; — quant à faire l'acte qui me mériterait ce surnom, — non, la masse des vanités de ce monde ne m'y déciderait pas!

IAGO.

— Je vous en prie, calmez-vous... Ce n'est qu'une boutade. — Des affaires d'État l'irritent, — et c'est à vous qu'il s'en prend (47).

DESDÉMONA.

— Oh! si ce n'était que cela!

IAGO.

Ce n'est que cela, je vous assure.

Fanfares.

— Écoutez! ces instruments sonnent l'heure du souper, — et les nobles messagers de Venise y assistent. — Rentrez et ne pleurez plus. Tout ira bien.

Tous sortent.

SCÈNE XIII (48).

[Près du château. Le soir vient.]

Iago et Roderigo se rencontrent.

IAGO.
Comment va, Roderigo?

RODERIGO.
Je ne trouve pas que tu agisses loyalement avec moi.

IAGO.
Qu'ai-je fait de déloyal?

RODERIGO.
Chaque jour tu m'éconduis avec un nouveau prétexte, Iago; et, je m'en aperçois maintenant, tu éloignes de moi toutes les chances, loin de me fournir la moindre occasion d'espoir; en vérité, je ne le supporterai pas plus longtemps; et même je ne suis plus disposé à tolérer paisiblement ce que j'ai eu la bêtise de souffrir jusqu'ici.

IAGO.
Voulez-vous m'écouter, Roderigo?

RODERIGO.
Ma foi, je vous ai trop écouté; car vos paroles et vos actions n'ont entre elles aucune parenté.

IAGO.
Vous m'accusez bien injustement.

RODERIGO.
De rien qui ne soit vrai. J'ai épuisé toutes mes ressources. Les bijoux que vous avez eus de moi pour les offrir à Desdémona auraient à demi corrompu une vestale. Vous m'avez dit qu'elle les avait reçus, et vous

m'avez rapporté le consolant espoir d'une faveur et d'une récompense prochaine; mais je ne vois rien encore.

IAGO.

Bien, continuez! Fort bien!

RODERIGO.

Fort bien! continuez! Je ne puis continuer, l'homme, et ce n'est pas fort bien. Par cette main levée, je dis que c'est fort laid et je commence à trouver que je suis dupe.

IAGO.

Fort bien!

RODERIGO.

Je vous dis que ce n'est pas fort bien! Je me ferai connaître à Desdémona. Si elle me rend mes bijoux, j'abandonne ma poursuite, et je me repens de mes sollicitations illégitimes. Sinon, soyez sûr que je réclamerai de vous satisfaction.

IAGO.

Avez-vous tout dit?

RODERIGO.

Oui, et je n'ai rien dit que je ne sois hautement résolu à faire.

IAGO.

Comment! mais je vois qu'il y a de la fougue en toi; et même, à dater de ce moment, je fonde sur toi une opinion meilleure que jamais. Donne-moi ta main, Roderigo. Tu as pris contre moi un juste déplaisir; mais pourtant je proteste que j'ai agi dans ton affaire avec la plus grande droiture.

RODERIGO.

Il n'y a pas paru.

IAGO.

J'accorde, en vérité, qu'il n'y a pas paru; et ta défiance n'est pas dénuée d'esprit ni de jugement. Mais, Roderigo, si tu as vraiment en toi ce que j'ai de meilleures raisons que jamais de te croire; c'est-à-dire de la résolution, du courage et de la valeur, que cette nuit même le montre! Et si, la nuit prochaine, tu ne possèdes pas Desdémona, enlève-moi de ce monde par un guet-apens, et imagine pour ma mort toutes les tortures!

RODERIGO.

Voyons, de quoi s'agit-il? Est-ce dans les limites de la raison et du possible?

IAGO.

Seigneur, il est arrivé des ordres exprès de Venise pour mettre Cassio à la place d'Othello.

RODERIGO.

Vraiment! Alors, Othello et Desdémona retournent à Venise.

IAGO.

Oh! non. Il va en Mauritanie et il emmène avec lui la belle Desdémona, à moins que son séjour ici ne soit prolongé par quelque accident; or, il ne peut y en avoir de plus décisif que l'éloignement de Cassio.

RODERIGO.

Qu'entendez-vous par son éloignement?

IAGO.

Eh bien! le rendre incapable de remplacer Othello : lui faire sauter la cervelle.

RODERIGO.

Et c'est là ce que vous voulez que je fasse!

IAGO.

Oui, si vous osez vous rendre à vous-même service et justice. Il soupe cette nuit avec une drôlesse, et je dois aller le rejoindre : il ne sait rien encore de son honorable promotion. Si vous voulez le guetter à sa sortie de la maison (je ferai en sorte qu'elle ait lieu entre minuit et une heure), vous pourrez l'assaillir à votre aise; je serai tout près pour seconder votre attaque et il tombera entre nous deux... Allons! ne restez pas ébahi, mais marchez avec moi. Je vous montrerai si bien la nécessité de sa mort que vous vous croirez tenu de la hâter. Il est maintenant tout à fait l'heure de souper et la nuit s'avance rapidement. A l'œuvre.

RODERIGO.

Je veux entendre de nouvelles raisons pour me décider.

IAGO.

Vous serez satisfait.

Ils sortent.

SCÈNE XIV.

[Une chambre dans le château.]

Entrent OTHELLO, LODOVICO, DESDÉMONA, ÉMILIA *et leur suite.*

LODOVICO.

Je vous en supplie, ne vous dérangez pas davantage.

OTHELLO.

— Oh! pardonnez-moi; cela me fera du bien de marcher.

LODOVICO.

— Madame, bonne nuit; je remercie humblement Votre Grâce.

DESDÉMONA.

— Votre Honneur est le très-bienvenu.

OTHELLO.

Marchons-nous, monsieur?... — Ah! Desdémona!

DESDÉMONA.

Monseigneur?

OTHELLO.

Mettez-vous au lit tout de suite. Je serai de retour im-

SCÈNE XIV.

médiatement. Congédiez votre suivante ; vous entendez bien.

DESDÉMONA.

Oui, Monseigneur.

Sortent Othello, Lodovico et la suite.

ÉMILIA.

— Comment cela va-t-il à présent? Il a l'air plus doux que tantôt.

DESDÉMONA.

— Il dit qu'il va revenir sur-le-champ. — Il m'a commandé de me mettre au lit, — et de vous congédier.

ÉMILIA.

Me congédier !

DESDÉMONA.

— C'est son ordre. Ainsi, ma bonne Émilia, — donne-moi mes vêtements de nuit, et adieu. — N'allons pas lui déplaire à présent.

ÉMILIA.

— Je voudrais que vous ne l'eussiez jamais vu.

DESDÉMONA.

Je ne le voudrais pas, moi ! Mon amour est si partial pour lui, — que même sa rigueur, ses brusqueries et ses colères... — dégrafe-moi, je te prie... ont de la grâce et du charme à mes yeux.

ÉMILIA.

J'ai mis au lit les draps que vous m'avez dits.

DESDÉMONA.

— Rien n'y fait, ma foi !... Têtes folles que nous sommes !... — Si je meurs avant toi, je t'en prie, ensevelis-moi — dans un de ces draps.

ÉMILIA.

Allons, allons, vous babillez.

DESDÉMONA.

— Ma mère avait une servante appelée Barbarie (49),

— qui était amoureuse; celui qu'elle aimait devint capricieux — et l'abandonna. Elle avait une chanson du *Saule;* — c'était une vieille chose, mais qui exprimait bien sa situation, — et elle mourut en la chantant. Ce soir, ce chant-là — ne peut pas me sortir de l'esprit (50)! j'ai grand'peine — à m'empêcher d'incliner la tête de côté — et de la chanter, comme la pauvre Barbarie... Je t'en prie, dépêche-toi.

ÉMILIA.

Irai-je chercher votre robe de nuit?

DESDÉMONA.

Non, dégrafe-moi ici... — Ce Lodovico est un homme distingué.

ÉMILIA.

— Un très-bel homme.

DESDÉMONA.

Il parle bien. —

ÉMILIA.

Je connais une dame, à Venise, qui serait allée pieds nus en Palestine pour un attouchement de sa lèvre inférieure.

DESDÉMONA, *chantant.*

I

La pauvre âme était assise près d'un sycomore.
 Chantez tous le saule vert.
Sa main sur sa tête, sa tête sur ses genoux.
 Chantez le saule, le saule, le saule.
Les frais ruisseaux coulaient près d'elle et murmuraient ses plaintes.
 Chantez le saule, le saule, le saule.

Donnant quelque objet de toilette à Émilia.

Mets ceci de côté.
 Chantez le saule, le saule, le saule.

Je t'en prie, hâte-toi. Il va rentrer.
 Chantez tous le saule vert dont je ferai ma guirlande!

II

Que personne ne le blâme ! J'approuve son dédain...

— Non, ce n'est pas là ce qui vient après... Écoute ! qui est-ce qui frappe ?

ÉMILIA.

— C'est le vent.

DESDÉMONA.

J'appelais mon amour, amour trompeur ! Mais lui, il me répondait !
Chantez le saule, le saule, le saule !
Si je courtise d'autres femmes, couchez avec d'autres hommes ! (51)

— Allons, va-t'en ! bonne nuit. Mes yeux me démangent, — est-ce un présage de larmes ?

ÉMILIA.

Cela ne signifie rien.

DESDÉMONA.

— Je l'ai entendu dire ainsi... Oh ! ces hommes ! ces hommes !... — Penses-tu, en conscience, dis-moi, Émilia, — qu'il y a des femmes qui trompent leurs maris — d'une si grossière façon ?

ÉMILIA.

Il y en a, sans nul doute.

DESDÉMONA.

— Ferais-tu une action pareille pour le monde entier ?

ÉMILIA.

— Voyons, ne la feriez-vous pas ?

DESDÉMONA.

Non, par cette lumière céleste !

ÉMILIA.

— Ni moi non plus, par cette lumière céleste ; — je la ferais aussi bien dans l'obscurité !

DESDÉMONA.

— Ferais-tu une action pareille pour le monde entier ?

ÉMILIA.

— Le monde est chose considérable; c'est un grand prix — pour un petit péché.

DESDÉMONA.

Ma foi, je crois que tu ne la ferais pas. — .

ÉMILIA.

Ma foi, je crois que je la ferais, quitte à la défaire quand je l'aurais faite. Pardieu, je ne ferais pas une pareille chose pour une bague double (52), pour quelques mesures de linon, pour des robes, des jupons, des chapeaux ni autre menue parure, mais pour le monde entier !... Voyons, qui ne ferait pas son mari cocu pour le faire monarque ? Je risquerais le purgatoire pour ça.

DESDÉMONA.

Que je sois maudite, si je fais une pareille faute pour le monde entier !

ÉMILIA.

Bah ! la faute n'est faute que dans ce monde. Or, si vous aviez le monde pour la peine, la faute n'existerait que dans votre propre monde, et vous pourriez vite l'ériger en mérite.

DESDÉMONA.

— Moi, je ne crois pas qu'il y ait des femmes pareilles.

ÉMILIA.

— Si fait, une douzaine ! et plus encore, et tout autant — qu'en pourrait tenir le monde servant d'enjeu. — Mais je pense que c'est la faute de leurs maris — si les femmes succombent. S'il arrive à ceux-ci de négliger leurs devoirs — et de verser nos trésors dans quelque giron étranger, — ou d'éclater en maussades jalousies — et de nous soumettre à la contrainte ; ou encore de nous frapper — ou de réduire par dépit notre budget accoutumé, — eh bien, nous ne sommes pas sans fiel ; et quelque vertu que nous ayons, nous avons de la rancune. Que les maris le sachent! — leurs femmes ont des sens comme eux; elles voient, elles sentent, — elles ont un palais pour le doux comme pour l'aigre, — ainsi que les maris. Qu'est-ce donc qui les fait agir — quand ils nous changent pour d'autres? Est-ce le plaisir? — je le crois. Est-ce l'entraînement de la passion? — je le crois aussi. Est-ce l'erreur de la faiblesse? — oui encore. Eh bien, n'avons-nous pas des passions, — des goûts de plaisir et des faiblesses tout comme les hommes? — Alors qu'ils nous traitent bien! Autrement, qu'ils sachent — que leurs torts envers nous autorisent nos torts envers eux!

DESDÉMONA.

— Bonne nuit, bonne nuit. Que le ciel m'inspire l'habitude, — non de tirer le mal du mal, mais de faire servir le mal au mieux!

Elles sortent.

SCÈNE XV.

[Une rue aux abords de la maison de Bianca. Il fait nuit noire.]

Entrent IAGO et RODERIGO.

IAGO.

— Ici! tiens-toi derrière ce pan de mur, il va venir à l'instant. — Porte ta bonne rapière nue et frappe au but. — Vite! Vite! Ne crains rien. Je serai à ton coude. — Ceci nous sauve ou nous perd. Pense à cela, — et fixe très-fermement ta résolution.

RODERIGO.

— Tiens-toi à portée; je puis manquer le coup.

IAGO.

— Ici même, à ta portée... Hardi! et à ton poste!

Il se retire à une petite distance.

RODERIGO.

— Je n'ai pas une grande ferveur pour l'action, — et cependant il m'a donné des raisons satisfaisantes. — Ce n'est qu'un homme de moins! En avant, mon épée! il est mort.

Il se met en place et tire son épée.

IAGO, à part.

— J'ai frotté ce jeune ulcère presque au vif, — et le voilà qui s'irrite. Maintenant, qu'il tue Cassio — ou que Cassio le tue ou qu'ils se tuent l'un l'autre, — tout est profit pour moi. Si Roderigo vit, — il me somme de lui restituer — tout l'or et tous les bijoux que je lui ai escamotés — comme cadeaux à Desdémona; — c'est ce qui ne doit pas être. Si Cassio survit, — il a dans sa vie une beauté quotidienne — qui me rend laid... Et puis, le More — pourrait me dénoncer à lui; je vois là pour moi un grand péril. — Non, il faut qu'il meure!... Mais voici que je l'entends venir.

Entre Cassio.

RODERIGO.

— Je reconnais son pas. C'est lui!... Misérable! tu es mort!

Il s'élance de son poste et porte une botte à Cassio.

CASSIO, dégaînant.

— Ce coup m'aurait été fatal, en effet, — si ma cotte n'eût été meilleure que tu ne le pensais; — je veux éprouver la tienne.

Il frappe Roderigo.

RODERIGO, tombant.

Oh! je suis tué!

Iago s'élance de son poste, atteint Cassio par derrière à la jambe, et s'enfuit (53).

SCÈNE XV.

CASSIO.

— Je suis estropié pour toujours! Du secours! holà! Au meurtre! au meurtre!

Il tombe.

Othello apparaît au fond du théâtre.

OTHELLO.

— La voix de Cassio! Iago tient sa parole.

RODERIGO.

— Oh! scélérat que je suis!

OTHELLO.

Oui, c'est bien vrai.

CASSIO.

— Oh! du secours! holà! De la lumière! un chirurgien!

OTHELLO.

— C'est bien lui!... O brave Iago, cœur honnête et juste — qui ressens si noblement l'outrage fait à ton ami, — tu m'apprends mon devoir!... Mignonne, votre bien-aimé est mort — et votre heure maudite approche... Prostituée, j'arrive! le charme de tes yeux est effacé de mon cœur. — Il faut à ton lit, souillé de luxure, la tache de sang de la luxure!

Il sort.

Entrent Lodovico et Gratiano. Ils se tiennent à distance.

CASSIO.

— Holà!... pas une patrouille! pas un passant? Au meurtre! au meurtre!

GRATIANO.

— C'est quelque malheur. Ce cri est bien déchirant.

CASSIO.

— Oh! du secours!

LODOVICO.

Écoutez.

RODERIGO.

O misérable scélérat!

LODOVICO.

— Deux ou trois voix gémissantes! Quelle nuit épaisse! — C'est peut-être un piége. Il serait imprudent, croyez-moi, — d'accourir aux cris sans avoir du renfort.

RODERIGO.

— Personne ne vient! Vais-je donc saigner à mort?

Entre Iago, en vêtement de nuit, une torche à la main.

LODOVICO.

— Écoutez!

GRATIANO.

— Voici quelqu'un qui vient en chemise avec une lumière et des armes.

IAGO.

— Qui est là? D'où partent ces cris : Au meurtre?

LODOVICO, à Iago.

— Nous ne savons.

IAGO, à Lodovico.

Est-ce que vous n'avez pas entendu crier?

CASSIO.

— Ici! ici! Au nom du ciel! secourez-moi!

IAGO.

Que se passe-t-il?

GRATIANO, à Lodovico.

— C'est l'enseigne d'Othello, il me semble.

LODOVICO.

— Lui-même, en vérité : un bien vaillant compagnon!

SCÈNE XV.

IAGO, *se penchant sur Cassio.*

— Qui êtes-vous, vous qui criez si douloureusement?

CASSIO.

— Iago! Oh! je suis massacré, anéanti par des misérables! — Porte-moi secours.

IAGO.

— Ah! mon Dieu! lieutenant! quels sont les misérables qui ont fait ceci?

CASSIO.

— Je pense que l'un d'eux est à quelques pas, — et qu'il ne peut se sauver.

IAGO.

Oh! les misérables traîtres!

A Lodovico et à Gratiano.

— Qui êtes-vous, là? Approchez et venez au secours.

RODERIGO.

— Oh! secourez-moi! ici!

CASSIO.

— Voilà l'un d'eux.

IAGO.

Oh! misérable meurtrier! Oh! scélérat!

Il poignarde Roderigo.

RODERIGO.

— Oh! damné Iago! Oh! chien inhumain!... Oh! oh! oh!

Il meurt.

IAGO.

— Tuer les gens dans les ténèbres! Où sont tous ces sanglants bandits? — Comme la ville est silencieuse! Holà! Au meurtre! au meurtre!

A Lodovico et à Gratiano.

— Qui donc êtes-vous, vous autres? Êtes-vous hommes de bien ou de mal?

LODOVICO.

— Jugez-nous à l'épreuve.

IAGO.

Le seigneur Lodovico!

LODOVICO.

— Lui-même, monsieur.

IAGO.

J'implore votre indulgence : voici Cassio blessé — par des misérables.

GRATIANO.

Cassio?

IAGO, penché sur Cassio.

Comment cela va-t-il, frère?

CASSIO.

— Ma jambe est coupée en deux.

IAGO.

Oh! à Dieu ne plaise! — De la lumière, messieurs! Je vais bander la plaie avec ma chemise.

Des gens portant des torches s'approchent. Iago bande la blessure de Cassio.

Entre BIANCA.

BIANCA.

— Que se passe-t-il? ho! qui a crié?

IAGO.

— Qui a crié?

BIANCA, se précipitant vers Cassio.

— O mon cher Cassio! mon bien-aimé Cassio! — O Cassio! Cassio! Cassio!

IAGO.

— O insigne catin!... Cassio, pouvez-vous soupçonner — qui peuvent être ceux qui vous ont ainsi mutilé?

CASSIO.

Non.

GRATIANO, à Cassio.

— Je suis désolé de vous trouver dans cet état : j'étais allé à votre recherche.

IAGO.

— Prêtez-moi une jarretière... Bien. Oh! un brancard — pour le transporter doucement d'ici (54)!

BIANCA.

— Hélas! il s'évanouit!... O Cassio! Cassio! Cassio!

IAGO.

— Messieurs, je soupçonne cette créature — d'avoir pris part à ce crime... — Un peu de patience, mon brave Cassio!... Allons! allons! — Éclairez-moi. Voyons!

S'avançant vers Roderigo.

Reconnaissons-nous ce visage ou non? — Hélas! mon ami, mon cher compatriote! — Roderigo!... Non... Si! pour sûr! O ciel! c'est Roderigo!

GRATIANO.

— Quoi! Roderigo de Venise!

IAGO.

— Lui-même, monsieur; le connaissiez-vous?

GRATIANO.

Si je le connaissais! Certes.

IAGO.

— Le seigneur Gratiano?... J'implore votre bienveillant pardon. — Ces sanglantes catastrophes doivent excuser — mon manque de forme à votre égard.

GRATIANO.

Je suis content de vous voir.

IAGO.

— Comment êtes-vous, Cassio? Oh! un brancard! un brancard!

GRATIANO.

Roderigo!

IAGO.

— Lui! lui! c'est bien lui!

On apporte un brancard.

Oh! à merveille! le brancard!...

Montrant les porteurs.

— Que ces braves gens l'emportent d'ici avec le plus grand soin. — Moi, je vais chercher le chirurgien du général...

A Bianca, qui sanglote.

Quant à vous, mistress, — épargnez-vous toute cette peine...

Montrant Roderigo.

Celui qui est là gisant, Cassio, — était mon ami cher. Quelle querelle y avait-il donc entre vous?

CASSIO.

— Nulle au monde. Je ne connais pas l'homme.

IAGO, à Bianca.

— Eh bien! comme vous êtes pâle!...

Aux porteurs.

Oh! emportez-le du grand air.

On emporte Cassio et Roderigo.

A Gratiano et à Lodovico.

— Restez, mes bons messieurs. Comme vous êtes pâle, petite dame!...

Montrant Bianca.

— Remarquez-vous l'effarement de son regard?

A Bianca.

— Si vous êtes déjà si atterrée, nous en saurons davantage tout à l'heure... — Observez-la bien; je vous prie, ayez l'œil sur elle. — Voyez-vous, messieurs? Le crime parlera toujours, — même quand les langues seraient muettes.

Entre ÉMILIA.

ÉMILIA.

— Hélas! qu'y a-t-il? Qu'y a-t-il donc, mon mari?

IAGO.

— Cassio a été attaqué ici dans les ténèbres — par

SCÈNE XV.

Roderigo et des drôles qui se sont échappés. — Il est presque tué et Roderigo est mort.

ÉMILIA.

— Hélas, bon seigneur! Hélas, bon Cassio!

IAGO.

— Voilà ce que c'est que de courir les filles... Je t'en prie, Émilia, — va demander à Cassio où il a soupé cette nuit...

A Bianca.

Quoi! est-ce que cela vous fait trembler?

BIANCA.

— Il a soupé chez moi, mais cela ne me fait pas trembler.

IAGO.

— Ah! il a soupé chez vous! Je vous somme de venir avec moi.

ÉMILIA.

— Infamie! Infamie sur toi, prostituée!

BIANCA.

— Je ne suis pas une prostituée; j'ai une vie aussi honnête — que vous qui m'insultez.

ÉMILIA.

Que moi! Fi! infamie sur toi!

IAGO.

— Gracieux seigneur, allons-nous voir panser le pauvre Cassio? — Venez, petite dame, il va falloir nous en conter d'autres. — Émilia, courez à la citadelle — dire à monseigneur et à madame ce qui est arrivé... — Partons, je vous prie.

A part.

Voici la nuit qui doit faire ma fortune ou ma ruine.

Tous sortent.

SCÈNE XVI.

[Une chambre à coucher. Desdémona est au lit endormie. Près d'elle
un flambeau allumé.]

Entre OTHELLO.

OTHELLO.

— C'est la cause, c'est la cause, ô mon âme (55)! —
Laissez-moi vous la cacher à vous, chastes étoiles! —
C'est la cause!... — Pourtant je ne veux pas faire couler
son sang — ni faire de cicatrice à cette peau plus blanche
que la neige — et aussi lisse que l'albâtre monumental.

Il dépose son épée.

— Pourtant il faut qu'elle meure; autrement, elle en
trahirait d'autres.

Montrant le flambeau.
— Éteignons d'abord cette lumière, et puis...
Montrant Desdémona.

éteignons celle-ci. — Si je souffle sur toi, ministre de
flamme, — je puis ressusciter ta clarté première, — pour
peu que je me ravise... Mais, la tienne une fois éteinte,
— ô modèle achevé de l'exquise nature, — je ne sais pas
où est le feu prométhéen — qui pourra la rallumer...
Quand j'aurai cueilli cette rose, — je ne pourrai plus lui
rendre sa séve vitale, — il faudra qu'elle se flétrisse! Je
veux la respirer sur la tige!

Il l'embrasse.

— O haleine embaumée qui persuaderait presque —
à la justice de briser son glaive... Encore un! encore un!

Il la couvre de baisers.

— Sois ainsi quand tu seras morte, et je vais te tuer,
— et je t'aimerai après... Encore un! c'est le dernier! —

Jamais chose si douce ne fut aussi fatale. Il faut que je pleure, — mais ce sont des larmes cruelles. Cette douleur-là tient du ciel, — elle châtie qui elle aime... Elle s'éveille.

DESDÉMONA.

— Qui est là? Othello?

OTHELLO.

Oui, Desdémona.

DESDÉMONA.

— Voulez-vous venir au lit, monseigneur?

OTHELLO.

— Avez-vous prié ce soir, Desdémona?

DESDÉMONA.

Oui, monseigneur.

OTHELLO.

— Si vous vous souvenez de quelque crime — que la grâce du ciel n'ait pas encore absous, — implorez-la vite!

DESDÉMONA.

— Hélas! monseigneur, que voulez-vous dire par là?

OTHELLO.

— Allons! faites et soyez brève. Je vais marcher en attendant. — Je ne voudrais pas tuer ton âme sans qu'elle fût préparée. — Non. Le ciel m'en préserve! Je ne voudrais pas tuer ton âme.

DESDÉMONA.

— Vous parlez de tuer!

OTHELLO.

Oui, j'en parle.

DESDÉMONA.

Alors, que le ciel — ait pitié de moi!

OTHELLO.

Amen! de tout mon cœur!

DESDÉMONA.

—Si vous parlez ainsi, j'espère que vous ne me tuerez pas.

OTHELLO.

Humph!

DESDÉMNA.

— Et pourtant j'ai peur de vous; car vous êtes fatal — quand vos yeux roulent ainsi. Pourquoi aurais-je peur? Je l'ignore, — puisque j'ignore ma faute; cependant je sens que j'ai peur.

OTHELLO.

— Pense à tes péchés.

DESDÉMONA.

Ce sont les tendresses que j'ai pour vous.

OTHELLO.

— Oui, et c'est pour cela que tu meurs.

DESDÉMONA.

—C'est une mort contre nature que celle qui tue pour crime d'amour. — Hélas! pourquoi rongez-vous ainsi votre lèvre inférieure?—Quelque passion sanglante agite tout votre être. — Ce sont de mauvais présages; mais pourtant j'espère, j'espère — que ce n'est pas moi qu'ils menacent.

OTHELLO.

Paix! et soyez calme.

DESDÉMONA.

— J'obéis. Mais de quoi s'agit-il?

OTHELLO.

— Ce mouchoir que j'aimais tant et que je t'avais donné, — tu l'as donné à Cassio.

DESDÉMONA.

Non, sur ma vie et sur mon âme! — Faites venir l'homme et interrogez-le.

SCÈNE XVI.

OTHELLO.

Chère âme, prends garde, — prends garde au parjure : tu es sur ton lit de mort.

DESDÉMONA.

— Oui, mais pas pour y mourir encore !

OTHELLO.

Si ! immédiatement ! — Donc confesse franchement ton crime ; — car tu aurais beau nier sous serment tous les chefs, — tu n'écarterais pas, tu n'étoufferais pas la forte conviction — dont je gémis. Tu vas mourir.

DESDÉMONA.

— Alors, que le Seigneur ait pitié de moi !

OTHELLO.

Amen, encore une fois !

DESDÉMONA.

— Et vous aussi, ayez pitié ? Jamais je ne — vous ai offensé de ma vie ; jamais je n'ai aimé Cassio — que de cette ordinaire affection à laquelle le ciel — m'autorisait. Jamais je ne lui ai donné de gage.

OTHELLO.

— Par le ciel ! J'ai vu mon mouchoir à sa main. — O femme parjure ! tu pétrifies mon cœur, — en voulant me faire voir dans l'action que j'ai résolue — un meurtre, et non plus un sacrifice ! — J'ai vu le mouchoir !

DESDÉMONA.

Alors, c'est qu'il l'a trouvé. — Je ne le lui ai jamais donné. Faites-le venir, — et qu'il avoue la vérité !

OTHELLO.

Il a avoué.

DESDÉMONA.

— Quoi, monseigneur ?

OTHELLO.

— Qu'il t'avait eue...

DESDÉMONA.

Quoi! illégitimement!

OTHELLO.

— Oui.

DESDÉMONA.

Il ne le répétera pas.

OTHELLO.

Non, sa bouche est close;—l'honnête Iago y a mis bon ordre.

DESDÉMONA.

— Oh! ma frayeur devine! Quoi! il est mort!

OTHELLO.

— Quand il aurait eu autant de vies que de cheveux, ma grande vengeance — aurait eu de la rancune pour elles toutes.

DESDÉMONA.

Hélas! il est trahi et je suis perdue!

OTHELLO.

— Fi donc, prostituée! tu pleures pour lui devant ma face!

DESDÉMONA.

— Oh! bannissez-moi, monseigneur, mais ne me tuez pas.

OTHELLO.

— A bas, prostituée!

DESDÉMONA.

— Tuez-moi demain! Laissez-moi vivre cette nuit!

OTHELLO.

— Non! Si vous vous débattez... (56)

DESDÉMONA.

Rien qu'une demi-heure!

OTHELLO.

A l'exécution — pas de sursis!

SCÈNE XVI.

DESDÉMONA.

Rien que le temps de dire une prière!

OTHELLO.

— Il est trop tard!

Il l'étouffe.

DESDÉMONA, se débattant.

Dieu!... Dieu!... Dieu!

ÉMILIA, dans l'intérieur du théâtre.

— Monseigneur! Monseigneur! Holà! Monseigneur! Monseigneur!

OTHELLO.

— Quel est ce bruit?... Pas morte! pas encore tout à fait morte! — Tout cruel que je suis, je ne suis pas sans pitié : — je ne voudrais pas prolonger ton supplice! — Ainsi! ainsi (57)!

Il l'achève.

ÉMILIA, de l'intérieur.

Holà! monseigneur! monseigneur!

OTHELLO.

Qui est là?

ÉMILIA.

— Oh! mon bon seigneur, je voudrais vous dire un mot.

OTHELLO.

— Oui... c'est Émilia... Tout à l'heure!... Elle est morte... — Il est probable qu'elle vient me parler de la mort de Cassio; — le bruit a été grand... Ah! plus un mouvement! — Calme comme la tombe... Est-il bon que je la laisse entrer? — Je crois qu'elle remue encore... Non... Que faire? — Si elle entre, elle voudra sûrement parler à ma femme... — Ma femme! ma femme! Quelle femme? Je n'ai pas de femme. — Oh! insupportable idée! Oh! heure accablante! — Il me semble qu'il devrait y avoir à présent une immense éclipse — du soleil et de la lune, et que le globe épouvanté — devrait s'entr'ouvrir à ce bouleversement.

ÉMILIA, de l'intérieur.

— Je vous en conjure, laissez-moi vous parler ! — Oh ! mon bon seigneur !

OTHELLO.

— Je t'avais oubliée. Allons, entre, Émilia.

Il va à la porte, puis se ravise et revient précipitamment vers le lit dont il ferme les rideaux.

— Doucement!... Tout à l'heure!... Tirons les rideaux... — Où es-tu? Que me veux-tu, à présent?

Il ouvre la porte.

Entre ÉMILIA.

ÉMILIA.

— Oh! mon bon seigneur, il y a un meurtre affreux commis là-bas.

OTHELLO.

— Quoi! à l'instant!

ÉMILIA.

A l'instant même, monseigneur!

OTHELLO.

— C'est la conséquence de l'aberration de la lune : — elle approche de la terre plus près que de coutume, — et elle rend fous les hommes.

ÉMILIA.

— Monseigneur, Cassio a tué un jeune Vénitien — nommé Roderigo.

OTHELLO.

Roderigo tué ! — Et Cassio tué !

ÉMILIA.

Non, Cassio n'est pas tué.

SCÈNE XVI.

OTHELLO.

— Cassio n'est pas tué? Alors le meurtre détonne, — et l'harmonieuse vengeance est faussée!

DESDÉMONA, d'une voix expirante.

— O injustement! injustement tuée!

ÉMILIA.

Ciel! quel est ce cri?

OTHELLO.

— Ce cri! Lequel?

ÉMILIA, s'élançant vers le lit.

— Horreur!... Hélas! c'était la voix de madame... — Au secours! au secours! Holà! au secours! O madame, parlez encore! — Douce Desdémona! ô douce maîtresse, parlez!

DESDÉMONA.

— Je meurs innocente!

ÉMILIA.

Mais qui a commis — cette action?

DESDÉMONA.

— Personne! Moi! moi-même! Adieu. — Recommande-moi à mon bon seigneur... Oh! adieu!

Elle meurt.

OTHELLO.

— Mais comment aurait-elle été assassinée?

ÉMILIA.

Hélas! qui sait?

OTHELLO.

— Vous l'avez entendue le dire elle-même: ce n'est pas moi.

ÉMILIA.

— Elle l'a dit; je suis tenue de rapporter la vérité.

OTHELLO.

— Elle est allée, la menteuse, dans l'enfer brûlant : — c'est moi qui l'ai tuée.

ÉMILIA.

Oh! elle n'en est que plus un ange, — et vous n'en êtes qu'un plus noir démon.

OTHELLO.

— Elle tournait au dévergondage, et c'était une putain!

ÉMILIA.

— Tu la calomnies, et tu es un démon.

OTHELLO.

— Elle était perfide comme l'onde.

ÉMILIA.

— Tu es effréné comme la flamme d'oser dire — qu'elle était perfide. Oh! elle était d'une loyauté céleste.

OTHELLO.

— Cassio l'avait saillie! Demande à ton mari d'ailleurs. — Oh! je serais damné au-dessous de toutes les profondeurs de l'enfer, — si je n'étais pas allé, sur le terrain du juste, jusqu'à cette extrémité. Ton mari a su tout cela.

ÉMILIA.

Mon mari?

OTHELLO.

Ton mari!

ÉMILIA.

— Qu'elle était infidèle au lit nuptial?.....

OTHELLO.

Oui, avec Cassio. — Si elle avait été fidèle, — quand le ciel m'aurait offert un autre univers — formé d'une seule topaze massive et pure, — je ne l'aurais pas cédée en échange.

ÉMILIA.

Mon mari!

OTHELLO.

— Oui, c'est lui qui m'a le premier parlé d'elle... —

C'est un honnête homme, et il a horreur de la fange — qui s'attache aux actions immondes.

ÉMILIA.

Mon mari!

OTHELLO.

— A quoi bon cette répétition, femme? Je dis ton mari.

ÉMILIA.

— O ma maîtresse, la scélératesse a pris pour jouet l'amour. — Mon mari a dit qu'elle était infidèle?

OTHELLO.

Lui-même, femme. — Je dis ton mari; comprends-tu le mot?— Mon ami, ton mari, l'honnête, l'honnête Iago!

ÉMILIA.

— S'il a dit cela, puisse son âme pernicieuse — pourrir d'un demi-atôme chaque jour! Il a menti du fond du cœur! — Elle n'était que trop follement éprise de son affreux choix.

OTHELLO, menaçant.

— Ah!

ÉMILIA.

Fais ce que tu voudras. — Ton action n'est pas plus digne du ciel, — que tu n'étais digne d'elle.

OTHELLO, la main sur son épée.

Taisez-vous! cela vaudra mieux!

ÉMILIA.

— Tu n'as pas pour faire le mal la moitié de la force — que j'ai pour le souffrir. O dupe! O idiot! — aussi ignorant que la crasse! Tu as commis une action... — Je ne m'inquiète pas de ton épée... Je te ferai connaître, — dussé-je perdre vingt vies!... Au secours! holà! Au secours! Le More a tué ma maîtresse! Au meurtre! Au meurtre!

Entrent Montano, Gratiano et Iago.

MONTANO.

— Que s'est-il passé? Qu'y a-t-il, général?

ÉMILIA.

— Ah! vous voilà! Iago! Il faut que vous ayez bien agi — pour que les gens vous jettent leurs meurtres sur les épaules!

GRATIANO.

— Que s'est-il passé?

ÉMILIA, à Iago, montrant Othello.

— Démens ce misérable, si tu es un homme! — Il prétend que tu as dit que sa femme le trompait. — Je sais bien que tu ne l'as pas dit : tu n'es pas un tel misérable. — Parle, car mon cœur déborde.

IAGO.

— Je lui ai dit ce que je pensais; et je ne lui ai rien dit — qu'il n'ait trouvé lui-même juste et vrai.

ÉMILIA.

— Mais lui avez-vous jamais dit qu'elle le trompait?

IAGO.

— Oui.

ÉMILIA.

— Vous avez dit un mensonge, un odieux, un damné mensonge! — Un mensonge, sur mon âme! un infâme mensonge! — Elle, le tromper! avec Cassio!... Avez-vous dit avec Cassio?

IAGO.

— Avec Cassio, mistress! Allons, retenez votre langue sous le charme!

ÉMILIA.

— Je ne veux pas retenir ma langue. C'est mon devoir de parler. — Ma maîtresse est ici gisante, assassinée dans son lit.

SCÈNE XVI.

TOUS.

— A Dieu ne plaise !

ÉMILIA.

— Et ce sont vos rapports qui ont provoqué l'assassinat!

OTHELLO.

— Çà, ne vous ébahissez pas, mes maîtres : c'est la vérité.

GRATIANO.

— C'est une étrange vérité.

MONTANO.

— O monstrueuse action !

ÉMILIA.

Trahison! trahison! trahison!—J'y songe, j'y songe... Je devine! Oh! trahison! trahison!... — Je l'ai pensé alors!... Je me tuerai de douleur... — Oh! trahison!

IAGO.

Allons, êtes-vous folle? Rentrez à la maison, je vous l'ordonne.

ÉMILIA.

— Mes bons messieurs, ne me laissez pas interdire le parole! — Il est juste que je lui obéisse, mais pas à présent! — Il se peut, Iago, que je ne retourne jamais à la maison.

OTHELLO, se jetant sur le corps de Desdémona.

— Oh! oh! oh!

ÉMILIA.

Oui, jette-toi là et rugis! — Car tu as tué la plus adorable innocente — qui ait jamais levé les yeux au ciel.

OTHELLO.

Oh! elle était impure!

Se relevant.

— Je ne vous reconnaissais pas, mon oncle : votre nièce est ici gisante : — ces mains viennent en effet de lui ôter le souffle. — Je sais que cette action semble horrible et hideuse.

GRATIANO.

— Pauvre Desdémona! Je suis heureux que ton père ne soit plus! — Ton mariage lui a été fatal, et une pure douleur — a tranché le fil usé de ses jours. S'il vivait encore, — ce spectacle l'aurait jeté dans le désespoir; — il aurait maudit son bon ange, — et il serait tombé parmi les réprouvés.

OTHELLO.

— C'est bien malheureux, mais Iago sait — qu'elle a mille fois commis avec Cassio — l'acte d'impudeur. Cassio l'a avoué. — Et elle l'a récompensé de ses tendres labeurs — en lui donnant le premier souvenir, le premier gage d'amour — qu'elle avait eu de moi; je l'ai vu à la main de Cassio; — c'était un mouchoir, antique offrande — que ma mère avait reçue de mon père.

ÉMILIA.

— O ciel, ô puissances célestes!

IAGO.

Allons, taisez-vous.

ÉMILIA.

— Le jour se fera! le jour se fera!... Me taire, monsieur? Non! — Non, je veux parler, libre comme l'air! — Quand le ciel et les hommes et les démons, quand tous, — tous, tous crieraient : Honte! sur moi, je parlerai.

IAGO.

— Soyez raisonnable et rentrez.

ÉMILIA.

Je ne veux pas.

Iago menace sa femme de son épée.

GRATIANO.

Fi! — votre épée contre une femme!

ÉMILIA.

— O More stupide ! ce mouchoir dont tu parles, — je l'avais trouvé par hasard et donné à mon mari : — car mainte fois, avec une insistance solennelle — que ne méritait pas un pareil chiffon, — il m'avait suppliée de le voler !

IAGO.

Misérable catin !

ÉMILIA.

— Elle l'a donné à Cassio? Non. Hélas! c'est moi qui l'ai trouvé — et qui l'ai donné à mon mari!

IAGO.

Carogne, tu mens !

ÉMILIA.

— Par le ciel, je ne mens pas! Je ne mens pas, messieurs !

A Othello.

— O meurtrier idiot! qu'est-ce qu'un fou pareil — pouvait faire d'une si noble femme?

Iago frappe Émilia de son épée et se sauve.

OTHELLO.

N'y a-t-il donc de foudres au ciel — que pour tonner? Oh! l'insigne scélérat!

Pendant qu'Othello parle, Montano lui enlève son épée.

GRATIANO, *montrant Émilia qui chancelle.*

— Elle tombe; pour sûr, il a tué sa femme.

ÉMILIA.

— Oui, oui. Oh! mettez-moi à côté de ma maîtresse.

On la porte sur le lit.

GRATIANO.

— Il s'est enfui, laissant sa femme assassinée.

MONTANO.

— L'infâme scélérat! Prenez cette épée — que je viens de retirer au More, — et allez garder la porte en déhors;

ne le laissez pas sortir, — tuez-le plutôt. Moi, je cours après le fuyard, — car c'est un misérable damné!

Montano et Gratiano sortent.

OTHELLO.

Je ne suis même plus vaillant. — Le premier marmouset venu me prend mon épée! — Mais de quel droit l'honneur survivrait-il à l'honnêteté? — Que tout finisse à la fois!

ÉMILIA, d'une voix mourante.

Que présageait ta chanson, maîtresse?... — Écoute! peux-tu m'entendre? Je vais faire comme le cygne — et expirer en musique... *Le saule! Le saule! Le saule!...* — More, elle était chaste; elle t'aimait, cruel More. — Puisse mon âme n'aller à la béatitude que si je dis vrai! — En disant ce que je pense, je meurs, je meurs!

Elle expire.

OTHELLO.

— J'ai une autre arme dans cette chambre : — c'est une épée d'Espagne trempée dans l'eau glacée. — Oh! la voici.

S'avançant vers la porte.

Mon oncle, il faut que je sorte!

GRATIANO, du dehors.

— Si tu essayes, il t'en coûtera cher. — Tu n'as pas d'arme; il faut te résigner forcément.

OTHELLO.

— Regarde-moi donc et parle-moi; — sinon, tout désarmé que je suis, je me jette sur toi!

Rentre GRATIANO.

GRATIANO.

— Qu'y a-t-il?

OTHELLO.

— Regardez! j'ai une arme : — jamais meilleure épée

n'appuya — sur la cuisse d'un soldat. J'ai vu le jour — où, avec ce faible bras et cette bonne lame, — je me suis fait un chemin à travers des obstacles — vingt fois plus puissants que votre résistance. Mais, ô vaine forfanterie! — qui peut maîtriser sa destinée? Il n'en est plus ainsi à présent! — ¡Ne vous effrayez pas, même en me voyant armé. — Voici le terme de mon voyage, en voici le but, — voici le point de repère de ma voile épuisée! — Vous reculez d'effroi? Crainte superflue! — Menacez seulement d'un roseau la poitrine d'Othello, — et il reculera... Où donc irait Othello?

<small>Contemplant Desdémona.</small>

— Ah! quelle mine tu as maintenant, fille de mauvaise étoile! — Pâle comme ta chemise! — quand nous nous rencontrerons au jour du jugement, — ton apparition précipitera mon âme du ciel, — et les démons l'attraperont. Froide! Froide, ma fille! — Froide comme ta chasteté!... — O maudit, maudit scélérat! Fouettez-moi, démons, — loin des jouissances de cette vision céleste! — Soufflez-moi dans vos ouragans! Rôtissez-moi dans le soufre! — Lavez-moi aux torrents profonds de la flamme liquide!..... — O Desdémona! Desdémona! Morte! — morte! Oh! oh! oh!

<small>Entrent Lodovico, Montano, Cassio, porté sur un brancard, puis des officiers conduisant sous escorte Iago prisonnier.</small>

LODOVICO.

— Où est ce forcené? où est ce malheureux?

OTHELLO.

— Voici celui qui fut Othello : me voici.

LODOVICO, cherchant Iago.

— Et où est cette vipère? Faites avancer ce scélérat!

OTHELLO, considérant Iago.

— Je regarde ses pieds... Mais c'est une fable. — Si tu es un diable, je ne puis te tuer.

Il blesse Iago.

LODOVICO.

— Arrachez-lui son épée.

IAGO.

Mon sang coule, monsieur; mais je ne suis pas tué.

OTHELLO.

— Je n'en suis pas fâché : je souhaite que tu vives : — car à mon sens, c'est un bonheur de mourir.

LODOVICO.

— O Othello, toi qui, si bon jadis, — es ainsi tombé dans le piége d'un scélérat maudit, — que peut-on te dire?

OTHELLO.

Tout! tout! — Appelez-moi honorable meurtrier, si vous voulez; — car je n'ai rien fait par haine, j'ai fait tout par honneur.

LODOVICO.

— Ce misérable a en partie confessé son crime. — Étiez-vous d'accord avec lui pour la mort de Cassio?

OTHELLO.

— Oui.

CASSIO.

Cher général, je ne vous ai jamais donné sujet de haine.

OTHELLO.

— Je le crois, et j'implore votre pardon... — Voulez-vous, je vous prie, demander à ce demi-démon — pourquoi il m'a ainsi englué corps et âme?

IAGO.

— Ne me demandez rien : ce que vous savez, vous le savez. — Désormais je ne dis plus une parole.

LODOVICO.

— Quoi! pas même pour prier?

GRATIANO.

La torture vous ouvrira les lèvres.

OTHELLO, à Iago.

— Tu fais bien, après tout.

LODOVICO.

— Monsieur, vous allez apprendre ce qui est arrivé; — car vous l'ignorez, je pense. Voici une lettre — qu'on a trouvée dans la poche de Roderigo assassiné, — et en voici une seconde. L'une prouve — que Roderigo devait se charger — du meurtre de Cassio.

OTHELLO.

— O scélérat!

CASSIO.

Abomination païenne!

LODOVICO.

— L'autre est une lettre de reproches — trouvée aussi dans la poche du mort, que sans doute — Roderigo voulait envoyer à ce damné scélérat, — mais il paraît que dans l'intervalle Iago — est survenu et l'a satisfait.

OTHELLO.

Oh! le pernicieux drôle! — Comment, Cassio, avez-eu ce mouchoir — qui était à ma femme?

CASSIO.

Je l'ai trouvé dans ma chambre; — et lui-même vient d'avouer à l'instant — qu'il l'avait laissé tomber pour le projet spécial — qui a réussi selon ses désirs.

OTHELLO.

O niais! niais! niais!

CASSIO.

— En outre, dans cette même lettre, Roderigo — reproche à Iago de l'avoir poussé — à me braver sur la place de garde. Et tout à l'heure encore, — quand on le croyait mort depuis longtemps, il a dit qu'Iago l'avait aposté — et qu'Iago l'avait frappé.

LODOVICO, à Othello.

— Vous allez quitter cette chambre et nous suivre. — Votre pouvoir, votre commandement vous sont enlevés, — et c'est Cassio qui gouverne à Chypre. Quant à ce gueux, — s'il est quelque savant supplice — qui puisse le torturer en le laissant vivre longtemps, — il lui est réservé.

A Othello.

Vous, vous resterez prisonnier — jusqu'à ce que la nature de votre faute soit connue — du sénat de Venise... Allons, qu'on l'emmène !

OTHELLO.

— Doucement, vous ! Un mot ou deux avant que vous partiez ! — J'ai rendu à l'État quelques services, on le sait : n'en parlons plus. Je vous en prie, dans vos lettres, — quand vous raconterez ces faits lamentables, — parlez de moi tel que je suis ; n'atténuez rien, — mais n'aggravez rien. Alors vous aurez à parler — d'un homme qui a aimé sans sagesse, mais qui n'a que trop aimé, — d'un homme peu accessible à la jalousie, mais qui, une fois travaillé par elle, — a été entraîné jusqu'au bout, d'un homme dont la main, — comme celle du Juif immonde, a jeté au loin une perle — plus riche que toute sa tribu, d'un homme dont les yeux vaincus, — quoique inaccoutumés à l'attendrissement, — versent des larmes aussi abondamment que les arbres arabes — leur gomme salutaire ! Racontez cela, et dites en outre qu'une fois, dans Alep, — voyant un Turc, un mécréant en turban, battre un Vénitien et insulter l'État, — je saisis ce chien de circoncis à la gorge, — et le frappai ainsi.

Il se perce de son épée.

SCÈNE XVI.

LODOVICO.

— O conclusion sanglante !

GRATIANO.

Toute parole serait perdue.

OTHELLO, s'affaissant sur Desdémona.

— Je t'ai embrassée avant de te tuer... Il ne me reste plus — qu'à mourir en me tuant sur un baiser !

Il expire en l'embrassant.

CASSIO.

— Voilà ce que je craignais, mais je croyais qu'il n'avait pas d'arme ; — car il était grand de cœur !

LODOVICO, à Iago.

O limier de Sparte ! — plus féroce que l'angoisse, la faim ou la mer ! — Regarde le fardeau tragique de ce lit ! — Voilà ton œuvre !... Ce spectacle empoisonne la vue. — Qu'on le voile !

On tire les rideaux sur le lit.

Gratiano, gardez la maison, — et saisissez-vous des biens du More, — car vous en héritez.

A Cassio.

A vous, seigneur gouverneur, — revient le châtiment de cet infernal scélérat. — Décidez l'heure, le lieu, le supplice... Oh ! qu'il soit terrible ! — Quant à moi, je m'embarque à l'instant et je vais au sénat — raconter, le cœur accablé, cette accablante aventure.

Ils sortent (58).

FIN D'OTHELLO.

NOTES

SUR

CYMBELINE ET OTHELLO.

(1) *Cymbeline* a été imprimé, pour la première fois, dans la grande édition in-folio de 1623. Cette pièce, qui ferme la série des *Tragédies*, prend place immédiatement après *Antoine* et *Cléopâtre*, et termine le volume. Parce qu'elle fut publiée la dernière, faut-il en conclure avec Tieck qu'elle fut la dernière œuvre de Shakespeare représentée sur la scène? D'après le critique allemand, elle aurait été écrite vers 1615, c'est-à-dire un an environ avant la mort du poëte. Mais une découverte récente a mis à néant cette conjecture. M. Collier, le savant commentateur, a retrouvé une analyse complète de *Cymbeline* dans un journal rédigé durant les années 1610 et 1611, par un certain docteur Symon Forman, qui rend également un compte détaillé de la *Tempête* et du *Conte d'hiver*, joués vers la même époque par la troupe du *Globe*. M. Collier n'hésite pas à croire que les trois pièces, contemporaines par la mise en scène, le sont en outre par la composition, et je me range volontiers à un avis qui émane de cette haute sagacité. Ce n'est pas seulement par le style, par la forme à la fois concise et imagée, par l'expression elliptique, par l'allure libre de la phrase à travers le vers, par la fréquence des enjambements, que ces pièces se ressemblent : c'est par la pensée intime, par le mélange de fantastique et de réel, qui leur est commun, c'est

par la sérénité de l'action, et surtout par cette teinte générale de douce mélancolie qui répand sur les trois pièces comme un même crépuscule.

Je pense donc avec M. Collier que *Cymbeline* a dû être écrit vers l'année 1610, dans une période fugitive où le poëte, dégagé des passions de la jeunesse et peut-être réconcilié par le succès avec la destinée, regardait la vie d'un œil moins amer. Malone a fixé la représentation de *Cymbeline* à l'année 1605, mais les raisons qu'il a données sont tellement puériles, qu'elles ne supportent pas la discussion. Selon cet éditeur, *Cymbeline* a dû être écrit après *Lear* et avant *Macbeth*, parce que tel est l'ordre que Holinshed indiquait à Shakespeare, en lui racontant successivement les faits et gestes de ces trois rois ! Il m'est difficile, je l'avoue, de me laisser persuader par un argument de cette force. Si la succession historique devait être adoptée comme règle pour la classification des pièces de Shakespeare, il faudrait, pour être logique, placer au commencement de son théâtre les pièces romaines, qui en furent tout au contraire le couronnement. C'est-à-dire qu'il faudrait bouleverser l'œuvre entière du poëte. L'absurdité de ce système ressort de ses conséquences même.

Représenté tout d'abord dans les premières années du règne de Jacques Ier, *Cymbeline* fut repris avec un grand succès à la cour de Charles Ier, et le roi lui-même témoigna, pour la pièce, une admiration qui fut enregistrée officiellement par sir Henry Herbert, maître des cérémonies. Après une longue interruption causée par la fermeture de la scène, sous le régime puritain, ce drame reparut au Théâtre-Royal, pendant le règne de Jacques II, après avoir été malheureusement remanié par un certain Thomas Dursey, qui le fit jouer sous ce titre : *la Princesse insultée* ou *le Pari fatal*. Cette altération, je devrais dire cette dégradation, n'a pas été la seule que *Cymbeline* ait eu à subir. Dans le courant du dix-huitième siècle, il fut *arrangé* pour trois théâtres différents : par Charles Marsh, en 1775, par W. Hawkins, en 1759, et par Garrick, en 1761. De nos jours, *Cymbeline*, enfin restitué à son auteur dans sa pureté primitive, a repris triomphalement sa place dans le répertoire shakespearien, devant un public qui n'a cessé de prouver, par son empressement même, son enthousiasme pour l'œuvre originale.

(2) Deux éléments entrent dans la composition de *Cymbeline* : l'élément légendaire et l'élément historique. J'ai démontré, dans l'introduction, que l'élément légendaire avait été fourni au poëte par le roman français. Quant à l'élément historique, Shakespeare l'a

emprunté à la chronique de Holinshed. Le roi Cymbeline est un des successeurs du roi Lear et appartient, comme celui-ci, à cette dynastie païenne dont Brutus, petit-fils du héros Hector, passait pour le fondateur. Voici les détails que Holinshed donne sur ce prince presque fabuleux :

« Après la mort de *Cassibelan*, Théomantius ou Tenantius, le plus jeune fils de Lud, fut fait roi de Bretagne en l'an du monde 3921, depuis la fondation de Rome 706, et avant la venue du Christ 45. Il est nommé aussi dans une des chroniques anglaises Tormace ; dans la même chronique, il est rapporté que ce ne fut pas lui, mais son frère Androgée qui fut roi ; mais Geoffroy de Monmouth et d'autres certifient qu'Androgée abandonna complètement le pays et vécut continuellement à Rome, sachant que les Bretons le haïssaient pour la trahison qu'il avait commise en aidant Jules-César contre Cassibelan. Théomantius gouverna le pays en paix, et acquitta le tribut que Cassibelan avait consenti envers les Romains ; finalement, il quitta cette vie, après avoir régné vingt-deux ans, et fut enterré à Londres.

» CYMBELINE ou Kymbeline, fils de Théomantius, fut fait roi des Bretons après le décès de son père, trente-trois ans avant la naissance de notre Sauveur. Cet homme (selon plusieurs écrivains) fut élevé à Rome, et *là, fait chevalier par César Auguste*, sous qui il servit dans les guerres, et fut en telle faveur auprès de lui, qu'il eut la liberté d'acquitter ou de refuser le tribut. Les écrivains varient touchant le nombre d'années que Cymbeline régna, mais les mieux accrédités affirment qu'il régna trente-cinq ans et qu'il fut enterré à Londres, laissant derrière lui deux fils, GUIDÉRIUS et ARVIRAGUS. Mais ici il est à remarquer que, quoique nos Annales affirment que Cymbeline vécut en paix avec les Romains, aussi bien que son père Théomantius, et qu'il paya continuellement le tribut que les Bretons étaient convenus avec Jules César d'acquitter, cependant nous trouvons dans les auteurs romains qu'après la mort de Jules César, quand Auguste eut assumé le gouvernement de l'Empire, les Bretons refusèrent de payer ce tribut. Sur quoi, comme le rapporte Tacite, Auguste, étant occupé autrement, consentit à fermer les yeux, malgré les instantes prières que lui adressèrent, pour lui faire réclamer ses droits, ceux qui désiraient voir l'épuisement de la monarchie bretonne ; à la fin, cependant, dans la dixième année qui suivit la mort de Jules César, laquelle était environ la treizième du règne de Théomantius, Auguste fit des préparatifs pour passer en Bretagne avec une armée et s'avança dans la Gaule celtique, nous pourrions dire jusqu'au bout de la France.

» Mais là ayant reçu avis que les Pannoniens qui habitaient la contrée maintenant appelée Hongrie, et les Dalmates, que nous appelons aujourd'hui Esclavons, s'étaient révoltés, il jugea plus prudent d'aller soumettre des rebelles si voisins que d'envahir de nouvelles contrées, en courant risque de perdre celles qu'il possédait déjà; et sur ce, tournant toutes ses forces contre les Pannoniens et les Dalmates, il ajourna provisoirement la guerre de Bretagne. Le pays fut donc délivré de toute crainte d'invasion, jusqu'en l'an 725 de la fondation de Rome (environ le dix-neuvième du règne de Théomantius), époque à laquelle Auguste quitta de nouveau Rome avec une armée, dans l'intention de passer en Bretagne pour y faire la guerre. Mais après son arrivée en Gaule, les Bretons lui ayant envoyé des ambassadeurs pour traiter avec lui de la paix, il s'arrêta pour régler l'état des choses chez les Gaulois, qui ne vivaient pas en très-bon ordre. Après quoi, il s'en alla en Espagne, et son voyage en Bretagne fut remis à l'année suivante. Ce fut alors qu'Auguste pensa pour la troisième fois faire une expédition en Bretagne. Mais, de même que les Pannoniens et les Dalmates l'avaient retenu une première fois au moment où il comptait marcher contre les Bretons, de même alors les Salastiens (peuple habitant aux confins de l'Italie et de la Suisse), les Cantabriens et les Asturiens le détournèrent par leurs mouvements séditieux de l'expédition projetée. *La contestation, qui paraît s'être élevée entre les Bretons et Auguste, fut-elle occasionnée par Cymbeline ou par quelque autre prince de Bretagne, c'est ce que je ne puis certifier*; car il est rapporté par nos auteurs que Cymbeline, ayant été élevé à Rome et fait chevalier à la cour d'Auguste, se montra toujours l'ami des Romains, et qu'il se refusait surtout à rompre avec eux, par la crainte que les jeunes Bretons ne fussent privés du privilége d'être exercés et élevés chez les Romains, et partant des moyens d'apprendre à se conduire en gens civils et de connaître l'art de la guerre. Soit par cette considération, soit parce qu'il plut au Dieu tout-puissant de disposer ainsi les esprits, toujours est-il que non-seulement les Bretons, mais en quelque sorte toutes les autres nations se résignèrent à obéir à l'empire romain. »

Par l'extrait que je viens de traduire, on voit que Holinshed laissa en suspens la question de savoir si les Bretons refusèrent ou non de payer le tribut convenu avec les Romains. Ce doute laissait Shakespeare maître de choisir l'une ou l'autre version, sans violer ce qui passait de son temps pour être la vérité historique. Le poëte a opté pour la version du refus qui, en expliquant l'invasion de la Bretagne par les troupes d'Auguste, lui permettait de réunir sur le champ de bataille les principaux personnages de son drame, Cymbeline, Bélarius, Guidérius, Arviragus, Posthumus, Iachimo et Imogène.

(3) J'indique ici la décoration de l'appartement d'Imogène d'après la description minutieuse qu'en fait Iachimo à la scène X. Il est important que le lecteur soit d'avance familier avec tous les détails de cet ameublement qui tout à l'heure vont être produits comme autant de pièces de conviction à la charge d'Imogène. Shakespeare a fait comme les grands peintres, ses contemporains, qui prêtaient à leurs personnages, quels qu'ils fussent, les costumes et les modes de la Renaissance; il a placé son héroïne dans la chambre à coucher d'une princesse du seizième siècle. En entrant dans cette splendide chambre tendue d'une tapisserie soie et argent, en regardant cette cheminée dont quelque Germain Pilon a sculpté le manteau, en considérant ces chenets qu'a ciselés quelque Cellini, nous sommes transportés bien loin de ces misérables habitations celtiques qu'a décrites Strabon : « Les Bretons construisent leurs maisons de bois en forme de cercle, avec de grands toits pointus... Les forêts des Bretons sont leurs cités; dès qu'ils ont enclos de troncs d'arbres un large circuit, ils construisent, dans l'intérieur, des maisons pour eux-mêmes, et des granges pour leurs bestiaux. » Devant la description de l'appartement d'Imogène, les pédants comme Johnson ne manqueront pas de crier à l'anachronisme. Anachronisme, soit! Quand Paul Véronèse a peint les noces de Cana, quand il nous a montré François Ier parmi les convives de Jésus-Christ, il a fait un anachronisme. Quand, dans un de ces merveilleux cartons qui sont aujourd'hui le trésor de Hampton-Court, Raphaël a appuyé sur des colonnes torses la belle porte du temple de Jérusalem, il a fait un anachronisme. Et pourtant les *Noces de Cana* sont un chef-d'œuvre! Et pourtant la *Guérison du boiteux* est un chef-d'œuvre!

(4) Cassibelan était le grand oncle de Cymbeline. Il ne consentit à payer le tribut qu'après une résistance d'abord victorieuse que raconte ainsi la chronique de Holinshed : « Nos histoires affirment que César, étant venu pour la seconde fois, fut battu et repoussé vaillamment par les Bretons, comme il l'avait été à la première; Cassibelan avait enfoncé dans la Tamise de grands troncs d'arbres, garnis de fer, sur lesquels se perdirent les navires ennemis, après être entrés dans la rivière; après avoir débarqué, César fut vaincu en bataille rangée, et forcé de fuir en Gaule avec les navires qui lui

restaient. En réjouissance de cette seconde victoire (dit Galfrid), *Cassibelan fit une grande fête à Londres et offrit un sacrifice aux dieux.* » C'est ce double triomphe des Bretons que la reine va rappeler tout à l'heure à l'envoyé d'Auguste.

(5) La ville de Lud (*Lud's town*) n'est autre que la ville actuelle de Londres (*London*, qu'on suppose être une contraction de *Lud's town*). Le roi Lud était le frère de Cassibelan qu'il précéda sur le trône. Ce fut lui qui, d'après la tradition, rebâtit la fabuleuse capitale construite par le petit-fils d'Hector, sous le nom de Nouvelle-Troie, *Troynovant.* C'est de Lud que le poëte Spenser a dit, au deuxième chant de *la Reine des Fées* :

> He (Hely) had two sonnes, whose eldest, called *Lud*,
> Left of his life most famous memory,
> And endlesse moniments of his great good :
> The ruin'd walls he did reædifye
> Of *Troynovant*, gainst force of enimy,
> And built that gate which of his name is hight,
> By which he lyes entombed solemnly :
> He left two sonnes, too young, to rule aright,
> Androgeus and Tenantius, pictures of his might.

« Hély eut deux fils dont l'aîné, nommé *Lud*, — laissa le plus fameux souvenir de sa vie — et des monuments sans fin de sa grande bonté ; — il réédifia les murailles ruinées — de la *Nouvelle Troie* pour la protéger contre l'ennemi, — et construisit cette porte qui reçut son nom — et près de laquelle il gît enterré solennellement. — Il laissa deux fils, trop jeunes pour régner, — Androgée et Tenantius, portraits de sa puissance. ».

La porte que bâtit le roi Lud n'existe plus, mais il y a encore à l'entrée de la Cité une rue qui garde le nom de Ludgate (*Porte de Lud*).

(6) « Mulmucius, fils de Cloten, triompha des autres ducs, et après la mort de son père régna sur toute la monarchie bretonne en l'an du monde 3529. Il fit beaucoup de bonnes lois qui furent en usage longtemps après sous le nom de *lois de Mulmucius*, et qui furent traduites du breton en latin par Gildas Priscus, puis beaucoup plus tard du latin en anglais par Alfred, roi d'Angleterre, lequel les introduisit dans ses statuts. Après avoir établi l'ordre dans le pays, il s'attribua, de l'avis de ses lords, une couronne d'or et se fit couron-

ner avec une grande solennité ; et, *comme il fut le premier qui porta une couronne ici en Bretagne,* il est nommé le premier roi de Bretagne, et tous ses prédécesseurs sont nommés chefs, ducs ou gouverneurs. » *Holinshed,* livre III, chapitre 1ᵉʳ.

(7) Le commentateur Douce ne manque pas ici de faire remarquer que l'auteur commet un anachronisme en conférant au roi païen Cymbeline l'ordre de la chevalerie, qui ne fut institué que beaucoup plus tard. Mais M. Douce, tout savant qu'il est, ne connaît pas aussi bien que Shakespeare, la véridique histoire de Holinshed, — laquelle histoire établit positivement que « *Cymbeline* fut élevé à Rome et là *fait chevalier par César Auguste.* »

(8) Ici encore le poëte prête à ses personnages les mœurs de son temps. Le fidèle Pisanio offre à Imogène le costume complet d'un gentilhomme de la cour d'Élisabeth, *chapeau, pourpoint et haut de chausses.* Voilà un pourpoint, diront encore les pédants, qui ressemble bien peu à la saga dont étaient revêtus les Celtes, au rapport de Diodore de Sicile. — Laissons rire les pédants et admirons.

(9) C'était, au temps de Shakespeare, une croyance populaire que le rouge-gorge prenait soin d'ensevelir sous la mousse et sous les fleurs les cadavres humains qui n'avaient pas été enterrés. Un poëte contemporain de notre auteur, Drayton, rappelle cette gracieuse superstition dans ces deux vers :

> Covering with moss the dead's unclosed eye,
> The little redbreast teacheth charity.

> Couvrant de mousse l'œil non fermé du mort,
> Le petit rouge-gorge enseigne la charité.

(10) Cet incident, si invraisemblable qu'il paraisse, est strictement historique. Shakespeare n'a fait qu'en changer la date, en rapportant sous le règne de Cymbeline un événement qui eut lieu en 976, durant la guerre que Kenneth d'Écosse soutint contre les Danois. Voici le récit détaillé que le poëte a trouvé dans Holinshed : « Les Danois, comprenant qu'ils n'avaient plus d'espoir de conserver la vie, si ce n'est par la victoire, s'élancèrent avec une telle violence sur leurs adversaires, que d'abord l'aile droite, puis l'aile gauche des Écossais, furent forcées de plier et de fuir. Le centre maintint résolûment le terrain, mais, étant laissé à nu sur les côtés, il était tellement exposé que la victoire serait forcément restée aux Danois, si un

redresseur de bataille n'était intervenu à temps, par l'exprès commandement (ainsi le croyait-on) du Dieu tout-puissant; car la chance voulut qu'il y eût dans un champ voisin un laboureur occupé à travailler avec ses deux fils. Ce laboureur, nommé Haïe, était un homme fort et roide de constitution, mais doué d'un fier courage. Reconnaissant que le roi, tout en combattant fort vaillamment au centre avec la plupart de ses nobles, était, par la rupture de ses ailes, en grand danger d'être écrasé par la grande violence de ses ennemis, Haie prit un soc de charrue dans sa main, et, exhortant ses fils à en faire autant et à le suivre, s'élança dans la mêlée. Il y avait près du champ de bataille un long défilé, flanqué sur chaque côté de fossés et de talus, dans lequel les Écossais qui fuyaient tombaient par monceaux sous les coups de l'ennemi. Supposant que c'était le meilleur moyen d'arrêter la retraite, Haie et ses deux fils se portèrent en travers du défilé, et repoussèrent les fuyards, n'épargnant ni amis ni ennemis. Tous ceux qui se mettaient à leur portée étaient abattus; ce qui fit que plusieurs personnages hardis crièrent à leurs camarades de retourner à la bataille. » — *Histoire d'Écosse*, page 155.

(11) Le commentateur Malone, dans la classification chronologique des pièces de Shakespeare, fixe à l'année 1611 la première représentation d'*Othello*, mais un manuscrit récemment découvert par M. Collier dans les archives de Bridgewater-House, a démontré l'erreur de cette classification. Dans le compte des dépenses faites par lady Derby et par sir Thomas Egerton pour la réception de la reine Élisabeth à leur château de Harefield, en l'an de grâce 1602, il est fait mention d'une somme de dix livres accordées pour la représentation d'*Othello* au comédien Burbage et à sa troupe. Voici en quels termes singulièrement dédaigneux ce payement est mentionné dans la note tout entière écrite de la main de sir Arthur Mainwaring :

	L.	S.	D.
3 *Août* 1602. Gratifications à quelques dignitaires de la maison de Sa Majesté et à divers personnages. . .	66	12	4
6 *Août* 1602. Rémunérations aux bateleurs, acteurs et danseurs. Dont 10 *livres à la troupe Burbage*, pour OTHELLO.	64	18	10
Récompense à l'homme de M. Lylly qui a apporté la caisse de *la loterie* à Harefield (payement fait par M. André Leigh). . . .	00	10	0

20 *Août* 1602. Payé en outre par moi pour les lots à M. l'Intendant. 18 2 9

Les fêtes de Harefield durèrent trois jours et coûtèrent environ 10,000 livres (250,000 francs de notre monnaie).

La loterie dont il s'agit ici était une galanterie faite aux femmes qui avaient été conviées à ces fêtes. Il paraîtrait qu'un arbre artificiel avait été dressé, portant à des branches des cœurs d'or et d'argent en guise de fruits. Chaque dame qui gagnait à la tombola cueillait un de ces fruits, l'ouvrait et y trouvait un quatrain à l'éloge de sa beauté. On a conservé la copie de ces madrigaux que se partagèrent toutes les heureuses, lady Derby, lady Huntingdon, lady Hunsdon, lady Berkeley, lady Stanhope, lady Compton, lady Fielding, mesdames Gresley, Packington, K. Fischer, Saycheverell, M. Fischer, Davers et Egerton. Ces madrigaux sont signés W. S K., et, comme le K, légèrement tremblé a un peu l'apparence d'un H, quelques archéologues ont cru reconnaître les initiales de William Shakespeare. Je ne puis, pour ma part, adopter cette opinion, et attribuer à l'auteur d'*Othello* ces devises dont nos mirlitons ne voudraient pas. Pour l'édification de nos lecteurs, je traduis ici les deux premières.

A LADY DERBY.

Comme ce vœu est sans fin, infinie soit votre joie!
Faites cas du souhait et non du brimborion qui le contient!
Que, pour un bonheur passé, Dieu vous en envoie sept,
Et à la fin les joies infinies du ciel!

A LADY HUNSDON.

Hélas! votre fortune devrait être meilleure.
Votre serviteur sera toujours votre débiteur.
Puisque rien n'égale vos mérites,
Acceptez le cœur fidèle de votre serviteur.

Comment le plus grand poëte de la Renaissance aurait-il pu commettre ces quatrains-là?

Une découverte qui me paraît bien plus intéressante et dont nous devons remercier M. Collier, c'est celle de la ballade anonyme qu'inspira la représentation d'*Othello* à quelque ménestrel contemporain de Shakespeare. Je traduis ici cette ballade, parce qu'elle me paraît rendre d'une manière originale l'impression de la foule qui se pressait au théâtre de notre poëte, et aussi parce qu'elle contient quelques révélations curieuses sur la manière dont le drame était joué vers la fin du règne de Jacques Ier.

LA TRAGÉDIE DU MORE OTHELLO.

Les affreux effets de la jalousie,
La rancune mortelle d'Othello,
La cruelle trahison d'Iago,
Et la mort de Desdémona,
Voilà ce que, si vous voulez l'acheter,
Vous pouvez lire dans cette ballade
Qui raconte l'action la plus noire, la plus sanguinaire
Que les yeux aient jamais vue.

Dans la cité de Venise, il y a longtemps,
Vivait un noble More
Qui à la fille d'un prince
S'était marié en secret.
Elle était aussi blanche qu'il était noir,
— Un rayon et un nuage ! —
Elle était douce comme une joueuse enfant,
Mais il était farouche et fier,

Et il l'aimait autant qu'il pouvait,
Car elle l'aimait tendrement.
Elle raffolait de son front sombre
Et de sa personne basanée.
Othello était ce noble More,
Un soldat souvent éprouvé
Qui gagna bien des victoires
Pour enfler l'orgueil vénitien !

Desdémona la blonde était le nom
Que portait cette aimable dame.
Son père avait grande richesse et grand crédit,
Et elle était son unique héritière.
Aussi, dès qu'il découvrit
Que sa fille était ainsi pourvue,
Il s'évertua à briser leur lien,
Mais ne fit que le raffermir.

Il se réjouit d'apprendre,
Ayant travaillé dans ce but,
Que l'État voulait séparer le More de sa femme
Pour l'envoyer contre le Turc.

Mais elle ne voulut pas rester en arrière,
Ne s'étant pas mariée pour cela ;
Elle voulait vivre et mourir avec un homme si bon!
Et elle l'avoua sans détour.

Pour lors les Turcs menacèrent l'île
De Chypre d'une attaque,
Et Othello dut s'y rendre,
Et cela sans délai.
Vers Chypre tous deux font voile, sans que la crainte
Puisse toucher le cœur de la dame ;
Le seigneur qu'elle aimait, elle le savait près d'elle,
Et la mort même ne l'en séparerait pas.

Mais dès qu'ils vinrent à l'île de Chypre,
Ils reconnurent à leur grande joie
Que le ciel avait fait lui-même la bataille,
Et que les Turcs étaient coulés et noyés.
Un ouragan venait d'assaillir leur flotte
Qui presque toute avait péri,
Et vous avouerez qu'il était bien juste
Que le Croissant portât sa croix.

Tandis qu'ils séjournaient dans l'île,
Le malheur fut attiré sur eux
Par la perfidie d'un fourbe Espagnol
Que je vais maintenant vous dire.
Il était l'enseigne du More
Qui, tant ses menées étaient cachées,
Le crut honnête, loyal et sûr,
Jusqu'à ce qu'il reconnût la déception.

Iago était le nom du monstre
Qui depuis longtemps aimait la dame ;
Mais celle-ci avait repoussé ses prières,
Bien qu'avec une voix douce.
Pour cela il voua une rancune silencieuse
— A l'heureux More,
Et trouva sans délai un moyen
De rendre sa vengeance certaine.

Il y avait un capitaine de troupe,
— Appelé Cassio,
Que la nature avait fait de joyeuse humeur,
Et d'une constitution forte et généreuse.

Il était lieutenant du More,
— Poste de confiance et de valeur, —
Et aussi il dut avoir sa part
De la haine du traître odieux.

Celui-ci murmura au dos d'Othello
Que sa femme avait changé de goût,
Qu'elle n'aimait pas le noir de suie
Et que (lui-même le reconnaîtrait bientôt)
Elle lui préférait de beaucoup le teint vermeil
De ses propres compatriotes.
Il lui dit enfin d'avoir l'œil
Désormais sur la conduite de Desdémona.

—Bah! bah! dit hâtivement le More,
Vous en avez menti par la gorge!
— Je voudrais l'avoir fait, fit l'autre, car pour sûr
J'aurais mieux aimé mourir
Que de voir ce que j'ai vu.
— Qu'avez-vous vu, cria le More?
— Ce qui peut convenir à une gueuse,
Non à la femme de mon cher général.

— Je ne veux plus rien entendre, fit Othello.
Il est vrai que je suis noir
Et qu'elle est blanche comme un ciel de matin;
Mais cela elle l'a toujours su.
— Soit! Seulement ayez l'œil
Sur ses actions à présent.
Cassio est son homme. Je ne mens pas,
Comme vous le reconnaîtrez bientôt!

Vous croyiez que c'était par amour pour vous
Qu'elle est venue dans cette île brûlante!
C'est que Cassio était avec vous et que la dame
Lui souriait tendrement.
Je ne puis que m'affliger de voir Monseigneur
Trompé ainsi de gaieté de cœur.
De grâce, prenez ma parole,
C'est une vérité qu'il faut croire.

O Dieu! quelle preuve as-tu de cela,
Quelle preuve qu'elle est coupable?
— Vous voulez une preuve?... Il n'y a pas de mal...
Je vais vous en donner une preuve sur mon âme,

NOTES.

Cassio jase dans son sommeil,
Et alors parle de votre femme.
Il ne peut garder un secret,
Quand il irait de sa vie !

— Cela montre qu'il peut aimer ma femme,
Répartit le More hésitant.
Et, s'il est vrai qu'elle l'aime aussi,
Tous deux eussent mieux fait de mourir !
— Tenez, Monseigneur, dit Iago,
Reconnaissez-vous ce souvenir ?
Et alors il déploie un mouchoir
Qu'Othello connaissait bien.

Il l'avait donné à Desdémona,
Comme cadeau de noces,
Tant la broderie en était magnifique.
A cette vue il faillit éclater de rage.
— D'où tiens-tu cela ? D'où tiens-tu cela ?
Parle ou meurs à l'instant !
— Elle l'a donné à Cassio ; mais pourquoi
Roulez-vous ainsi vos yeux jaunes ?

Ce n'est qu'un des mille gages
Dont il peut se targuer ;
Elle aussi, sans doute, en a reçu bon nombre.
Peu m'importe qui en a le plus !
Or, ce fameux mouchoir,
Iago l'avait volé le matin même ;
Et c'est ainsi que le haineux larron
Tortura l'âme du brave Othello.

Sa femme était chaste et pure comme la rosée
Sur le lis blanc.
Sa passion effrénée ne connut plus de bornes.
S'élançant brusquement,
Il courut vers sa femme comme elle reposait
Sur son lit vierge ;
Et alors il teignit d'un rouge sanglant
Ses mains du noir le plus sombre.

Mais d'abord il lui reprocha son crime
Qu'elle ne cessa de nier,
Ne demandant qu'un peu de répit
Pour prouver l'imposture du traître.

O lamentable spectacle de voir
Un être si doux et si beau
Traîné avec cette sauvage cruauté
Par sa longue et charmante chevelure !

Alors arriva le misérable pour réjouir
De cette vue son cœur noir.
Mais nombre de voix témoignèrent bientôt
Que la dame avait été fidèle.
On prouva qu'il avait volé le mouchoir
Et l'avait posé là
Où Cassio devait venir,
Pour le prendre au piége.

Othello se tenait comme effaré
A écouter ce qu'on lui démontrait :
Même en pensée Desdémona
N'avait jamais connu le péché !
Il écumait, il bondissait, il rageait
En pensant à son action.
Il frappa Iago sur le plancher,
Mais ne parvint qu'à le faire saigner.

Il fut sauvé pour la mortelle torture,
Et mourut en la subissant.
Leçon trop douce pour le fourbe !
Puissent tous ses pareils la recevoir !

Sur le corps de Desdémona
Othello alors se jeta,
Dans l'agonie d'un remords profond,
Le cœur brisé :
— Racontez, dit-il avec charité,
Ce qu'en ce jour vous avez vu.
Songez aux services que j'ai rendus à l'État,
Et à ce que j'ai été jadis.

Alors, avec un poignard humide encore
Du sang de sa chère dame,
Il se frappa, faisant ainsi jaillir
Son âme en un flot sanglant.
Cette histoire, vous l'avez vue souvent
Représentée pour de l'argent par des acteurs,
Mais toujours si bien qu'on avait peine à dire
Si ce n'était pas en effet la réalité.

> *Richard Burbage*, ce fameux homme,
> Cet acteur sans égal,
> *Commença sa carrière avec ce rôle*
> Et le garda bien des années.
> Shakespeare était bien heureux, je trouve,
> D'avoir un tel acteur.
> Si aujourd'hui seulement nous avions son pareil,
> Je me tiendrais pour satisfait!

Cette ballade, on le voit, a été composée après la mort de Burbage, c'est-à-dire après l'année 1619. L'auteur se trompe en déclarant que le célèbre comédien débuta sur la scène par le rôle d'Othello; il est vrai qu'il créa ce rôle, mais ce fut après en avoir joué beaucoup d'autres. Malgré ses erreurs d'analyse, cette ballade était digne d'être préservée, car elle fournit des indications précieuses. Elle constate le succès prolongé d'*Othello*; elle analyse en quelque sorte l'émotion populaire, et nous indique quelques jeux de scène curieux que nous ignorions. Ainsi, il paraîtrait qu'Iago, tout en parlant à Othello, se plaçait derrière lui de telle sorte que le More ne pût voir son visage. C'était là comme un surcroît de précaution que l'enseigne prenait pour ne pas avoir à subir le regard inquisiteur de son général. — Il semblerait en outre que l'acteur chargé du principal rôle, loin d'atténuer l'horreur de la scène finale, l'exagérait au contraire en traînant Desdémona par les cheveux. J'ai peine à croire que Shakespeare vivant eût autorisé cette aggravation de supplice.

(12) Ce Thomas Walkey, dont je traduis ici la hautaine adresse au lecteur, fut le premier éditeur d'*Othello*. Il avait acheté le droit de publier la pièce et fait enregistrer son droit au *Stationers' Hall*, le 6 octobre 1621. L'édition parut seulement en 1822, dans le format *in-quarto*. J'ai feuilleté cet été même, au British museum, un des rares exemplaires qui en restent. C'est un petit volume de 99 pages, imprimé en caractères très-serrés, et couvert d'une reliure moderne en maroquin rouge. La division par scènes n'y est pas indiquée; la division par acte ne l'est qu'imparfaitement. Aucune séparation intermédiaire n'y est marquée entre l'acte II et l'acte IV.

La seconde édition que donna un an plus tard le grand *in-folio* de 1823 ne reçut pas, comme la première, la sanction légale de l'enregistrement. Là, *Othello*, divisé à peu près régulièrement en actes et en scènes, parut dans la série des *tragédies* entre *Le Roi Lear* et *Antoine et Cléopâtre*.

La pièce, imprimée, comme toutes les autres, sur deux colonnes, commence à la page 310 et finit à la page 339, occupant ainsi dix-neuf feuillets de la bible Shakespearienne.

Les deux éditions de 1622 et de 1623 ont été composées sur deux manuscrits différents, ce qui a permis de les rectifier l'une par l'autre. L'édition de 1622 contient dix vers ou lignes de plus que l'édition de 1623; en revanche, l'édition de 1623, imprimée sans doute sur un manuscrit postérieur en date, contient des additions considérables, faisant un ensemble de 163 vers ou lignes. Le texte de la première édition, qui est considéré comme le plus pur, a été celui que j'ai adopté, tout en prenant soin de le compléter par le texte de la seconde. Le lecteur trouvera, au reste, toutes les variantes indiquées dans les notes.

(13) Ce nom superbe OTHELLO ne se trouve pas dans la nouvelle de Giraldi-Cinthio, que Gabriel Chappuys traduisit chez nous en 1584 et que Shakespeare connut sans doute par quelque version anglaise de cette traduction. Malone a indiqué l'origine de ce nom que le poëte a tiré d'une autre nouvelle italienne traduite par Reynolds, et intitulée *La vengeance de Dieu contre l'adultère*. Orhollo y est désigné comme un vieux soldat allemand.

(14) Le nom d'IAGO se trouve, ainsi que celui d'ÉMILIA, dans un vieux roman publié au commencement du dix-septième siècle sous ce titre : « *La première et la seconde partie de l'histoire du fameux Euordanus, prince de Danemark, avec les étranges aventures de Iago, prince de Saxe.*

(15) La liste de personnages, telle que je la donne ici, est textuellement traduite sur celle que l'édition *in-folio* publie, non en tête, mais à la fin du drame. Sans doute l'imprimeur de 1623 a reproduit telles quelles les désignations de caractères faites sur le manuscrit par quelque chef de troupe, bien à l'insu de Shakespeare.

(16) La république de Venise fit occuper l'île de Chypre, en 1471, quand elle fut choisie pour tutrice du fils de Catherine Cornaro. Catherine avait, on se rappelle, épousé un bâtard de Jean III (de la

maison de Lusignan) et était devenue reine de Chypre, grâce à l'usurpation commise par son mari. Bientôt veuve, elle réclama pour la royauté chancelante de son enfant la tutelle du sénat de Venise. L'île reçut alors une garnison vénitienne; mais ce ne fut qu'en 1489, par une abdication obtenue de Catherine, que la république acquit sur Chypre une souveraineté absolue : elle la garda jusqu'en 1571. A cette époque, sous le règne de Sélim, l'île tomba au pouvoir des Turcs. La capitale, Nikosie, fut emportée d'assaut, et le principal port, Famagusta, capitula après une héroïque résistance. C'est donc dans le courant du seizième siècle, pendant la lutte que soutint Venise contre l'empire turc, qu'il faudrait placer l'action d'*Othello*.

(17) « *Sang dieu !* Vous ne voulez pas m'entendre, » tel est le texte de l'édition de 1622. L'édition de 1623 supprime le juron et dit tout simplement : « Vous, ne voulez pas m'entendre. » Cette suppression a été faite en exécution de l'ordonnance royale de 1604 qui interdisait à la scène *la profanation* du nom de la Divinité. On doit conclure de là que l'édition de 1622 a été composée sur un manuscrit antérieur à 1604, et l'édition de 1623, sur un manuscrit postérieur à cette date.

(18) Les dix-sept vers commençant par ces mots : « *Si c'est de votre plein gré,* » et finissant par ceux-ci : « *Édifiez-vous vous-même sur-le-champ,* » ne se trouvent pas dans l'édition *in-quarto* et ont été ajoutés après coup au texte de l'édition *in-folio*.

(19) *Le Sagittaire* est généralement considéré comme une auberge. Grande erreur. C'était un corps de bâtiment dépendant de l'arsenal de Venise et réservé aux officiers généraux de terre et de mer. La figure d'un archer tendant son arc, sculptée au-dessus de la porte, indique encore aujourd'hui l'entrée de cet édifice.

(20) Une expédition des Turcs contre Chypre eut lieu en 1570, sous les ordres du capitan Mustapha, dans des circonstances exactement semblables à celles qui sont rapportées ici. Le faux mouvement sur Rhodes, la jonction opérée par une première escadre avec une seconde et leur attaque combinée sur Chypre, sont des événements historiques que Shakespeare a pu entendre raconter dans son enfance.

(21) Les sept vers qui précèdent ne se trouvent pas dans l'édition de 1622.

(22) Ce vers : *n'étant ni défectueuse, ni aveugle, ni boiteuse d'esprit,* a été ajouté au texte de la seconde édition.

(23) Cette affirmation de Brabantio doit être prise ici tout à fait au sérieux. Elle n'avait pas, au temps de Shakespeare, le caractère fantastique et presque burlesque que notre âge sceptique serait tenté de lui attribuer. Ainsi que je l'ai longuement expliqué dans le second volume, la sorcellerie était censée exercer sur le cœur humain une puissance véritable, et son pouvoir était encore si redouté au dix-septième siècle que le roi Jacques Ier crut devoir faire une loi contre ceux qui y auraient recours. Un statut promulgué peu de temps après l'apparition d'*Othello*, déclarait : *Art.* Ier. « Que si une ou plusieurs personnes faisaient emploi *de sortilége, d'enchantement, de charme* ou de sorcellerie quelconque, pour inspirer à autrui un amour illégitime, et en étaient dûment convaincues, elles subiraient l'emprisonnement pour la première offense. » La récidive pouvait entraîner la mort. C'était donc en réalité une accusation capitale que Brabantio élevait contre Othello, et il est nécessaire de se reporter au siècle de Shakespeare pour en reconnaître la terrible gravité.

(24) Le lecteur se souvient que dans *la Tempête* il est question *des hommes qui ont la tête dans la poitrine.* Shakespeare en parle ici encore sur la foi de l'illustre navigateur Walter Raleigh, qui affirmait les avoir pu voir en Guyane. L'affirmation de Raleigh était lors si imposante, qu'en 1599, un géographe hollandais, nommé Hondius, n'hésita pas à publier une traduction de ce fameux voyage, ornée de planches qui représentaient des hommes ayant le nez, les yeux et la bouche au milieu de la poitrine. Le poëte était donc autorisé, par la science même de son temps, à croire à l'existence de ces monstres à face humaine.

(25) « *Cette nuit, monseigneur?* » Cette exclamation si brièvement éloquente qui échappe à Desdémona, ne se trouve pas dans l'édition de 1623.

(26) « *Does bear all excellency,* porte toutes les perfections : » tel est le texte de l'édition *in-quarto.* L'édition *in-folio* remplace ces

mots : *Does bear all excellency*, par ceux-ci : « *Does tire the ingener.*»
Si l'on adoptait cette dernière version, il faudrait traduire ainsi toute
la phrase : Qui par les qualités essentielles de sa nature — fatigue
l'imagination.

(27) Je traduis ici d'après le texte de l'édition *in-folio* qui est
certainement le plus poétique. L'*in-quarto* dit tout simplement :

> And swiftly come to Desdemona's arms,

> Et rapidement venir dans les bras de Desdémona.

(28) Cet hémistiche : *Rassurer Chypre tout entière*, manque à
l'édition *in-folio*.

(29) La queue de saumon passait pour un mets des plus délicats.
Dans le livre d'hôtel de la reine Élisabeth, il est dit expressément que *le chef de cuisine aura droit à toutes les queues de saumon.*

(30) L'édition *in-folio* n'établit pas ici de division scénique. C'est
une erreur évidente. Il est bien clair que Iago, Cassio et leurs camarades de garde ne vont pas se mettre à boire sur la place publique
où le héraut vient de faire sa proclamation.

(31) Les couplets que chante ici Iago sont détachés d'une vieille
ballade d'origine écossaise que l'archéologue Percy a insérée tout
entière dans ses *Reliques*. Tout ce qui se rattache au drame
d'*Othello* a un tel intérêt, que je crois devoir traduire ici ce poëme
charmant, inspiré à quelque chansonnier montagnard par le souffle
glacé du nord :

PRENDS SUR TOI TON VIEUX MANTEAU.

> Cet hiver, le temps est devenu bien froid,
> Le givre couvre toutes les hauteurs,
> Et Borée souffle si fort ses rafales
> Que tout notre bétail risque d'être détruit.
> Bell, ma femme, qui n'aime pas quereller,
> Me dit tranquillement :
> Lève-toi, et va sauver la vache Crumbocke.
> Homme, prends ton vieux manteau sur toi.

LUI.

O Bell, pourquoi gouailler et te moquer?
Tu sais que mon manteau est bien mince;
Il est si râpé et si usé
Que les vers n'y peuvent plus courir.
Je suis las de prêter et d'emprunter;
Une fois encore je veux m'habiller de neuf;
Demain j'irai à la ville et je dépenserai,
Car je veux mettre un manteau neuf.

ELLE.

La vache Crumbocke est une bien bonne vache,
Elle a toujours été fidèle au pieu;
Elle nous a fourni du beurre et du fromage
Et ne nous laissera manquer de rien.
J'aurais peine à la voir souffrir;
Cher mari, prends conseil de moi.
Ce n'est pas à nous à aller si beaux.
Homme, prends ton vieux manteau sur toi.

LUI.

Mon manteau était un bien bon manteau;
Il a toujours été fidèle à l'user,
Mais maintenant il ne vaut pas un liard;
Je l'ai porté vingt-quatre ans.
Jadis il était de drap très-dru;
A présent, comme vous pouvez voir, c'est un tamis
Qui laisse passer le vent et la pluie,
Et je veux mettre un manteau neuf.

ELLE.

Il y a vingt-quatre ans
Que nous nous sommes connus l'un l'autre :
Et nous avons eu entre nous deux
Neuf ou dix enfants.
Nous en avons fait des hommes et des femmes;
Je vois qu'ils sont dans la crainte de Dieu :
Pourquoi donc veux-tu, toi seul, t'égarer?
Homme, prends ton vieux manteau sur toi.

LUI.

O Bell, ma femme, pourquoi te moques-tu?
Maintenant est maintenant, alors était alors.
Regarde maintenant tout le monde alentour,

Tu ne connaîtras pas les paysans des seigneurs.
Ils sont vêtus de noir, de vert, de jaune, de gris,
Et portent un costume au-dessus de leur rang.
Une fois en ma vie je ferai comme eux,
Car je veux avoir un manteau neuf.

ELLE.

Le roi Étienne était un digne pair.
Ses culottes ne lui coûtaient qu'une couronne;
Il trouvait ça six pence trop cher,
Aussi appelait-il son tailleur un drôle.
C'était un être de haut renom,
Et toi, tu n'es qu'un homme de rien.
C'est l'orgueil qui ruine le pays.
Homme, prends ton vieux manteau sur toi!

LUI.

Bell, ma femme, n'aime pas quereller,
Et pourtant elle veut me mener si elle peut;
Et souvent, pour avoir le repos,
Je suis forcé de céder, tout bonhomme que je suis.
Un homme ne doit pas chicaner avec une femme,
Sans s'être le premier désisté du procès.
Nous finirons donc comme nous avons commencé,
Et je vais prendre mon vieux manteau sur moi!

(32) L'édition de 1622 omet ces mots : *et il y a des âmes qui ne doivent pas être sauvées.*

(33) Toutes ces exclamations : *être ivre! jaser comme un perroquet et se chamailler! vociférer, jurer et parler charabias avec son ombre!* ont été ajoutées au texte de l'édition de 1623.

(34) Il ne faudrait pas conclure de cette phrase qu'Iago est Florentin. Cassio, qui est de Florence, veut simplement dire que, même chez ses compatriotes, il n'a pas trouvé un homme plus aimable et plus honnête que l'enseigne. Iago était Vénitien, comme le prouve ce dialogue qu'on lira plus loin :

IAGO. Hélas! mon cher ami et *compatriote* Roderigo!
GRATIANO. Roderigo *de Venise?*
IAGO. Lui-même.

(35) Ce vers *pour saisir aux cheveux la meilleure occasion* est omis dans l'édition de 1623.

(36) Il faut citer, pour éclairer ce passage, ces vers de *la Dame errante,* de Cartwright :

> We'll keep you
> As they do hawks, watching until you leave
> Your wildness.
>
> Nous vous tiendrons,
> Comme un faucon, éveillé jusqu'à ce que vous cessiez
> D'être sauvage.

(37) Le texte dit *sweet Desdemon* et non *sweet Desdemona.* Desdémone est ici une abréviation tendrement familière. C'est le *petit nom* qu'Othello donne à sa femme et que bientôt nous lui entendrons répéter au plus fort de sa douleur.

(38) Toute cette réplique d'Othello a été ajoutée au texte de l'édition de 1623.

(39) Toute cette comparaison de la rancune d'Othello avec « la mer Pontique qui ne connaît pas le reflux, » a été ajoutée après coup au manuscrit original, et par conséquent ne se trouve pas dans l'édition de 1622. L'addition a été regrettée par Pope qui y a vu une digression peu naturelle, *an unnatural excursion.* Il se pourrait bien que Pope eût raison. Quelque belle que soit la pensée, elle n'est peut-être pas à sa place dans une scène si passionnée. Ce n'est plus le personnage qui parle alors, c'est le poëte.

(40) La cruzade était une monnaie d'or portugaise, valant un peu plus de 11 fr.

(41) L'édition de 1623 omet cette répétition :

DESDÉMONA.
Je vous en prie, causons de Cassio.
OTHELLO.
Le mouchoir !

(42) *Chaque larme qu'elle laisse tomber ferait un crocodile.* Il est

impossible de bien comprendre ce vers sans se reporter aux superstitions de l'époque. C'était une croyance populaire alors que le crocodile pleure sur sa victime tout en la dévorant. Le naturaliste Bullokar donne à cette opinion singulière l'autorité de la science dans un livre publié en 1616 : « Il est établi, dit-il, que ce monstre pleure sur la tête de l'homme dont il a dévoré le corps, et qu'alors il mange également la tête. Voilà pourquoi par *larmes de crocodile* on entend des larmes feintes répandues seulement avec l'intention de tromper ou de nuire. » Shakespeare fait une autre allusion à la même croyance lorsque, dans la seconde partie de *Henry VI*, Marguerite compare Richard de Glocester au « crocodile affligé qui prend au piége de sa douleur les voyageurs attendris. »

> As the mournful crocodile
> With sorrow snares relenting passengers.

(43) *Boucs et singes!* « Par cette exclamation Shakespeare a montré un grand art. Dans la première scène, où il tâche d'éveiller le soupçon dans l'esprit du More, Iago, étant mis en demeure de fournir quelque preuve évidente de la culpabilité de Cassio et de Desdémona, déclare à Othello qu'il est impossible d'obtenir une démonstration oculaire, « fussent-ils aussi pressés que des *boucs*, aussi ardents que des *singes*. » Ces mots, il est permis de le supposer, résonnent encore à l'oreille d'Othello qui, convaincu désormais de l'infidélité de sa femme, s'élance au dehors en jetant une exclamation qui veut dire : les paroles d'Iago n'étaient que trop vraies ; maintenant je suis bien convaincu qu'ils sont aussi ardents que « des boucs et des singes. » — MALONE.

(44) *Mais non les paroles*. Cet hémistiche manque à l'in-folio de 1623.

(45) Cette réponse d'Émilia et la question qui la provoque manquent à l'édition de 1622.

(46) Cette solennelle protestation de Desdémona, commençant par ces mots : *me voici à genoux* et finissant par ceux-ci : *ne m'y déciderait pas,* a été ajoutée au texte de la seconde édition.

(47) Cet hémistiche *et c'est à vous qu'il s'en prend* ne se trouve pas dans l'édition de 1623.

(48) La nécessité d'un changement de lieu et d'une nouvelle division scénique est évidente ici. Il est clair que Iago et Roderigo ne s'exposeraient pas à être surpris conspirant contre Othello dans l'appartement même d'Othello: Iago est bien trop prudent pour cela; et quant à Roderigo, l'ennemi personnel du More, celui qui dans Venise a mis Brabantio aux trousses des nouveaux époux, il a toutes les raisons du monde pour ne pas se risquer chez celui qu'il a si profondément offensé. Pour faire tomber toutes les objections élevées par Malone contre la vraisemblance de cet entretien, il suffit de changer le lieu de la scène, et je m'étonne d'être le premier à faire cette modification.

(49) Les deux textes primitifs de 1622 et 1623 s'accordent à nommer cette servante *Barbarie* et non *Barbara*. J'ai rétabli le nom véritable.

(50) Tout le passage depuis ces mots « *j'ai grand'peine* » jusqu'à la fin de la romance a été ajouté au texte de la seconde édition.

(51) Dans les *Reliques* de Percy, on retrouve l'original de la romance répétée ici par Desdémona. Seulement, au lieu d'être la pauvre Barbarie abandonnée par son amant, c'est un amant, délaissé par sa maîtresse, qui est censé chanter les couplets suivants :

> Un pauvre être était assis soupirant sous un sycomore,
> O saule! saule! saule!
> Sa main sur son sein, sa tête sur son genou.
> O saule! saule! saule!
> O saule! saule! saule!
> Chantez : Oh! le saule vert sera ma guirlande.
>
> Les froids ruisseaux couraient près de lui; ses yeux pleuraient sans cesse.
> O saule! saule! saule!
> Les larmes salées tombaient de lui et noyaient sa face.
> O saule! saule! saule!
> O saule! saule! saule!
> Chantez : Oh! le saule vert sera ma guirlande.
>
> Les oiseaux muets se juchaient près de lui, apprivoisés par ses plaintes.
> O saule! saule! saule!
> Les larmes salées tombaient de lui et attendrissaient les pierres.
> O saule! saule! saule!

　　　　O saule! saule! saule!
Chantez : Oh! le saule vert sera ma guirlande.

Que personne ne me blâme, je mérite ses dédains.
　　　　O saule! saule! saule!
Elle était née pour être belle, moi, pour mourir épris d'elle.
　　　　O saule! saule! saule!
　　　　O saule! saule! saule!
Chantez : Oh! le saule vert sera ma guirlande.

(52) Une double bague était formée de deux anneaux s'emboîtant l'un dans l'autre. En général, sur la face intérieure de chacun de ces anneaux, étaient gravés les noms des deux amants. Dryden, dans son *Don Sébastien*, a décrit minutieusement cette alliance.

(53) « Iago frappe Cassio à la jambe, en conséquence des paroles qu'il vient d'entendre et qui lui font supposer que celui-ci a tout le haut du corps protégé par une armure secrète. » MALONE.

(54) Les deux vers qui précèdent ont été ajoutés au texte de la seconde édition.

(55) *C'est la cause, c'est la cause, ô mon âme!* — « La brusquerie de ce monologue le rend obscur. La pensée, je crois, est celle-ci : je suis bouleversé par l'honneur, se dit Othello à lui-même. Quelle est la raison de cette perturbation? Est-ce le manque de résolution au moment de faire justice? Est-ce la crainte de verser le sang? Non, ce n'est pas l'action qui me fait frissonner, mais c'est la cause, c'est la cause, ô mon âme! Laissez-moi vous le cacher, ô vous, chastes étoiles! » JOHNSON.

« Othello, plein d'horreur devant la cruelle action qu'il va commettre, semble à cet instant chercher sa justification, en se rappelant à lui-même la *cause*, c'est-à-dire la grandeur de la provocation qu'il a reçue. » STEEVENS.

(56) Les indications de mise en scène manquent dans le texte original. La plupart des commentateurs s'accordent à dire qu'à ce moment Othello commence à étouffer sa femme sous l'oreiller ; et que c'est pour cela qu'il lui dit : *if you strive;* si vous vous débattez!...

(57) En l'absence de document précis, la tradition scénique veut qu'ici le More achève Desdémona d'un coup de poignard. Cet acte est cependant tout à fait en contradiction avec l'engagement que Othello a pris au commencement de la scène : « Je ne veux pas faire couler son sang ni faire de cicatrice à cette peau plus blanche que la neige. »

(58) Le texte original donne peu de renseignements sur la manière dont la scène finale d'Othello était représentée. Comment était disposée la chambre à coucher? Où était le lit de Desdémona? Le texte dit tout simplement : *Enter Othello and Desdemona in her bed ; entre Othello, Desdémona est dans son lit.* Pour se rendre compte ici de la mise en scène, il faut se rappeler comment était construit le théâtre où le drame fut joué. Ainsi que l'a expliqué M. Collier, outre la toile qui cachait la scène entière au public et qui se partageait en deux moitiés glissant sur une tringle, il y avait au milieu même de la scène un autre rideau, fixé à une traverse, qui, en cas de besoin, fermait ou découvrait un second compartiment. Les critiques allemands ont fait sur la disposition du théâtre anglais de minutieuses études. M. Ulrici affirme, avec toute apparence de raison, qu'au milieu du théâtre, en arrière du proscénium, était élevée une plate-forme où l'on montait au moyen de quelques marches. Cette plate-forme, soutenue par deux piliers, formait une seconde scène qu'on employait à des usages variés. Quand on n'en avait pas besoin, un rideau la masquait et l'action tout entière se passait sur le proscénium. Quand on en avait besoin au contraire, on repliait le rideau.

Cette disposition semble avoir été indispensable pour monter les pièces de Shakespeare. Dans *Henry VIII*, par exemple, la scène du fond servait à figurer la chambre du roi, tandis que la cour se tenait sur le devant du théâtre faisant antichambre. Dans la même pièce, elle servait encore comme salle des séances du conseil privé, tandis que Cranmer attendait sur le proscénium. « Ainsi, observe Tieck, on pouvait jouer deux scènes à la fois et être parfaitement compris. » Dans *Roméo et Juliette*, pour l'entrevue du balcon, Roméo paraissait sur le proscénium et Juliette sur la plate-forme du fond.

La mise en scène finale d'*Othello* s'explique ainsi très-naturellement. Quand Othello entre, il s'avance sur le proscénium et Desdémona est couchée sur la plate-forme. Quand Othello dit : *je veux la respirer sur la tige*, il gravit les quelques marches qui l'amènent sur la seconde scène près du lit de sa femme. Dès qu'il a consommé le meurtre et qu'il entend Émilia frapper à la porte, il ferme le rideau, redescend sur le proscénium et va ouvrir. Au cri que pousse Desdémona, Émilia s'élance à son tour vers le second compartiment, ouvre le rideau et voit sa maîtresse expirante. Quand, plus tard, elle s'écrie : *Ma maîtresse est ici gisante, assassinée dans son lit*, elle est encore sur la seconde scène, et les autres personnages, Othello, Iago, Montano, Gratiano et Cassio sont sur le proscénium. Quand Othello a besoin, pour se frapper, d'une seconde épée, c'est sur la plate-forme qu'il va la chercher; c'est encore sur la plate-forme qu'il se tient, quand il est déclaré prisonnier, et Gratiano se met en faction sur le proscénium. Telle était la façon dont la pièce était représentée au temps de Shakespeare. Sans ces éclaircissements, il est impossible de comprendre par exemple pourquoi, quand Lodovico revient, il n'aperçoit pas Othello et demande *où est ce forcené*. Othello est donc au fond du théâtre dans la seconde chambre, et c'est de là qu'il répond en s'avançant sur le proscénium : *Voici celui qui fut Othello ; me voici*. Le reste de l'action s'achève sur le devant du théâtre; et c'est seulement quand il s'est résolu au suicide, qu'Othello remonte sur la seconde scène et se frappe près du lit de sa femme pour *mourir sur un baiser*.

FIN DES NOTES.

APPENDICE.

EXTRAIT DU DÉCAMÉRON DE BOCCACE

TRADUIT PAR MAITRE ANTOINE LEMAÇON.

NOUVELLE IX

De la Deuxième Journée.

Il y eut à Paris, dans une hôtellerie, quelques gros marchands italiens, les uns pour une affaire, et les autres pour une autre, selon leurs coutumes; et ayant un soir entre les autres soupé joyeusement tous ensemble, ils commencèrent à deviser de plusieurs choses, et de propos à autre, ils vinrent à parler de leurs femmes, qu'ils avaient laissées dans leurs maisons, dont l'un d'eux en se gaussant commença à dire : « Je ne sais pas ce que la mienne fait, mais de moi je sais bien que quand il me peut tomber ici entre mains quelque jeune garce qui me plaise, je laisse à part l'amour que je porte à ma femme, et prends de celle-ci le plaisir que je puis. » L'autre répondit : « Je n'en fais pas moins, car si je crois que ma femme pourchasse son aventure, elle le fait; et si je ne le crois, aussi bien le fait-elle, et c'est par ainsi à qui mieux mieux. » Le troisième conclut quasi en cette même sentence, et à la fin il semblait que tous s'accordassent en ceci, que les femmes laissées de leurs maris ne voulussent point perdre de temps. Il y en eut un seulement, lequel avait nom Bernard Lomellin [1] de Gênes, qui dit le contraire, affirmant qu'il avait, par grâce spéciale de Dieu, une femme la plus accomplie que dame de chevalier ou écuyer qui fût par aventure dans toute l'Italie, parce qu'elle était de beau corsage, et encore fort jeune, adroite et agile de sa personne, et qu'il n'était aucune chose qui appartînt à femme, comme travailler d'ouvrages de soie et semblables choses, qu'elle ne fît mieux que nulle autre : et outre il disait qu'il ne se trouvait écuyer, ou serviteur comme nous le voudrions dire, qui mieux servît, ni plus adroitement à la table d'un seigneur qu'elle faisait, comme celle qui était de bonne grâce, sage et fort discrète ; après ceci, il la loua de savoir très-bien manier, piquer et chevaucher un cheval, porter un oiseau, et davantage, savait lire et écrire, et tenir un papier de raison, comme si elle eût été un marchand ; et de ceci, après plusieurs louanges, il tomba sur le propos que l'on devisait, affirmant par serment qu'on n'en saurait trouver une autre plus honnête et plus chaste qu'elle, au moyen de quoi il croyait certainement que, s'il demeurait dix ans, ou bien toute sa vie hors de la maison, elle n'entendrait jamais à telle méchanceté avec un autre homme.

Or, il y avait entre ces marchands qui ainsi devisaient un autre jeune marchand appelé Ambroise de Plaisance [2], qui commença à rire le plus fort du monde de cette dernière louange que Bernard avait donnée à sa

---

[1] Posthumus, dans *Cymbeline*.
[2] Iachimo

femme, et se moquant lui demanda si l'empereur lui avait donné ce privilége plutôt qu'à tous les hommes mariés : Bernard, un peu courroucé, répondit que ce n'était pas l'empereur, mais Dieu, qui pouvait un peu plus que l'empereur, qui lui avait fait cette grâce.

— A l'heure, dit Ambroise à Bernard, je ne doute point que tu ne penses dire vérité ; mais, à ce qu'il me semble, tu as bien peu regardé à la nature des choses : parce que si tu y avais regardé, je ne te sens point de si gros entendement que tu n'eusses connu en icelle des choses qui te feraient parler plus correctement sur cette matière ; et afin que tu ne croies pas que nous autres qui avons parlé fort ouvertement de nos femmes, pensions avoir autre femme, ou faire autrement que toi, et qu'autre chose nous ait mus d'en parler ainsi, sinon un naturel avertissement, je veux un peu deviser avec toi sur cette matière. J'ai toujours ouï dire que l'homme est le plus noble animal que Dieu créa jamais entre les mortels, et la femme après. Mais l'homme, comme chacun généralement croit, et aussi qu'il se voit par effet, est le plus parfait : ayant donc plus de perfection, il doit sans faute avoir plus de fermeté et de constance : aussi a-t-il, parce que universellement les femmes sont plus variables, et la raison pourquoi, on la pourra montrer par plusieurs raisons naturelles, lesquelles pour le présent je suis résolu de laisser à part. Si donc l'homme est de plus grande fermeté, et toutefois il ne se peut tenir qu'il ne condescende, je ne dis pas à une qui le prie, mais à en désirer une qui lui plaise, et à faire ce qu'il peut pour en pouvoir jouir (chose qui lui advient, non-seulement une fois, mais mille le jour), qu'espères-tu que puisse faire une femme fragile de sa nature, aux prières, aux flatteries, aux dons et à mille autres moyens dont usera un homme avisé qui l'aimera? Penses-tu qu'elle se puisse contenir? Certainement combien que tu nous le persuades, si ne crois-je point toutefois que tu le croies ; et toi-même tu confesses que ta femme est femme, et qu'elle est de chair et d'os comme sont les autres : par quoi, s'il en est ainsi, les mêmes désirs et les mêmes forces que les autres ont pour résister à tels appétits naturels doivent être les siens ; au moyen de quoi il n'est pas impossible qu'elle soit très-honnête, qu'elle ne fasse ce que les autres font, et n'y a chose possible qui se doive ainsi nier, ou affirmer son contraire si opiniâtrement comme tu fais.

A qui Bernard répondit et dit :

— Je suis marchand et non philosophe, et comme marchand je répondrai et te dirai que je connais ce que tu dis pouvoir advenir aux folles qui n'ont point de honte ; mais celles qui sont sages ont tant de soin de leur honneur qu'elles deviennent plus constantes que les hommes qui ne se soucient point de le garder, et ma femme est de celles-là.

— Véritablement, dit Ambroise, si pour chaque fois qu'elles font ces folies leur venait une corne au front qui rendît témoignage de ce qu'elles auraient fait, je crois qu'il y en aurait peu qui le voulussent faire ; mais non-seulement il ne leur vient point de corne au front, mais à celles qui sont sages il n'y en paraît aucune marque ; et quant à ce qui est de la honte et perte de leur honneur, cela ne consiste sinon aux choses qui sont sues ; par quoi je ne fais aucun doute que, quand elles le peuvent faire secrètement, elles le font, ou bien que si elles s'en abstiennent, c'est sottise, et tiens ceci pour tout certain que celle est seule chaste, laquelle n'a jamais été priée de personne, ou si elle a prié, qu'elle ait été éconduite ; et combien que je connaisse par vraies et naturelles raisons qu'elles doivent être ainsi, toutefois je n'en parlerais si amplement comme je fais, si je n'en avais fait beaucoup de fois la preuve avec plusieurs femmes ; et si je dis davantage que, si j'étais auprès de cette tienne femme, et si sainte comme tu la fais, je penserais la conduire bientôt à ce que j'ai autrefois conduit des autres.

Bernard fâché répondit :

— Le débattre par parole pourrait trop durer ; car je parlerais et tu y contredirais, et à la fin tout cela ne monterait à rien ; mais puisque tu dis que toutes sont ainsi pitoyables et que tu es si grand, je suis content, afin que je te rende certain de l'honnêteté de ma femme, qu'on me tranche la tête, si jamais tu la peux conduire à tel acte de chose qui te plaise ; et si tu ne le peux faire, je ne veux que tu perdes autre chose que mille ducats d'or.

Ambroise, déjà échauffé en ce propos, répondit :

— Bernard, je ne sais ce que je ferais de ta tête, si j'avais gagné la gageure ; mais, si tu as volonté de voir la preuve de ceci que j'ai dit, mets cinq mille ducats d'or des tiens, qui te doivent être moins que ta tête, contre mille des miens ; et là où tu ne me limites aucun terme, je me veux obliger d'aller à Gênes, et dedans trois mois du jour que je partirai d'ici, avoir fait ma volonté de ta femme, et pour témoignage de ce en apporter avec moi de ses plus précieuses choses, et tels et si grands indices que toi-même confesseras qu'il sera vrai : pourvu que tu me promettes sur ta foi que tu ne viendras cependant à Gênes et que tu ne lui écriras aucune chose de cette matière.

Bernard dit qu'il était content ; et combien que les autres marchands qui étaient là s'essayassent de détourner cette gageure, connaissant qu'il en pouvait advenir grand mal, toutefois la colère des deux marchands était si allumée que, malgré que les autres en eussent, ils s'obligèrent par belle écriture de leurs mains l'un à l'autre.

Quand l'obligation fut faite, Bernard demeura à Paris, et Ambroise s'en vint à Gênes le plus tôt qu'il put; et quand il y eut demeuré quelques jours, et qu'il se fut informé finement du nom de la rue, et des conditions de la dame [1], il en ouït dire ce que Bernard lui en avait dit et encore plus, au moyen de quoi il lui sembla avoir fait une folle entreprise; mais à la fin, s'étant accointé d'une pauvre femme qui fréquentait souvent chez elle et que la dame aimait bien, ne la pouvant conduire à autre chose, il la corrompit par argent et se fit mettre en un coffre fait artificieusement à son plaisir, puis se fit porter par elle non-seulement en la maison, mais en la chambre de l'honnête femme; et là, comme si la bonne femme s'en voulait aller en quelque lieu dehors, elle pria, selon l'ordre qu'avait donné Ambroise, qu'on lui gardât son coffre pour quelques jours. Lequel étant ainsi demeuré en la chambre, et la nuit venue, Ambroise, lorsqu'il pensa que la dame dormait, ouvrit le coffre avec certains engins qu'il avait portés sur lui, et sortit en la chambre, où il trouva une lumière allumée avec laquelle il commença à regarder la situation de cette chambre, les peintures et toutes les autres choses notables qui y étaient, qu'il retint en sa mémoire. De là il s'approcha du lit, et sentant que la dame et une petite fille qui était avec elle dormaient fort, il la découvrit toute, tout bellement, et vit qu'elle était aussi belle nue comme vêtue; mais il ne vit aucun signe sur elle, pour en pouvoir faire rapport, sinon un qu'elle avait sous la mamelle gauche, c'est à savoir un porreau autour duquel il y avait quelques petits poils blonds comme de l'or. Et ayant vu ceci, il la

---

[1] Imogène, dans *Cymbeline*.

recouvrit tout bellement : combien que la voyant ainsi belle, il lui vînt volonté de hasarder sa vie, et de se coucher auprès d'elle; mais ayant ouï dire qu'elle était si farouche et sauvage en telles matières, et voyant qu'il avait été à son bel aise la plus grande partie de la nuit par la chambre, il tira d'un coffre de la dame une bourse, une méchante robe, quelque anneau et une ceinture; et quand il eut tout mis en son coffre, il s'y en retourna, et le ferma comme il était premièrement, et en cette manière il fut deux nuits sans que la dame s'aperçût de rien.

Quand le troisième jour fut venu, la bonne femme, suivant la conclusion qu'ils avaient prise, vint pour requérir son coffre, et le rapporta au lieu où elle l'avait pris; duquel quand Ambroise fut sorti et eut contenté la bonne femme comme il lui avait promis, il s'en retourna avec les choses susdites le plus tôt qu'il put à Paris, où il arriva avant le terme qu'il avait pris; et là appelés les marchands qui avaient été présents aux paroles et à la gageure, il dit en la présence de Bernard qu'il avait gagné la gageure qu'ils avaient faite, parce qu'il avait accompli ce dont il s'était vanté, et pour que nul ne doutât qu'il ne fût vrai, il déclara la forme de la chambre et les peintures d'icelle, et après il montra les choses de la dame qu'il avait apportées avec soi, affirmant qu'il les avait eues d'elles.

Bernard confessa que la chambre était ainsi faite comme il disait; et outre ce, il reconnut que véritablement ces choses qu'il montrait avaient été à sa femme; mais il disait qu'il l'avait bien pu savoir de quelque serviteur la qualité de sa chambre, et même avoir eu ces choses susdites : parquoi, s'il ne disait autre chose, il lui semblait que cela ne suffisait pour devoir avoir gagné.

Lors Ambroise dit :

— En vérité, ceci devrait suffire ; mais puisque tu veux que j'en dise plus avant, je le dirai. Et je te dis derechef que Mme Genèvre, ta femme, a sous le tétin gauche un porreau assez grandelet, autour duquel y a par aventure six petits poils blonds, de telle couleur que fil d'or.

Quand Bernard ouït ceci, il sembla qu'on lui eût donné d'un couteau au travers du cœur, tant grande douleur il sentit, et ayant sitôt changé de couleur, il donna signe assez manifeste ; voire quand encore il n'eut répondu mot que ce qu'Ambroise disait était vrai. Et quelque peu après il dit : Messieurs, tout ce qu'Ambroise dit est vrai, et pourtant qu'il vienne quand il lui plaira, et qu'il soit payé. Ce qu'il fit le lendemain jusques à un denier. Puis avec un courage félon contre sa femme, il partit de Paris et s'en vint à Gênes. Toutefois, quand il fut près de la ville, il ne voulut entrer dedans, mais demeura bien dix lieues loin d'icelle en une sienne maison ; et quand il y fut arrivé, il envoya à Gênes un sien serviteur [1] en qui il se fiait grandement, avec deux chevaux, et écrivit à sa femme, comme il était de retour et qu'elle s'en vînt avec lui le voir ; mais il commanda secrètement au serviteur qu'aussitôt qu'il serait en quelque lieu avec elle, il la tuât, comme mieux il aviserait, sans miséricorde, puis qu'il s'en vînt à lui.

Quand donc le serviteur fut arrivé à Gênes et qu'il eut baillé les lettres et fait son message, il fut reçu de la dame avec grande chère ; et le lendemain elle monta à cheval avec le serviteur, et prit son chemin pour s'en venir à sa maison ; et cheminant ensemble, et devisant de plusieurs choses, ils arrivèrent en une vallée fort profonde et solitaire, couverte de hautes carrières et de grands arbres ; et semblant avis au serviteur que le lieu

---

[1] Pisanio, dans *Cymbeline*.

était propre pour faire sûrement le commandement et service de son maître, lors il dégaîna son épée, et, ayant pris la dame par le bras, lui dit :

— Madame, recommandez votre âme à Dieu, car il vous faut mourir, sans passer plus outre.

La dame, voyant l'épée et oyant ces paroles, dit toute épouvantée :

— Pour Dieu merci! dis-moi, avant que tu me tues, en quoi je t'ai offensé, par quoi tu doives me tuer.

— Madame, dit le serviteur, vous ne m'avez en rien offensé; mais en quoi vous avez offensé votre mari, je ne le sais, sinon qu'il m'a commandé que, sans aucune miséricorde, je vous tue en chemin; et si je ne le faisais, il m'a menacé de me faire pendre par la gorge. Vous savez combien je lui suis tenu et comme il n'est possible que je lui contredise en chose qu'il me commande. Dieu me soit à témoin si je n'ai pas compassion de vous, mais je n'y puis faire autre chose.

A qui la dame dit en pleurant :

— Hélas, pour Dieu merci! ne veuille point devenir homicide d'une personne qui jamais ne t'a offensé pour complaire à autrui. Dieu, qui connaît tout, sait que je ne fis jamais chose pour laquelle je doive recevoir une telle récompense de mon mari; mais laissons maintenant ceci. Tu peux, quand il te plaira, satisfaire en une même heure à ton maître et à moi, en la manière que je te dirai. C'est que tu prennes mes habillements et me donnes ton pourpoint et un chaperon d'homme et t'en retournes avec mes dits habillements à ton maître, et lui dises que tu m'as tuée; et je te jure par cette vie que tu m'auras donnée que je m'éloignerai et m'en irai si loin que jamais ni lui, ni toi, ni personne pareillement qui soit en ce pays, n'entendra nouvelle de moi.

Le serviteur, qui n'avait pas grande volonté de la tuer,

devint aisément pitoyable. Par quoi, ayant pris ses habillements et lui ayant baillé un méchant pourpoint, et un chaperon, il lui laissa quelque argent qu'elle avait, et la pria qu'elle s'éloignât de ce pays, la laissant à pied en cette vallée; puis s'en alla vers son maître, auquel il dit n'avoir seulement accompli son commandement, mais aussi qu'il avait laissé le corps mort d'elle à la gueule de plusieurs loups. Bernard, quelque temps après, s'en retourna à Gênes, et étant le fait découvert, fut fort blâmé.

La dame demeurée seule, et déconsolée, sitôt que la nuit fut venue, s'étant contrefaite le plus qu'elle put, s'en alla en un petit village près de là, où, ayant recouvré d'une vieille femme ce qui lui était nécessaire, elle racoutra le pourpoint à son dos, et l'acourcit; puis ayant fait de sa chemise une paire de chausses à la marine, et s'étant tondue, et déguisée toute en habit d'un marinier, s'en alla vers la mer, où elle trouva par fortune un gentilhomme catalan qui se nommait seigneur Encarach, lequel était descendu d'un sien navire qui était arrivé un peu loin de là à Albe, et était venu pour se rafraîchir à une fontaine, avec lequel seigneur elle entra en parole, et s'accorda de le servir, puis monta sur le navire, se faisant appeler Sicuran du Final; et là fut mise en meilleur ordre d'accoutrement, par le gentilhomme, lequel elle commença à servir si bien et si à propos, qu'elle lui fut agréable outre mesure.

Il advint de là à peu de temps que ce Catalan navigua avec une sienne charge à Alexandrie et porta certains faucons passagers qu'il présenta au soudan, lequel fit quelquefois dîner ce Catalan à sa table; et ayant vu les façons de faire de Sicuran, qui toujours servait son maître, dont il lui plut fort, le demanda au Catalan, lequel, encore que ce fût mal volontiers, le lui laissa. Sicuran, en peu de temps, fit si bien, qu'il acquit non moins la grâce du soudan qu'il avait fait celle du Catalan. Parquoi advint par succession de temps, qu'en certaine saison de l'année en laquelle il se faisait en la ville d'Acre, qui était sous la sujétion du soudan, une grande assemblée de marchands chrétiens et sarrasins, comme si c'eût été une foire où le soudan avait de coutume, afin que les marchands et les marchandises fussent en sûreté, d'envoyer outre ses officiers ordinaires, aucun des siens plus grands amis avec des gens qui eussent la charge de la garde ; quand le temps fut venu, il délibéra d'y envoyer Sicuran, qui savait déjà parfaitement la langue, et ainsi se fit-il.

Quand donc Sicuran fut venu à Acre, seigneur et capitaine de la garde des marchands et de la marchandise, y faisant bien et soigneusement ce qui appartenait à son office, allant et regardant çà et là, il y vit plusieurs marchands siciliens, pisans, génois, vénitiens et autres italiens, desquels il s'apprivoisait volontiers, en souvenance de son pays. Or, advint une fois entre autres qu'étant lui descendu en une boutique de Vénitiens, il y va voir entre autres joyaux une bourse et une ceinture qu'il connut soudainement avoir été siennes, dont il s'ébahit fort. Mais, sans faire autre semblant, demanda gracieusement à qui elles étaient, et si on les voulait vendre. Ambroise de Plaisance était venu avec beaucoup de marchandises sur un navire de Vénitiens, lequel oyant le capitaine de la garde demander à qui elles étaient, s'avança et dit en riant : — Monsieur, elles sont à moi, et ne veux point les vendre ; mais si elles vous plaisent, je vous les donnerai volontiers. Sicuran, le voyant rire, entra en soupçon si celui-ci ne l'avait point remarqué en quelque sien geste ; toutefois, avec un visage assuré, il lui dit : — Tu ris par aventure, parce que tu vois que moi qui suis homme de guerre, va ainsi demandant de ces vétilles à femme.

Ambroise répondit : — Monsieur, je ne ris point de

cela, mais je ris du moyen par lequel je les gagnai.

A qui Sicuran dit : — Hé! si Dieu me donne bonne aventure, et si c'est chose qui se doive dire, dis-moi comment tu les gagnas. — Monsieur, dit Ambroise, ces choses-ci me furent données avec plusieurs autres par une gentille femme de Gênes, nommée Mme Genèvre, femme de Bernard Lomellin, une nuit que je couchai avec elle, me priant que je les gardasse pour l'amour d'elle ; maintenant je m'en suis mis à rire, parce qu'il me souvient de la sottise de son mari, lequel fut si fol qu'il gagea cinq mille ducats d'or contre mille que je ne ferais point ma volonté de sa femme, ce que je fis et gagnai la gageure ; et lui qui plutôt devait punir soi-même de sa brutalité qu'elle d'avoir fait ce que toutes les femmes font, s'en retournant de Paris à Gênes, la fit tuer, ainsi que je l'ai depuis ouï dire.

Sicuran oyant ceci connut incontinent que cela avait été l'occasion du courroux et de la haine de son mari envers elle, et s'aperçut clairement que celui-ci était entièrement occasion de tout son mal. Si pensa en soi-même de ne le laisser impuni. Sicuran donc fit semblant d'être fort aise de cette nouvelle, et prit une telle et si grande familiarité avec Ambroise que, par ses persuasions, il s'en alla, quand la foire fut finie, avec Sicuran, et porta tout ce qu'il avait en Alexandrie, où il lui fit lever une boutique et lui mit de ses deniers entre mains. Par quoi lui voyant qu'il y profitait grandement, y demeurait volontiers.

Sicuran, soigneux de vouloir rendre son mari Bernard certain de son innocence, ne cessa jamais jusqu'à ce que par le moyen d'aucuns grands marchands génois qui étaient à Alexandrie, il ne l'eût fait venir par nouvelles occasions qu'il inventa. Lequel étant venu en assez pauvre ordre, il le fit recevoir secrètement par aucun sien ami, jusqu'à ce qu'il lui sembla être temps de faire ce qu'il entendait. Sicuran avait déjà fait conter la nouvelle par Ambroise devant le soudan, et lui en avait fait prendre plaisir. Mais depuis qu'elle vit Bernard son mari, elle, ayant pris temps convenable, impétra tant de faveur du soudan que l'on ferait venir devant lui Ambroise et Bernard, et qu'en la présence de Bernard, si Ambroise ne voulait dire sans contrainte la vérité de ce qu'il se vantait avoir eu de la femme de Bernard, on la lui ferait confesser par force.

Au moyen de quoi, quand Ambroise et Bernard furent venus, le soudan, en la présence de plusieurs, avec un rude visage, commanda à Ambroise qu'il dît la vérité, comme il avait gagné à Bernard cinq mille ducats d'or; et là était présent Sicuran, auquel Ambroise se fiait plus, qui, avec un visage plus que courroucé, le menaçait de très-griefs tourments, s'il ne le disait. Par quoi Ambroise, étonné d'un côté et d'autre, et encore se voyant aucunement contraint, raconta entièrement, et au vrai, en la présence de Bernard et de plusieurs autres, comme le tout avait été fait, ne pensant encourir autre peine qu'à rendre les cinq mille ducats d'or et les besognes qu'il avait prises. Et, quand il eut tout dit, Sicuran, comme exécuteur du soudan sur ce point, se tourna vers Bernard et lui dit : — Et toi, que fis-tu pour l'occasion de tel mensonge de ta femme?

A qui Bernard répondit : — Me voyant convaincu de courroux pour la perte de mon argent, et de la honte et vergogne qu'il me semblait que je recevais de ma femme, je la fis tuer par un mien serviteur, et, selon qu'il me rapporta, elle fut soudainement dévorée des loups.

Ces choses ainsi dites en la présence du soudan, et toutes par lui ouïes et entendues, sans savoir encore pour quelle occasion Sicuran avait ordonné et pourchassé ceci, ni à quelle fin il voulait tendre, Sicuran lui dit : — Monseigneur, vous pouvez assez clairement connaître combien cette bonne dame se peut vanter d'être bien pourvue et d'ami et de mari, quand l'ami, en un instant, l'a privée d'honneur par mensonge, et a gâté sa renommée et détruit son mari, et que le mari, plus crédule à la fausseté d'autrui qu'à la vérité qu'il a par longue expérience pu connaître, l'a fait tuer et manger aux loups; et outre tout ceci, le bien et l'amour que le mari et l'ami lui portent sont tels, qu'ayant longuement demeuré avec elle, nul ne la reconnaît. Mais, pour ce que vous connaissez parfaitement ce que chacun de ceux-ci a mérité, s'il vous plaît de grâce spéciale faire punir le trompeur, et pardonner à celui qui a été trompé, je le ferai venir en votre présence et la leur.

Le soudan, délibéré de vouloir en ceci complaire du tout à Sicuran, dit qu'il en était content, et qu'il fît venir la femme, dont Bernard fut fort étonné, car il croyait pour certain qu'elle fût morte. Et Ambroise, prévoyant déjà son malheur, avait peur d'avoir pis que de rendre l'argent, ne sachant s'il devait plus espérer ou craindre que la dame dût venir là; toutefois, il attendait sa venue avec grande merveille. Ayant donc Sicuran obtenu cette permission du soudan, et s'étant jeté à ses genoux en pleurant, il perdit quasi en un même instant la voix masculine, ensemble la volonté de ne plus vouloir sembler homme, et dit : — Monseigneur, je suis la misérable et infortunée Genèvre, qui suis allée six ans durant, coquinant par le monde en guise d'homme, blâmée faussement et méchamment de ce traître Ambroise, et par ce cruel et mauvais homme baillée à tuer par un sien serviteur et à manger aux loups; puis, déchirant ses habillements de devant, et montrant son sein, se fit connaître au soudan et à toute l'assistance qu'elle était femme, et, se tournant vers Ambroise, lui demanda injurieusement quand ce fut que jamais il avait couché avec elle, ainsi qu'il s'était vanté auparavant. Lequel la reconnaissant déjà et devenu presque muet de honte, ne disait mot..

Le soudan, qui avait toujours réputé cette femme pour homme, voyant et oyant ceci, devint si fort ébahi, que plusieurs fois il crut que ce qu'il voyait et oyait fût plutôt un songe que vérité. Mais toutefois après que le l'étonnement fut cessé, connaissant la vérité, il éleva avec grandes louanges la vie, la constance, les conditions et la vertu de Mme Genèvre qui, jusques à cette heure, avait été appelée Sicuran ; et, lui ayant fait apporter de très-honnêtes habillements de femme et fait venir des femmes pour lui tenir compagnie, pardonna à Bernard son mari, suivant la requête qu'elle avait faite, la mort qu'il avait bien méritée; lequel l'ayant reconnue, se jeta à ses pieds en pleurant, et lui requit pardon, qu'elle lui octroya bénignement, combien qu'il en fût mal digne, et le fit lever debout, l'embrassant tendrement comme son mari.

Le soudan commanda incontinent après qu'Ambroise fût lié en quelque haut lieu de la ville, à un pal et oint de miel, et qu'il ne fût jamais ôté de là, jusques à tant que de soi-même il tombât en pièces, et ainsi fut fait. Après ceci, il commanda aussi que tout son bien fût donné à la dame, qui n'était si petit qu'il ne valût plus de dix mille ducats. Puis fit apprêter un très-beau festin, et en icelui fit honneur à Bernard comme mari de Mme Genèvre, et à Mme Genèvre comme très-honnête femme, et lui donna tant en bagues, comme en vaisselle d'or et d'argent, et en deniers comptant, ce qui valait plus d'autres dix mille doubles ducats, et leur ayant fait apprêter un vaisseau, après que la fête fut finie, il leur donna licence de s'en pouvoir retourner à Gênes quand il leur plairait : où ils retournèrent très-riches en grande joie, et y furent reçus avec grand honneur, et mêmement Mme Genèvre, laquelle chacun croyait être morte; et toujours depuis, tant qu'elle vécut, elle fut réputée grandement vertueuse.

Mais Ambroise, le même jour qu'il fut empalé et oint de miel, fut non-seulement tué, mais aussi dévoré jusqu'aux os, avec très-grands tourments par les mouches, guêpes et taons dont le pays abonde, lesquels os demeurés blancs et attachés aux nerfs longtemps après, sans être remués, rendaient témoignage, à quiconque les voyait, de sa méchanceté.

Et ainsi le trompeur demeura aux pieds de celui qui avait été trompé.

EXTRAIT DES HÉCATOMMITHI

DE J.-B. GIRALDI CINTHIO

MIS EN FRANÇOIS PAR GABRIEL CHAPPUYS

NOUVELLE VII

De la troisième Décade.

Un capitaine More prend à femme une citoyenne de Venise : un sien porte-enseigne l'accuse d'adultere à son mary : il tasche que le porte-enseigne tue celuy qu'il pensoit l'adultere : le capitaine tue sa femme : il est accusé par le porte-enseigne, le More ne confesse point, mais y estant certains indices, il est banny, et le méchant porte-enseigne pensant nuire à autry, se pourchasse à soy-mesme misérablement la mort.

Il y avoit à Venise un More fort vaillant, lequel pour avoir demontré aux affaires de la guerre une grande prudence, et vivacité d'esprit, étoit fort aimé des seigneurs de Venise, lesquels surpassent toutes les republiques qui furent oncques, à recompenser les actes vertueux.

Avint qu'une vertueuse dame de grande beauté appelée Disdemone, attirée non pas d'un desir ou appetit feminin, mais de la vertu du More, s'enamoura de lui et le More vaincu de la beauté et de la noble pensée de la dame, s'enflamma aussi de l'amour d'icelle, et eurent amour tant favorable, qu'ils se marièrent ensemble, encores que les parens de la femme fissent ce qu'ils purent, à ce qu'elle prît un autre mari, que lui : et vécurent ensemble, en si grande union et tranquillité, tandis qu'ils furent à Venise, que jamais ne se dirent un mot de travers.

Or les seigneurs de Venise firent change de gens d'armes, qu'ils ont coûtumes de tenir en Cipre, choisirent pour capitaine et chef des soldats qu'ils y envoyèrent, le More, lequel étoit bien aise de l'honneur qu'on lui faisoit (qui ne se donne qu'aux personnages vaillans, nobles et fidèles) et néanmoins n'étoit-il trop content, quand il pensoit à la grande distance et à la difficulté du chemin, duquel Disdemone se trouveroit offensée.

Cette dame qui n'avoit autre bien au monde que le More, et qui étoit fort contente du témoignage que son mari avoit eu de sa vertu, par une tant puissante et noble république, ne pouvoit voir l'heure que son mari se mit en chemin avec ses soldats, pour aller quant et luy en un lieu tant honorable et étoit fâchée de voir le More en peine, et ne sachant l'occasion, elle lui dit un iour, en table.

— Que signifie, mon mari, que, depuis que la seigneurie vous a donné un tant honorable degré, vous êtes tout mélancolique? L'amour que je vous porte, dit le More à Disdemone, trouble mon contentement, de l'honneur que j'ai reçu, pour ce que je vois nécessairement que de deux choses, en doit avenir une, ou que je vous mène avec moi, aux dangers de la mer, ou bien, que pour ne vous mettre en malaise, je vous laisse à Venise. La première me seroit fort facheuse, l'autre me feroit hair moi même, pource que vous laissant, je laisserois ma vie.

Disdemone ayant entendu cela, dit : — Permettez-vous qu'une telle chose vous trouble l'esprit? — Ah, mon mari, quelles pensées avez-vous? Pourquoi je vous veux faire compagnie là où vous irez, quand bien je devrois passer en chemise par le feu, comme je dois aller par eaux avec vous, en une navire sûre et bien garnie : et quand bien il y auroit du danger et des travaux, je n'en veux pas avoir meilleur marché que vous, et penserois que vous ne m'aimeriez guères, si vous me laissiez à Venise, pour ne m'avoir en votre compagnie sur la mer, ou si vous persuadiez que j'aimasse mieux demeurer ici en assurance, qu'être avec vous participante d'un même danger. Et pour cette cause, je veux que vous vous apprêtiez à ce voyage, avec toute la joie, que la qualité du degré que vous tenez mérite.

A l'heure le More, tout joyeux, jetta les bras au col de sa femme, et lui dit avec un affectueux baiser :

— Dieu nous conserve long temps en cette amitié, ma femme, et bien tôt après il s'équippa pour partir, et entra, avec sa femme et tous ses gens en une galère, et ayant fait mettre les voiles au vent, se mit en chemin, et s'en alla, avec une grande bonace, de la mer en Cipre.

Celuy-cy avoit en sa compagnie un porte-enseigne, de très-belle présence, mais de la plus méchante nature, que jamais fut homme au monde : et le More l'aimait fort, n'ayant aucune connoissance de ses méchancetés.

Car combien qu'il fût de cœur très-vile, il couvroit néanmoins par ses hautes et orgueilleuses paroles et par sa présence, tellement la vilité et coüardise, qu'il avoit enfermé dedans le cœur, qu'il se montroit à sa semblance un Hector, ou un Achille.

Ce méchant avoit semblablement mené sa femme en Cipre, laquelle étoit belle et honnête jeune femme, et pource qu'elle étoit italienne, la femme du More l'aimoit fort, et se tenoit la plus part du jour avec elle.

En la même compagnie était un caporal, que le More aimoit beaucoup.

Celui-ci alloit fort souvent en la maison du More, et mangeoit souvent avec lui et sa femme.

Et pour cette cause, la femme, qui connoissoit que son mary l'aimoit tant, lui montroit signes de très-grande amitié : de quoi le More étoit fort aise.

Le méchant enseigne ne se souciant point de la foi donnée à sa femme, de l'amitié, foi et obligation qu'il avoit au More, devint fort amoureux de Disdemone, et s'appliqua du tout à voir s'il en pourroit jouir.

Il n'osoit pas se découvrir, craignant que le More le tuât, s'il s'en appercevroit : et par divers moyens il s'efforça, le plus secrètement qu'il pût, de faire connoistre à cette femme qu'il l'aimoit.

Mais elle avoit tout son cœur au More, ne pensoit aucunement ni à l'enseigne, ni à autre; et tout ce que celui-ci faisoit, pour l'enflammer de lui, ne servoit de rien.

Parquoi cétuy pensa, que c'étoit, pource qu'elle étoit d'aventure amoureuse du caporal de la compagnie, et s'avisa de s'en défaire, et changea l'amour qu'il portoit à la femme, en une très-grande haine, et se mit soigneusement à penser, comme il pourroit faire, le caporal de la compagnie étant dépêché, s'il ne pouvoit jouir de cette femme, que le More n'en jouît pas aussi.

Et pensant diverses choses, toutes méchantes ou mauvaises, en fin délibera l'accuser d'adultère, à son mari, et donner à entendre que l'adultère étoit le caporal de la compagnie.

Mais cétuy sachant l'amour singulière, que le More portoit à Disdemone, et l'amitié qu'il avoit avec le caporal, il connoissoit apertement, que s'il ne trompoit le More, avec grande finesse, il étoit impossible lui faire croire ni l'un, ni l'autre.

Et pour cette cause, il se mit à entendre que le temps

et le lieu lui ouvrît le chemin à une tant méchante et malheureuse entreprise.

Bien tôt après, le More priva le caporal de son degré, pource qu'il avoit mis la main à l'épée, en garde, contre un soldat, et l'avoit fort blessé ; dequoi Disdemone fut bien fachée, et avoit tâché beaucoup de fois de le remettre en grâce avec son mari.

Cependant le More dit au méchant enseigne, que sa femme le fachoit tant, pour le caporal de la compagnie, qu'en fin il seroit contraint de le reprendre.

Le méchant homme trouva occasion, de là, de remettre la main à la trahison par lui ourdie, et dit :

— Disdemone a paravanture occasion de le voir volontiers.

— Et pour quoi? dit le More.

— Je ne veux pas, répondit l'enseigne, m'entremêler du mari et de la femme, mais si vous regardez de près, vous le verrez vous-même.

L'enseigne ne voulut passer outre, quoique le More l'en sollicitât fort ; trop bien ces paroles laissèrent un tant poignant aiguillon au cœur du More, qu'il se mit soigneusement à penser, que vouloient signifier telles paroles, et en était tout mélancolique.

A cette cause, comme sa femme tâchait un jour d'amollir son courroux à l'endroit du caporal, et le priait ne mettre en oubli le service et l'amitié de tant d'années, pour une petite faute, joint que le soldat blessé et le caporal s'étaient accordés, le More entra en colère, et lui dit :

— C'est grand cas, Disdemone, que vous avez tant de souci de celui-là : il n'est ni votre frère, ni votre parent, pour vous induire à lui vouloir tant de bien.

La femme toute gracieuse et humble dit :

— Je ne voudrois pas que vous fussiez faché contre moi,

autre chose ne m'induit, que le déplaisir que j'ai de vous voir privé d'un si cher ami, que vous a été le caporal, comme je le sais par le témoignage de vous même ; il n'a, ce néanmoins, commis une si grande faute, que vous lui deviez porter une si grande haine, mais vous autres Mores êtes naturellement tant chauds, que la moindre chose du monde vous incite à courroux et vengeance.

A ces paroles le More, plus courroucé, répondit :

— Telle la pourroit éprouver, qui ne le pense pas : je verrai telle vengeance des injures que l'on me fait, que j'en serai saoul.

La femme demeura toute étonnée, à ces paroles ; et voyant son mari échauffé contre elle, hors sa coutume, elle lui dit humblement :

— Autre chose qu'une bonne fin ne m'a induite à vous parler de cela : mais je ne vous en parlerai plus : à fin que vous n'ayez plus occasion de vous facher contre moi.

Le More voyant l'instance que derechef sa femme lui avoit fait, en faveur du caporal, pensa que les paroles que l'enseigne lui avoit tenues, eussent voulu signifier que Disdemone fût amoureuse de lui : et s'en alla à ce méchant tout fâché et triste, et commença à s'efforcer de le mettre en train de parler à lui plus apertement.

L'enseigne ententif à la ruine de cette pauvre femme, après avoir feint ne vouloir dire autre chose qui fût pour lui déplaire, se montrant vaincu des prières du More, dit :

— Je ne peux nier qu'il ne me fasse bien mal, d'avoir à vous dire chose, qui vous soit, sur toute autre, facheuse, mais puisque vous voulez que je vous la die et puis que le soin que je dois avoir de votre honneur, comme de mon seigneur, m'incite aussi de vous le dire, je ne veux maintenant faillir ni à votre demande, ni à mon devoir. Vous devez donc savoir, que votre femme n'est fachée de voir le caporal en votre mauvaise grâce, pour autre chose que pour le plaisir qu'elle a avec lui, quand il va en votre maison, comme celle, qui est déjà ennuyée de votre teint noir.

Ces paroles transpercèrent le cœur du More.

Mais pour en savoir davantage (encores qu'il crût être vrai tout ce que l'enseigne lui avoit dit, pour ce soupçon qui lui étoit déjà venu en l'esprit), il dit, avec un mauvais visage.

— Je ne sais qui me tient que je ne te coupe cette langue tant hardie de donner tel blâme à ma femme.

A l'heure l'enseigne dit :

— Je n'attendois pas autre récompense de ce mien aimable office, dit l'enseigne, mais puis que ma faute et le désir que j'ai de votre honneur, m'ont porté si avant, je vous redis que l'affaire va ainsi que vous l'avez entendu, et si votre femme, feignant vous aimer, vous a tellement bandé les yeux, que vous n'avez vu ce que vous deviez voir, ce n'est pas à dire, pourtant, que je ne vous die la vérité : car le même caporal me l'a dit, comme celui qui ne pensoit sa félicité parfaite, s'il ne la découvroit à quelqu'un.

Et ajouta :

Si je n'eusse craint votre courroux, je l'eusse tué, quand il me dit cela, pour le récompenser comme il méritoit. Mais puis que de vous faire savoir ce qui vous touche plus qu'à aucun autre, m'en fait voir tant pauvre salaire, je voudrois m'être tu, pource que si je l'eusse fait, je n'eusse pas encouru votre mauvaise grace.

A l'heure le More, tout fâché, dit :

— Si tu ne me fais voir ce que tu m'as dit, assure-toi

que je te ferai connoistre, que mieux t'eût valu être né muet.

— Cela m'eût été aisé, dit le méchant, quand il venoit en votre maison, mais maintenant que vous l'avez chassé, non pour ce fait, mais pour une bien plus légère occasion, il me sera fort malaisé : car combien que j'estime qu'il joüisse de Disdemone, quand vous lui en donnez la commodité et le loisir, il le doit faire à cette heure, plus secrètement et avec plus d'avis, qu'il ne faisoit du commencement, se voyant haï de vous. Mais encore ne perdai-je pas l'espérance de vous pouvoir faire voir ce que vous ne voulez pas croire.

Et ce dit, ils departirent.

Le pauvre More s'en alla en la maison, attendant que le jour vint que l'enseigne lui fît voir ce qui le devoit rendre à jamais misérable.

Mais la chasteté de la femme du More mettoit l'enseigne en grande peine, pource qu'il lui sembloit ne pouvoir pas trouver le moyen de faire croire au More ce qu'il lui avoit dit faussement : et le méchant tournant son esprit en divers endroits, il pensa une nouvelle malice.

La femme du More alloit souvent, comme j'ai dit, en la maison de la femme de l'enseigne, et se tenoit avec elle une bonne partie du jour.

A raison de quoi celui-ci voyant qu'elle portoit aucune fois un mouchoir, qu'il savoit bien que le More lui avoit donné, lequel étoit subtilement ouvré à la moresque et que cette femme aimoit fort et le More aussi; il pensa de le lui ôter secrètement, et de là préparer la dernière ruine, et comme il eût une petite fille de trois ans, que Disdemone aimait bien, un jour que la pauvre femme étoit allée en la maison de ce méchant, il prit la petite fille entre ses bras et la bailla à cette femme, qui la prit, et la mit contre la poitrine.

Ce traître que joüoit excellemment de la main, lui leva de la ceinture, le mouchoir, tant accortement, qu'elle ne s'en apperçut point, et s'en alla tout joyeux.

Disdemone, ne sachant point cela, s'en alla en la maison, et pensant à autres choses, elle ne s'avisa point du mouchoir.

Mais delà à quelques jours le cherchant, et ne le trouvant point, elle avoit grande peur que le More le lui demandât, comme il faisoit souvent.

Le méchant enseigne, s'en alla, en temps commode, au caporal, et lui laissa finement le mouchoir dessous le lit et le caporal, ne s'en apperçut point sinon le lendemain ensuivant, que se levant du lit, étant le mouchoir tombé à terre, il mit le pied dessus, et ne sachant comme il l'avoit en sa maison, le connoissant appartenir à Disdemone, il délibera le lui bailler : et attendant que le More fut sorti de la maison, il s'en alla à l'huis de derriere, et y frappa. La fortune, qui sembloit avoir connivé avec l'enseigne, la mort de cette pauvre femme, voulut qu'à cette heure là, le More s'en vint à la maison, et entendant frapper à l'huis, il se mit à la fenêtre et, tout irrité dit, que frappe là?

Le caporal ayant entendu la voix du More, craignant qu'il ne descendît à son dam, sans répondre un mot, se mit à fuir.

Le More descendit et ayant ouvert l'huis, sortit en la rue, et le cherchant ne le trouva point.

Parquoi étant entré en la maison, plein de colère, il demanda à sa femme qui étoit celui qui frappoit en bas.

Elle répondit ce qui étoit vrai, qu'elle ne le savoit pas.

— Il m'est avis que j'y ai aperçu le caporal.

— Je ne sais pas, dit-elle, si lui ou autre y a frappé.

Le More reprima sa fureur, combien qu'il brûlast

d'ire, et ne voulut rien faire, devant que parler l'enseigne, auquel il s'en alla soudainement, et lui dit ce qui étoit avenu, et le pria d'entendre le caporal et sentir ce qu'il pourroit touchant cela.

L'enseigne, joyeux d'un tel accident, lui promit de le faire, et parla au caporal, un jour que le More étoit en lieu d'où il les pouvoit voir parler ensemble, et luy parlant d'autre chose que de cette femme, il rioit tant qu'il pouvoit et faignant d'être émerveillé, il faisoit plusieurs gestes de tête et de mains, comme s'il eust oui choses merveilleuses.

Aussi tost que le More les vit séparés, il s'en alla vers l'enseigne pour savoir ce que celui-là lui avoit dit, et après qu'il se fut fait long temps prier, enfin il lui dit.

— Il ne m'a celé aucune chose, et m'a dit qu'il a jouy de votre femme, toutes les fois qu'étant dehors vous lui en avez donné le loisir, et que la dernière fois qu'il a couché avec elle, elle lui a donné le mouchoir, que vous lui donnâtes, quand vous la prîtes en mariage.

Le More remercia l'enseigne, et luy sembla que s'il trouvoit, que sa femme n'eût le mouchoir, il connoîtroit être ainsi que l'enseigne lui avoit dit.

Parquoi étant entré un jour, en divers propos avec sa femme, il lui demanda le mouchoir.

La pauvre femme, qui avoit toujours eu grande peur de cela, devint toute en feu, au visage à telle demande, et pour cacher sa rougeur qui lui montoit au visage, que le More nota bien, elle courut au coffre, et fit semblant de le chercher : et après l'avoir long temps cherché, elle dit.

— Je ne sais pas comme je ne le trouve maintenant! vous l'aurez paravanture.

—Si je l'avois, dit-il, pourquoi vous l'eussé-je demandé! Mais vous le chercherez une autre fois plus à loisir.

Et étant parti, il commença à penser, comme il devoit faire mourir sa femme, et le caporal aussi de manière qu'on ne le taxât de leur mort.

Et y pensant nuit et jour, il ne pouvoit faire que sa femme ne s'aperçût, qu'il n'étoit envers elle tel, qu'il avoit coûtume d'être.

Elle lui dit bien souvent, qu'avez-vous, qui vous trouble ainsi? de manière que là où vous vous souliez être le plus plaisant homme du monde, vous êtes maintenant si mélancolique?

Le More trouvoit plusieurs excuses, mais elle ne s'en contentoit aucunement.

Et combien qu'elle sût que le More ne dût être faché par aucun sien méfait, elle craignoit néanmoins, qu'il ne fût ennuyé d'elle, et disoit aucune fois à la femme de l'enseigne.

—Je ne sais que mon mari a trouvé il avoit coûtume d'être en mon endroit tant aimable, maintenant depuis quelque peu de jours en çà, il est devenu tout autre, j'ay grande peur que ie ne donne exemple aux ieunes filles de ne se marier, contre la volonté de leurs parents, et que les femmes italiennes n'apprennent de moi de ne s'accompagner d'homme, que la nature, le ciel, et la manière de vivre rend différents de nous.

Mais pource que je sais qu'il est ami de votre mari, et qu'il lui communique ses affaires, je vous prie que si vous avez entendu aucunes choses de lui, de laquelle vous me puissiez aviser, vous me la disiez, et ne me refusiez votre aide.

La femme de l'enseigne qui savoit le tout, comme celle de laquelle le mari s'étoit voulu aider, pour faire mourir la femme du capitaine, mais elle n'i avoit oncques voulu consentir, craignant son mary, n'osoit dire mot, elle luy dit seulement.

—Gardez vous de donner aucun soupçon de vous à votre mari, et mettez peine, qu'il vous connoisse loyale, et pleine d'amour en son endroit.

—Ce que je fais, dit-elle, mais cela ne me sert de rien.

Le More ce pendant cherchoit de plus en plus le moyen de se certifier de ce qu'il n'eût voulu trouver : et pria l'enseigne de faire en sorte qu'il pût voir le mouchoir, en la puissance du caporal, et bien que cela fût facheux au traître, il lui promit néanmoins de mettre toute peine de l'acertener de cela.

Le caporal avoit une femme en sa maison, qui faisoit de merveilleux ouvrages sur la toile, laquelle voyant ce mouchoir, et entendant qu'il étoit à la femme du More, et qu'il lui seroit rendu, se mit à en faire un semblable, et en tirer le patron, devant qu'elle l'eût : et tandis qu'elle faisoit cela, l'enseigne s'aperçut, qu'elle étoit au droit d'une fenêtre, et qu'elle pouvoit être vue de ceux qui passoient par la rue, et pourtant il le fit voir au More, lequel estima et tint pour certain que sa femme qui étoit très-honneste, fût adultère.

Et arresta, avec l'enseigne, de la tuer et le caporal aussi, et devisans ensemble du moyen de ce faire, le More le pria de tuer le caporal, promettant qu'il lui en seroit à jamais obligé, et comme il refusa de vouloir faire telle chose comme très-mauvaise, et dangereuse, pource que le caporal n'étoit moins accord que vaillant, après l'en avoir bien prié, et lui avoir baillé une bonne somme d'argent, il l'incita à dire, qu'il tenteroit la fortune.

Cette resolution prinse, le caporal sortant un soir de la maison d'une putain, étant nuit, l'enseigne s'aprocha de lui avec l'épée en la main, et lui donna un coup aux jambes pour le faire choir : et quand il fut tombé, il se rua sur pour achever de le tuer.

Le caporal qui étoit courageux, ayant tiré son épée ainsi blessé qu'il étoit, s'étant dressé pour se défendre, cria à haute voix : je suis mort, je suis massacré.

Parquoi, l'enseigne entendant du peuple acourir et quelques soldats qui étoient logés là entour, il se mit à fuir, et puis retournant, il fit semblant d'être acouru au bruit.

Et se mettant entre les autres, il vit bien que du coup qu'il avoit en la jambe, il mourroit, et combien il en fût très joyeux, il s'en montra contristé avec le caporal comme s'il eût été son frère.

Le matin cela fut épandu par toute la ville, et Disdemone, qui ne pensoit point que de là lui dût avenir mal, se montra bien fâchée d'un tel accident; de quoi le More eut d'elle une très-mauvaise opinion; et s'en alla retrouver l'enseigne, et lui dit :

— Ma méchante femme est tant fâchée de l'accident du caporal, qu'elle en deviendra folle.

Et comment, dit-il, pourriez-vous penser autrement, vu qu'il est son âme?

— Son âme, répliqua le More, je lui tirerai bien l'âme du corps, car je ne m'estimerais pas homme, si je n'ôtois cette méchante du monde.

Et devisans ensemble, s'il la devoit faire mourir de poison ou du glaive, l'enseigne dit :

J'ai trouvé un bon et sûr moyen.

La maison où vous demeurez est très-vieille, et le plancher de votre chambre a beaucoup de fentes; il faut que nous battions Disdemone, avec une chausse plaine de sablon, tant qu'elle en meure afin qu'en elle n'apparaisse signe de meurtrissure et coup : quand elle sera morte, nous ferons tomber une partie du plancher, et lui romprons la tête, feignant qu'une poutre, en tombant, la lui ait rompue, et tuée : et en cette manière, personne n'aura aucun soupçon de vous : et chacun estimera qu'elle sera morte par une infortune.

Le cruel conseil fut agréable au More, et ayant attendu le temps convenable, étant une nuit couché avec elle et ayant déjà caché l'enseigne en une garderobe, prochaine, l'enseigne, suivant le mot du guet, fit je ne sais quel bruit, en la garderobe, et le More l'ayant entendu, dit à sa femme :

— As-tu ouï ce bruit?

— Oui, dit-elle.

— Lève-toi, dit le More, et vois que c'est.

La pauvre Disdemone se leva, et aussitôt qu'elle fut auprès de la garderobe, l'enseigne en sortit, lequel étant fort et puissant, lui donna un grand coup de chausse pleine d'arène, sur l'échine, et la fit tomber, sans pouvoir à peine mettre hors son haleine.

Mais elle appela le mieux qu'elle pût le More, pour lui aider : lequel étant sorti du lit, lui dit :

— Méchante femme, tu as le salaire de ta déshonnêteté; on traite ainsi celles, lesquelles feignant aimer leurs maris, leur font des cornes.

La pauvre femme entendant cela, et se sentant arrivée à la fin, pour ce que l'enseigne lui avoit redoublé un coup, dit, qu'elle appelloit la justice divine, en témoignage de sa foi, puisqu'elle ne pouvoit avoir celle du monde : et appellant Dieu à son aide, au troisième coup elle demeura morte et tuée par le méchant enseigne.

Et puis l'ayant mise dedans le lit, et lui ayant dépecé et brisé la tête, ils firent tomber le plancher de la chambre, et le More commença à crier à l'aide, secours, pour ce que la maison tombait ! les voisins accoururent à cette voix, et ayant découvert le lit, ils trouvèrent cette femme dessous les poutres, morte! ce qui fut fort déplaisant à chacun pour la bonne vie d'icelle.

Le lendemain Disdemone fut ensevelie, au grand regret de ce peuple.

Mais Dieu qui regarde justement les cœurs des hommes, ne voulut pas qu'une si grande méchanceté demeurât impunie.

Car le More, qui avoit aimé sa femme plus que sa vie, s'en voyant privé commença à la désirer tant, que comme insensé, il l'alloit cherchant par tous les endroits de sa maison, et considérant en soi-même que l'enseigne avoit été cause, qu'il avoit perdu avec sa femme, toute la douceur de la vie, et encore soi-même, il eût le méchant en si grande haine, qu'il ne le pouvoit pas regarder, et s'il n'eût eu crainte de l'inviolable justice des seigneurs de Venise, il l'eût manifestement tué.

Mais ne le pouvant faire sûrement, il lui ôta l'enseigne, et ne le voulut plus en sa compagnie, et de la survint entre eux une très-grande inimitié.

Parquoi l'enseigne s'adonna du tout à nuire au More, et ayant trouvé le caporal qui étoit guéri, et qui alloit avec une jambe de bois, au lieu de celle que il lui avoit tranchée, il lui dit :

— Le temps est venu que vous pouvez vous venger de la jambe que l'on vous a coupée, et si vous voulez venir avec moi à Venise, je vous dirai qui est le malfaiteur! Car je n'oserois pas le dire ici, pour plusieurs respects, et témoignerai un jugement pour vous.

Le caporal qui se trouvoit fort offensé, ne savoit pourquoi, remercia l'enseigne, et s'en alla à Venise, quant et lui.

Où quand ils furent arrivés, il lui dit, que le More lui avoit tranché la jambe, pour l'opinion qu'il avoit, qu'il couchoit avec Disdemone : que pour cette même occasion il l'avoit tuée, et puis fait courir le bruit que le plancher tombé l'avoit occise.

Le caporal ayant entendu cela, accusa le More à la seigneurie, et de sa jambe coupée, et du meurtre de Disdemone, et amena pour témoin l'enseigne, qui dit que l'un et l'autre étoit vrai, pource que le More lui avoit communiqué tout, et l'avoit voulu induire à faire le mal, qu'ayant occis sa femme par jalousie, il lui avoit conté la manière qu'il avoit tenu, pour la faire mourir.

Les seigneurs Vénitiens, ayant entendu la cruauté usée par le barbare, envers une leur citoyenne, firent prendre le More en Cipre, et le firent amener à Venise, et par plusieurs tourmens tâchèrent d'en tirer la vérité.

Mais surmontant par son courage, tout martyre, il nia tout, si constamment, que l'on n'en pût tirer aucune chose.

Ce néanmoins il fut condamné à perpétuel exil, où en fin il fut occis par les parens de Disdemone, comme il méritoit.

L'enseigne s'en alla en son pays, et ne voulant faillir à sa coutume, il accusa un sien compagnon, disant qu'il l'avoit requis de tuer un sien ennemi, qui étoit gentilhomme : à raison de quoi, celui-là fut pris, et lui fut baillée la gêne, et niant ce que disoit l'accusateur, l'enseigne fut aussi gêné, en telle manière, qu'il fut tout rompu, par l'intérieur, et étant sorti de prison et mené en sa maison, il mourut misérablement.

Et Dieu fit telle vengeance de l'innocence de Disdemone.

La femme de l'enseigne, qui savoit le fait, recita tout cela, apres qu'il fut mort, comme je vous l'ai raconté.

FIN DE L'APPENDICE.

TABLE

DU TOME CINQUIÈME

	Pages.
INTRODUCTION	7
CYMBELINE	85
LA TRAGÉDIE D'OTHELLO, le More de Venise	237
Le libraire au lecteur	239
NOTES sur Cymbeline et Othello	399

APPENDICE :

Extrait du Décaméron de Boccace, traduit par maître Antoine Lemaçon 427

Extrait des Hécatommithi de J.-B. Giraldi Cinthio, mis en françois par Gabriel Chappuys. 443

FIN DE LA TABLE.

Saint-Denis. — Typographie de A. Moulin.

www.ingramcontent.com/pod-product-compliance
Lightning Source LLC
Chambersburg PA
CBHW051820230426
43671CB00008B/774